Minna von Barnhelm
und andere Lustspiele

Gotthold Ephraim Lessing

Minna von Barnhelm

und andere Lustspiele

Könemann

Der Text der Dramen »Der junge Gelehrte« und »Die Juden« folgt der Ausgabe »Deutsche National-Litteratur«, herausgegeben von Joseph Kürschner, Band 58, »Lessings Werke«, herausgegeben von Robert Boxberger, Berlin und Stuttgart o. J. Der Text der Dramen »Der Misogyn«, »Der Freigeist«, »Der Schatz«, »Minna von Barnhelm« folgt Band 59, der Text der Dramen »Damon« und »Die alte Jungfer« Band 60 derselben Ausgabe.

Die Orthographie (Groß- und Kleinschreibung, Zusammenschreibung) entspricht weitestgehend der Vorlage. Nur wo es uns für das leichtere Verständnis unabdingbar erschien oder es darum ging, sinnentstellende Fehler zu tilgen, wurde in den Text eingegriffen. Dies betrifft jedoch nur wenige Stellen.

Könemann Verlagsgesellschaft mbH
Bonner Str. 126, D-50968 Köln

Herausgegeben von Rolf Toman
Herstellungsleiter: Detlev Schaper
Covergestaltung: Peter Feierabend
Satz und Gestaltung: Thomas Paffen, Münster
Printed in Hungary
ISBN 3-8290-0875-9

Inhalt

Der junge Gelehrte

Ein Lustspiel in drei Aufzügen

1747

Personen

CHRYSANDER, ein alter Kaufmann
DAMIS, der junge Gelehrte, Chrysanders Sohn
VALER
JULIANE
ANTON, Bedienter des Damis
LISETTE

Der Schauplatz ist die Studierstube des Damis.

Erster Aufzug

Erster Auftritt

Damis (am Tische unter Büchern). Anton.

DAMIS. Die Post also ist noch nicht da?

ANTON. Nein.

DAMIS. Noch nicht? Hast du auch nach der rechten gefragt? Die Post von Berlin –

ANTON. Nun ja doch, die Post von Berlin; sie ist noch nicht da! Wenn sie aber nicht bald kömmt, so habe ich mir die Beine abgelaufen. Thun Sie doch, als ob sie Ihnen, wer weiß was, mitbringen würde! Und ich wette, wenn's hoch kommt, so ist es eine neue Scharteke oder eine Zeitung oder sonst ein Wisch – –

DAMIS. Nein, mein guter Anton; dasmal möchte es etwas mehr sein. Ah! wenn du es wüßtest – –

ANTON. Will ich's denn wissen? Es würde mir weiter doch nichts helfen, als daß ich einmal wieder über Sie lachen könnte. Das ist mir gewiß etwas Seltenes? – – Haben Sie mich sonst noch wohin zu schicken? Ich habe ohnedem auf dem Ratskeller eine kleine Verrichtung; vielleicht ist's ein Gang? Nu?

DAMIS *(erzürnt)*. Nein, Schurke!

ANTON. Da haben wir's! Er hat alles gelesen, nur kein Komplimentierbuch. – – Aber besinnen Sie sich. Etwa in den Buchladen?

DAMIS. Nein, Schurke.

ANTON. Ich muß das »Schurke« so oft hören, daß ich endlich selbst glauben werde, es sei mein Taufname. – – Aber zum Buchbinder?

DAMIS. Schweig, oder – –

ANTON. Oder zum Buchdrucker? Zu diesen dreien, Gott sei Dank! weiß ich mich, wie das Färberpferd um die Rolle.

DAMIS. Sieht denn der Schlingel nicht, daß ich lese? Will er mich noch länger stören?

ANTON *(beiseite)*. St! er ist im Ernste böse geworden. Lenk ein, Anton. – – Aber sagen Sie mir nur, was lesen Sie denn da für ein Buch? Potz Stern, was das für Zeug ist! Das verstehen Sie? Solche Krakelfüße, solche fürchterliche Zickzacke, die kann ein Mensch lesen? Wann das nicht wenigstens Fausts Höllenzwang ist – – Ach, man weiß es ja wohl, wie's den Leuten geht, die alles lernen wollen. Endlich verführt sie der böse Geist, daß sie auch hexen lernen – –

DAMIS *(nimmt sein muntres Wesen wieder an)*. Du guter Anton! das ist ein Buch in hebräischer Sprache. – Des Ben Maimon Jad chasacka.

ANTON. Ja doch; wer's nur glauben wollte! Was Hebräisch ist, weiß ich endlich auch. Ist es nicht mit der Grundsprache, mit der Textsprache, mit der heiligen Sprache einerlei? Die warf unser Pfarr, als ich noch in die Schule ging, mehr als einmal von der Kanzel. Aber so ein Buch, wahrhaftig! hatte er nicht; ich habe alle seine Bücher beguckt; ich mußte sie ihm einmal von einem Boden auf den andern räumen helfen.

DAMIS. Ha! ha! ha! das kann wohl sein. Es ist Wunders genug, wenn ein Geistlicher auf dem Lande nur den Namen davon weiß. Zwar, im Vertrauen, mein lieber Anton, die Geistlichen überhaupt sind schlechte Helden in der Gelehrsamkeit.

ANTON. Nu, nu, bei allen trifft das wohl nicht ein. Der Magister in meinem Dorfe wenigstens gehört unter die Ausnahme. Versichert! der Schulmeister selber hat mir es mehr als einmal gesagt, daß er ein sehr gelehrter Mann wäre. Und dem Schulmeister muß ich das glauben; denn wie mir der Herr Pfarr oft gesagt hat, so ist er keiner von den schlechten Schulmeistern; er versteht ein Wort Latein und kann davon urteilen.

DAMIS. Das ist lustig! Der Schulmeister also lobt den Pfarr, und der Pfarr, nicht unerkenntlich zu sein, lobt den Schulmeister. Wenn mein Vater zugegen wäre, so würde er gewiß sagen: Manus manum lavat. Hast du ihm die alberne Gewohnheit nicht angemerkt, daß er bei aller Gelegenheit ein lateinisches Sprüchelchen mit einflickt? Der alte Idiote denkt, weil er so einen gelehrten Sohn hat, müsse er doch auch zeigen, daß er einmal durch die Schule gelaufen sei.

ANTON. Hab' ich's doch gedacht, daß es etwas Albernes sein müsse; denn manchmal mitten in der Rede murmelt er etwas her, wovon ich kein Wort verstehe.

DAMIS. Doch schließe nur nicht daraus, daß alles albern sei, was du nicht verstehst. Ich würde sonst viel albernes Zeug wissen. – –

Aber, o himmlische Gelehrsamkeit, wie viel ist dir ein Sterblicher schuldig, der dich besitzt! Und wie bejammernswürdig ist es, daß dich die wenigsten in deinem Umfange kennen! Der Theolog glaubt dich bei einer Menge heiliger Sprüche, fürchterlicher Erzählungen und einigen übel angebrachten Figuren zu besitzen. Der Rechtsgelehrte bei einer unseligen Geschicklichkeit, unbrauchbare Gesetze abgestorbener Staaten zum Nachteile der Billigkeit und Vernunft zu verdrehen und die fürchterlichsten Urtel in einer noch fürchterlichern Sprache vorzutragen. Der Arzt endlich glaubt sich wirklich deiner bemächtiget zu haben, wann er durch eine Legion barbarischer Wörter die Gesunden krank und die Kranken noch kränker machen kann. Aber, o betrogene Thoren! die Wahrheit läßt euch nicht lange in diesem sie schimpfenden Irrtume. Es kommen Gelegenheiten, wo ihr selbst erkennet, wie mangelhaft euer Wissen sei; voll tollen Hochmuts beurteilet ihr alsdann alle menschliche Erkenntnis nach der eurigen und ruft wohl gar in einem Tone, welcher alle Sterbliche zu bejammern scheinet, aus: Unser Wissen ist Stückwerk! Nein, glaube mir, mein lieber Anton: der Mensch ist allerdings einer allgemeinen Erkenntnis fähig. Es leugnen, heißt ein Bekenntnis seiner Faulheit oder seines mäßigen Genies ablegen. Wenn ich erwäge, wie viel ich schon nach meinen wenigen Jahren verstehe, so werde ich von dieser Wahrheit noch mehr überzeugt. Lateinisch, Griechisch, Hebräisch, Französisch, Italienisch, Englisch – – das sind sechs Sprachen, die ich alle vollkommen besitze, und bin erst zwanzig Jahre alt!

ANTON. Sachte! Sie haben eine vergessen, die deutsche – –

DAMIS. Es ist wahr, mein lieber Anton; das sind also sieben Sprachen, und ich bin erst zwanzig Jahr alt!

ANTON. Pfui doch, Herr! Sie haben mich oder Sich selbst zum Besten. Sie werden doch das, daß Sie Deutsch können, nicht zu Ihrer Gelehrsamkeit rechnen? Es war ja mein Ernst nicht. – –

DAMIS. Und also denkst du wohl selber Deutsch zu können.

ANTON. Ich? ich? nicht Deutsch? Es wäre ein verdammter Streich, wenn ich Kalmuckisch redete und wüßte es nicht.

DAMIS. Unter können und können ist ein Unterschied. Du kannst Deutsch, das ist: du kannst deine Gedanken mit Tönen ausdrükken, die einem Deutschen verständlich sind; das ist, die eben die Gedanken in ihm erwecken, die du bei dir hast. Du kannst aber nicht Deutsch, das ist: du weißt nicht, was in dieser Sprache gemein oder niedrig, rauh oder annehmlich, undeutlich oder verständlich, alt oder gebräuchlich ist; du weißt ihre Regeln nicht; du hast keine gelehrte Kenntnis von ihr.

ANTON. Was einem die Gelehrten nicht weismachen wollen! Wenn es nur auf Ihr *»das ist«* ankäme, ich glaube, Sie stritten mir wohl gar noch ab, daß ich essen könnte.

DAMIS. Essen? Je nun wahrhaftig, wenn ich es genau nehmen will, so kannst du es auch nicht.

ANTON. Ich? ich nicht essen? Und trinken wohl auch nicht?

DAMIS. Du kannst essen, das ist: du kannst die Speisen zerschneiden, in Mund stecken, kauen, herunterschlucken und so weiter. Du kannst nicht essen, das ist: du weißt die mechanischen Gesetze nicht, nach welchen es geschiehet; du weißt nicht, welches das Amt einer jeden dabei thätigen Muskel ist; ob der Digastrikus oder der Masseter, ob der Pterygoideus internus oder externus, ob der Zygomatikus oder der Platysmamyodes, ob – –

ANTON. Ach ob, ob! Das einzige Ob, worauf ich sehe, ist das, ob mein Magen etwas davon erhält, und ob mir's bekömmt. – – Aber wieder auf die Sprache zu kommen. Glauben Sie wohl, daß ich eine verstehe, die Sie nicht verstehen?

DAMIS. Du eine Sprache, die ich nicht verstünde?

ANTON. Ja, raten Sie einmal.

DAMIS. Kannst du etwa Koptisch?

ANTON. Foptisch? Nein, das kann ich nicht.

DAMIS. Chinesisch? Malabarisch? Ich wüßte nicht woher.

ANTON. Wie Sie herumraten. Haben Sie meinen Vetter nicht gesehn? Er besuchte mich vor vierzehn Tagen. Der redete nichts als diese Sprache.

DAMIS. Der Rabbi, der vor kurzem zu mir kam, war doch wohl nicht dein Vetter?

ANTON. Daß ich nicht gar ein Jude wäre! Mein Vetter war ein Wende; ich kann Wendisch, und das können Sie nicht.

DAMIS *(nachsinnend)*. Er hat recht. – Mein Bedienter soll eine Sprache verstehen, die ich nicht verstehe? Und noch dazu eine Hauptsprache? Ich erinnere mich, daß ihre Verwandtschaft mit der hebräischen sehr groß sein soll. Wer weiß, wie viel Stammwörter, die in dieser verloren sind, ich in jener entdecken könnte! – – Das Ding fängt mir an im Kopfe herum zu gehen!

ANTON. Sehen Sie! – Doch wissen Sie was? Wenn Sie mir meinen Lohn verdoppeln, so sollen Sie bald so viel davon verstehen als ich selbst. Wir wollen fleißig mit einander wendisch parlieren, und – – Kurz, überlegen Sie es. Ich vergesse über dem verdammten Plaudern meinen Gang auf den Ratskeller ganz und gar. Ich bin gleich wieder zu Ihren Diensten.

DAMIS. Bleib' jetzt hier; bleib' hier.

ANTON. Aber Ihr Herr Vater kömmt. Hören Sie? Wir könnten doch nicht weiter reden. *(Geht ab.)*

DAMIS. Wenn mich doch mein Vater ungestört lassen wollte. Glaubt er denn, daß ich so ein Müßiggänger bin wie er?

Zweiter Auftritt

Damis. Chrysander.

CHRYSANDER. Immer über den verdammten Büchern! Mein Sohn, zu viel ist zu viel. Das Vergnügen ist so nötig als die Arbeit.

DAMIS. O Herr Vater, das Studieren ist mir Vergnügens genug. Wer neben den Wissenschaften noch andere Ergetzungen sucht, muß die wahre Süßigkeit derselben noch nicht geschmeckt haben.

CHRYSANDER. Das sage nicht! Ich habe in meiner Jugend auch studiert; ich bin bis auf das Mark der Gelehrsamkeit gekommen. Aber daß ich beständig über den Büchern gelegen hätte, das ist nicht wahr. Ich ging spazieren; ich spielte; ich besuchte Gesellschaften; ich machte Bekanntschaft mit Frauenzimmern. Was der Vater in der Jugend gethan hat, kann der Sohn auch thun, soll der Sohn auch thun. A bove majori discat arare minor! wie wir Lateiner reden. Besonders das Frauenzimmer laß dir, wie wir Lateiner reden, de meliori empfohlen sein! Das sind Narren, die einen jungen Menschen vor das Frauenzimmer ärger als vor Skorpionen warnen; die es ihm, wie wir Lateiner reden, cautius sanguine viperino zu fliehen befehlen. –

DAMIS. Cautius sanguine viperino? Ja, das ist noch Latein! Aber wie heißt die ganze Stelle?

> Cautius timet flavum Tiberim tangere? cur olivum
> Sanguine viperino
> Cautius vitat? – –

O, ich höre schon, Herr Vater, Sie haben auch nicht aus der Quelle geschöpft! Denn sonst würden Sie wissen, daß Horaz in eben der Ode die Liebe als eine sehr nachteilige Leidenschaft beschreibt und das Frauenzimmer – –

CHRYSANDER. Horaz! Horaz! Horaz war ein Italiener und meinet das italienische Frauenzimmer. Ja, vor dem italienischen warne ich dich auch! das ist gefährlich! Ich habe einen guten Freund, der in seiner Jugend – – Doch still! man muß kein Ärgernis geben. – Das deutsche Frauenzimmer hingegen, o das deutsche! mit dem ist es ganz anders beschaffen. – – Ich würde der Mann nicht geworden sein, der ich doch bin, wenn mich das Frauenzimmer nicht vollends zugestutzt hätte. Ich dächte, man sähe mir's an. Du hast tote Bücher genug gelesen; guck einmal in ein lebendiges!

DAMIS. Ich erstaune – –

CHRYSANDER. O, du wirst noch mehr erstaunen, wann du erst tiefer hineinsehen wirst. Das Frauenzimmer, mußt du wissen, ist für einen jungen Menschen eine neue Welt, wo man so viel anzugaffen, so viel zu bewundern findet – –

DAMIS. Hören Sie mich doch! Ich erstaune, will ich sagen, Sie eine Sprache führen zu hören, in der wahrhaftig diejenigen Vorschriften nicht ausgedrückt waren, die Sie mir mit auf die hohe Schule gaben.

CHRYSANDER. Quae, qualis, quanta! Jetzt und damals! Tempora mutantur, wie wir Lateiner sagen.

DAMIS. Tempora mutantur? Ich bitte Sie, legen Sie doch die Vorurteile des Pöbels ab. Die Zeiten ändern sich nicht. Denn lassen Sie uns einmal sehen, was ist die Zeit? – –

CHRYSANDER. Schweig! die Zeit ist ein Ding, das ich mir mit deinem unnützen Geplaudre nicht will verderben lassen. Meine damaligen Vorschriften waren nach dem damaligen Maße deiner Erfahrung und deines Verstandes eingerichtet. Nun aber traue ich dir von beiden so viel zu, daß du Ergetzlichkeiten nicht zu Beschäftigungen machen wirst. Aus diesem Grunde rate ich dir also – –

DAMIS. Ihre Reden haben einigen Schein der Wahrheit. Allein ich dringe tiefer. Sie werden es gleich sehen. Der Status Controversiä ist – –

CHRYSANDER. Ei, der Status Controversiä mag meinetwegen in *Barbara* oder in *Celarent* sein. Ich bin nicht hergekommen, mit dir zu disputieren, sondern – –

DAMIS. Die Kunstwörter des Disputierens zu lernen? Wohl! Sie müssen also wissen, daß weder Barbara noch Celarent den Sta- tum – –

CHRYSANDER. Ich möchte toll werden! Bleib Er mir, Herr Informator, mit den Possen weg, oder – –

DAMIS. Possen? Diese seltsamen Benennungen sind zwar Überbleibsel der scholastischen Philosophie, das ist wahr, aber doch solche Überbleibsel – –

CHRYSANDER. Über die ich die Geduld verlieren werde, wann du mich nicht bald anhörst. Ich komme in der ernsthaftesten Sache von der Welt zu dir – – denn was ist ernsthafter als heiraten? – – und du – –

DAMIS. Heiraten? Des Heiratens wegen zu mir? zu mir?

CHRYSANDER. Ha! ha! macht dich das aufmerksam? Also ausculta et perpende!

DAMIS. Ausculta et perpende? ausculta et perpende? Ein glücklicher Einfall –

CHRYSANDER. O, ich habe Einfälle –

DAMIS. Den ich da bekomme –

CHRYSANDER. Du?

DAMIS. Ja, ich. Wissen Sie, wo sich dieses ausculta et perpende herschreibt? Eben mache ich die Entdeckung: aus dem Homer. O, was finde ich nicht alles in meinem Homer!

CHRYSANDER. Du und dein Homer, ihr seid ein paar Narren!

DAMIS. Ich und Homer? Homer und ich! wir beide? Hi! hi! hi! Gewiß, Herr Vater? O, ich danke, ich danke. Ich und Homer! Homer und ich! – Aber hören Sie nur: so oft Homer – er war wirklich kein Narr, so wenig wie ich – so oft er, sag' ich, seine Helden den Soldaten zur Tapferkeit ermuntern oder in dem Kriegsrate eine Beratschlagung anheben läßt, so ist auch der Anfang ihrer Rede: höret, was ich vortragen werde, und überlegt es! Zum Exempel in der Odyssee:

Κεκλυτε δη νυν μευ, ᾽Ιθακησιοι, ὅττι κεν εἴπω.

Und darauf folgt denn auch oft:

῾Ωσ ἔφαθ᾽· οἱ δ᾽ ἄρα του μαλα μεν κλυον, ἠδ᾽ ἐπιθοντο.

das ist: so sprach er, und sie gehorchten dem, was sie gehöret hatten.

CHRYSANDER. Gehorchten sie ihm? Nu, das ist vernünftig! Homer mag doch wohl kein Narr sein. Sieh zu, daß ich von dir auch widerrufen kann. Denn wieder zur Sache: ich kenne, mein Sohn –

DAMIS. Einen kleinen Augenblick Geduld, Herr Vater! Ich will mich nur hinsetzen und diese Anmerkung aufschreiben.

CHRYSANDER. Aufschreiben? was ist hier aufzuschreiben? Wem liegt daran, ob das Sprüchelchen aus dem Homer oder aus dem Gesangbuche ist?

DAMIS. Der gelehrten Welt liegt daran; meiner und Homers Ehre lieget daran! Denn ein halb hundert solche Anmerkungen machen einen Philologen. Und sie ist neu, muß ich Ihnen sagen, sie ist ganz neu.

CHRYSANDER. So schreib sie ein andermal auf.

DAMIS. Wann sie mir aber wieder entfiele! Ich würde untröstlich sein. Haben Sie wenigstens die Gütigkeit, mich wieder daran zu erinnern.

CHRYSANDER. Gut, das will ich thun; höre mir nur jetzt zu. Ich kenne, mein Sohn, ein recht allerliebstes Frauenzimmer; und ich weiß, du kennst es auch. Hättest du wohl Lust – –

DAMIS. Ich soll ein Frauenzimmer, ein liebenswürdiges Frauenzimmer kennen? O, Herr Vater, wenn das jemand hörte, was würde er von meiner Gelehrsamkeit denken? – – Ich ein liebenswürdiges Frauenzimmer? – –

CHRYSANDER. Nun wahrhaftig, ich glaube nicht, daß ein Gastwirt so erschrecken kann, wenn man ihm Schuld giebt, er kenne den oder jenen Spitzbuben, als du erschrickst, weil du ein Frauenzimmer kennen sollst. Ist denn das ein Schimpf?

DAMIS. Wenigstens ist es keine Ehre, besonders für einen Gelehrten. Mit wem man umgeht, dessen Sitten nimmt man nach und nach an. Jedes Frauenzimmer ist eitel, hoffärtig, geschwätzig, zänkisch und zeitlebens kindisch, es mag so alt werden als es will. Jedes Frauenzimmer weiß kaum, daß es eine Seele hat, um die es unendlich mehr besorgt sein sollte als um den Körper. Sich ankleiden, auskleiden und wieder anders ankleiden, vor dem Spiegel sitzen, seinen eignen Reiz bewundern, auf ausgekünstelte Mienen sinnen, mit neugierigen Augen müßig an dem Fenster liegen, unsinnige Romane lesen, und auf höchste zum Zeitvertreibe die Nadel zur Hand nehmen: das sind seine Beschäftigungen, das ist sein Leben. Und Sie glauben, daß ein Gelehrter ohne Nachteil seines guten Namens solche närrische Geschöpfe weiter als ihrer äußerlichen Gestalt nach kennen dürfe?

CHRYSANDER. Mensch, Mensch! Deine Mutter kehret sich im Grabe um. Bedenke doch, daß sie auch ein Frauenzimmer war! Bedenke doch, daß die Dinger von Natur nun einmal nicht anders sind! Obschon, wie wir Lateiner zu reden pflegen, nulla regula sine exceptione. Und so eine Exception ist sicherlich das Mädchen, das ich jetzt im Kopfe habe, und das du kennst. – –

DAMIS. Nein, nein! ich schwöre es Ihnen zu: unsere Muhmen ausgenommen und Julianen –

CHRYSANDER. Und Julianen? bene! –

DAMIS. Und ihr Mädchen ausgenommen, kenne ich kein einziges Weibsbild. Ja, der Himmel soll mich strafen, wenn ich mir jemals in den Sinn kommen lasse, mehrere kennen zu lernen!

CHRYSANDER. Je nun, auch das! wie du willst! Genug; Julianen, die kennst du.

DAMIS. Leider!

CHRYSANDER. Und eben Juliane ist es, über die ich deine Gedanken vernehmen möchte. – –

DAMIS. Über Julianen? meine Gedanken über Julianen? O, Herr Vater, wenn Sie noch meine Gedanken über Erinnen oder Corinnen, über Telesillen oder Praxillen verlangten – –

CHRYSANDER. Schock tausend! was sind das für Illen? Den Augenblick schwur er, er kenne kein Frauenzimmer, und nun nennt er ein halb Dutzend Menscher.

DAMIS. Menscher? Herr Vater!

CHRYSANDER. Ja, Herr Sohn, Menscher! Die Endung giebt's gewiß nicht? Netrix, Lotrix, Meretrix.

DAMIS. Himmel, Menscher, griechische berühmte Dichterinnen Menscher zu nennen! – –

CHRYSANDER. Ja ja, Dichterinnen! das sind mir eben die rechten. Lotrix, Meretrix, Poetrix – –

DAMIS. Poetrix? O wehe, meine Ohren! Poetria müßten Sie sagen oder Poetris –

CHRYSANDER. Is oder ix, Herr Buchstabenkrämer!

Dritter Auftritt

Chrysander. Damis. Lisette.

LISETTE. Hurtig herunter in die Wohnstube, Herr Chrysander! Man will Sie sprechen.

CHRYSANDER. Nun, was für ein Narr muß mich jetzo stören? Wer ist es denn?

LISETTE. Soll ich alle Narren kennen?

CHRYSANDER. Was sagst du? Du hast ein unglückliches Maul, Lisette. Einen ehrlichen Mann einen Narren zu schimpfen? Denn ein ehrlicher Mann muß es doch sein, was wollte er sonst bei mir?

LISETTE. Nu, nu; verzeihen Sie immer meinem Maule den Fehler des Ihrigen.

CHRYSANDER. Den Fehler des meinigen?

LISETTE. O gehen Sie doch! der ehrliche Mann wartet.

CHRYSANDER. Laß ihn warten. Habe ich doch den Narren nicht kommen heißen. – Ich werde gleich wieder da sein, mein Sohn.

LISETTE *(beiseite)*. Ich muß doch sehen, ob ich aus dem wunderlichen Einfall meiner Jungfer etwas machen kann.

Vierter Auftritt

Lisette. Damis.

DAMIS. Nun? geht Lisette nicht mit?

LISETTE. Ich bin Ihre gehorsamste Dienerin. Wenn Sie befehlen, so werde ich gehorchen. Aber nur eines möchte ich erst wissen. Sagen Sie mir, um des Himmels willen, wie können Sie beständig so allein sein? Was machen Sie denn den ganzen Tag auf Ihrer Studierstube? Werden Ihnen denn nicht alle Augenblicke zu Stunden?

DAMIS. Ach, was nützen die Fragen? Fort! fort!

LISETTE. Über den Büchern können Sie doch unmöglich die ganze Zeit liegen. Die Bücher, die toten Gesellschafter! Nein, ich lobe mir das Lebendige, und das ist auch Mamsell Julianens Geschmack. Zwar dann und wann lesen wir auch, einen irrenden Ritter, eine Banise und so etwas Gutes; aber länger als eine Stunde halten wir es hintereinander nicht aus. Ganze Tage damit zuzubringen wie Sie, hilf Himmel! in den ersten dreien wären wir tot. Und vollends nicht ein Wort dabei zu reden wie Sie, das wäre unsre Hölle. Ein Vorzug des ganzen männlichen Geschlechts kann es nicht sein, weil ich Mannspersonen kenne, die so flüchtig und noch flüchtiger sind als wir. Es müssen nur sehr wenig große Geister diese besonderen Gaben besitzen. – –

DAMIS. Lisette spricht so albern eben nicht. Es ist schade, daß ein so guter Mutterwitz nicht durch die Wissenschaften ausgebessert wird.

LISETTE. Sie machen mich schamrot. Bald dürfte ich mich dafür rächen und Ihnen die Lobeserhebungen nacheinander erzählen, die Ihnen von der gestrigen Gartengesellschaft gemacht wurden. Doch ich will Ihre Bescheidenheit nicht beleidigen. Ich weiß, die Gelehrten halten auf diese Tugend allzuviel.

DAMIS. Meine Lobeserhebungen? meine?

LISETTE. Ja, ja die Ihrigen.

DAMIS. O, besorge Sie nichts, meine liebe Lisette. Ich will sie als die Lobeserhebungen eines andern betrachten, und so kann meine Bescheidenheit zufrieden sein. Erzähle Sie mir sie nur. Bloß wegen ihrer lebhaften und ungekünstelten Art, sich auszudrücken, wünsche ich sie zu hören.

LISETTE. O, meine Art ist wohl keine von den besten. Es hat mir ein Lehrmeister wie Sie gefehlt. Doch ich will Ihrem Befehle gehorchen. Sie wissen doch wohl, wer die Herren waren, die gestern bei Ihrem Herrn Vater im Garten schmauseten?

DAMIS. Nein, wahrhaftig nicht. Weil ich nicht dabei sein wollte, so habe ich mich auch nicht darum bekümmert. Hoffentlich aber werden es Leute gewesen sein, die selbst lobenswürdig sind, daß man sich also auf ihr Lob etwas einbilden kann.

LISETTE. Das sind sie so ziemlich. Was würde es Ihnen aber verschlagen, wenn sie es auch nicht wären? Sie wollen ja Ihre Lobeserhebungen aus Bescheidenheit als fremde betrachten. Und hängt denn die Wahrheit von dem Munde desjenigen ab, der sie vorträgt? Hören Sie nur –

DAMIS. Himmel! ich höre meinen Vater wiederkommen. Um Gotteswillen, liebe Lisette, daß er nicht merkt, daß Sie sich so lange bei mir aufgehalten hat. Geh Sie hurtig unterdessen in das Kabinett.

Fünfter Auftritt

Damis. Chrysander.

CHRYSANDER. Der verzweifelte Valer! er hätte mir zu keiner ungelegnern Zeit kommen können. Muß ihn denn der Henker eben heute von Berlin zurückführen? Und muß er sich denn eben gleich bei mir anmelden lassen! Hui, daß – – Nein, Herr Valer, damit kommen Sie zu spät. – – Nun, mein Sohn. – *(Damis steht zerstreut, als in tiefen Gedanken.)* Hörst du, mein Sohn?

DAMIS. Ich höre, ich höre alles.

CHRYSANDER. Kurz, du merkst doch, wo ich vorhin hinaus wollte? Einem Klugen sind drei Worte genug. Sapienti sat, sagen wir Lateiner. – Antworte doch –

DAMIS *(noch immer als in Gedanken)*. Was ist da zu antworten? – –

CHRYSANDER. Was da zu antworten ist? – Das will ich dir sagen. – Antworte, daß du mich verstanden, daß dir mein Antrag lieb ist, daß dir Juliane gefällt, daß du mir in allem gehorchen willst. – Nun, antwortest du das? –

DAMIS. Ich will gleich sehn. – *(Indem er in der angenommenen Zerstreuung nach einem Buche greift.)*

CHRYSANDER. Was kann in dem Buche davon stehen? – Antworte aus dem Herzen, und nicht aus dem Buche. – – Ex libro doctus quilibet esse potest, sagen wir Lateiner. – –

DAMIS *(als ob er in dem Buche läse).* Vollkommen recht! Aber nun wie weiter? –

CHRYSANDER. Das weitere giebt sich wie's Griechische. Du sagst ja; sie sagt ja; damit wird Verlöbnis; und bald drauf wird Hochzeit; und alsdann – – du wirst schon sehen, wie's alsdann weiter geht. – –

DAMIS. Wenn nun aber diese Voraussetzung – *(Immer noch als ob er läse.)*

CHRYSANDER. Ei, ich setze nichts voraus, was im geringsten zweifelhaft wäre. Juliane ist eine Waise; ich bin ihr Vormund; ich bin dein Vater; was muß mir angelegner sein, als euch beide glücklich zu machen? Ihr Vater war mein Freund und war ein ehrlicher Mann, obgleich ein Narr. Er hätte einen honetten Bankerott machen können; seine Gläubiger würden aufs Drittel mit sich haben accordieren lassen, und er war so einfältig und bezahlte bis auf den letzten Heller. Wie ist mir denn? hast du ihn nicht gekannt?

DAMIS. Von Person nicht. Aber seine Lebensumstände sind mir ganz wohl bewußt. Ich habe sie, ich weiß nicht in welcher Biographie gelesen.

CHRYSANDER. Gelesen? gedruckt gelesen?

DAMIS. Ja, ja, gelesen. Er ward gegen die Mitte des vorigen Jahrhunderts geboren und ist etwa vor zwanzig Jahren als Generalsuperintendent in Pommern gestorben. In orientalischen Sprachen war seine vornehmste Stärke. Allein seine Bücher sind nicht alle gleich gut. Dieses ist noch eines von den besten. Eine besondere Gewohnheit soll der Mann an sich gehabt haben – –

CHRYSANDER. Von wem sprichst denn du?

DAMIS. Sie fragen mich ja, ob mir der Verfasser dieses Buchs bekannt wäre?

CHRYSANDER. Ich glaube, du träumest, oder es geht gar noch etwas Ärgers in deinem Gehirne vor. Ich frage dich, ob du Julianens Vater noch gekannt hast?

DAMIS. Verzeihen Sie mir, wann ich ein wenig zerstreut geantwortet habe! Ich dachte eben nach – – warum wohl die Rabbinen – – das Schurek M'lo Pum heißen!

CHRYSANDER. Mit dem verdammten Schurek! Gieb doch auf das acht, was der Vater mit dir spricht! – *(Er nimmt ihm das Buch aus der Hand.)* Du hast ihn also nicht gekannt? Ich besinne mich; es ist auch nicht wohl möglich. Als er starb, war Juliane noch sehr jung. Ich nahm sie gleich nach seinem Tode in mein Haus, und Gott sei Dank! sie hat viel Wohlthaten hier genossen. Sie ist schön, sie ist tugendhaft; wem sollte ich sie also lieber gönnen als dir? Was meinst du? – Antworte doch! Stehst du nicht da, als wenn du schliefest! – –

DAMIS. Ja, ja, Herr Vater. Nur eins ist noch dabei zu erwägen. – –

CHRYSANDER. Du hast recht; freilich ist noch eins dabei zu erwägen: ob du dich nämlich geschickt befindest, bald ein öffentliches Amt anzunehmen, weil doch – –

DAMIS. Wie? geschickt? geschickt? Sie zweifeln also an meiner Geschicklichkeit? – Wie unglücklich bin ich, daß ich Ihnen nicht sogleich die unwidersprechlichsten Beweise geben kann! Doch es soll noch diesen Abend geschehen. Glauben Sie mir, noch diesen Abend. – – Die verdammte Post! Ich weiß auch nicht, wo sie bleibt.

CHRYSANDER. Beruhige dich nur, mein Sohn. Die Frage geschahe eben aus keinem Mißtrauen, sondern bloß, weil ich glaube, es schicke sich nicht, eher zu heiraten, als bis man ein Amt hat; so wie es sich, sollte ich meinen, auch nicht wohl schickt, eher ein Amt anzunehmen, als bis man weiß, woher man die Frau bekommen will.

DAMIS. Ach was, heiraten? was Frau? Erlauben Sie mir, daß ich Sie allein lasse. Ich muß ihn gleich wieder auf die Post schicken. Anton! Anton! Doch es ist mit dem Schlingel nichts anzufangen; ich muß nur selbst gehen.

Sechster Auftritt

Anton. Chrysander.

ANTON. Rufte mich nicht Herr Damis? Wo ist er? was soll ich?

CHRYSANDER. Ich weiß nicht, was ihm im Kopfe steckt. Er ruft dich; er will dich auf die Post schicken; er besinnt sich, daß mit dir Schlingel nichts anzufangen ist, und geht selber. Sage mir nur, willst du zeitlebens ein Esel bleiben?

ANTON. Gemach, Herr Chrysander! ich nehme an den Thorheiten Ihres Sohnes keinen Teil. Mehr als zwölfmal habe ich ihm heute schon auf die Post laufen müssen. Er verlangt Briefe von Berlin. Ist es meine Schuld, daß sie nicht kommen?

CHRYSANDER. Der wunderliche Heilige! Du bist aber nun schon so lange um ihn, solltest du nicht sein Gemüt, seine Art zu denken ein wenig kennen?

ANTON. Ha! ha! das kömmt darauf hinaus, was wir Gelehrten die Kenntnis der Gemüter nennen! Darin bin ich Meister, bei meiner Ehre! Ich darf nur ein Wort mit einem reden, ich darf ihn nur ansehen: husch, habe ich den ganzen Menschen weg! Ich weiß sogleich, ob er vernünftig oder eigensinnig, ob er freigebig oder ein Knicker – –

CHRYSANDER. Ich glaube gar, du zeigst auf mich?

ANTON. O, kehren Sie sich an meine Hände nicht! – – Ob er – –

CHRYSANDER. Du sollst deine Kunst gleich zeigen! Ich habe meinem Sohne eine Heirat vorgeschlagen; nun sage einmal, wenn du ihn kennst, was wird er thun?

ANTON. Ihr Herr Sohn? Herr Damis? Verzeihen Sie mir, bei dem geht meine Kunst, meine sonst so wohlversuchte Kunst, betteln.

CHRYSANDER. Nu, Schurke, so geh mit und prahle nicht!

ANTON. Die Gemütsart eines jungen Gelehrten kennen wollen und etwas daraus schließen wollen, ist unmöglich; und was unmöglich ist, Herr Chrysander – – das ist unmöglich.

CHRYSANDER. Und wie so?

ANTON. Weil er gar keine hat.

CHRYSANDER. Gar keine?

ANTON. Nein, nicht gar keine, sondern alle Augenblicke eine andre. Die Bücher und die Exempel, die er liest, sind die Winde, nach welchen sich der Wetterhahn seiner Gedanken richtet. Nur bei dem Kapitel vom Heiraten stehen zu bleiben, weil das einmal auf dem Tapete ist, so besinne ich mich, daß – – Denn vor allen Dingen müssen Sie wissen, daß Herr Damis nie etwas vor mir verborgen hat. Ich bin von jeher sein Vertrauter gewesen, und von jeher der, mit dem er sich immer am liebsten abgegeben hat. Ganze Tage, ganze Nächte haben wir manchmal auf der Universität mit einander disputiert. Und ich weiß nicht, er muß doch so etwas an mir finden, etwa eine Eigenschaft, die er an andern nicht findet –

CHRYSANDER. Ich will dir sagen, was das für eine Eigenschaft ist:

deine Dummheit! Es ergetzt ihn, wenn er sieht, daß er gelehrter ist als du. Bist du nun vollends ein Schalk und widersprichst ihm nicht und lobst ihn ins Gesicht und bewunderst ihn – –

ANTON. Je verflucht! da verraten Sie mir ja meine ganze Politik! Wie schlau ein alter Kaufmann nicht ist!

CHRYSANDER. Aber vergiß das Hauptwerk nicht! Vom Heiraten – –

ANTON. Ja, darüber hat er schon Teufelsgrillen im Kopfe gehabt. Zum Exempel, ich weiß die Zeit, da er gar nicht heiraten wollte.

CHRYSANDER. Gar nicht? so muß ich noch heiraten. Ich werde doch meinen Namen nicht untergehen lassen? Der Bösewicht! Aber warum denn nicht?

ANTON. Darum, weil es einmal Gelehrte gegeben hat, die geglaubt haben, der ehelose Stand sei für einen Gelehrten der schicklichste. Gott weiß, ob diese Herren allzu geistlich oder allzu fleischlich sind gesinnt gewesen! Als ein künftiger Hagestolz hatte er sich auch schon auf verschiedene sinnreiche Entschuldigungen gefaßt gemacht. –

CHRYSANDER. Auf Entschuldigungen? Kann sich so ein ruchloser Mensch, der dieses heilige Sakrament – – denn im Vorbeigehen zu sagen, ich bin mit unsern Theologen gar nicht zufrieden, daß sie den Ehestand für kein Sakrament wollen gelten lassen – – der, sage ich, dieses heilige Sakrament verachtet, kann sich der noch unterstehen, seine Gottlosigkeit zu entschuldigen? Aber, Kerl, ich glaube, du machst mir etwas weis; denn nur vorhin schien er ja meinen Vorschlag zu billigen.

ANTON. Das ist unmöglich richtig zugegangen. Wie stellte er sich dabei an? Lassen Sie sehen: stand er etwa da, als wenn er vor den Kopf geschlagen wäre? sahe er etwa steif auf die Erde? legte er etwa die Hand an die Stirne? griff er etwa nach einem Buche, als wenn er darin lesen wollte? ließ er Sie etwa ungestört fortreden?

CHRYSANDER. Getroffen! Du malst ihn, als ob du ihn gesehen hättest.

ANTON. O, da sieht es windig aus! Wann er es so macht, will er haben, daß man ihn für zerstreut halten soll. Ich kenne seine Mucken. Er hört alsdann alles, was man ihm sagt; allein die Leute sollen glauben, er habe es vor vielem Nachsinnen nicht gehört. Er antwortet zuweilen auch; wenn man ihm aber seine Antwort wieder vorlegt, so wird er nimmermehr zugestehen, daß sie auf das gegangen sei, was man von ihm hat wissen wollen.

CHRYSANDER. Nun, wer noch nicht gestehen will, daß zu viel Gelehrsamkeit den Kopf verwirre, der verdient es selber zu erfahren. Gott sei Dank, daß ich in meiner Jugend gleich das rechte Maß zu treffen wußte! Omne nimium vertitur in vitulum, sagen wir Lateiner sehr spaßhaft. – – Aber Gott sei dem Bösewichte gnädig, wann er auf dem Vorsatze verharret! Wann er behauptet, es sei nicht nötig zu heiraten und Kinder zu zeugen: will er mir damit nicht zu verstehen geben, es sei auch nicht nötig gewesen, daß ich ihn gezeugt habe? Der undankbare Sohn!

ANTON. Es ist wahr, kein größrer Undank kann unter der Sonne sein, als wenn ein Sohn die viele Mühe nicht erkennen will, die sein Vater hat über sich nehmen müssen, um ihn in die Welt zu setzen.

CHRYSANDER. Nein, gewiß, an mir soll der heilige Ehestand seinen Verteidiger finden!

ANTON. Der Wille ist gut; aber lauter solche Verteidiger würden die Konsumtionsaccise ziemlich geringe machen.

CHRYSANDER. Wie so?

ANTON. Bedenken Sie es selbst! drei Weiber, und von der dritten kaum einen Sohn.

CHRYSANDER. Kaum? was willst du mit dem »kaum« sagen, Schlingel?

ANTON. Hui, daß Sie etwas Schlimmers darunter verstehn als ich.

CHRYSANDER. Zwar im Vertrauen, Anton: wenn die Weiber vor zwanzig Jahren so gewesen wären, wie die Weiber jetzo sind, ich würde auf wunderbare Gedanken geraten. Er hat gar zu wenig von mir! Doch die Weiber vor zwanzig Jahren waren so frech noch nicht wie die jetzigen, so treulos noch nicht, wie sie heutzutage sind, so lüstern noch nicht – –

ANTON. Ist das gewiß? Nun wahrhaftig, so hat man meiner Mutter Unrecht gethan, die vor dreiunddreißig Jahren von ihrem Manne, der mein Vater nicht sein wollte, geschieden wurde! Doch das ist ein Punkt, woran ich nicht gern denke. Die Grillen Ihres Herrn Sohns sind lustiger.

CHRYSANDER. Ärgerlicher, sprich! Aber sage mir, was waren denn seine Entschuldigungen?

ANTON. Seine Entschuldigungen waren Einfälle, die auf seinem Miste nicht gewachsen waren. Er sagte zum Exempel, so lange er unter vierzig Jahren sei, und ihn jemand um die Ursache fragen würde, warum er nicht heirate, wolle er antworten: er sei zum Heiraten noch zu jung; wäre er aber über vierzig Jahr, so wolle er sprechen: nunmehr sei er zum Heiraten zu alt. Ich weiß nicht, wie der Gelehrte hieß, der auch so soll gesagt haben. – – Ein anderer Vorwand war der: er heiratete deswegen nicht, weil er alle Tages willens wäre, ein Mönch zu werden, und würde deswegen kein Mönch, weil er alle Tage gedächte zu heiraten.

CHRYSANDER. Was? nun will er auch gar ein Mönch werden? Da sieht man, wohin so ein böses Gemüt, das keine Ehrfurcht für den heiligen Ehestand hat, verfallen kann! Das hätte ich nimmermehr in meinem Sohne gesucht!

ANTON. Sorgen Sie nicht! bei Ihrem Sohne ist alles nur ein Übergang. Er hatte den Einfall in der Lebensbeschreibung eines Gelehrten gelesen; er hatte Geschmack daran gefunden und sogleich beschlossen, ihn bei Gelegenheit als den seinen anzubringen. Bald aber ward die Grille von einer andern verjagt, so wie etwan, so wie etwan – – Schade, daß ich kein Gleichnis dazu finden kann! Kurz, sie ward verjagt. Er wollte nunmehr heiraten, und zwar einen rechten Teufel von einer Frau.

CHRYSANDER. Wenn doch den Einfall mehr Narren haben wollten, damit andre ehrliche Männer mit bösen Weibern verschont blieben!

ANTON. Ja, meinte er, es würde doch hübsch klingen, wenn es einmal von ihm heißen könnte: »Unter die Zahl der Gelehrten, welche der Himmel mit bösen Weibern gestraft hat, gehört auch der berühmte Damis; gleichwohl kann sich die gelehrte Welt nicht über ihn beklagen, daß ihn dieses Hauskreuz nur im geringsten abgehalten hätte, ihr mit unzählbaren gelehrten Schriften zu dienen.«

CHRYSANDER. Mit Schriften! ja, die mir am teuersten zu stehen kommen. Was für Rechnungen habe ich nicht schon an die Buchdrukker bezahlen müssen! Der Bösewicht!

ANTON. Geduld! er hat auch erst angefangen zu schreiben! Es wird schon besser kommen.

CHRYSANDER. Besser? vielleicht, damit man ihn endlich einmal auch unter die zählen kann, die ihren Vater arm geschrieben haben!

ANTON. Warum nicht? wenn es ihm Ehre brächte – –

CHRYSANDER. Die verdammte Ehre!

ANTON. Um die thut ein junger Gelehrter alles! Wann es auch nach seinem Tode heißen sollte: »Unter diejenigen Gelehrten, die zum Teufel gefahren sind, gehört auch der berühmte Damis!« was schadet das? Genug, er heißt gelehrt; er heißt berühmt – –

CHRYSANDER. Kerl, du erschreckst mich! Aber du, der du weit älter bist als er, kannst du ihn nicht dann und wann zurechte weisen? – –

ANTON. O, Herr Chrysander! Sie wissen wohl, daß ich keinen Gehalt als Hofmeister bekomme. Und dazu meine Dummheit – –

CHRYSANDER. Ja, die du annimmst, um ihn desto dümmer zu machen.

ANTON *(beiseite)*. St! der kennt mich. – Aber glauben Sie, daß es ihm mit der bösen Frau ein Ernst war? nichts weniger! Eine Stunde darauf wollte er sich eine gelehrte Frau aussuchen.

CHRYSANDER. Nun, das wäre doch noch etwas Kluges!

ANTON. Etwas Kluges? Nach meiner unvorgreiflichen Meinung ist es gleich der dümmste Einfall, den er hat haben können. Eine gelehrte Frau! bedenken Sie doch! eine gelehrte Frau, eine Frau wie Ihr Herr Sohn! Zittern und Entsetzen möchte einem ehrlichen Kerl ankommen. Wahrhaftig! ehe ich mir eine Gelehrte aufhängen ließ – –

CHRYSANDER. Narre, Narre! sie gehen unter andern Leuten, als du bist, reißend weg. Wann ihrer nur viel wären, wer weiß, ob ich mir nicht selbst eine wählte.

ANTON. Kennen Sie Karlinen?

CHRYSANDER. Karlinen? Nein.

ANTON. Meinen ehemaligen Kameraden? meinen guten Freund? kennen Sie den nicht?

CHRYSANDER. Nein doch, nein.

ANTON. Er trug ein hechtgraues Kleid mit roten Aufschlägen und auf seiner Sonntags-Montur rote und blaue Achselbänder. Sie müssen ihn bei mir gesehen haben. Er hatte eine etwas lange Nase. Sie war ein Erbstück; denn er wollte aus der Geschichte wissen, daß schon sein Ururältervater, der ehedem einem gewissen Turnier als Stallknecht beigewohnt, eine ebenso lange gehabt habe. Sein einziger Fehler war, daß er etwas krumme Beine hatte. Besinnen Sie sich nun?

CHRYSANDER. Soll ich denn alle das Lumpengesindel kennen, das du kennst? Und was willst du denn mit ihm?

ANTON. Sie kennen ihn also im Ernste nicht? O! da kennen Sie einen sehr großen Geist weniger. Ich will Sie zu seiner Bekanntschaft verhelfen; ich gelte etwas bei ihm.

CHRYSANDER. Ich glaube, du schwärmst manchmal so gut als mein Sohn. Wie kömmst du denn auf die Possen?

ANTON. Eben der Karlin, will ich sagen – – O! es ist ärgerlich, daß Sie ihn nicht kennen – – Eben der Karlin, sage ich, hat einmal bei einem Herrn gedient, der eine gelehrte Frau hatte. Der verzweifelte Vogel! – – er sah gut aus, und wie nun der Appetit sich nach dem Stande nicht richtet – – kurz, er mußte sie näher gekannt haben. Wo hätte er sonst so viel Verstand her? Endlich merkte es auch sein Herr, daß er bei der Frau in die Schule ging. Er bekam seinen Abschied, ehe er sich's versah. Die arme Frau!

CHRYSANDER. Ach schweig! ich mag weder deine noch meines Sohnes Grillen länger mit anhören.

ANTON. Noch eine hören Sie, und zwar die, welche zuletzt seine Leibgrille ward: er wollte mehr als eine Frau heiraten.

CHRYSANDER. Aber eine nach der andern.

ANTON. Nein, wenigstens ein halb Dutzend auf einmal. Der Bibel, der Obrigkeit und dem Gebrauche zum Trutze! Er las damals gleich ein Buch – –

CHRYSANDER. Die verdammten Bücher! Kurz, ich will nicht weiter hören. Es soll ihm schon vergehen, mehr als eine zu nehmen, wenn er nur erst die genommen hat, die ich jetzt für ihn im Kopfe habe. Und was meinest du wohl, Anton? Quid putas? wie wir Lateiner reden: wird er's thun?

ANTON. Vielleicht, vielleicht nicht. Wenn ich wüßte, was er für ein Buch zuletzt gelesen hätte, und wenn ich dieses Buch selbst lesen könnte, und wenn – –

CHRYSANDER. Ich sehe schon, ich werde deine Hilfe nötig haben. Du bist zwar ein Gauner, aber ich weiß auch, man kömmt jetzt mit Betrügern weiter als mit ehrlichen Leuten.

ANTON. Ei, Herr Chrysander, für was halten Sie mich?

CHRYSANDER. Ohne Komplimente, Herr Anton! Ich verspreche dir eine Belohnung, die deinen Verdiensten gemäß sein soll, wenn du meinen Sohn quovis modo, wie wir Lateiner reden, durch Wahrheiten oder durch Lügen, durch Ernst oder Schraubereien, vel sic vel aliter, wie wir Lateiner reden, Julianen zu heiraten bereden kannst.

ANTON. Wen? Julianen?

CHRYSANDER. Julianen, illam ipsam.

ANTON. Unsere Mamsell Juliane? Ihr Mündel? Ihre Pflegetochter?

CHRYSANDER. Kennst du eine andre?

ANTON. Das ist unmöglich, oder das, was ich von ihr gehört habe, muß nicht wahr sein.

CHRYSANDER. Gehört? so? hast du etwas von ihr gehört? doch wohl nichts böses?

ANTON. Nichts gutes war es freilich nicht.

CHRYSANDER. Ei! ich habe auf das Mädchen so große Stücken gehalten. Sie wird doch nicht etwa mit einem jungen Kerl – – he?

ANTON. Wann es nichts mehr wäre! so ein klein Fehlerchen entschuldigt die Mode. Aber es ist noch etwas weit Ärgers für eine gute Jungfer, die gerne nicht länger Jungfer sein möchte.

CHRYSANDER. Noch etwas weit Ärgers? ich versteh' dich nicht.

ANTON. Und Sie sind gleichwohl ein Kaufmann?

CHRYSANDER. Noch etwas weit Ärgers? Ich habe immer geglaubt, Eingezogenheit und gute Sitten wären das Vornehmste – –

ANTON. Nicht mehr! nicht mehr! vor zwanzig Jahren wohl, wie Sie vorher selbst weislich erinnerten.

CHRYSANDER. Nun, so erkläre dich deutlicher. Ich habe nicht Lust, deine närrischen Gedanken zu erraten.

ANTON. Und nichts ist doch leichter. Mit einem Worte: sie soll kein Geld haben. Man hat mir gesagt, in Ansehung ihres Vaters, der Ihr guter Freund gewesen wäre, hätten Sie Julianen von ihrem neunten Jahre an zu sich genommen und aus Barmherzigkeit erzogen.

CHRYSANDER. Da hat man dir nun wohl keine Lügen gesagt; gleichwohl aber soll sie doch kein andrer haben als mein Sohn, wann nur er – – Denn sieh, Anton, ich muß dir das ganze Rätsel erklären. – Es liegt nur an mir, Julianen in kurzer Zeit reich zu machen.

ANTON. Ja, durch Ihr eigen Geld; und auf diese Art könnten Sie auch mich wohl reich machen. Wollen Sie so gut sein?

CHRYSANDER. Nein, nicht durch mein eigen Geld. – Kannst du schweigen?

ANTON. Versuchen Sie es.

CHRYSANDER. Höre also; mit Julianens Vermögen steht es so: ihr Vater kam durch einen Prozeß, den er endlich doch mußte liegen lassen, kurz vor seinem Tode um alles das Seine. Jetzt nun ist mir ein gewisses Dokument in die Hände gefallen, das er lange vergebens suchte, und das dem ganzen Handel ein ander Ansehen giebt. Es kömmt nur darauf an, daß ich so viel Geld hergebe, den Prozeß wieder anzufangen. Das Dokument selbst habe ich bereits an meinen Advokaten nach Dresden geschickt. – –

ANTON. Gott sei Dank, daß Sie wieder zum Kaufmanne werden! Vorhin hätte ich bald nicht gewußt, was ich aus Ihnen machen sollte. – – Aber Julianens Einwilligung haben Sie doch schon?

CHRYSANDER. O! das gute Kind will mir, wie es spricht, in allem gehorchen. Unterdessen hat sich doch schon Valer auf sie gespitzt. Er hat mir vor einiger Zeit auch seine Gedanken deshalb eröffnet. Ehe ich das Dokument bekam – –

ANTON. Ja, da war uns an Julianen so viel nicht gelegen. Sie machten ihm also Hoffnung?

CHRYSANDER. Freilich! Er ist heute von Berlin wieder zurückgekommen und hat sich auch schon bei mir melden lassen. Ich besorge, ich besorge – – Doch wenn mein Sohn nur will – – Und diesen, Anton, du verstehst mich – – Ein Narr ist auf viel Seiten zu fassen; und ein Mann wie du kann auf viel Seiten fassen. – Du wirst sehen, daß ich erkenntlich bin.

ANTON. Und Sie, daß ich ganz zu Ihren Diensten bin, zumal wenn mich die Erkenntlichkeit zuerst herausfordert, und –

Siebenter Auftritt

Anton. Chrysander. Juliane.

JULIANE. Kommen Sie doch, Herr Chrysander, kommen Sie doch hurtig herunter. Herr Valer ist schon da, Ihnen seine Aufwartung zu machen.

CHRYSANDER. Thut Sie doch ganz fröhlich, mein Jüngferchen!

ANTON *(sachte zu Chrysandern)*. Hui! daß Valer schon den Vogel gefangen hat.

CHRYSANDER. Was wäre mir gelegen.

(Anton und Chrysander gehen ab.)

Achter Auftritt

Juliane. Lisette.

LISETTE *(guckt aus dem Kabinett)*. Bst! bst! bst!

JULIANE. Nun, wem gilt das? Lisette? bist du's? was machst du denn hier?

LISETTE. Ja, das werden Sie wohl nimmermehr glauben, daß ich und Damis schon so weit mit einander gekommen sind, daß er mich verstecken muß. Schon kann ich ihn um einen Finger wickeln! Noch eine Unterredung wie vorhin, so habe ich ihn im Sacke.

JULIANE. Und also hätte ich wohl, in allem Scherze, einen recht guten Einfall gehabt? Wollte doch der Himmel, daß die Verbindung, die sein Vater zwischen uns – –

LISETTE. Ach, sein Vater! der Schalk, der Geizhals! Jetzt habe ich ihn kennen lernen.

JULIANE. Was giebst du ihm für Titel? Seine Gütigkeit ist nur gar zu groß. Seine Wohlthaten vollkommen zu machen, trägt er mir die Hand seines Sohnes und mit ihr sein ganzes Vermögen an. Aber wie unglücklich bin ich dabei! – Dankbarkeit und Liebe, Liebe gegen den Valer und Dankbarkeit –

LISETTE. Noch vor einer Minute war ich in eben dem Irrtume. Aber glauben Sie mir nur, ich weiß es nunmehr aus seinem Munde: nicht aus Freundschaft für Sie, sondern aus Freundschaft für Ihr Vermögen will er diese Verbindung treffen.

JULIANE. Für mein Vermögen? Du schwärmst. Was habe ich denn, das ich nicht von ihm hätte?

LISETTE. Kommen Sie, kommen Sie. Hier ist der Ort nicht, viel zu schwatzen. Ich will Ihnen alles erzählen, was ich gehört habe.

Zweiter Aufzug

Erster Auftritt

Lisette. Valer. Juliane.

LISETTE *(noch innerhalb der Scene)*. Nur hier herein; Damis ist ausgegangen. Sie können hier schon ein Wörtchen mit einander im Vertrauen reden.

JULIANE. Ja, Valer, mein Entschluß ist gefaßt. Ich bin ihm zu viel schuldig; er hat durch seine Wohlthaten das größte Recht über mich erhalten. Es koste mir, was es wolle, ich muß die Heirat eingehen, weil es Chrysander verlangt. Oder soll ich etwa die Dankbarkeit der Liebe aufopfern? Sie sind selbst tugendhaft, Valer, und Ihr Umgang hat mich edler denken gelehrt. Mich Ihrer wert zu zeigen, muß ich meine Pflicht auch mit dem Verluste meines Glükkes erfüllen.

LISETTE. Eine wunderbare Moral! wahrhaftig!

VALER. Aber wo bleiben Versprechung, Schwur, Treue? Ist es erlaubt, um eine eingebildete Pflicht zu erfüllen, einer andern, die uns wirklich verbindet, entgegen zu handeln?

JULIANE. Ach, Valer, Sie wissen es besser, was zu solchen Versprechungen gehört. Mißbrauchen Sie meine Schwäche nicht. Die Einwilligung meines Vaters war nicht dabei.

VALER. Was für eines Vaters? – –

JULIANE. Desjenigen, dem ich für seine Wohlthaten diese Benennung schuldig bin. Oder halten Sie es für keine Wohlthaten, der Armut und allen ihren unseligen Folgen entrissen zu werden? Ach, Valer, ich würde Ihr Herz nicht besitzen, hätte nicht Chrysanders Sorgfalt mich zur Tugend und Anständigkeit bilden lassen.

VALER. Wohlthaten hören auf, Wohlthaten zu sein, wenn man sucht, sich für sie bezahlt zu machen. Und was thut Chrysander anders, da er Sie, allzu gewissenhafte Juliane, nur deswegen mit seinem Sohne verbinden will, weil er ein Mittel sieht, Ihnen wieder zu dem größten Teile Ihres väterlichen Vermögens zu verhelfen?

JULIANE. Fußen Sie doch auf eine so wunderbare Nachricht nicht. Wer weiß, was Lisette gehört hat?

LISETTE. Nichts, als was sich vollkommen mit seiner übrigen Aufführung reimt. Ein Mann, der seine Wohlthaten schon ausposaunet, der sie einem jeden auf den Fingern vorzurechnen weiß, sucht etwas mehr als das bloße Gotteslohn. Und wäre es etwa die erste Thräne, die Ihnen aus Verdruß, von einem so eigennützig freigebigen Manne abzuhangen, entfahren ist?

VALER. Lisette hat recht! – – Aber ich empfinde es leider, Juliane liebt mich nicht mehr.

JULIANE. Sie liebt Sie nicht mehr? Dieser Verdacht fehlte noch, ihren Kummer vollkommen zu machen. Wann Sie wüßten, wie viel es ihr, gegen die Ratschläge der Liebe taub zu sein, koste; wann Sie wüßten, Valer – – ach, die mißtrauischen Mannspersonen!

VALER. Legen Sie die Furcht eines Liebhabers, dessen ganzes Glück auf dem Spiele steht, nicht falsch aus. Sie lieben mich also noch? und wollen sich einem andern überlassen?

JULIANE. Ich will? Könnten Sie mich empfindlicher martern? Ich will? – – Sagen Sie: ich muß.

VALER. Sie müssen? – – Noch ist nie ein Herz gezwungen worden als dasjenige, dem es lieb ist, den Zwang zu seiner Entschuldigung machen zu können – –

JULIANE. Ihre Vorwürfe sind so fein, so fein, daß ich Sie vor Verdruß verlassen werde.

VALER. Bleiben Sie, Juliane, und sagen Sie mir wenigstens, was ich dabei thun soll?

JULIANE. Was ich thue: dem Schicksale nachgeben.

VALER. Ach, lassen Sie das unschuldige Schicksal aus dem Spiele!

JULIANE. Das unschuldige? und ich werde also wohl die Schuldige sein? Halten Sie mich nicht länger – –

LISETTE. Wann ich mich nun nicht bald dazwischen lege, so werden sie sich vor lauter Liebe zanken. – Was Sie thun sollen, Herr Valer? eine große Frage! Himmel und Hölle rege machen, damit die gute Jungfer nicht muß! Den Vater auf andre Gedanken bringen, den Sohn auf Ihre Seite ziehen. – Mit dem Sohne zwar hat es gute Wege, den überlassen Sie nur mir. Der gute Damis! Ich bin ohne Zweifel das erste Mädchen, das ihm schmeichelt, und hoffe dadurch auch das erste zu werden, das von ihm geschmeichelt wird. Wahrhaftig, er ist so eitel, und ich bin so geschickt, daß ich mich wohl noch zu seiner Frau an ihm loben wollte, wann der verzweifelte Vater nicht wäre! – – Sehen Sie, Herr Valer, der Einfall ist von Mamsell Julianen! Erfinden Sie nun eine Schlinge für den Vater – –

JULIANE. Was sagst du, Lisette? von mir? O, Valer, glauben Sie solch rasendes Zeug nicht! Hab' ich dir etwas anders befohlen, als ihm einen schlechten Begriff von mir beizubringen?

LISETTE. Ja, recht; einen schlechten von Ihnen – und wenn es möglich wäre, einen desto bessern von mir.

JULIANE. Nein, es ist mit euch nicht auszuhalten – –

VALER. Erklären Sie wenigstens, liebste Juliane – –

JULIANE. Erklären? und was? Vielleicht, daß ich Ihnen in die Arme rennen will, und wann ich auch alle Tugenden beleidigen sollte? daß ich mich mit einer Begierde, mit einem Eifer, die Ihrige zu werden, bemühen will, die mich in Ihren Augen notwendig einmal verächtlich machen müssen? Nein, Valer – –

LISETTE. Hören Sie denn nicht, daß sie uns gern freie Hand lassen will? Sie macht es wie die schöne Aspasia – – oder wie hieß die Prinzessin in dem dicken Romane? Zwei Ritter machten auf sie Anspruch. Schlagt euch miteinander, sagte die schöne Aspasia; wer den andern überwindet, soll mich haben. Gleichwohl aber war sie dem Ritter in der blauen Rüstung günstiger als dem andern – –

JULIANE. Ach, die Närrin, mit ihrem blauen Ritter – – *(Reißt sich los und geht ab.)*

Zweiter Auftritt

Lisette. Valer.

LISETTE. Ha! ha! ha!

VALER. Mir ist nicht lächerlich, Lisette.

LISETTE. Nicht? Ha! ha! ha!

VALER. Ich glaube, du lachst mich aus?

LISETTE. O, so lachen Sie mit! Oder ich muß noch einmal darüber lachen, daß Sie nicht lachen wollen. Ha! ha! ha!

VALER. Ich möchte verzweifeln! In der Ungewißheit, ob sie mich noch liebt –

LISETTE. Ungewißheit? Sind denn alle Mannspersonen so schwer zu überreden? Werden sie denn alle zu solchen ängstlichen Zweiflern, sobald sie die Liebe ein wenig erhitzt? Lassen Sie Ihre Grillen fahren, Herr Valer, oder ich lache aufs neue. Spannen Sie vielmehr Ihren Verstand an, etwas auszusinnen, um den alten Chrysander – –

VALER. Chrysander traut mir nicht und kann mir nicht trauen. Er kennt meine Neigung zu Julianen. Alle mein Zureden würde umsonst sein; er würde den Eigennutz, die Quelle davon, gar bald entdecken. Und wenn ich auch eine völlige Anwerbung thun wollte, was würde es helfen? Er ist deutsch genug, mir gerade ins Gesicht zu sagen, daß ich seinem Sohne hier nachstehen müsse, welcher wegen der Wohlthaten des Vaters das größte Recht auf Julianen habe. – – Was soll ich also anfangen?

LISETTE. Mit den wunderlichen Leuten, die nur überall den ebenen Weg gehen wollen! Hören Sie, was mir eingefallen ist. Das Dokument, oder wie der Quark heißt, ist das einzige, was Chrysandern zu dieser Heirat Lust macht, so daß er es schon an seinen Advokaten geschickt hat. Wie, wenn man von diesem Advokaten einen Brief unterschieben könnte, in welchem – – in welchem – –

VALER. In welchem er ihm die Gültigkeit des Dokuments verdächtig machte, willst du sagen? der Einfall ist so unrecht nicht! Aber – wenn ihm nun einmal der Advokate ganz das Gegenteil schreibt, so ist ja unser Betrug am Tage.

LISETTE. Was für ein Einwurf! Freilich müssen Sie ihn stimmen. Es ist von jeher gebräuchlich gewesen, daß es sich ein Liebhaber etwas muß kosten lassen.

VALER. Wenn nun aber der Advokat ehrlich ist?

LISETTE. Thun Sie doch, als ob Sie seit vier Wochen erst in der Welt wären. Wie die Geschenke, so ist der Advokat. Kommen gar keine, so ist der niederträchtigste Betrüger der redlichste Mann. Kommen welche, aber nur kleine, so hält das Gewissen noch so ziemlich das Gleichgewicht. Es steigen alsdann wohl Versuchungen bei ihm auf; allein die kleinste Betrachtung schlägt sie wieder nieder. Kommen aber nur recht ansehnliche, so ist gar bald der ehrlichste Advokat nicht mehr der ehrlichste. Er legt die Ehrlichkeit mit den geschenkten Goldstücken in den Schatz, wo jene eher zu rosten anfängt als diese. Ich kenne die Herren!

VALER. Dein Urteil ist zu allgemein. Nicht alle Personen von einerlei Stande sind auf einerlei Art gesinnet. Ich kenne verschiedne alte rechtschaffne Sachwalter – –

LISETTE. Was wollen Sie mit Ihren alten? Es ist eben, als wenn Sie sagten, die großen runden Aufschläge, die kleinen spitzen Knöpfe, die erschrecklichen Halskrausen, aus welchen man Schiffssegel machen könnte, die viereckigten breiten Schuhe, die tiefen Taschen, kurz, die ganze Tracht, wie sich etwa Ihre Paten an Ehrentagen mögen ausstaffiert haben, wären noch jetzt Mode, weil man noch manchmal hie und da einige gebückte zitternde Männerchen über die Gassen so schleichen sieht. Lassen Sie nur noch die und Ihre paar alte rechtschaffne Advokaten sterben; die Mode und die Redlichkeit werden *einen* Weg nehmen.

VALER. Man hört doch gleich, wenn das Frauenzimmer am beredtesten ist!

LISETTE. Sie meinen etwa, wenn es ans Lästern geht? O, wahrhaftig! des bloßen Lästerns wegen habe ich so viel nicht geplaudert. Meine vornehmste Absicht war, Ihnen beizubringen, wieviel überall das Geld thun könne, und was für ein vortreffliches Spiel ein Liebhaber in den Händen habe, wenn er gegen alle freigebig ist, gegen die Gebieterin, gegen den Advokaten und – – dero Dienerin. *(Sie macht eine Verbeugung.)*

VALER. Verlaß dich auf meine Erkenntlichkeit. Ich verspreche dir eine recht ansehnliche Ausstattung, wenn wir glücklich sind – –

LISETTE. Ei, wie fein! eine Ausstattung? Sie hoffen doch wohl nicht, daß ich übrig bleiben werde?

VALER. Wann du das befürchtest, so verspreche ich dir den Mann dazu. – – Doch komm nur; Juliane wird ohne Zweifel auf uns warten. Wir wollen gemeinschaftlich unsre Sachen weiter überlegen.

LISETTE. Gehen Sie nur voran; ich muß noch hier verziehen, um meinem jungen Gelehrten –

VALER. Er wird vielleicht schon unten bei dem Vater sein.

LISETTE. Wir müssen uns alleine sprechen. Gehen Sie nur! Sie haben ihn doch wohl noch nicht gesprochen?

VALER. Was wollte ich nicht darum geben, wenn ich es ganz und gar überhoben sein könnte! Seinetwegen würde ich dieses Haus fliehen, ärger als ein Tollhaus, wenn nicht ein angenehmerer Gegenstand – –

LISETTE. So gehen Sie doch, und lassen Sie den angenehmern Gegenstand nicht länger auf sich warten. *(Valer geht ab.)*

Dritter Auftritt

Anton. Lisette.

ANTON. Nu? was will die in meines Herrn Studierstube? Jetzt ging Valer heraus, vor einer Weile Juliane, und du bist noch da? Ich glaube gar, ihr habt eure Zusammenkünfte hier. Warte, Lisette! das will ich meinem Herrn sagen. Ich will mich schon rächen, noch für das Gestrige; besinnst du dich?

LISETTE. Ich glaube, du keifst? Was willst du mit deinem Gestrigen?

ANTON. Eine Maulschelle vergißt sich wohl bei dem leicht, der sie giebt; aber der, dem die Zähne davon gewackelt haben, der denkt eine Zeit lang daran. Warte nur! warte!

LISETTE. Wer heißt dich, mich küssen?

ANTON. Potz Stern, wie gemein würden die Maulschellen sein, wenn alle die welche bekommen sollten, die euch küssen wollen. – – Jetzt soll dich mein Herr dafür wacker –

LISETTE. Dein Herr? der wird mir nicht viel thun.

ANTON. Nicht? Wie vielmal hat er es nicht gesagt, daß so ein heiliger Ort, als eine Studierstube ist, von euch unreinen Geschöpfen nicht müsse entheiligt werden? Der Gott der Gelehrsamkeit – – warte, wie nennt er ihn? – – Apollo – könne kein Weibsbild leiden. Schon der Geruch davon wäre ihm zuwider. Er fliehe davor wie der Stößer vor den Tauben. – Und du denkst, mein Herr würde es so mit ansehen, daß du ihm den lieben Gott von der Stube treibest?

LISETTE. Ich glaube gar, du Narre denkst, der liebe Gott sei nur bei euch Mannspersonen? Schweig, oder – –

ANTON. Ja, so eine wie gestern vielleicht?

LISETTE. Noch eine beßre! der Pinsel hätte gestern mehr als eine verdient. Er kömmt zu mir; es ist finster, er will mich küssen; ich stoße ihn zurück, er kömmt wieder; ich schlage ihn aufs Maul, es thut ihm weh; er läßt nach; er schimpft; er geht fort. – – Ich möchte dir gleich noch eine geben, wenn ich daran gedenke.

ANTON. Ich hätte es also wohl abwarten sollen, wie oft du deine Karesse hättest wiederholen wollen?

LISETTE. Gesetzt, es wären noch einige gefolgt, so würden sie doch immer schwächer und schwächer geworden sein. Vielleicht hätten sich die letztern gar – – doch so ein dummer Teufel verdient nichts.

ANTON. Was hör' ich? ist das dein Ernst, Lisette? Bald hätte ich Lust, die Maulschelle zu vergessen und mich wieder mit dir zu vertragen.

LISETTE. Halte es, wie du willst. Was ist mir jetzt an deiner Gunst gelegen? Ich habe ganz ein ander Wildbret auf der Spur.

ANTON. Ein anders? au weh, Lisette! Das war wieder eine Ohrfeige, die ich so bald nicht vergessen werde! Ein anders? Ich dächte, du hättest an einem genug, das dir selbst ins Netz gelaufen ist.

LISETTE. Und drum eben ist nichts dran. – Aber sage mir, wo bleibt dein Herr?

ANTON. Danke du Gott, daß er so lange bleibt, und mache, daß du hier fort kömmst. Wann er dich trifft, so bist du in Gefahr, herausgeprügelt zu werden.

LISETTE. Dafür laß mich sorgen! Wo ist er denn? ist er von der Post noch nicht wieder zurück?

ANTON. Woher weißt du denn, daß er auf die Post gegangen ist?

LISETTE. Genug, ich weiß es. Er wollte dich erst schicken. Aber wie kam es denn, daß er selbst ging? Ha! ha! ha! »Es ist mit dem Schlingel nichts anzufangen.« Wahrhaftig, das Lob macht mich ganz verliebt in dich.

ANTON. Wer Henker muß dir das gesagt haben?

LISETTE. O, niemand; sage mir nur, ist er wieder da?

ANTON. Schon längst; unten ist er bei seinem Vater.

LISETTE. Und was machen sie mit einander?

ANTON. Was sie machen? sie zanken sich.

LISETTE. Der Sohn will gewiß den Vater von seiner Geschicklichkeit überführen?

ANTON. Ohne Zweifel muß es so etwas sein. Damis ist ganz außer sich, er läßt den Alten kein Wort aufbringen; er rechnet ihm tausend Bücher her, die er gesehen, tausend, die er gelesen hat, andere tausend, die er schreiben will, und hundert kleine Bücherchen, die er schon geschrieben hat. Bald nennt er ein Dutzend Professores, die ihm sein Lob schriftlich, mit untergedrucktem Siegel, nicht umsonst, gegeben hätten, bald ein Dutzend Zeitungsschreiber, die eine vortreffliche Posaune für einen jungen Gelehrten sind, wenn man ein silbernes Mundstück darauf steckt, bald ein Dutzend Journalisten, die ihn alle zu ihrem Mitarbeiter flehentlich erbeten haben. Der Vater sieht ganz erstaunt; er ist um die Gesundheit seines Sohnes besorgt; er ruft einmal über das andere: »Sohn, erhitze dich doch nicht so! schone deine Lunge! ja doch, ich glaub' es! gieb dich zufrieden! es war so nicht gemeint!«

LISETTE. Und Damis? – –

ANTON. Und Damis läßt nicht nach. Endlich greift sich der Vater an; er überschreit ihn mit Gewalt und besänftigt ihn mit einer Menge solcher Lobsprüche, die in der Welt niemand verdient hat, verdient, noch verdienen wird. Nun wird der Sohn wieder vernünftig, und nun – – ja, nun schreiten sie zu einem andern Punkte, zu einer andern Sache – – zu – –

LISETTE. Wozu denn?

ANTON. Gott sei Dank, mein Maul kann schweigen!

LISETTE. Du willst mir es nicht sagen?

ANTON. Nimmermehr! ich bin zwar sonst ein schlechter Kerl; aber wenn es auf die Verschwiegenheit ankömmt – –

LISETTE. Lerne ich dich so kennen?

ANTON. Ich dächte, das sollte dir lieb sein, daß ich schweigen kann, und besonders von Heiratssachen, oder was dem anhängig ist – –

LISETTE. Weißt du nichts mehr? O, das habe ich längst gewußt.

ANTON. Wie schön sie mich über den Tölpel stoßen will. Also wäre es ja nicht nötig, daß ich dir es sagte? – –

LISETTE. Freilich nicht! aber mich für dein schelmisches Mißtrauen zu rächen, weiß ich schon, was ich thun will. Du sollst es gewiß nicht mehr wagen, gegen ein Mädchen von meiner Profession verschwiegen zu sein! Besinnst du dich, wie du von deinem Herrn vor kurzem gesprochen hast?

ANTON. Besinnen? Ein Mann, der in Geschäften sitzt, der einen Tag lang so viel zu reden hat, wie ich, soll sich der auf allen Bettel besinnen?

LISETTE. Seinen Herrn verleumden, ist etwas mehr, sollte ich meinen.

ANTON. Was? verleumden?

LISETTE. Ha, ha! Herr Mann, der in Geschäften sitzt, besinnen Sie sich nun? Was haben Sie vorhin gegen seinen Vater von ihm ge-red't.

ANTON. Das Mädel muß den Teufel haben, oder der verzweifelte Alte hat geplaudert. Aber höre, Lisette, weißt du es gewiß, was ich gesagt habe? Was war es denn? Laß einmal hören.

LISETTE. Du sollst alles hören, wenn ich es deinem Herrn erzählen werde.

ANTON. O, wahrhaftig, ich glaube, du machst Ernst daraus. Du wirst mir doch meinen Kredit bei meinem Herrn nicht verderben wollen? Wenn du wirklich etwas weißt, so sei keine Närrin! – Daß ihr Weibsvolk doch niemals Spaß versteht! Ich habe dir eine Ohrfeige vergeben, und du willst dich, einer kleinen Neckerei wegen, rächen? Ich will dir ja alles sagen.

LISETTE. Nun so sage – –

ANTON. Aber du sagst doch nichts? – –

LISETTE. Je mehr du sagen wirst, je weniger werde ich sagen.

ANTON. Was wird es sonst viel sein, als daß der Vater dem Sohne nochmals die Heirat mit Julianen vorschlug? Damis schien ganz aufmerksam zu sein, und – – und weiter kann ich dir nichts sagen.

LISETTE. Weiter nichts? Gut, gut, dein Herr soll alles erfahren.

ANTON. Um des Himmels willen, Lisette, ich will dir es nur gestehn.

LISETTE. Nun so gesteh!

ANTON. Ich will dir es nur gestehen, daß ich wahrhaftig nichts mehr gehört habe. Ich wurde eben weggeschickt. Nun weißt du wohl, wenn man nicht zugegen ist, so kann man nicht viel hören – –

LISETTE. Das versteht sich. Aber was meinst du, wird Damis sich dazu entschlossen haben?

ANTON. Wenn er sich noch nicht dazu entschlossen hat, so will ich mein Äußerstes anwenden, daß er es noch thut. Ich soll für meine Mühe bezahlt werden, Lisette; und du weißt wohl, wenn ich bezahlt werde, daß alsdann auch du – –

LISETTE. Ja, ja, auch ich verspreche dir's: Du sollst redlich bezahlt werden! – Unterstehe dich! –

ANTON. Wie?

LISETTE. Habe einmal das Herz! –

ANTON. Was?

LISETTE. Dummkopf! meine Jungfer will deinen Damis nicht haben –

ANTON. Was thut das?

LISETTE. Folglich ist mein Wille, daß er sie auch nicht bekommen soll.

ANTON. Folglich, wenn sie mein Herr wird haben wollen, so wird mein Wille sein müssen, daß er sie bekommen soll.

LISETTE. Hör doch! Du willst mein Mann werden und einen Willen für dich haben? Bürschchen, das laß dir nicht einkommen! Dein Wille muß mein Wille sein, oder –

ANTON. St! potz Element! er kömmt; hörst du? er kömmt! Nun sieh ja, wo der Zimmermann das Loch gelassen hat. Verstecke dich wenigstens; verstecke dich! Er bringt sonst mich und dich um.

LISETTE *(beiseite)*. Halt, ich will beide betrügen! – – Wo denn aber hin? wo hin? in das Kabinett?

ANTON. Ja, ja, nur unterdessen hinein. Vielleicht geht er bald wieder fort – – Und ich, ich will mich geschwind hierher setzen – – *(Er setzt sich an den Tisch, nimmt ein Buch in die Hand und thut, als ob er den Damis nicht gewahr würde.)*

Vierter Auftritt

Anton. Damis.

ANTON *(für sich)*. Ja, die Gelehrten – wie glücklich sind die Leute nicht! – – Ist mein Vater nicht ein Esel gewesen, daß er mich nicht auch auf ihre Profession gethan hat! Zum Henker, was muß es für eine Lust sein, wenn man alles in der Welt weiß, so wie mein Herr! – – Potz Stern, die Bücher alle zu verstehn! – – Wenn man nur darunter sitzt, man mag darin lesen oder nicht, so ist man schon ein ganz andrer Mensch! – – Ich fühl's, wahrhaftig, ich fühl's, der Verstand duftet mir recht daraus entgegen. – – Gewiß, er hat recht: ohne die Gelehrsamkeit ist man nichts als eine Bestie. – – Ich dumme Bestie! – – *(Beiseite.)* Nun, wie lange wird er mich noch schimpfen lassen? – – Wir sind doch närrisch gepaaret, ich und mein Herr! – –

Er giebt dem Gelehrtesten und ich dem Ungelehrtesten nichts nach. -- Ich will auch noch heute anfangen zu lesen. -- Wenn ich ein Loch von achtzig Jahren in die Welt lebe, so kann ich schon noch ein ganzer Kerl werden. -- Nur frisch angefangen! Da sind Bücher genug. -- Ich will mir das kleinste aussuchen; denn anfangs muß man sich nicht übernehmen. -- In so einem muß es sich mit Lust studieren lassen. -- Nur frisch angefangen, Anton! -- Es wird doch gleichviel sein, ob hinten oder vorne? -- Wahrhaftig, es wäre eine Schande für meinen so erstaunlich, so erschrecklich, so abscheulich gelehrten Herrn, wenn er länger einen so dummen Bedienten haben sollte --

DAMIS *(indem er sich ihm vollends nähert).* Ja, freilich wäre es eine Schande für ihn.

ANTON. Hilf Himmel! mein Herr --

DAMIS. Erschrick nur nicht! Ich habe alles gehört --

ANTON. Sie haben alles gehört? -- Ich bitte tausendmal um Verzeihung, wenn ich etwas Unrechtes gesprochen habe. -- Ich war so eingenommen, so eingenommen von der Schönheit der Gelehrsamkeit -- verzeihen Sie mir meinen dummen Streich -- daß ich selbst noch gelehrt werden wollte.

DAMIS. Schimpfe doch nicht selbst den klügsten Einfall, den du zeitlebens gehabt hast.

ANTON. Vor zwanzig Jahren möchte er klug genug gewesen sein.

DAMIS. Glaube mir, noch bist du zu den Wissenschaften nicht zu alt. Wir können in unsrer Republik schon mehrere ausweisen, die sich gleichfalls den Musen nicht eher in die Arme geworfen haben.

ANTON. Nicht in die Arme allein, ich will mich ihnen in den Schoß werfen. – Aber in welcher Stadt sind die Leute?

DAMIS. In welcher Stadt?

ANTON. Ja, ich muß hin, sie kennen zu lernen. Sie müssen mir sagen, wie sie es angefangen haben. --

DAMIS. Was willst du mit der Stadt?

ANTON. Sie denken etwa, ich weiß nicht, was eine Republik ist? -- Sachsen zum Exempel. -- Und eine Republik hat ja mehr wie eine Stadt? nicht?

DAMIS. Was für ein Idiote? Ich rede von der Republik der Gelehrten.

Was geht uns Gelehrte Sachsen, was Deutschland, was Europa an? Ein Gelehrter, wie ich bin, ist für die ganze Welt; er ist ein Kosmopolit; er ist eine Sonne, die den ganzen Erdball erleuchten muß – –

ANTON. Aber sie muß doch wo liegen, die Republik der Gelehrten.

DAMIS. Wo liegen? Dummer Teufel! die gelehrte Republik ist überall.

ANTON. Überall? und also ist sie mit der Republik der Narren an einem Orte? Die, hat man mir gesagt, ist auch überall.

DAMIS. Ja, freilich sind die Narren und die Klugen, die Gelehrten und die Ungelehrten überall untermengt, und zwar so, daß die letztern immer den größten Teil ausmachen. Du kannst es an unserm Hause sehen. Mit wie viel Thoren und Unwissenden findest du mich nicht hier umgeben? Einige davon wissen nichts und wissen es, daß sie nichts wissen. Unter diese gehörst du. Sie wollten aber doch gern etwas lernen, und deswegen sind sie noch die erträglichsten. Andere wissen nichts und wollen auch nichts wissen; sie halten sich bei ihrer Unwissenheit für glücklich; sie scheuen das Licht der Gelehrsamkeit – –

ANTON. Das Eulengeschlecht!

DAMIS. Noch andre aber wissen nichts und glauben doch etwas zu wissen; sie haben nichts, gar nichts gelernt und wollen doch den Schein haben, als hätten sie etwas gelernt. Und diese sind die allerunerträglichsten Narren, worunter, die Wahrheit zu bekennen, auch mein Vater gehört.

ANTON. Sie werden doch Ihren Vater, bedenken Sie doch, Ihren Vater, nicht zu einem Erznarren machen?

DAMIS. Lerne distinguieren! Ich schimpfe meinen Vater nicht, insofern er mein Vater ist, sondern insofern ich ihn als einen betrachten kann, der den Schein der Gelehrsamkeit unverdienterweise an sich reißen will. Insofern verdient er meinen Unwillen. Ich habe es ihm schon oft zu verstehen gegeben, wie ärgerlich er mir ist, wenn er, als ein Kaufmann, als ein Mann, der nichts mehr als gute und schlechte Waren, gutes und falsches Geld kennen darf, und höchstens das letzte für das erste wegzugeben wissen soll, wenn der, sage ich, mit seinen Schulbrocken, bei welchen ich doch noch immer etwas erinnern muß, so prahlen will. In dieser Absicht ist er ein Narr, er mag mein Vater sein oder nicht.

ANTON. Schade! ewig schade! daß ich das *»insofern«* und *»in Absicht«* nicht als ein Junge gewußt habe. Mein Vater hätte mir gewiß nicht so viel Prügel umsonst geben sollen. Er hätte sie alle richtig wiederbekommen; nicht insofern als mein Vater, sondern insofern als einer, der mich zuerst geschlagen hätte. Es lebe die Gelehrsamkeit! – –

DAMIS. Halt! ich besinne mich auf einen Grundsatz des natürlichen Rechts, der diesem Gedanken vortrefflich zu statten kömmt. Ich muß doch den Hobbes nachsehen! – – Geduld! daraus will ich gewiß eine schöne Schrift machen!

ANTON. Um zu beweisen, daß man seinen Vater wiederprügeln dürfe? – –

DAMIS. Certo respectu allerdings. Nur muß man sich wohl in acht nehmen, daß man, wenn man ihn schlägt, nicht den Vater, sondern den Aggressor zu schlagen sich einbildet; denn sonst – –

ANTON. Aggressor? Was ist das für ein Ding?

DAMIS. So heißt der, welcher ausschlägt – –

ANTON. Ha, ha! nun versteh' ich's. Zum Exempel: Ihnen, mein Herr, stieße wieder einmal eine kleine gelehrte Raserei zu, die sich meinem Buckel durch eine Tracht Schläge empfindlich machte, so wären Sie – – wie heißt es? – – der Aggressor; und ich, ich würde berechtigt sein, mich über den Aggressor zu erbarmen und ihm – –

DAMIS. Kerl, du bist toll! – –

ANTON. Sorgen Sie nicht; ich wollte meine Gedanken schon so zu richten wissen, daß der Herr unterdessen beiseite geschafft würde –

DAMIS. Nun wahrhaftig, das wäre ein merkwürdiges Exempel, in was für verderbliche Irrtümer man verfallen kann, wenn man nicht weiß, aus welcher Disciplin diese oder jene Wahrheit zu entscheiden ist. Die Prügel, die ein Bedienter von seinem Herrn bekömmt, gehören nicht in das Recht der Natur, sondern in das bürgerliche Recht. Wenn sich ein Bedienter vermietet, so vermietet er auch seinen Buckel mit. Diesen Grundsatz merke dir.

ANTON. Aus dem bürgerlichen Rechte ist er? O, das muß ein garstiges Recht sein. Aber ich sehe es nun schon! die verzweifelte Gelehrsamkeit, sie kann ebenso leicht zu Prügeln verhelfen als dafür schützen. Was wollte ich nicht darum geben, wenn ich mich auf alle ihre wächserne Nasen so gut verstünde als Sie – – O Herr Damis, erbarmen Sie sich meiner Dummheit!

DAMIS. Nun wohl, wenn es dein Ernst ist, so greife das Werk an. Es erfreut mich, der Gelehrsamkeit durch mein Exempel einen Proselyten gemacht zu haben. Ich will dich redlich mit meinem Rate und meinen Lehren unterstützen. Bringst du es zu etwas, so verspreche ich dir, dich in die gelehrte Welt selbst einzuführen und mit einem besondern Werke dich ihr anzukündigen. Vielleicht ergreife ich die Gelegenheit, etwas de Eruditis sero ad literas admissis, oder de Opsimathia, oder auch de studio senili zu schreiben, und so wirst du auf einmal berühmt. – – Doch laß einmal sehen, ob ich mir von deiner Lehrbegierde viel zu versprechen habe? Welch Buch hattest du vorhin in Händen?

ANTON. Es war ein ganz kleines – –

DAMIS. Welches denn? – –

ANTON. Es war so allerliebst eingebunden, mit Golde auf dem Rükken und auf dem Schnitte. Wo legte ich's doch hin? Da! da!

DAMIS. Das hattest du? das?

ANTON. Ja, das!

DAMIS. Das?

ANTON. Bin ich an das unrechte gekommen? Weil es so hübsch klein war –

DAMIS. Ich hätte dir selbst kein beßres vorschlagen können.

ANTON. Das dacht' ich wohl, daß es ein schön Buch sein müsse. Würde es wohl sonst einen so schönen Rock haben?

DAMIS. Es ist ein Buch, das seinesgleichen nicht hat. Ich habe es selbst geschrieben. Siehst du? – – Auctore Damide!

ANTON. Sie selbst? Nu, nu, habe ich's doch immer gehört, daß man die leiblichen Kinder besser in Kleidung hält als die Stiefkinder. Das zeigt von der väterlichen Liebe.

DAMIS. Ich habe mich in diesem Buche, so zu reden, selbst übertroffen. So oft ich es wieder lese, so lerne ich auch etwas neues daraus.

ANTON. Aus Ihrem eignen Buche?

DAMIS. Wundert dich das? – – Ach verdammt! nun erinnere ich mich erst. Mein Gott, das arme Mädchen! sie wird doch nicht noch in dem Kabinette stecken? *(Er geht darauf los.)*

ANTON. Um Gotteswillen, wo wollen Sie hin?

DAMIS. Was fehlt dir? ins Kabinett. Hast du Lisetten gesehen?

ANTON. Nun bin ich verloren! – Nein, Herr Damis, nein; so wahr ich lebe, sie ist nicht drinne.

DAMIS. Du hast sie also sehen herausgehen? Ist sie schon lange fort?

ANTON. Ich habe sie, so wahr ich ehrlich bin, nicht sehen hereingehen. Sie ist nicht drinne; glauben Sie mir nur, sie ist nicht drinne – –

Fünfter Auftritt

Damis. Anton. Lisette.

LISETTE. Allerdings ist sie noch drinne –

ANTON. O, das Rabenaas!

DAMIS. So lange hat Sie sich hier versteckt gehalten? Arme Lisette! Das war mein Wille gar nicht. Sobald mein Vater aus der Stube gewesen wäre, hätte Sie immer wieder herausgehen können.

LISETTE. Ich wußte doch nicht, ob ich recht thäte. Ich wollte also lieber warten, bis mich der, der mich versteckt hatte, selbst wieder hervorkommen hieß.

ANTON. Zum Henker, von was für einem Verstecken reden die? *(Sachte zu Lisetten.)* So, du feines Tierchen, hat dich mein Herr selbst schon einmal versteckt? Nun weiß ich doch, wie ich die gestrige Ohrfeige auslegen soll. Du Falsche!

LISETTE. Schweig; sage nicht ein Wort, daß ich zuvor bei dir gewesen bin, oder – du weißt schon – –

DAMIS. Was schwatzt ihr denn beide da zusammen? Darf ich es nicht hören?

LISETTE. Es war nichts; ich sagte ihm bloß, er solle heruntergehen, daß, wenn meine Jungfer nach mir fragte, er unterdessen sagen könnte, ich sei ausgegangen. Juliane ist mißtrauisch; sie suchte mich doch wohl hier, wenn sie mich brauchte.

DAMIS. Das ist vernünftig. Gleich, Anton, geh!

ANTON. Das verlangst du im Ernste, Lisette?

LISETTE. Freilich; fort, laß uns allein!

DAMIS. Wirst du bald gehen?

ANTON. Bedenken Sie doch selbst, Herr Damis; wann Sie nun ihr

Geplaudre werden überdrüssig sein, und das wird gar bald geschehen, wer soll sie Ihnen denn aus der Stube jagen helfen, wenn ich nicht dabei bin?

LISETTE. Warte, ich will dein Lästermaul – –

DAMIS. Laß dich unbekümmert! Wann sie mir beschwerlich fällt, wird sie schon selbst so vernünftig sein und gehen.

ANTON. Aber betrachten Sie nur: ein Weibsbild in Ihrer Studierstube! Was wird Ihr Gott sagen? Er kann ja das Ungeziefer nicht leiden.

LISETTE. Endlich werde ich dich wohl zur Stube hinausschmeißen müssen?

ANTON. Das wäre mir gelegen. – – Die verdammten Mädel! auch bei dem Teufel können sie sich einschmeicheln. *(Geht ab.)*

Sechster Auftritt

Lisette. Damis.

DAMIS. Und wo blieben wir denn vorhin?

LISETTE. Wo blieben wir? bei dem, was ich allezeit am liebsten höre, und wovon ich allezeit am liebsten rede, bei Ihrem Lobe. Wenn es nur nicht eine so gar kitzliche Sache wäre, einen ins Gesicht zu loben! – – Ich kann Ihnen unmöglich die Marter anthun.

DAMIS. Aber ich beteure Ihr nochmals, Lisette, es ist mir nicht um mein Lob zu thun! Ich möchte nur gern hören, auf was für verschiedene Art verschiedene Personen einerlei Gegenstand betrachtet haben.

LISETTE. Jeder lobte dasjenige an Ihnen, was er an sich Lobenswürdiges zu finden glaubte. Zum Exempel, der kleine dicke Mann mit der ernsthaften Miene, der so selten lacht, der aber, wenn er einmal zu lachen anfängt, mit dem erschütterten Bauche den ganzen Tisch über den Haufen wirft – –

DAMIS. Und wer ist das? Aus Ihrer Beschreibung, Lisette, kann ich es nicht erraten. – – O, es ist mit den Beschreibungen eine kitzliche Sache! Es gehört nicht wenig dazu, sie so einzurichten, daß man gleich bei dem ersten Anblicke das Beschriebene erkennen kann. Über nichts aber muß ich mehr lachen, als wenn ich bei diesem und jenem großen Philosophen, wahrhaftig bei Männern, die schon einer ganzen Sekte ihren Namen gegeben haben, öfters Beschreibungen anstatt Erklärungen antreffe. Das macht, die guten Herren haben mehr Einbildungskraft als Beurteilung. Bei der Erklärung muß der Verstand in das Innere der Dinge eindringen; bei der Beschreibung aber darf man bloß auf die äußerlichen Merkmale, auf das – –

LISETTE. Wir kommen von unsrer Sache, Herr Damis. Ihr Lob – –

DAMIS. Ja wohl; fahr' Sie nur fort, Lisette. Von wem wollte Sie vorhin reden?

LISETTE. Je, sollten Sie denn den kleinen Mann nicht kennen? Er bläset immer die Backen auf –

DAMIS. Sie meint vielleicht den alten Ratsherrn?

LISETTE. Ganz recht, aber seinen Namen – –

DAMIS. Was liegt an dem? – –

LISETTE. »Ja, Herr Chrysander«, sagte also der Ratsherr, an dessen Namen nichts gelegen ist, »Ihr Herr Sohn kann einmal der beste Ratsherr von der Welt werden, wenn er sich nur darauf applizieren will. Es gehört ein aufgeweckter Geist dazu, den hat er; eine fixe Zunge, die hat er; eine tiefe Einsicht in die Staatskunst, die hat er; eine Geschicklichkeit, seine Gedanken zierlich auf das Papier zu bringen, die hat er; eine verschlagne Aufmerksamkeit auf die geringsten Bewegungen unruhiger Bürger, die hat er; und wenn er sie nicht hat – o die Übung – die Übung! Ich weiß ja, wie mir es anfangs ging. Freilich kann man die Geschicklichkeit zu einem so schweren Amte nicht gleich mit auf die Welt bringen –«

DAMIS. Der Narr! es ist zwar wahr, daß ich alle diese Geschicklichkeiten besitze, allein mit der Hälfte derselben könnte ich Geheimter Rat werden und nicht bloß – –

Siebenter Auftritt

Damis. Lisette. Anton.

DAMIS. Nun, was willst du schon wieder?

ANTON. Mamsell Juliane weiß es nun, daß Lisette ausgegangen ist. Fürchten Sie sich nur nicht; sie wird uns nicht überraschen. – –

DAMIS. Wer hieß dich denn wiederkommen?

ANTON. Sollte ich wohl meinen Herrn allein lassen? und dazu, es überfiel mich auf einmal so eine Angst, so eine Bangigkeit; die Ohren fingen mir an zu klingen, und besonders das linke. – – Lisette! Lisette!

LISETTE. Was willst du denn?

ANTON *(sachte zu Lisetten)*. Was habt Ihr denn beide allein gemacht? Was gilt's, es ging auf meine Unkosten!

LISETTE. O, pack dich! – – Ich weiß nicht, was der Narre will.

DAMIS. Fort, Anton! es ist die höchste Zeit, du mußt wieder auf die Post sehen. Ich weiß auch gar nicht, wo sie so lange bleibt. – Wird's bald?

ANTON. Lisette, komm mit!

DAMIS. Was soll denn Lisette mit?

ANTON. Und was soll sie denn bei Ihnen?

DAMIS. Unwissender!

ANTON. Ja, freilich ist es mein Unglück, daß ich es nicht weiß. *(Sachte zu Lisetten.)* Rede nur wenigstens ein wenig laut, damit ich höre, was unter euch vorgeht – ich werde horchen – *(Geht ab.)*

Achter Auftritt

Lisette. Damis.

LISETTE. Lassen Sie uns ein wenig sachte reden. Sie wissen wohl, man ist vor dem Horcher nicht sicher.

DAMIS. Ja wohl; fahr' Sie also nur sachte fort.

LISETTE. Sie kennen doch wohl des Herrn Chrysanders Beichtvater?

DAMIS. Beichtvater? Soll ich denn alle solche Handwerksgelehrte kennen?

LISETTE. Wenigstens schien er Sie sehr wohl zu kennen. »Ein guter Prediger«, fiel er der dicken Rechtsgelehrsamkeit ins Wort, »sollte Herr Damis gewiß auch werden. Eine schöne Statur, eine starke, deutliche Stimme, ein gutes Gedächtnis, ein feiner Vortrag, eine anständige Dreistigkeit, ein reifer Verstand, der über seine Meinungen türkenmäßig zu halten weiß: alle diese Eigenschaften glaube ich in einem ziemlich hohen Grade bei ihm bemerkt zu haben. Nur um einen Punkt ist mir bange. Ich fürchte, ich fürchte, er ist auch ein wenig von der Freigeisterei angesteckt.« — »Ei was Freigeisterei!« schrie der schon halb trunkene Medikus. »Die Freigeister sind brave Leute! Wird er deswegen keinen Kranken kurieren können? Wenn es nach mir geht, so muß er ein Medikus werden. Griechisch kann er, und Griechisch ist die halbe Medizin. *(Indem sie allmählich wieder lauter spricht.)* Freilich das Herz, das dazu gehört, kann sich niemand geben. Doch das kommt von sich selbst, wenn man erst eine Weile praktiziert hat.« – – »Nu«, fiel ihm ein alter Kaufmann in die Rede, »so muß es mit den Herrn Medizinern wohl sein wie mit den Scharfrichtern. Wenn die zum erstenmale köpfen, so zittern und beben sie; je öfter sie aber den Versuch wiederholen, desto frischer geht es.« – – Und auf diesen Einfall ward eine ganze Viertelstunde gelacht, in einem fort, in einem fort; sogar das Trinken ward darüber vergessen.

Neunter Auftritt

Lisette. Damis. Anton.

ANTON. Herr, die Post wird heute vor neun Uhr nicht kommen. Ich habe gefragt; Sie können sich darauf verlassen.

DAMIS. Mußt du uns aber denn schon wieder stören, Idiote?

ANTON. Es soll mir recht lieb sein, wann ich Sie nur noch zur rechten Zeit gestört habe.

DAMIS. Was willst du mit deiner rechten Zeit?

ANTON. Ich will mich gegen Lisetten schon deutlicher erklären. Darf ich ihr etwas ins Ohr sagen?

LISETTE. Was wirst du mir ins Ohr zu sagen haben?

ANTON. Nur ein Wort. *(Sachte.)* Du denkst, ich habe nicht gehorcht? Sagtest du nicht: du hättest nicht Herz genug dazu? doch wenn du nur erst das Ding eine Weile würdest praktiziert haben – – O, ich habe alles gehört. – – Kurz, wir sind geschiedne Leute! Du Unverschämte, Garstige – –

LISETTE. Sage nur, was du willst?

DAMIS. Gleich geh mir wieder aus den Augen! Und komme mir nicht wieder vors Gesicht, bis ich dich rufen werde, oder bis du mir Briefe von Berlin bringst! – Ich kann sie kaum erwarten. So macht es die übermäßige Freude! Zwar sollte ich Hoffnung sagen, weil jene nur auf das Gegenwärtige, und diese auf das Zukünftige geht. Doch hier ist das Zukünftige schon so gewiß als das Gegenwärtige. Ich brauche die Sprache der Propheten, die ihrer Sachen doch unmöglich so gewiß sein konnten. – – Die ganze Akademie müßte blind sein – – Nun, was stehst du noch da? Wirst du gehen?

Zehnter Auftritt

Lisette. Damis.

LISETTE. Da sehen Sie! so lobten Sie die Leute.

DAMIS. Ah, wann die Leute nicht besser loben können, so möchten sie es nur gar bleiben lassen. Ich will mich nicht rühmen, aber doch so viel kann ich mir ohne Hochmut zutrauen: ich will meiner Braut die Wahl lassen, ob sie lieber einen Doktor der Gottesgelahrtheit oder der Rechte oder der Arzneikunst zu ihrem Manne haben will. In allen drei Fakultäten habe ich disputiert; in allen dreien habe ich – –

LISETTE. Sie sprechen von einer Braut? Heiraten Sie denn wirklich?

DAMIS. Hat Sie auch schon davon gehört, Lisette?

LISETTE. Kömmt denn wohl ohn unsereiner irgend in einem Hause eine Heirat zustande? Aber eingebildet hätte ich mir es nimmermehr, daß Sie sich für Julianen entschließen würden! für Julianen!

DAMIS. Größtenteils thue ich es dem Vater zu Gefallen, der auf die außerordentlichste Weise deswegen in mich dringt. Ich weiß wohl, daß Juliane meiner nicht wert ist; allein, soll ich einer solchen Kleinigkeit wegen, als eine Heirat ist, den Vater vor den Kopf stoßen? Und dazu habe ich sonst einen Einfall, der mir ganz wohl lassen wird.

LISETTE. Freilich ist Juliane Ihrer nicht wert, und wenn nur alle Leute die gute Mamsell so kennten als ich – –

Elfter Auftritt

Damis. Lisette. Anton.

ANTON *(für sich)*. Ich kann die Leute unmöglich so alleine lassen. – – Herr Valer fragt, ob Sie in Ihrer Stube sind? Sind Sie noch da, Herr Damis?

DAMIS. Sage mir nur, Unwissender, hast du dir es denn heute recht vorgesetzt, mir beschwerlich zu fallen?

LISETTE. So lassen Sie ihn nur da, Herr Damis. Er bleibt doch nicht weg –

ANTON. Ja, jetzt soll ich da bleiben, jetzt, da es schon vielleicht vorbei ist, was ich nicht hören und sehen sollte.

DAMIS. Was soll denn vorbei sein?

ANTON. Das werden Sie wohl wissen.

LISETTE *(sachte)*. Jetzt, Anton, hilf mir, Julianen bei deinem Herrn recht schwarz machen! Willst du?

ANTON. Ei ja doch! zum Danke vielleicht – –

LISETTE. So schweig wenigstens. – – Notwendig, Herr Damis, müssen Sie mit Julianen übel fahren. Ich bedaure Sie im voraus. Der ganze Erdboden trägt kein ärgeres Frauenzimmer. – –

ANTON. Glauben Sie es nicht, Herr Damis; Juliane ist ein recht gut Kind. Sie können mit keiner in der Welt besser fahren. Ich wünsche Ihnen im voraus Glück.

LISETTE. Wahrhaftig! Du mußt gegen deinen Herrn sehr redlich gesinnt sein, daß du ihm eine so unerträgliche Plage an den Hals schwatzen willst.

ANTON. Noch weit redlicher mußt du gegen deine Mamsell sein, daß du ihr einen so guten Ehemann, als Herr Damis werden wird, mißgönnest.

LISETTE. Einen guten Ehemann? Nun wahrhaftig, ein guter Ehemann, das ist auch alles, was sie sich wünscht. Ein Mann, der alles gut sein läßt – –

ANTON. Ho, ho! Alles? Hören Sie, Herr Damis, für was Sie Lisette ansieht? Aus der Ursache möchtest du wohl selbst gern seine Frau sein? Alles? ei! unter das »alles« gehört wohl auch das? *(Er macht sich Hörner.)*

DAMIS. Aber im Ernste, Lisette; glaubt Sie wirklich, daß Ihre Jungfer eine recht böse Frau werden wird? Hat sie in der That viel schlimme Eigenschaften?

LISETTE. Viel? Sie hat sie alle, die man haben kann, auch nicht die ausgenommen, die einander widersprechen.

DAMIS. Will Sie mir nicht ein Verzeichnis davon geben?

LISETTE. Wo soll ich anfangen? – Sie ist albern – –

DAMIS. Kleinigkeit!

ANTON. Und ich sage: Lügen!

LISETTE. Sie ist zänkisch – –

DAMIS. Kleinigkeit!

ANTON. Und ich sage: Lügen!

LISETTE. Sie ist eitel – –

DAMIS. Kleinigkeit!

ANTON. Lügen! sag ich.

LISETTE. Sie ist keine Wirtin – –

DAMIS. Kleinigkeit!

ANTON. Lügen!

LISETTE. Sie wird Sie durch übertriebenen Staat, durch beständige Ergetzlichkeiten und Schmausereien um alle das Ihrige bringen – –

DAMIS. Kleinigkeit.

ANTON. Lügen!

LISETTE. Sie wird Ihnen die Sorge um eine Herde Kinder auf den Hals laden – –

DAMIS. Kleinigkeit!

ANTON. Das thun die besten Weiber am ersten.

LISETTE. Aber um Kinder, die aus der rechten Quelle nicht geholt sind.

DAMIS. Kleinigkeit!

ANTON. Und zwar Kleinigkeit nach der Mode!

LISETTE. Kleinigkeit? aber was denken Sie denn, Herr Damis?

DAMIS. Ich denke, daß Juliane nicht arg genug sein kann. Ist sie albern, ich bin desto klüger; ist sie zänkisch, ich bin desto gelassener; ist sie eitel, ich bin desto philosophischer gesinnt; verthut sie, sie wird aufhören, wenn sie nichts mehr hat; ist sie fruchtbar, so mag sie sehen, was sie vermag, wann sie es mit mir um die Wette sein will. Ein jedes mache sich ewig, womit es kann: das Weib durch Kinder, der Mann durch Bücher.

ANTON. Aber merken Sie denn nicht, daß Lisette ihre Ursachen haben muß, Julianen so zu verleumden?

DAMIS. Ach, freilich merk' ich es. Sie gönnt mich ihr und beschreibt sie mir also vollkommen nach meinem Geschmacke. Sie hat es ohne Zweifel geschlossen, daß ich ihre Mamsell nur eben deswegen, weil sie das unerträglichste Frauenzimmer ist, heiraten will.

LISETTE. Nur deswegen? nur deswegen? und das hätte ich geschlossen? Ich müßte Sie für irre im Kopfe gehalten haben. Überlegen Sie doch nur – –

DAMIS. Das geht zu weit, Lisette! Traut Sie mir keine Überlegung zu? Was ich gesagt habe, ist die Frucht einer nur allzu scharfen Überlegung. Ja, es ist beschlossen: ich will die Zahl der unglücklich scheinenden Gelehrten, die sich mit bösen Weibern vermählt haben, vermehren. Dieser Vorsatz ist nicht von heute.

ANTON. Nein, wahrhaftig! – Was aber der Teufel nicht thun kann! Wer hätte es sich jetzt sollen träumen lassen, jetzt, da es Ernst werden soll? Ich muß lachen; Lisette wollte ihn von der Heirat abziehen und hat ihn nur mehr dazu bered't; und ich, ich wollte ihn dazu bereden und hätte ihn bald davon abgezogen.

DAMIS. Einmal soll geheiratet sein. Auf eine recht gute Frau darf ich mir nicht Rechnung machen; also wähle ich mir eine recht schlimme. Eine Frau von der gemeinen Art, die weder kalt noch warm, weder recht gut, noch recht schlimm ist, taugt für einen Gelehrten nichts, ganz und gar nichts! Wer wird sich nach seinem Tode um sie bekümmern? Gleichwohl verdient er es doch, daß sein ganzes Haus mit ihm unsterblich bleibe. Kann ich keine Frau haben, die einmal ihren Platz in einer Abhandlung de bonis eruditorum uxoribus findet, so will ich wenigstens eine haben, mit welcher ein fleißiger Mann seine Sammlung de malis eruditorum uxoribus vermehren kann. Ja, ja, ich bin es ohnehin meinem Vater, als der einzige Sohn, schuldig, auf die Erhaltung seines Namens mit der äußersten Sorgfalt bedacht zu sein.

LISETTE. Kaum kann ich mich von meinem Erstaunen erholen. – – Ich habe Sie, Herr Damis, für einen so großen Geist gehalten – –

DAMIS. Und das nicht mit Unrecht. Doch eben hierdurch glaube ich den stärksten Beweis davon zu geben.

LISETTE. Ich möchte platzen! – – Ja, ja, den stärksten Beweis, daß niemand schwerer zu fangen ist als ein junger Gelehrter, nicht sowohl wegen seiner Einsicht und Verschlagenheit, als wegen seiner Narrheit.

DAMIS. Wie, so naseweis, Lisette? Ein junger Gelehrter? – – ein junger Gelehrter? – –

LISETTE. Ich will Ihnen die Verweise ersparen. Valer soll gleich von allem Nachricht bekommen. Ich bin Ihre Dienerin.

Zwölfter Auftritt

Damis. Anton.

ANTON. Da sehen Sie! nun läuft sie fort, da Sie nach ihrer Pfeife nicht tanzen wollen. – –

DAMIS. Mulier non Homo! bald werde ich auch dieses Paradoxon für wahr halten. Wodurch zeigt man, daß man ein Mensch ist? Durch den Verstand. Wodurch zeigt man, daß man Verstand hat? Wann man die Gelehrten und die Gelehrsamkeit gehörig zu schätzen weiß. Dieses kann kein Weibsbild, und also hat es keinen Verstand, und also ist es kein Mensch. Ja, wahrhaftig ja; in diesem Paradoxo liegt mehr Wahrheit als in zwanzig Lehrbüchern.

ANTON. Wie ist mir denn? ich habe Ihnen doch gesagt, daß Sie Herr Valer gesucht hat? Wollen Sie nicht gehen und ihn sprechen?

DAMIS. Valer? ich will ihn erwarten. Die Zeiten sind vorbei, da ich ihn hochschätzte. Er hat seit einigen Jahren die Bücher beiseite gelegt; er hat sich das Vorurteil in den Kopf setzen lassen, daß man sich vollends durch den Umgang und durch die Kenntnis der Welt geschickt machen müsse, dem Staate nützliche Dienste zu leisten. Was kann ich mehr thun, als ihn bedauern? Doch ja, endlich werde ich mich auch seiner schämen müssen. Ich werde mich schämen müssen, daß ich ihn ehemals meiner Freundschaft wert geschätzt habe. O, wie ekel muß man in der Freundschaft sein! Doch was hat es geholfen, daß ich es bis auf den höchsten Grad gewesen bin? Umsonst habe ich mich von der Bekanntschaft aller mittelmäßigen Köpfe gehütet; umsonst habe ich mich bestrebt, nur mit Genies, nur mit originellen Geistern umzugehen; dennoch mußte mich Valer unter der Larve eines solchen hintergehen. O Valer! Valer!

ANTON. Laut genug, wenn er es hören soll.

DAMIS. Ich hätte über sein kaltsinniges Kompliment bersten mögen! Von was unterhielt er mich? von nichtswürdigen Kleinigkeiten.

Und gleichwohl kam er von Berlin, und gleichwohl hätte er mir die allerangenehmste Neuigkeit zuerst berichten können. O Valer! Valer!

ANTON. St! wahrhaftig, er kömmt. Sehen Sie, daß er sich nicht dreimal rufen läßt?

Dreizehnter Auftritt

Damis. Anton. Valer.

VALER. Verzeihen Sie, liebster Freund, daß ich Sie in Ihrer gelehrten Ruhe störe – –

ANTON. Wenn er doch gleich sagte, Faulheit.

DAMIS. Stören? ich sollte glauben, daß Sie mich zu stören kämen? Nein, Valer, ich kenne Sie zu wohl; Sie kommen, mir die angenehmsten Neuigkeiten zu hinterbringen, die der Aufmerksamkeit eines Gelehrten, der seine Belohnung erwartet, würdig sind. – – Einen Stuhl, Anton! – – Setzen Sie sich!

VALER. Sie irren sich, liebster Freund. Ich komme, Ihnen die Unbeständigkeit Ihres Vaters zu klagen; ich komme, eine Erklärung von Ihnen zu verlangen, von welcher mein ganzes Glück abhängen wird. – –

DAMIS. O, ich konnte es Ihnen gleich ansehen, daß Sie vorhin die Gegenwart meines Vaters abhielt, sich mit mir vertraulicher zu besprechen und mir Ihre Freude über die Ehre zu bezeigen, die mir der billige Ausspruch der Akademie – –

VALER. Nein, allzu gelehrter Freund; lassen Sie uns einen Augenblick von etwas minder Gleichgiltigem reden!

DAMIS. Von etwas minder Gleichgiltigem? Also ist Ihnen meine Ehre gleichgiltig? Falscher Freund! – –

VALER. Ihnen wird diese Benennung zukommen, wann Sie mich länger von dem, was für ein zärtliches Herz das wichtigste ist, abbringen werden. Ist es wahr, daß Sie Julianen heiraten wollen? daß Ihr Vater dieses allzu zärtliche Frauenzimmer durch Bande der Dankbarkeit binden will, in seiner Wahl minder frei zu handeln? Habe ich Ihnen jemals aus meiner Neigung gegen Julianen ein Geheimnis gemacht? Haben Sie mir nicht von jeher versprochen, meiner Liebe behülflich zu sein?

DAMIS. Sie ereifern sich, Valer, und vergessen, daß ein Weibsbild die Ursache ist. Schlagen Sie sich diese Kleinigkeit aus dem Sinne! – – Sie müssen in Berlin gewesen sein, da die Akademie den Preis auf dieses Jahr ausgeteilt hat. Die Monaden sind die Aufgabe gewesen. Sollten Sie nicht etwa gehört haben, daß die Devise – –

VALER. Wie grausam sind Sie, Damis! So antworten Sie mir doch!

DAMIS. Und Sie wollen mir nicht antworten? Besinnen Sie sich: sollte nicht die Devise Unum est necessarium sein gekrönt worden? Ich schmeichle mir wenigstens – –

VALER. Bald schmeichle ich mir nun mit nichts mehr, da ich Sie so ausschweifend sehe. Bald werde ich nun auch glauben müssen, daß die Nachricht, die ich für eine Spötterei von Lisetten gehalten habe, gegründet sei. Sie halten Julianen für Ihrer unwert; Sie halten sie für die Schande ihres Geschlechts, und eben deswegen wollen Sie sie heiraten? Was für ein ungeheurer Einfall!

DAMIS. Ha! ha! ha!

VALER. Ja, lachen Sie nur, Damis, lachen Sie nur! Ich bin ein Thor, daß ich einen Augenblick solchen Unsinn von Ihnen habe glauben können. Sie haben Lisetten zum Besten gehabt, oder Lisette mich. Nein, nur in ein zerrüttetes Gehirn kann ein solcher Entschluß kommen! Ihn zu verabscheuen, braucht man nur vernünftig zu denken, und lange nicht edel, wie Sie doch zu denken gewohnt sind. Aber lösen Sie mir, ich bitte Sie, dieses marternde Rätsel!

DAMIS. Bald werden Sie mich, Valer, auf Ihr Geschwätze aufmerksam gemacht haben. So verlangen Sie doch in der That, daß ich meinen Ruhm Ihrer thörichten Neigung nachsetzen soll? Meinen Ruhm – – Doch wahrhaftig, ich will vielmehr glauben, daß Sie scherzen. Sie wollen versuchen, ob ich in meinen Entschließungen auch wankelhaft bin.

VALER. Ich scherzen? Der Scherz sei verflucht, der mir hier in den Sinn kömmt! – –

DAMIS. Desto lieber ist mir es, wann Sie endlich ernsthaft reden wollen. Was ich Ihnen sage: die Schrift mit der Devise Unum est necessarium! – –

Vierzehnter Auftritt

Damis. Valer. Anton. Chrysander.

CHRYSANDER *(mit einem Zeitungsblatt in der Hand).* Nun, nicht wahr, Herr Valer? mein Sohn ist nicht von der Heirat abzubringen? Sehen Sie, daß nicht sowohl ich als er auf diese Heirat dringt?

DAMIS. Ich? ich auf die Heirat dringen?

CHRYSANDER. St! St! St!

DAMIS. Ei, was st, st! Meine Ehre leidet hierunter. Könnte man nicht auf die Gedanken kommen, wer weiß, was mir an einer Frau gelegen sei?

CHRYSANDER. St! St! St!

VALER. O, brauchen Sie doch keine Umstände. Ich sehe es ja wohl! Sie sind mir beide entgegen. Was für ein Unglück hat mich in dieses Haus führen müssen! Ich muß eine liebenswürdige Person antreffen, ich muß ihr gefallen und muß doch endlich nach vieler Hoffnung alle Hoffnung verlieren. Damis, wenn ich jemals einiges Recht auf Ihre Freundschaft gehabt habe – –

DAMIS. Aber, nicht wahr, Valer? einer Sache wegen muß man auf die Berlinische Akademie recht böse sein? Bedenken Sie doch, sie will künftig die Aufgaben zu dem Preise zwei Jahre vorher bekannt machen. Warum denn zwei Jahr? war es nicht an einem genug? Hält sie denn die Deutschen für so langsame Köpfe? Seit ihrer Erneuerung habe ich jedes Jahr meine Abhandlung mit eingeschickt; aber, ohne mich zu rühmen, länger als acht Tage habe ich über keine zugebracht.

CHRYSANDER. Wißt ihr denn aber auch, ihr lieben Leute, was in den Niederlanden vorgegangen ist? Ich habe hier eben die neueste Zeitung. Sie haben sich die Köpfe wacker gewaschen. Doch die Alliierten, ich bin in der That recht böse auf sie; haben sie nicht wieder einen wunderbaren Streich gemacht! –

ANTON. Nun, da reden alle drei etwas anders! Der spricht von der Liebe, der von seinen Abhandlungen, der vom Kriege. Wenn ich auch etwas besonders reden soll, so werde ich vom Abendessen reden. Vom Mittage an bis auf den Abend um sechs Uhr zu fasten, sind keine Narrenspossen.

VALER. Unglückliche Liebe!
DAMIS. Die unbesonnene Akademie!
CHRYSANDER. Die dummen Alliierten!
ANTON. Die vierte Stimme fehlt noch: die langsamen Bratenwender!

Fünfzehnter Auftritt

Damis. Valer. Chrysander. Anton. Lisette.

LISETTE. Nun, Herr Chrysander? ich glaubte, Sie hätten die Herren zu Tische rufen wollen? Ich sehe aber, Sie wollen selbst gerufen sein. Es ist schon aufgetragen.

ANTON. Das war die höchste Zeit! dem Himmel sei Dank!

CHRYSANDER. Es ist wahr; es ist wahr; ich hätte es bald vergessen. Der Zeitungsmann hielt mich auf der Treppe auf. Kommen Sie, Herr Valer; wir wollen die jetzigen Staatsgeschäfte ein wenig mit einander bei einem Gläschen überlegen. Schlagen Sie sich Julianen aus dem Kopfe. Und du, mein Sohn, du magst mit deiner Braut schwatzen. Du wirst gewiß eine wackre Frau an ihr haben, nicht so eine Xantippe, wie – –

DAMIS. Xantippe? wie verstehen Sie das? Sind Sie etwa auch noch in dem pöbelhaften Vorurteile, daß Xantippe eine böse Frau gewesen sei?

CHRYSANDER. Willst du sie etwa für eine gute halten? Du wirst doch nicht die Xantippe verteidigen? Pfui! das heißt einen ABC-Schnitzer machen. Ich glaube, ihr Gelehrten, je mehr ihr lernt, je mehr vergeßt ihr.

DAMIS. Ich behaupte aber, daß man kein einzig tüchtiges Zeugnis für Ihre Meinung anführen kann. Das ist das erste, was die ganze Sache verdächtig macht; und zum andern – –

LISETTE. Das ewige Geplaudre!

CHRYSANDER. Lisette hat recht! Mein Sohn, contra principia negantem non est disputandum. Kommt! Kommt!

(Chrysander, Damis und Anton gehen ab.)

VALER. Nun ist alles für mich verloren, Lisette. Was soll ich anfangen?

LISETTE. Ich weiß keinen Rat; wann nicht der Brief – –

VALER. Dieser Betrug wäre zu arg, und Juliane will ihn nicht zugeben.

LISETTE. Ei, was Betrug? Wenn der Betrug nützlich ist, so ist er auch erlaubt. Ich sehe es wohl, ich werde es selbst thun müssen. Kommen Sie nur fort, und fassen Sie wieder Mut!

Dritter Aufzug

Erster Auftritt

Lisette. Anton.

LISETTE. So warte doch, Anton.

ANTON. Ei, laß mich zufrieden! Ich mag mit dir nichts zu thun haben.

LISETTE. Wollen wir uns also nicht wieder versöhnen? Willst du nicht thun, was ich dich gebeten habe?

ANTON. Dir sollte ich etwas zu Gefallen thun?

LISETTE. Anton, lieber Anton, goldner Anton, thu es immer. Wie leicht kannst du nicht dem Alten den Brief geben und ihm sagen, der Postträger habe ihn gebracht!

ANTON. Geh! Du Schlange! Wie sie nun schmeicheln kann! -- Halte mich nicht auf! Ich soll meinem Herrn ein Buch bringen. Laß mich gehen!

LISETTE. Deinem Herrn ein Buch? Was will er denn mit dem Buche bei Tische?

ANTON. Die Zeit wird ihm lang; und will er nicht müßige Weile haben, so muß er sich doch wohl etwas zu thun machen.

LISETTE. Die Zeit wird ihm lang? bei Tische? Wenn es noch in der Kirche wäre. Reden sie denn nichts?

ANTON. Nicht ein Wort. Ich bin ein Schelm, wenn es auf einem Totenmahle so stille zugehen kann.

LISETTE. Wenigstens wird der Alte reden.

ANTON. Der red't, ohne zu reden. Er ißt und red't zugleich; und ich glaube, er gäbe wer weiß was darum, wenn er noch dazu trinken könnte, und das alles dreies auf einmal. Das Zeitungsblatt liegt neben dem Teller; das eine Auge sieht auf den, und das andre auf jenes. Mit dem einen Backen kaut er, und mit dem andern red't er. Da kann es freilich nun nicht anders sein, die Worte müssen auf dem Gekauten sitzen bleiben, so daß man ihn mit genauer Not noch murmeln hört.

LISETTE. Was machen aber die übrigen?

ANTON. Die übrigen? Valer und Juliane sind wie halb tot. Sie essen nicht und reden nicht; sie sehen einander an; sie seufzen; sie schlagen die Augen nieder; sie schielen bald nach dem Vater, bald nach dem Sohne; sie werden weiß, sie werden rot. Der Zorn und die Verzweiflung sieht beiden aus den Augen. – Aber juchhe! so recht! Siehst du, daß es nicht nach deinem Kopfe gehen muß? Mein Herr soll Julianen haben, und wenn – –

LISETTE. Ja, dein Herr! Was macht aber der?

ANTON. Lauter dumme Streiche. Er kritzelt mit der Gabel auf dem Teller, hängt den Kopf, bewegt das Maul, als ob er mit sich selbst red'te, wackelt mit dem Stuhle, stößt einmal ein Weinglas um, läßt es liegen, thut, als wenn er nichts merkte, bis ihm der Wein auf die Kleider laufen will; nun fährt er auf und spricht wohl gar, ich hätte es umgegossen. – Doch genug geplaudert; er wird auf mich fluchen, wo ich ihm das Buch nicht bald bringe. Ich muß es doch suchen. Auf dem Tische zur rechten Hand soll es liegen. Ja, zur rechten Hand; welche rechte Hand meint er denn? Trete ich so, so ist das die rechte Hand; trete ich so, so ist sie das; trete ich so, so ist sie das; und das wird sie, wenn ich so trete. *(Tritt an alle vier Seiten des Tisches.)* Sage mir doch, Lisette, welches ist denn die rechte rechte Hand?

LISETTE. Das weiß ich so wenig als du. Schade auf das Buch; er mag es selbst holen. Aber, Anton, wir vergessen das wichtigste, den Brief – –

ANTON. Kömmst du mir schon wieder mit deinem Briefe? Denk doch, deinetwegen soll ich meinen Herrn betrügen?

LISETTE. Es soll aber dein Schade nicht sein.

ANTON. So? Ist es mein Schade nicht, wann ich das, was mir Chrysander versprochen hat, muß sitzen lasen?

LISETTE. Dafür aber verspricht dich Valer schadlos zu halten.

ANTON. Wo verspricht er mir es denn?

LISETTE. Wunderliche Haut! ich verspreche es dir an seiner Statt.

ANTON. Und wenn du es auch an seiner Statt halten sollst, so werde ich viel bekommen. Nein, nein, ein Sperling in der Hand ist besser, als eine Taube auf dem Dache.

LISETTE. Wenn du die Taube gewiß fangen kannst, so wird sie doch besser sein als der Sperling?

ANTON. Gewiß fangen! Als wenn sich alles fangen ließe! Nicht wahr, wann ich die Taube erhaschen will, so muß ich den Sperling aus der Hand fliegen lassen?

LISETTE. So laß ihn fliegen!

ANTON. Gut! und wann sich nun die Taube auch davon macht? Nein, nein, Jungfer, so dumm ist Anton nicht.

LISETTE. Was du für kindische Umstände machst! Bedenke doch, wie glücklich du sein kannst.

ANTON. Wie denn? laß doch hören.

LISETTE. Valer hat versprochen, mich auszustatten. Was sind so einem Kapitalisten tausend Thaler?

ANTON. Auf die machst du dir Rechnung?

LISETTE. Wenigstens! Dich würde er auch nicht leer ausgehen lassen, wann du mir behilflich wärest. Ich hätte alsdenn Geld, du hättest auch Geld; könnten wir nicht ein allerliebstes Paar werden?

ANTON. Wir? ein Paar? Wenn dich mein Herr nicht versteckt hätte.

LISETTE. Thust du nicht recht albern! Ich habe dir ja alles erzählt, was unter uns vorgegangen ist. Dein Herr, das Bücherwürmchen!

ANTON. Ja, auch das sind verdammte Tiere, die Bücherwürmer. Es ist schon wahr, ein Mädel wie du, mit tausend Thaler, die ist wenigstens tausend Thaler wert; aber nur das Kabinett – – das Kabinett – –

LISETTE. Höre doch einmal auf, Anton, und laß dich nicht so lange bitten!

ANTON. Warum willst du aber dem Alten den Brief nicht selbst geben?

LISETTE. Ich habe dir ja gesagt, was darin steht. Wie leicht könnte Chrysander nicht argwöhnen – –

ANTON. Ja, ja, mein Äffchen, ich merk' es schon; du willst die Kastanien aus der Asche haben und brauchst Katzenpfoten dazu.

LISETTE. Je nun, mein liebes Katerchen, thue es immer!

ANTON. Wie sie es einem ans Herze legen kann! Liebes Katerchen! Gieb nur her den Brief, gieb nur!

LISETTE. Da, mein unvergleichlicher Anton – –

ANTON. Aber es hat doch mit der Ausstattung seine Richtigkeit? – –

LISETTE. Verlaß dich drauf – –

ANTON. Und mit meiner Belohnung obendrein? – –

LISETTE. Desgleichen.

ANTON. Nun wohl, der Brief ist übergeben!

LISETTE. Aber so bald als möglich –

ANTON. Wenn du willst, jetzt gleich. Komm! – – Potz Stern! wer kömmt? – – Zum Henker, es ist Damis!

Zweiter Auftritt

Anton. Lisette. Damis.

DAMIS. Wo bleibt denn der Schlingel mit dem Buche?

ANTON. Ich wollte gleich, ich wollte – Lisette und – – Kurz, ich kann es nicht finden, Herr Damis.

DAMIS. Nicht finden? Ich habe dir ja gesagt, auf welcher Hand es liegt.

ANTON. Auf der rechten, haben Sie wohl gesagt, aber nicht auf welcher rechten? Und das wollte ich Sie gleich fragen kommen.

DAMIS. Dummkopf, kannst du nicht so viel erraten, daß ich von der Seite rede, an welcher ich sitze?

ANTON. Es ist auch wahr, Lisette, und darüber haben wir uns den Kopf zerbrochen! Herr Damis ist doch immer klüger als wir! *(Indem er ihm hinterwärts einen Mönch sticht.)* Nun will ich es wohl finden. Weiß eingebunden, roten Schnitt, nicht? Gehen Sie nur, ich will es gleich bringen.

DAMIS. Ja, nun ist es Zeit, da wir schon vom Tische aufgestanden sind.

ANTON. Schon aufgestanden? Zum Henker, ich bin noch nicht satt. Sind sie schon alle, alle aufgestanden?

DAMIS. Mein Vater wird noch sitzen und die Zeitung auswendig lernen, damit er morgen in seinem Kränzchen den Staatsmann spielen kann. Geh geschwind, wenn du glaubst, von seinen politischen Brocken satt zu werden. Was will aber Lisette hier?

LISETTE. Bin ich jetzt nicht ebenso wohl zu leiden als vorhin?

DAMIS. Nein, wahrhaftig, nein! Vorhin glaubte ich, Lisette hätte wenigstens so viel Verstand, daß ihr Plaudern auf eine Viertelstunde erträglich sein könnte; aber ich habe mich geirrt. Sie ist so dumm wie alle übrigen im Hause.

LISETTE. Ich habe die Ehre, mich im Namen aller übrigen zu bedanken.

ANTON. Verzweifelt! das geht ja jetzt aus einem ganz andern Tone! Gott gebe, daß sie sich recht zanken! Aber zuhören mag ich nicht. – – Lisette, ich will immer gehen.

LISETTE *(sachte)*. Den Brief vergiß nicht; geschwind!

DAMIS. So? hast du Lisetten um Urlaub zu bitten? Ich befehle dir: bleib da! Ich wüßte nicht, wohin du zu gehen hättest.

ANTON. Auf die Post, Herr Damis, auf die Post.

DAMIS. Doch, es ist wahr; nun so geh! geh!

Dritter Auftritt

Damis. Lisette.

DAMIS. Lisette kann sich nur auch gleich mit fortmachen. Will denn meine Stube heute gar nicht leer werden? Bald ist der da, bald jener; bald die, bald jene. Soll ich denn nicht einen Augenblick allein sein? *(Setzt sich an seinen Tisch.)* Die Musen verlangen Einsamkeit, und nichts verjagt sie eher als der Tumult. Ich habe so viele und wichtige Verrichtungen, daß ich nicht weiß, wo ich zuerst anfangen soll; und gleichwohl stört man mich. Mit der Heirat, mit einer so nichtswürdigen Sache, ist der größte Teil des Nachmittags darauf gegangen; soll mir denn auch der Abend durch das ewige Hin- und Wiederlaufen entrissen werden? Ich glaube, daß in keinem Hause der Müßiggang so herrschen kann als in diesem.

LISETTE. Und besonders auf dieser Stube.

DAMIS. Auf dieser Stube? Ungelehrte! Unwissende!

LISETTE. Ist das geschimpft oder gelobt?

DAMIS. Was für eine niederträchtige Seele! die Unwissenheit, die Ungelehrsamkeit für keinen Schimpf zu halten! für keinen Schimpf! So möchte ich doch die Begriffe wissen, die eine so unsinnige Schwätzerin von Ehre und Schande hat. Vielleicht, daß bei Ihr die Gelehrsamkeit ein Schimpf ist?

LISETTE. Wahrhaftig, wann sie durchgängig von dem Schlage ist wie bei Ihnen – –

DAMIS. Nein, das ist sie nicht. Die wenigsten haben es so weit gebracht – –

LISETTE. Daß man nicht unterscheiden kann, ob sie närrisch oder gelehrt sind? – –

DAMIS. Ich möchte aus der Haut fahren – –

LISETTE. Thun Sie das und fahren Sie in eine klügere.

DAMIS. Wie lange soll ich noch den Beleidigungen der nichtswürdigsten Kreatur ausgesetzt sein? – – Tausend würden sich glücklich preisen, wenn sie nur den zehnten Teil meiner Verdienste hätten. Ich bin erst zwanzig Jahr alt; und wie viele wollte ich finden, die dieses Alter beinahe dreimal auf sich haben und gleichwohl mit mir – – Doch ich rede umsonst. Was kann es mir für Ehre bringen, eine Unsinnige von meiner Geschicklichkeit zu überführen? Ich verstehe sieben Sprachen vollkommen und bin erst zwanzig Jahre alt. In dem ganzen Umfange der Geschichte und in allen mit ihr verwandten Wissenschaften bin ich ohnegleichen – –

LISETTE. Und Sie sind erst zwanzig Jahr alt!

DAMIS. Wie stark ich in der Weltweisheit bin, bezeugt die höchste Würde, die ich schon vor drei Jahren darin erhalten habe. Noch unwidersprechlicher wird es die Welt jetzt aus meiner Abhandlung von den Monaden erkennen. – – Ach, die verwünschte Post! – –

LISETTE. Und Sie sind erst zwanzig Jahr alt!

DAMIS. Von meiner mehr als Demosthenischen Beredsamkeit kann meine satirische Lobrede auf den Nix der Nachwelt eine ewige Probe geben.

LISETTE. Und Sie sind erst zwanzig Jahr alt!

DAMIS. Freilich! Auch in der Poesie darf ich meine Hand nach dem unvergänglichsten Lorbeer ausstrecken. Gegen mich kriecht Milten, und Haller ist gegen mich ein Schwätzer. Meine Freunde, welchen ich sonst zum öftern meine Versuche, wie ich sie zu nennen beliebe, vorgelesen habe, wollen jetzt gar nichts mehr davon hören und versichern mich allezeit auf das aufrichtigste, daß sie schon genugsam von meiner mehr als göttlichen Ader überzeugt wären.

LISETTE. Und Sie sind erst zwanzig Jahr alt!

DAMIS. Kurz, ich bin ein Philolog, ein Geschichtskundiger, ein Weltweiser, ein Redner, ein Dichter – –

LISETTE. Und Sie sind erst zwanzig Jahr alt! Ein Weltweiser ohne Bart und ein Redner, der noch nicht mündig ist! schöne Raritäten!

DAMIS. Fort! den Augenblick aus meiner Stube!

LISETTE. Den Augenblick? Ich möchte gar zu gern die schöne Ausrufung: »und Sie sind erst zwanzig Jahr alt!« noch einmal anbringen. Haben Sie nichts mehr an sich zu rühmen? O noch etwas! Wollen Sie nicht? Nun, so will ich es selbst thun. Hören Sie recht zu, Herr Damis: Sie sind noch nicht klug, und sind schon zwanzig Jahr alt!

DAMIS. Was? wie? *(Steht zornig auf.)*

LISETTE. Leben Sie wohl! leben Sie wohl!

DAMIS. Himmel! was muß man von den ungelehrten Bestien erdulden! Ist es möglich von einem unwissenden Weibsbilde – –

Vierter Auftritt

Damis. Chrysander. Anton.

CHRYSANDER. Das ist ein verfluchter Brief, Anton! Ei! ei! mein Sohn, mein Sohn, post coenam stabis, vel passus mille meabis. Du wirst doch nicht schon wieder sitzen.

DAMIS. Ein andrer, der nichts zu thun hat, mag sich um dergleichen barbarische Gesundheitsregeln bekümmern. Wichtige Beschäftigungen – –

CHRYSANDER. Was willst du von wichtigen Beschäftigungen reden?

DAMIS. Ich nicht, Herr Vater? Die meisten von den Büchern, die Sie hier auf dem Tische sehen, warten teils auf meine Noten, teils auf meine Übersetzung, teils auf meine Widerlegung, teils auf meine Verteidigung, teils auch auf mein bloßes Urteil.

CHRYSANDER. Laß sie warten! Jetzt – –

DAMIS. Jetzt kann ich freilich nicht alles auf einmal verrichten. Wann ich nur erst mit dem wichtigsten werde zu Stande sein. Sie glauben nicht, was mir hier eine gewisse Untersuchung für Nachschlagen und Kopfbrechen kostet. Noch eine einzige Kleinigkeit fehlt mir, so habe ich es bewiesen, daß sich Kleopatra die Schlangen an den Arm und nicht an die Brust gesetzt hat – –

CHRYSANDER. Die Schlangen taugen nirgends viel. Mir wäre beinahe jetzt auch eine in Busen gekrochen; aber noch ist es Zeit. Höre einmal, mein Sohn; hier habe ich einen Brief bekommen, der mich – –

DAMIS. Wie? einen Brief? einen Brief? Ach, lieber Anton! einen Brief! Liebster Herr Vater, einen Brief? von Berlin? Lassen Sie mich nicht länger warten; wo ist er? Nicht wahr, nunmehr werden Sie aufhören, an meiner Geschicklichkeit zu zweifeln? Wie glücklich bin ich! Anton, weißt du es auch schon, was darin steht?

CHRYSANDER. Was schwärmst du wieder? Der Brief ist nicht von Berlin; er ist von meinem Advokaten aus Dresden, und nach dem, was er schreibt, kann aus deiner Heirat mit Julianen nichts werden.

DAMIS. Nichtswürdiger Kerl! so bist du noch nicht wieder auf der Post gewesen?

ANTON. Ich habe es Ihnen ja gesagt, daß vor neun Uhr für mich auf der Post nichts zu thun ist.

DAMIS. Ah, verberabilissime, non fur, sed trifur! Himmel! daß ich vor Zorn sogar des Plautus Schimpfwörter brauchen muß! Wird dir denn ein vergebner Gang gleich den Hals kosten?

ANTON. Schimpfen Sie mich? Weil ich es nicht verstanden habe, so mag es hingehen.

CHRYSANDER. Aber sage mir nur, Damis, nicht wahr, du hast doch einen kleinen Widerwillen gegen Julianen? Wenn das ist, so will ich dich nicht zwingen. Du mußt wissen, daß ich keiner von den Vätern bin – –

DAMIS. Ist die Heirat schon wieder auf dem Tapete? Wann Sie doch wegen meines Widerwillens unbesorgt sein wollten. Genug, ich heirate sie – –

CHRYSANDER. Das heißt so viel, du wolltest dich meinetwegen zwingen? Das will ich durchaus nicht. Wenn du gleich mein Sohn bist, so bist du doch ein Mensch, und jeder Mensch wird frei geboren; er muß machen können, was er will; und – kurz – ich gebe dir dein Wort wieder zurück.

DAMIS. Wieder zurück? und vor einigen Stunden konnte ich mich nicht hurtig genug entschließen? Wie soll ich das verstehen?

CHRYSANDER. Das sollst du so verstehen, daß ich es überlegt habe, und daß, weil dir Juliane nicht gefällt, sie mir auch nicht ansteht; daß ich ihre wahren Umstände in diesem Briefe wieder gefunden habe, und daß – – du siehst es ja, daß ich den Brief nur jetzt gleich bekommen habe. Ich weiß zwar wahrhaftig nicht, was ich davon denken soll. Die Hand meines Advokaten ist es nicht – –

(Damis setzt sich wieder an den Tisch.)

ANTON. Nicht? o, die Leutchen müssen mehr als eine Hand zu schreiben wissen.

CHRYSANDER. Zu geschwind ist es beinahe auch. Kaum sind es acht Tage, daß ich ihm geschrieben habe. Sollte er das Ding in der kurzen Zeit schon haben untersuchen können? Von wem hast du denn den Brief bekommen, Anton?

ANTON. Von Lisetten.

CHRYSANDER. Und Lisette?

ANTON. Von dem Postträger ohne Zweifel.

CHRYSANDER. Aber warum bringt denn der Kerl die Briefe nicht mir selbst?

ANTON. Sie werden sich doch in den Händen, wodurch sie gehen, nicht verändern können?

CHRYSANDER. Man weiß nicht – Gleichwohl aber lassen sich die Gründe, die er anführt, hören. Ich muß also wohl den sichersten Weg nehmen und dir, mein Sohn – – Aber, ich glaube gar, du hast dich wieder an den Tisch gesetzt und studierst?

DAMIS. Mein Gott! ich habe zu thun, ich habe so gar viel zu thun.

CHRYSANDER. Drum mit einem Worte, damit ich dich nicht um die Zeit bringe: die Heirat mit Julianen war nichts als ein Gedanke, den du wieder vergessen kannst. Wann ich es recht überlege, so hat doch Valer das größte Recht auf sie.

DAMIS. Sie betrügen sich, wann Sie glauben, daß ich nunmehr davon abgehen werde. Ich habe alles wohl überlegt, und ich muß es Ihnen nur mit ganz trocknen Worten sagen, daß eine böse Frau mir helfen soll, meinen Ruhm unsterblich zu machen, oder vielmehr, daß ich eine böse Frau, an die man nicht denken würde, wann sie keinen Gelehrten gehabt hätte, mit mir zugleich unsterblich machen will. Der Charakter eines solchen Eheteufels wird auf den meinigen ein gewisses Licht werfen – –

CHRYSANDER. Nun wohl, wohl; so nimm dir eine böse Frau, nur aber eine mit Gelde, weil an einer solchen die Bosheit noch erträglich ist. Von der Gattung war meine erste selige Frau. Um die zwanzigtausend Thaler, die ich mit ihr bekam, hätte ich des bösen Feindes Schwester heiraten wollen – – Du mußt mich nur recht verstehen: ich meine es nicht nach den Worten. – Wann sie aber böse sein soll, deine Frau, was willst du mit Julianen? – – Höre, ich kenne eine alte Witwe, die schon vier Männer ins Grab gezankt hat; sie hat ihr feines Auskommen: ich dächte, das wäre deine Sache; nimm die! Ich habe dir das Maul einmal wässerig gemacht, ich muß dir also doch etwas darein geben. Wann es einmal eine Xantippe sein soll, so kannst du keine beßre finden.

DAMIS. Mit Ihrer Xantippe! ich habe es Ihnen ja schon mehr als einmal gesagt, daß Xantippe keine böse Frau gewesen ist. Haben Sie meine Beweisgründe schon wieder vergessen?

CHRYSANDER. Ei was! mein Beweis ist das ABC-Buch. Wer so ein Buch hat schreiben können, das so allgemein geworden ist, der muß es gewiß besser verstanden haben als du. Und kurz, mir liegt daran, daß Xantippe eine böse Frau gewesen ist. Ich könnte mich nicht zufrieden geben, wenn ich meine erste Frau so oft sollte gelobt haben. Schweig also mit deinen Narrenspossen; ich mag von dir nicht besser unterrichtet sein.

DAMIS. So wird uns gedankt, wenn wir die Leute aus ihren Irrtümern helfen wollen.

CHRYSANDER. Seit wenn ist denn das Ei klüger als die Henne? He? Herr Doktor, vergeß Er nicht, daß ich Vater bin, und daß es auf den Vater ankömmt, wenn der Sohn heiraten soll. Ich will an Julianen nicht mehr gedacht wissen – –

DAMIS. Und warum nicht?

CHRYSANDER. Soll ich meinem einzigen Sohne ein armes Mädchen aufhängen? Du bist nicht wert, daß ich für dich so besorgt bin. Du weißt ja, daß sie nichts im Vermögen hat.

DAMIS. Hatte sie vorhin, da ich sie heiraten sollte, mehr als jetzt?

CHRYSANDER. Das verstehst du nicht. Ich wußte wohl, was ich vorhin that; aber ich weiß auch, was ich jetzt thue.

DAMIS. Gut, desto besser ist es, wann sie kein Geld hat. Man wird mir also nicht nachreden können, die böse Frau des Geldes wegen genommen zu haben; man wird es zugestehen müssen, daß ich keine andre Absicht gehabt als die, mich in den Tugenden zu üben, die bei Erduldung eines solchen Weibes nötig sind.

CHRYSANDER. Eines solchen Weibes! Wer hat dir denn gesagt, daß Juliane eine böse Frau werden wird?

DAMIS. Wann ich nicht, wie wir Gelehrten zu reden pflegen, a priori davon überführt wäre, so würde ich es schon daraus schließen können, weil Sie daran zweifeln.

CHRYSANDER. Fein naseweis, mein Sohn! fein naseweis! Ich habe Julianen auferzogen; sie hat viel Wohlthat bei mir genossen; ich habe ihr alles Gute beigebracht: wer von ihr Übels spricht, der spricht es zugleich von mir. Was? ich sollte nicht ein Frauenzimmer zu ziehen wissen? Ich sollte ein Mädchen, das unter meiner Aufsicht groß geworden ist, nicht so weit gebracht haben, daß es einmal eine rechtschaffne, wackre Frau würde? Reich habe ich sie freilich nicht machen können; ich bin der Wohlthat selbst noch benötigt. Aber daß ich sie nicht tugendhaft, nicht verständig gemacht hätte, das kann mir nur einer nachreden, der so dumm ist als du, mein Sohn. Nimm mir es nicht übel, daß ich mit der Sprache herausrücke. Du bist so ein eingemachter Narre, so ein Stockfisch – – nimm mir's nicht übel, mein Sohn – – so ein überstudierter Pickelhering – – aber nimm mir's nicht übel – –

DAMIS *(beiseite)*. Bald sollte ich glauben, daß sein erster Handel mit eingesalznen Fischen gewesen sei. – – Schon gut, Herr Vater; von Julianens Tugend will ich nichts sagen; die Tugend ist oft eine Art von Dummheit. Aber was ihren Verstand anbelangt, von dem werden Sie mir erlauben, daß ich ihn noch immer in Zweifel ziehe. Ich bin nun schon eine ziemliche Zeit wieder hier; ich habe mir auch manchmal die Mühe genommen, ein paar Worte mit ihr zu sprechen: hat sie aber wohl jemals an meine Gelehrsamkeit gedacht? Ich mag nicht gelobt sein, so eitel bin ich nicht; nur muß man den Leuten ihr Recht widerfahren lassen – –

Fünfter Auftritt

Chrysander. Damis. Valer.

CHRYSANDER. Gut, gut, Herr Valer, Sie kommen gleich zur rechten Stunde.

DAMIS. Was will der unerträgliche Mensch wieder?

VALER. Ich komme, Abschied von Ihnen beiden zu nehmen – –

CHRYSANDER. Abschied? so zeitig? warum denn?

VALER. Ich glaube nicht, daß Sie im Ernste fragen.

CHRYSANDER. Gott weiß es, Herr Valer; in dem allerernstlichsten Ernste. Ich lasse Sie wahrhaftig nicht.

VALER. Um mich noch empfindlicher zu martern? Sie wissen, wie lieb mir die Person allezeit gewesen ist, die Sie mir heute entreißen. Doch das Unglück wäre klein, wenn es mich nur allein träfe. Sie wollen noch dazu diese geliebte Person mit einem verbinden, der sie ebenso sehr haßt, als ich sie verehre? Meine ganze Seele ist voller Verzweiflung, und von nun an werde ich, weder hier, noch irgendwo in der Welt, wieder ruhig werden. Ich gehe, um mich – –

CHRYSANDER. Nicht gehen, Herr Valer, nicht gehen! Dem Übel ist vielleicht noch abzuhelfen.

VALER. Abzuhelfen? Sie beschimpfen mich, wenn Sie glauben, daß ich jemals diesen Streich überwinden werde. Er würde für ein minder zärtliches Herz, als das meinige ist, tödlich sein.

DAMIS. Was für ein Gewäsche! *(Setzt sich an seinen Tisch.)*

VALER. Wie glücklich sind Sie, Damis! Lernen Sie wenigstens Ihr Glück erkennen; es ist der geringste Dank, den Sie dem Himmel schuldig sind. Juliane wird die Ihrige – –

CHRYSANDER. Ei, wer sagt denn das? Sie soll noch zeitig genug die Ihrige werden, Herr Valer, nur Geduld!

VALER. Halten Sie inne mit Ihren kalten Verspottungen –

CHRYSANDER. Verspottungen? Sie müssen mich schlecht kennen. Was ich sage, das sag' ich. Ich habe die Sache nun besser überlegt; ich sehe, Juliane schickt sich für meinen Sohn nicht, und er sich noch viel weniger für Julianen. Sie lieben sie; Sie haben längst bei mir um sie angehalten; wer am ersten kömmt, der muß am ersten mahlen. Ich habe eben mit meinem Sohn davon gered't – – Sie kennen ihn ja – –

VALER. Himmel, was hör' ich? Ist es möglich? Welche glückliche Veränderung! Erlauben Sie, daß ich Sie tausendmal umfange. Soll ich also doch noch glücklich sein? O Chrysander! o Damis!

CHRYSANDER. Reden Sie mit ihm und setzten Sie ihm den Kopf ein wenig zurechte. Ich will zu Julianen gehen und ihr meinen veränderten Entschluß hinterbringen. Sie wird mir es doch nicht übelnehmen?

VALER. Übel? Sie werden ihr das Leben wiedergeben, so wie Sie es mir wiedergegeben haben.

CHRYSANDER. Ei, kann ich das? *(Geht ab.)*

Sechster Auftritt

Damis. Valer. Anton.

VALER. Und in welchem Tone soll ich nun mit Ihnen reden, liebster Freund? Das erneuerte Versprechen Ihres Vaters berechtigte mich, Sie ganz und gar zu übergehen. Ich habe gewonnen, sobald Chrysander Julianen zu zwingen aufhört. Doch wie angenehm soll es mir sein, wann ich ihren Besitz zum Teil auch Ihnen werde verdanken können.

DAMIS. Anton!

ANTON *(kömmt)*. Was soll der? Ist Ihnen die Post wieder eingefallen?

DAMIS. Gleich geh! sie muß notwendig da sein.

ANTON. Aber ich sage Ihnen, daß sie bei so übelm Wetter vor zehn Uhr nicht kommen kann.

DAMIS. Giebst du abermals eine Stunde zu? Kurz, geh! und kömmst du leer wieder, so sieh dich vor!

ANTON. Wenn ich diese Nacht nicht sanft schlafe, so glaube ich zeitlebens nicht mehr, daß die Müdigkeit etwas dazu helfen kann. *(Geht ab.)*

Siebenter Auftritt

Damis. Valer.

VALER. So? anstatt zu antworten, reden Sie mit dem Bedienten?

DAMIS. Verzeihen Sie, Valer; Sie haben also mit mir gesprochen? Ich habe den Kopf so voll; es ist mir unmöglich, auf alles zu hören.

VALER. Und Sie wollen sich auch bei mir verstellen? Ich weiß die Zeit noch sehr wohl, da ich in eben dem wunderbaren Wahne stand, es ließe gelehrt, so zerstreut als möglich und auf nichts als auf sein Buch aufmerksam zu thun. Doch glauben Sie nur, der muß sehr einfältig sein, den Sie mit diesen Gaukeleien hintergehen wollen.

DAMIS. Und Sie müssen noch einfältiger sein, daß Sie glauben können, ein jeder Kopf sei so gedankenleer als der Ihrige. Und verdient denn Ihr Geschwätz, daß ich darauf höre? Sie haben ja gewonnen, sobald Chrysander Julianen zu zwingen aufhört; Sie sind ja berechtigt, mich zu übergehen – –

VALER. Das muß doch eine besondere Art der Zerstreuung sein, in welcher man des andern Reden gleichwohl so genau höret, daß man sie von Wort zu Wort wiederholen kann.

DAMIS. Ihre Spötterei ist sehr trocken. *(Sieht wieder auf sein Buch.)*

VALER. Doch aber zu empfinden? – – Was für eine Marter ist es, mit einem Menschen von Ihrer Art zu thun zu haben? Es giebt deren wenige – –

DAMIS. Das sollte ich selbst glauben.

VALER. Es würden sich aber mehrere finden, wenn selbst – –

DAMIS. Ganz recht; wenn die wahre Gelehrsamkeit nicht so schwer zu erlangen, die natürliche Fähigkeit dazu gemeiner, und ein unermüdeter Fleiß nicht so etwas Beschwerliches wären – –

VALER. Ha! ha! ha!

DAMIS. Das Lachen eines wahren Idioten!

VALER. Sie reden von Ihrer Gelehrsamkeit, und ich, mit Vergebung, wollte von Ihrer Thorheit reden. Hierin, meinte ich, würden Sie mehrere Ihresgleichen finden, wenn selbst diese Thorheit ihren Sklaven nicht zur Last werden müßte.

DAMIS. Verdienen Sie also, daß ich Ihnen antworte? *(Sieht wieder in sein Buch.)*

VALER. Und verdienen Sie wohl, daß ich noch Freunds genug bin, mit Ihnen ohne Verstellung zu reden? Glauben Sie mir, Sie werden Ihre Thorheiten bei mehrerm Verstande bereuen – –

DAMIS. Bei mehrerm Verstande? *(Spöttisch.)*

VALER. Werden Sie darüber ungehalten? Das ist wunderbar! Ihr Körper kann Ihren Jahren nach noch nicht ausgewachsen haben, und Sie glauben, daß Ihre Seele gleichwohl schon zu ihrer möglichen Vollkommenheit gelanget sei? Ich würde den für meinen Feind halten, welcher mir den Vorzug, täglich zu mehrerm Verstande zu kommen, streitig machen wollte.

DAMIS. Sie!

VALER. Sie werden so spöttisch, mein Herr Nebenbuhler – Doch da ist sie selbst! *(Läuft ihr entgegen.)* Ah, Juliane – –

Achter Auftritt

Damis. Valer. Juliane.

JULIANE. Ach, Valer, welche glückliche Veränderung! – –

DAMIS *(indem er sich auf dem Stuhle umwendet).* Die Ehre, Sie hier zu sehen, Mademoiselle, habe ich ohne Zweifel einem Irrtume zu danken? Sie glauben vielleicht in Ihr Schlafzimmer zu kommen – –

JULIANE. Dieser Irrtum wäre unvergeblich! Nein, mein Herr, es geschieht auf Befehl Ihres Herrn Vaters, daß ich diesen heiligen Ort betrete. Ich komme, Ihnen einen Kauf aufzusagen und mich bei Ihrer Muse zu entschuldigen, daß ich beinahe in die Gefahr gekommen wäre, ihr einen so liebenswürdigen Geist abspenstig zu machen.

VALER. O, wie entzückt bin ich, schönste Juliane, Sie auf einmal wieder in Ihrer Heiterkeit zu sehen!

DAMIS. Wenn ich das Gewäsche eines Frauenzimmers recht verstehe, so kommen Sie, ein Pactum aufzuheben, welches doch alle Requisita hat, die zu einem unumstößlichen Pacto erfordert werden.

JULIANE. Und wann ich das Galimathias eines jungen Gelehrten verstehen darf, so haben Sie es getroffen.

DAMIS. Mein Vater ist ein Idiote. Kömmt es denn nur auf ihn oder auf Sie, Mademoiselle, an, einen Vertrag, der an meinem Teil fest bestehet, ungiltig zu machen? – – Es wird sich alles zeigen; nur wollte ich bitten, mich jetzt ungestört zu lassen – – *(Wendet sich wieder an den Tisch.)*

VALER. Was für ein Bezeigen! Hat man jemals einem Frauenzimmer, auf dessen Besitz man Anspruch macht, so begegnet?

DAMIS. Und ist man jemals einem beschäftigten Gelehrten so überlästig gewesen? – – Diese verdrießliche Gesellschaft los zu werden, muß ich nur selbst meine vier Wände verlassen. *(Geht ab.)*

Neunter Auftritt

Valer. Juliane.

JULIANE. Und wir lachen ihm nicht nach?

VALER. Nein, Juliane; eine bessere Freude mag uns jetzt erfüllen; und beinahe gehört eine Art von Grausamkeit dazu, sich über einen so kläglichen Thoren lustig zu machen. Wie soll ich Ihnen die Regungen meines Herzens beschreiben, jetzt, da man ihm alle seine Glückseligkeit wiedergegeben hat? Ich beschwöre Sie, Juliane, wann Sie mich lieben, so verlassen Sie noch heute mit mir dieses gefährliche Haus. Setzen Sie sich nicht länger der Ungestümigkeit eines veränderlichen Alten, der Raserei eines jungen Pedanten und der Schwäche Ihrer eignen allzu zärtlichen Denkungsart aus. Sie sind mir in einem Tage genommen und wiedergegeben worden; lassen Sie ihn den ersten und den letzten sein, der so grausam mit uns spielen darf!

JULIANE. Fassen Sie sich, Valer! Wir wollen lieber nichts thun, was uns einige Vorwürfe von Chrysandern zuziehen könnte. Sie sehen, er ist auf dem besten Wege, und ich liebe ihn ebenso sehr, als ich den Damis verachte. Durch das Mißtrauen, wodurch ich mich auf einmal seiner Vorsorge entzöge, würde ich ihm für seine Wohlthaten schlecht danken – –

VALER. Noch immer reden Sie von Wohlthaten? Ich werde nicht eher ruhig, als bis ich Sie von diesen gefährlichen Banden befreiet habe. Erlauben Sie mir, daß ich sie sogleich gänzlich vernichte, und dem alten Eigennützigen – –

JULIANE. Nennen Sie ihn anders, Valer; er ist das nicht; und schon seine Veränderung zeigt es, daß Lisette falsch gehört oder uns hintergangen hat. Zwar weiß ich nicht, wem ich diese Veränderung zuschreiben soll – – *(Nachsinnend.)*

VALER. Warum auf einmal so in Gedanken? Die Ursache, die ihn bewogen hat, mag sein, welche es will; ich weiß doch gewiß, daß es eine Fügung des Himmels ist.

JULIANE. Des Himmels oder Lisettens. Auf einmal fällt mir ein, was Sie mir von einem Briefe gesagt haben. Sollte wohl Lisettens allzu große Dienstfertigkeit – –

VALER. Welche Einbildung, liebste Juliane! Sie weiß es ja, daß Ihre Tugend in diesen kleinen Betrug nicht willigen wollen.

JULIANE. Gleichwohl, je mehr ich nachdenke – –

VALER. Wann es nun auch wäre, wollten Sie denn deswegen – –

JULIANE. Wann es nun auch wäre? wie?

Zehnter Auftritt

Valer. Juliane. Lisette.

JULIANE. Du kömmst als gerufen, Lisette.

LISETTE. Nun? gehen meine Sachen nicht vortrefflich? Wollen Sie es nicht unten mit anhören, wie sich Damis und Chrysander zanken? »Du sollst sie nicht bekommen.« – »Ich muß sie bekommen.« – »Ich bin Vater.« – »Sie haben mir sie versprochen.« – »Ich habe mich anders besonnen.« – »Ich aber nicht.« – »So muß es noch geschehen.« – »Das ist unmöglich.« – »Unmöglich oder nicht.« – »Kurz, ich geh' nicht ab. Ich will es Ihnen aus Büchern beweisen, daß Sie mir Wort halten müssen.« – »Du kannst mit deinen Büchern an den Galgen gehen.« – – Was wiederhole ich viel ihre närrischen Reden? Der Vater hat recht; er handelt klug: er würde aber gewiß nicht so klug handeln, wenn ich nicht vorher so klug gewesen wäre.

JULIANE. Wie verstehst du das, Lisette?

LISETTE. Ich lobe mich nicht gern selbst. Kurz, meine liebe Mamsell, Ihr Schutzengel, der bin ich!

JULIANE. Der bist du? und wie denn?

LISETTE. Dadurch, daß ich einen Betrüger mit seiner Münze bezahlt habe. Der alte häßliche – –

JULIANE. Und also hast du Chrysandern betrogen?

LISETTE. Ei, sagen Sie doch das nicht; einen Betrüger betrügt man nicht, sondern den hintergeht man nur. Hintergangen hab' ich ihn.

VALER. Und wie?

LISETTE. Schlecht genug, daß Sie es schon wieder vergessen haben. Ich sollte meinen, erkenntlich zu sein, brauche man ein besser Gedächtnis.

JULIANE. Du hast ihm also wohl gar den falschen Brief untergeschoben?

LISETTE. Behüte Gott! ich habe ihn bloß durch einen erdichteten Brief auf andere Gedanken zu bringen gesucht, und das ist mir gelungen.

JULIANE. Das hast du gethan? Und ich sollte mein Glück einer Betrügerin zu danken haben? Es mag mir gehen, wie es will, Chrysander soll es den Augenblick erfahren – –

LISETTE. Was soll denn das heißen? Ist das mein Dank?

VALER. Besinnen Sie sich, Juliane! verziehen Sie!

JULIANE. Unmöglich, Valer; lassen Sie mich. *(Juliane geht ab.)*

Elfter Auftritt

Valer. Lisette.

VALER. Himmel, nun ist alles wieder aus!

LISETTE. So mag sie es haben! Gift und Galle möchte ich speien, so toll bin ich! Für meinen guten Willen mich eine Betrügerin zu heißen? Ich hoffte, sie würde mir vor Freuden um den Hals fallen. – – Wie wird der Alte auf mich losziehen! Er jagt mich und Sie zum Hause heraus. Was wollen Sie nun anfangen?

VALER. Ja, was soll ich nun anfangen, Lisette?

LISETTE. Ich glaube, Sie antworten mir mit meiner eignen Frage? Das ist bequem. Mein guter Rat hat ein Ende. Ich will mich bald wieder in so etwas mengen!

VALER. Zu was für einer ungelegnen Zeit kamst du aber auch, Lisette? Ich hatte dir es gesagt, daß Juliane in diesen Streich nicht willigen wollte. Hättest du nicht noch einige Zeit schweigen können?

LISETTE. Konnte ich denn vermuten, daß sie so übertrieben eigensinnig sein würde? Sie können sich leicht einbilden, wie es mit unsereiner ist: ich hätte nicht wie viel nehmen und es gegen sie länger verbergen wollen, wem sie ihr Glück zu danken habe. Die Freude ist schwatzhaft, und – – Ach, ich möchte gleich – –

Zwölfter Auftritt

Valer. Lisette. Anton.

ANTON *(mit Briefen in der Hand)*. Ha! ha! Haltet ihr wieder Konferenz? Wenn es mein Herr wüßte, daß in seiner eignen Stube die schlimmsten Anschläge wider ihn geschmiedet werden, er würde dich, Lisette – – Aber wie steht ihr denn da beisammen? Herr Valer scheint betrübt; du bist erhitzt, erhitzt wie ein Zinshahn. Habt ihr euch geschlagen, oder habt ihr euch sonst eine Motion gemacht? Ei, ei, Lisette! höre – – *(Sachte zu Lisetten).* Du hast dich doch der Ausstattung wegen mit ihm nicht überworfen? Hat er sein Wort etwa zurückgezogen? Das wäre ein verfluchter Streich. *(Laut.)* Nein, nein, Herr Valer, was man verspricht, das muß man halten. Sie hat Ihnen redlich gedient, und ich auch. Zum Henker! glauben Sie denn, daß es einmal einer ehrlichen Seele keine Gewissensbisse verursachen muß, wenn sie ihre Herrschaft für Null und nichts betrogen hat? Ich lasse mich nicht vexieren; und meine Forderung wenigstens – – Hol' mich dieser und jener! ich nehm' einen Advokaten an, einen rechten Bullenbeißer von einem Advokaten, der Ihnen doch gewiß so viel soll zu schaffen machen – –

LISETTE. Ach Narre, schweig!

VALER. Was will er denn? Mit wem sprichst du denn?

ANTON. Potz Stern! Mit unserm Schuldmanne sprech' ich. Das können Sie ja wohl am Tone hören.

VALER. Wer ist denn dein Schuldmann?

ANTON. Kömmt es nun da heraus, daß Sie die Schuld leugnen wollen? Hören Sie, mein Advokat bringt Sie zum Schwur – –

VALER. Lisette, weißt denn du, was er will?

LISETTE. Der Schwärmer! ich brauchte ihn vorhin zu Überbringung des Briefes und versprach ihm, wenn die Sache gut ausfallen sollte, eine Belohnung von Ihnen.

VALER. Weiter ist es nichts?

ANTON. Ich dächte doch, das wäre genug. Und wie hält es denn mit Lisettens Ausstattung? Ich muß mich um ihr Vermögen so gut als um das meinige bekümmern, weil es doch meine werden soll.

VALER. Seid unbesorgt; wenn ich mein Glück mache, so will ich das eurige gewiß nicht vergessen.

ANTON. Gesetzt aber, Sie machten es nicht? Und was versprochen ist, ist doch versprochen.

VALER. Auch alsdenn will ich euern Eifer nicht unbelohnt lassen.

ANTON. Ach, das sind Komplimente, Komplimente!

LISETTE. So hör' einmal auf!

ANTON. Bist du nicht eine Närrin; ich rede ja für dich mit.

LISETTE. Es ist aber ganz unnötig.

ANTON. Unnötig? Habt ihr euch denn nicht gezankt?

LISETTE. Warum nicht gar!

ANTON. Hat er sein Versprechen nicht zurückgezogen?

LISETTE. Nein doch.

ANTON. O, so verzeihen Sie mir, Herr Valer. Die Galle kann einem ehrlichen Manne leicht überlaufen. Ich bin ein wenig hitzig, zumal in Geldsachen. Fürchten Sie sich für den Advokaten nur nicht. – –

VALER. Und ich kann in einer so marternden Ungewißheit hier noch verziehen? Ich muß sie sprechen; vielleicht hat sie es noch nicht gethan – –

LISETTE. Hat sie es aber gethan, so kommen Sie dem Alten ja nicht zu nahe!

VALER. Ich habe von dem ganzen Handel nichts gewußt.

LISETTE. Desto schlimmer alsdenn für mich. Gehen Sie nur.

Dreizehnter Auftritt

Anton. Lisette.

ANTON. Desto schlimmer für dich? Was ist denn desto schlimmer für dich? Warum soll er denn dem Alten nicht zu nahe kommen? Was habt ihr denn wieder?

LISETTE. Je, der verfluchte Brief!

ANTON. Was für ein Brief?

LISETTE. Den ich dir vorhin gab.

ANTON. Was ist denn mit dem?

LISETTE. Es ist alles umsonst; meine Mühe ist vergebens.

ANTON. Wie denn so? So wahr ich lebe, ich habe ihn richtig bestellt. Mache keine Possen und schiebe die Schuld etwa auf mich!

LISETTE. Richtig übergeben ist er wohl; er that auch schon seine Wirkung. Aber Juliane hat uns selbst einen Strich durch die Rechnung gemacht. Sie will es durchaus dem Alten entdecken, daß es ein falscher Brief gewesen sei, und hat es vielleicht auch schon gethan.

ANTON. Was zum Henker, sie selbst? Da werden wir ankommen! Siehst du, nun ist der Sperling und die Taube weg. Und was das schlimmste ist: da ich die Taube habe fangen wollen, so bin ich darüber mit der Nase ins weiche gefallen. Oder deutlicher und ohne Gleichnis mit dir zu reden: die versprochene Belohnung bei dem Alten hab' ich verloren, die eingebildete bei Valern entgeht mir auch, und aller Profit, den ich dabei machen werde, ist, nebst einem gnädigen Rippenstoße, ein »Pack dich zum Teufel!« – – Will Sie mich alsdenn noch, Jungfer Lisette? – – O, Sie muß mich. Ich will Sie die Leute lehren unglücklich machen – –

LISETTE. Es wird mir gewiß besser gehen? Wir wandern miteinander, und wenn wir nur einmal ein Paar sind, so magst du sehen, wie du mich ernährest.

ANTON. Ich dich ernähren? bei der teuern Zeit? Wenn ich noch könnte mit dir herumziehen, wie der mit dem großen Tiere, das ein Horn auf der Nase hat.

LISETTE. Sorge nicht, in ein Tier mit einem Horne will ich dich bald verwandeln. Es wird alsdann doch wohl einerlei sein, ob du mit mir, oder ich mit dir herumziehe.

ANTON. Nu wahrhaftig, mit dir weiß man doch noch, woran man ist. – – Aber, damit wir nicht eins ins andre reden, wo ist denn nun mein Herr? Da sind endlich seine verdammten Briefe!

LISETTE. Siehst du ihn?

ANTON. Nein; aber wo mir recht ist, jetzt hör' ich ihn.

LISETTE. Laß ihn nur kommen; toll will ich ihn noch machen zu guter Letzt.

Vierzehnter Auftritt

Anton. Lisette. Damis (kömmt ganz tiefsinnig; Lisette schleicht hinter ihm her und macht seine Grimassen nach).

ANTON. Halt! ich will ihn noch ein wenig zappeln lassen und ihm die Briefe nicht gleich geben. *(Steckt sie ein.)* Wie, so tiefsinnig, Herr Damis? Was steckt Ihnen wieder im Kopfe?

DAMIS. Halt dein Maul!

ANTON. Kurz geantwortet! Aber soll sich denn ein Bedienter nicht um seinen Herrn bekümmern? Es wäre doch ganz billig, wann ich auch wüßte, worauf Sie dächten. Eine blinde Henne findet auch manchmal ein Körnchen, und vielleicht könnte ich Ihnen – –

DAMIS. Schweig!

ANTON. Die Antwort war noch kürzer. Wenn sie stufenweise so abnimmt, so will ich einmal sehen, was übrig bleiben wird. – Was zählen Sie denn an den Fingern? Was hat Ihnen denn der arme Nagel gethan, daß Sie ihn so zerbeißen? *(Er wird Lisetten gewahr.)* – – Und, zum Henker, was ist denn das für ein Affe? Kömmst du von Sinnen?

LISETTE. Halt dein Maul!

ANTON. Um des Himmels willen geh! Wann mein Herr aus seinem Schlafe erwacht und dich sieht – –

LISETTE. Schweig!

ANTON. Willst du mich oder meinen Herrn zum besten haben? So sehen Sie doch einmal hinter sich, Herr Damis!

DAMIS *(geht einigemal tiefsinnig auf und nieder, Lisette in gleichen Stellungen hinter ihm her, und wann er sich umwendet, schleicht sie sich hurtig herum, daß er sie nicht gewahr wird.)*

Meiner Hochzeitfackel Brand
Sei von mir jetzt selbst gesungen!

ANTON. Ho! ho! Sie machen Verse? Komm, Lisette, nun müssen wir ihn allein lassen. Bei solcher Gelegenheit hat er mich selbst schon mehr als einmal aus der Stube gestoßen. Komm nur; er ruft uns gewiß selbst wieder, sobald er fertig ist, und vielleicht das ganze Haus dazu.

LISETTE *(indem sich Damis umwendet, bleibt sie starr vor ihm stehen und nimmt seinen Ton an.)*

Meiner Hochzeitsfackel Brand
Sei von mir jetzt selbst gesungen!

DAMIS. *(thut, als ob er sie nicht gewahr würde, und stößt auf sie).* Was ist das?

LISETTE. Was ist das? *(Beide, als ob sie zu sich selbst kämen.)*

DAMIS. Unwissender, niederträchtiger Kerl! habe ich dir nicht oft genug gesagt, keine Seele in meine Stube zu lassen, als aufs höchste meinen Vater? Was will denn die hier?

LISETTE. Unwissender, niederträchtiger Kerl! hast du mir es nicht oft genug gesagt, daß ich mich aus der Stube fortmachen soll? Kannst du dir denn aber nicht einbilden, daß die, welche im Kabinette hat sein dürfen, auch Erlaubnis haben werde, in der Stube zu sein? Unwissender, niederträchtiger Kerl!

ANTON. Wem soll ich nun antworten?

DAMIS. Gleich stoße sie zur Stube hinaus!

ANTON. Stoßen? mit Gewalt?

DAMIS. Wenn sie nicht in gutem gehen will – –

ANTON. Lisette, geh immer in gutem – –

LISETTE. Sobald es mir gelegen sein wird.

DAMIS. Stoß sie heraus, sag' ich!

ANTON. Komm, Lisette, gieb mir die Hand; ich will dich ganz ehrbar herausführen.

LISETTE. Grobian, wer wird denn ein Frauenzimmer mit der bloßen Hand führen wollen?

ANTON. O, ich weiß auch zu leben! – In Ermangelung eines Handschuhs also – *(Er nimmt den Zipfel von der Weste.)* – werde ich die Ehre haben – –

DAMIS. Ich seh' wohl, ich soll mich selbst über sie machen – – *(Geht auf sie los.)*

LISETTE. Ha! ha! ha! so weit wollte ich Sie nur gern bringen. Adieu!

Fünfzehnter Auftritt

Damis. Anton.

DAMIS. Nun sind alle Gedanken wieder fort! Das Feuer ist verraucht, die Einbildungskraft ist zerstreut. Der Gott, der uns begeistern muß, hat mich verlassen. – Verdammte Kreatur! Was für Verdruß hat sie mir heute nicht schon gemacht! Wie spöttisch ist sie mit mir umgegangen! Himmel! in meiner Tiefsinnigkeit mir alles so lächerlich nachzuäffen!

ANTON. Sie sahen es ja aber nicht.

DAMIS. Ich sah es nicht?

ANTON. Ja? ist's möglich? und Sie stellten sich nur so?

DAMIS. Schweig, Idiote! – – Ich will sehen, ob ich mich wieder in die Entzückung setzen kann – –

ANTON. Thun Sie das lieber nicht; die Verse können unmöglich geraten, wobei man so finster aussieht. – Darf man aber nicht wissen, was es werden wird? ein Abendlied, oder ein Morgenlied?

DAMIS. Dummkopf!

ANTON. Ein Bußlied?

DAMIS. Einfaltspinsel!

ANTON. Ein Tischlied? auch nicht? – – Ein Sterbelied werden Sie doch nicht machen! So wahr ich ehrlich bin, wenn ich auch noch so ein großer Poet wäre, das bliebe von mir ungemacht. Sterben ist der abgeschmackteste Streich, den man sich selbst spielt. Er verdient nicht einen Vers, geschweige ein Lied.

DAMIS. Ich muß Mitleiden mit deiner Unwissenheit haben. Du kennst keine andre Arten von Gedichten, als die du im Gesangbuche gefunden hast.

ANTON. Es wird gewiß noch andre geben? So lassen Sie doch hören, was Sie machen.

DAMIS. Ich mache – – ein Epithalamium – –

ANTON. Ein Epithalamium? Potz Stern, das ist ein schwer Ding! Damit können Sie wirklich zurechte kommen? Da gehört Kunst dazu – – Aber, Herr Damis, im Vertrauen, was ist denn das, ein Epith – pitha – thlamium?

DAMIS. Wie kannst du es denn aber schwer nennen, wenn du noch nicht weißt, was es ist?

ANTON. Ei nun, das Wort ist ja schon schwer genug. Sagen Sie mir nur ein wenig mit einem andern Namen, was es ist.

DAMIS. Ein Epithalamium ist ein Thalassio.

ANTON. So, so! nun versteh' ich's: Ein Epithalamium ist ein – – wie hieß es? –

DAMIS. Thalassio.

ANTON. Ein Thalassio; und das können Sie machen? Wenigstens werden Sie viel Zeit dazu brauchen. – – Aber, hören Sie doch, wenn mich nun jemand fragt, was ein Thalassio ist, was muß ich ihm wohl antworten?

DAMIS. Auch das weißt du nicht, was ein Thalassio ist?

ANTON. Ich für mein Teil weiß es wohl. Ein Thalassio ist ein – – wie heißt das vorige Wort?

DAMIS. Epithalamium.

ANTON. Ist ein Epithalamium. Und ein Epithalamium ist ein Thalassio. Nicht wahr, ich habe es gut behalten? Aber das möchte nur andern Leuten nicht deutlich sein, welche beide Worte nicht verstehen.

DAMIS. Je nun, so sage ihnen, Thalassio sei ein Hymenaeus.

ANTON. Zum Henker! das heißt Leute vexieren. Ein Epithalamium ist ein Thalassio, und ein Thalassio ist ein Hymenaeus. Und so umgekehrt, ein Hym – – Hym – – die Namen mag Sonsteiner merken!

DAMIS. Recht! recht! ich sehe doch, daß du anfängst, einen Begriff von Sachen zu bekommen.

ANTON. Ich einen Begriff hiervon? So wahr ich ehrlich bin, Sie irren sich! Der Kobold müßte mir's eingeblasen haben, wenn ich wüßte, was die kauderwelschen Worte heißen sollen. Sagen Sie mir doch ihren deutschen Namen, oder haben sie keinen?

DAMIS. Sie haben zwar einen, allein er ist lange nicht von der Annehmlichkeit und dem Nachdrucke der griechischen oder lateinischen. Sage einmal selbst, ob ein *Hochzeitgedicht* nicht viel kahler klingt als ein Epithalamium, ein Hymenaeus, ein Thalassio.

ANTON. Mir nicht; wahrhaftig mir nicht! denn jenes versteh' ich und dieses nicht. Ein Hochzeitgedicht haben Sie also machen wollen? Warum sagten Sie das nicht gleich? – – O! in Hochzeitgedichten habe ich eine Belesenheit, die erstaunend ist! Ich muß Ihnen nur sagen, wie ich dazu gekommen bin. Mein weiland seliger Vater hatte einen Vetter – und gewissermaßen war es also auch mein Vetter – –

DAMIS. Was wird das für ein Gewäsche werden?

ANTON. Sie wollen es nicht abwarten? Gut! Der Schade ist Ihre. – – Weiter also: Verse auf eine Hochzeit wollten Sie machen? aber auf was denn für eine?

DAMIS. Welche Frage! auf meine eigne.

ANTON. Sie heiraten also Julianen noch? Der Alte will es ja nicht? – –

DAMIS. Ah der!

ANTON. Es ist schon wahr; was hat sich ein Sohn um den Vater zu bekümmern? Aber sagen Sie mir doch; schickt es sich denn, daß man auf seine eigne Hochzeit Verse macht?

DAMIS. Gewöhnlich ist es freilich nicht; aber desto besser! Geister, wie ich, lieben das Besondre.

ANTON *(beiseite)*. St! jetzt will ich ihm einen Streich spielen! – *(Laut.)* Hören Sie nur, Herr Damis, ich werde es selbst gern sehen, wenn Sie Julianen heiraten.

DAMIS. Wie so?

ANTON. Ich weiß nicht, ob ich mich unterstehen darf, es Ihnen zu sagen. Ich habe – – ich habe selbst – –

DAMIS. Nur heraus mit der Sprache!

ANTON. Ich habe selbst versucht, Verse auf Ihre Hochzeit zu machen, und deswegen wollte ich nun nicht gern, daß meine Mühe verloren wäre.

DAMIS. Das wird etwas schönes sein!

ANTON. Freilich! denn das ist mein Fehler: ich mache entweder etwas rechtes oder gar nichts.

DAMIS. Gieb doch her! vielleicht kann ich deine Reime verbessern, daß sie alsdann mir und dir Ehre machen.

ANTON. Hören Sie nur, ich will sie Ihnen vorlesen. *(Er sucht einen Zettel aus der Tasche.)* Ganz bin ich noch nicht fertig, muß ich Ihnen sagen; der Anfang aber, aus dem auch allenfalls das Ende werden kann, klingt so – – Rücken Sie mir doch das Licht ein wenig näher! – –

Du, o edle Fertigkeit,
Zu den vorgesetzten Zwecken
Tücht'ge Mittel – –

DAMIS. Halt! du bist ein elender Stümper! Ha! ha! ha! Das »du, o« steht ganz vergebens. *Edle Fertigkeit* sagt nichts weniger, und *du, o edle Fertigkeit* nichts mehr. Deleatur ergo *du, o!* Damit aber nicht zwei Silben fehlen, so verstärke das Beiwort *edel,* nach Art der Griechen, und sage *überedel.* Ich weiß zwar wohl, *überedel* ist ein neues Wort; aber ich weiß auch, daß neue Wörter dasjenige sind, was Poesie am meisten von der Prosa unterscheiden muß. Solche Vorteilchen merke dir! Du mußt dich durchaus bestreben, etwas

Unerhörtes, etwas Ungesagtes zu sagen. Verstehst du mich, dummer Teufel?

ANTON. Ich will es hoffen.

DAMIS. Also heißt dein erster Vers

Überedle Fertigkeit etc.

Nun lies weiter!

ANTON.

Zu den vorgesetzten Zwecken
Tücht'ge Mittel zu entdecken,
Und sich dann zur rechten Zeit
Ihrer Kräfte zu bedienen,
Wirst, so lange bis die Welt
In ihr erstes Cha-Cha-Chaos fällt,
Wie die Pappelbäume grünen.

Aber, Herr Damis, können Sie mir nicht sagen, was ich hier muß gedacht haben? Verflucht! das ist schön; ich verstehe mich selbst nicht mehr. Das erste Cha – Chaos – ich dächte, ich hätte das Wort noch nie in meinen Mund genommen, so fürchterlich klingt es mir.

DAMIS. Zeige doch – –

ANTON. Warten Sie, warten Sie! Ich will es Ihnen noch einmal vorlesen.

DAMIS. Nein, nein; weise mir nur den Zettel her.

ANTON. Sie können es unmöglich lesen. Ich habe gar zu schlecht geschrieben, kein Buchstabe steht gerade; sie hocken einer auf den andern, als ob sie Junge hecken wollten.

DAMIS. O, so gieb her!

ANTON *(giebt ihm den Zettel mit Zittern)*. Zum Henker, es ist seine eigne Hand!

DAMIS *(betrachtet ihn einige Zeit)*. Was soll das heißen? *(Steht zornig auf.)* Verfluchter Verräter, wo hast du dieses Blatt her?

ANTON. Nicht so zornig; nicht so zornig!

DAMIS. Wo hast du es her?

ANTON. Wollen Sie mich denn erwürgen?

DAMIS. Wo hast du das Blatt her, frag' ich?

ANTON. Lassen Sie nur erst nach.

DAMIS. Gesteh'!

ANTON. Aus – – aus Ihrer – – Westentasche.

DAMIS. Ungelehrte Bestie! ist das deine Treue! Das ist ein Diebstahl, ein Plagium.

ANTON. Zum Henker! des Quarks wegen mich zu einem Diebe zu machen?

DAMIS. Des Quarks wegen? was? den Anfang eines philosophischen Lehrgedichts einen Quark zu nennen?

ANTON. Sie sagten ja selbst, es tauge nichts.

DAMIS. Ja, insofern es ein Hochzeitkarmen vorstellen sollte, und du der Verfasser davon wärest. Gleich schaffe die andern Manuskripte, die du mir sonst entwandt hast, auch herbei! Soll ich meine Arbeit in fremden Händen sehen? Soll ich zugeben, daß sich eine häßliche Dohle mit meinen prächtigen Pfauenfedern ausschmücke? Mach bald! oder ich werde andre Maßregeln ergreifen.

ANTON. Was wollen Sie denn? Ich habe nicht einen Buchstaben mehr von Ihnen.

DAMIS. Gleich wende alle Taschen um!

ANTON. Warum auch nicht? Wenn ich sie umwende, so fällt ja alles heraus, was ich darin habe.

DAMIS. Mach, und erzürne mich nicht!

ANTON. Ich will ein Schelm sein, wenn Sie nur ein Stäubchen Papier bei mir finden. Damit Sie aber doch Ihren Willen haben – hier ist die eine, da ist die andre – – Was sehen Sie? – Das ist die dritte, die ist auch leer. – – Nun kömmt die vierte – *(Indem er sie umwendet, fallen die Briefe heraus.)* – – Zum Henker, die verfluchten Briefe! die hatte ich ganz vergessen – *(Er will sie geschwind wieder aufheben.)*

DAMIS. Gieb her, gieb her! was fiel da heraus? Ganz gewiß wird es wieder etwas von mir sein.

ANTON. So wahr ich lebe, es ist nichts von Ihnen. An Sie könnte es eher noch etwas sein.

DAMIS. Halte mich nicht auf; ich habe mehr zu thun.

ANTON. Halten Sie mich nur nicht auf. Sie wissen ja, daß ich nun bald wieder auf die Post gehen muß. Ich weiß, es sind Briefe da.

DAMIS. Nun so geh, so geh! Aber durchaus zeige mir erst, was du so eilfertig aufhobst. Ich muß es sehen.

ANTON. Zum Henker! wenn das ist, so brauche ich nicht auf die Post zu gehen.

DAMIS. Wie so?

ANTON. Nu, nu! da haben Sie es. Ich will hurtig gehen. *(Er giebt ihm den Brief und will fortlaufen.)*

DAMIS *(indem er ihn besieht)*. Je, Anton, Anton! das ist ja eben der Brief aus Berlin, welchen ich erwarte. Ich kenn' ihn an der Aufschrift.

ANTON. Es kann wohl sein, daß er es ist. Aber, Herr Damis, werden Sie nur – – nur nicht ungehalten. Ich hatte es, bei meiner armen Seele! ganz vergessen –

DAMIS. Was hast du denn vergessen?

ANTON. Daß ich den Brief beinahe schon eine halbe Stunde in der Tasche trage. Mit dem verdammten Plaudern! –

DAMIS. Weil er nun da ist, so will ich dir den dummen Streich verzeihen. – Aber, allerliebster Anton, was müssen hierin für unvergleichliche, für unschätzbare Nachrichten stehen! Wie wird sich mein Vater freuen! Was für Ehre, was für Lobsprüche! – – O Anton! – – ich will dir ihn gleich vorlesen – – *(Bricht ihn hastig auf.)*

ANTON. Nur sachte, sonst zerreißen Sie ihn gar. Nun da! sagte ich's nicht?

DAMIS. Es schadet nichts; er wird doch noch zu lesen sein. – – Vor allen Dingen muß ich dir sagen, was er betrifft. Du weißt, oder vielmehr du weißt nicht, daß die preußische Akademie auf die beste Untersuchung der Lehre von den Monaden einen Preis gesetzt hat. Es kam mir noch ganz spät ein, unsern Philosophen diesen Preis vor dem Maule wegzufangen. Ich machte mich also geschwind darüber und schrieb eine Abhandlung, die noch gleich zur rechten Zeit muß gekommen sein. – Eine Abhandlung, Anton – – ich weiß selbst nicht, wo ich sie hergenommen habe, so gelehrt ist sie. Nun hat die Akademie vor acht Tagen ihr Urteil über die eingeschickten Schriften bekannt gemacht, welches notwendig zu meiner Ehre muß ausgefallen sein. Ich, ich muß den Preis haben, und kein andrer. Ich habe es einem von meinen Freunden daselbst heilig eingebunden, mir sogleich Nachricht davon zu geben. Hier ist sie; nun höre zu.

»Mein Herr!
Wie nahe können Sie einem Freunde das Antworten legen! Sie drohen mir mit dem Verluste Ihrer Liebe, wenn Sie nicht von mir die erste Nachricht erhielten, ob Sie oder ein andrer den akademischen Preis davongetragen hätten. Ich muß Ihnen also in aller Eile melden, daß Sie ihn nicht – – *(Stotternd.)* bekommen haben und auch – – *(Immer furchtsamer.)* nicht haben – – bekommen können.« – –

was? ich nicht? und wer denn? und warum denn nicht? –

»Erlauben Sie mir aber, daß ich als ein Freund mit Ihnen reden darf.«

So rede, Verräter!

»Ich habe Ihnen unmöglich den schlimmen Dienst erweisen können, Ihre Abhandlung zu übergeben.« – –

Du hast sie also nicht übergeben, Treuloser? Himmel, was für ein Donnerschlag! – So soll mich deine Nachlässigkeit, unwürdiger Freund, um die verdienteste Belohnung bringen? – Wie wird er sich entschuldigen, der Nichtswürdige?

»Wenn ich es frei gestehen soll, so scheinen Sie etwas ganz anders gethan zu haben, als die Akademie verlangt hat. Sie wollte nicht untersucht wissen, was das Wort Monas grammatikalisch bedeute? wer es zuerst gebraucht habe? was es bei dem Xenokrates anzeige? ob die Monaden des Pythagoras die Atomi des Moschus gewesen? etc. Was ist ihr an diesen kritischen Kleinigkeiten gelegen, und besonders alsdann, wann die Hauptsache dabei aus den Augen gesetzt wird? Wie leicht hätte man Ihren Namen mutmaßen können, und Sie würden vielleicht Spöttereien sein ausgesetzt worden, dergleichen ich nur vor wenig Tagen in einer gelehrten Zeitung über Sie gefunden habe.« –

Was lese ich? kann ich meinen Augen trauen? Ah, verfluchtes Papier! verfluchte Hand, die dich schrieb! *(Wirft den Brief auf die Erde und tritt mit den Füßen darauf.)*

ANTON. Der arme Brief! man muß ihn doch vollends auslesen! *(Hebt ihn auf.)* Das Beste kömmt vielleicht noch, Herr Damis. Wo blieben Sie? Da, da! hören Sie nur!

»gelehrten Zeitung gefunden habe. – – Man nennt Sie ein junges Gelehrtchen, welches überall gern glänzen möchte, und dessen Schreibesucht« – –

DAMIS *(reißt ihm den Brief aus der Hand)*. Verdammter Korrespondent! – Das ist der Lohn, den dein Brief verdient! *(Er zerreißt ihn.)* Du zerreißest mein Herz, und ich zerreiße deine unverschämten Neuigkeiten. Wollte Gott, daß ich ein gleiches mit deinem Eingeweide thun könnte! Aber – *(Zu Anton.)* du nichtswürdige, unwissende Bestie! An alledem bist du schuld!

ANTON. Ich, Herr Damis?

DAMIS. Ja, du! wie lange hast du nicht den Brief in der Tasche behalten!

ANTON. Herr, meine Tasche kann weder schreiben noch lesen; wenn Sie etwa denken, daß ihn die anders gemacht hat –

DAMIS. Schweig! – und solche Beschimpfungen kann ich überleben? – – O ihr dummen Deutschen! ja freilich, solche Werke, als die meinigen sind, gehörig zu schätzen, dazu werden andre Genies erfordert! Ihr werdet ewig in eurer barbarischen Finsternis bleiben und ein Spott eurer witzigen Nachbarn sein! – Ich aber will mich an euch rächen und von nun an aufhören, ein Deutscher zu heißen. Ich will mein undankbares Vaterland verlassen. Vater, Anverwandte und Freunde, alle, alle verdienen es nicht, daß ich sie länger kenne, weil sie Deutsche sind, weil sie aus dem Volke sind, das ihre größten Geister mit Gewalt von sich ausstößt. Ich weiß gewiß, Frankreich und England werden meine Verdienste erkennen – –

ANTON. Herr Damis, Herr Damis, Sie fangen an zu rasen. Ich bin nicht sicher bei Ihnen; ich werde jemand rufen müssen.

DAMIS. Sie werden es schon empfinden, die dummen Deutschen, was sie an mir verloren haben! Morgen will ich Anstalt machen, dieses unselige Land zu verlassen – –

Sechzehnter Auftritt

Damis. Anton. Chrysander.

ANTON. Gott sei Dank, daß jemand kömmt!

CHRYSANDER. Das verzweifelte Mädel, die Lisette! Und *(Zu Anton.)*

du, du Spitzbube! Du sollst dein Briefträgerlohn auch bekommen. Mich so zu hintergehen! schon gut! – – Mein Sohn, ich habe mich besonnen; du hast recht, ich kann dir Julianen nun nicht wieder nehmen. Du sollst sie behalten.

DAMIS. Schon wieder Juliane? Jetzt, da ich ganz andre Dinge zu beschließen habe – – Hören Sie nur auf damit; ich mag sie nicht.

CHRYSANDER. Es würde unrecht sein, wenn ich dir länger widerstehen wollte. Ich lasse jedem seine Freiheit, und ich sehe wohl, Juliane gefällt dir – –

DAMIS. Mir? eine dumme Deutsche?

CHRYSANDER. Sie ist ein hübsches, tugendhaftes, aufrichtiges Mädchen; sie wird dir tausend Vergnügen machen.

DAMIS. Sie mögen sie loben oder schelten, mir gilt alles gleich. Ich weiß mich nach Ihrem Willen zu richten, und dieser ist, nicht an sie zu gedenken.

CHRYSANDER. Nein, nein! du sollst dich über meine Härte nicht beklagen dürfen.

DAMIS. Und Sie sich noch weniger über meinen Ungehorsam.

CHRYSANDER. Ich will dir zeigen, daß du einen gütigen Vater hast, der sich mehr nach deinem als nach seinem eignen Willen richtet.

DAMIS. Und ich will Ihnen zeigen, daß Sie einen Sohn haben, der Ihnen in allem die schuldige Unterthänigkeit leistet.

CHRYSANDER. Ja, ja; nimm Julianen! Ich gebe dir meinen Segen.

DAMIS. Nein, nein; ich werde Sie nicht so erzürnen. – –

CHRYSANDER. Aber was soll denn das Widersprechen? Dadurch erzürnst du mich!

DAMIS. Ich will doch nicht glauben, daß Sie sich im Ernste schon zum drittenmal anders besonnen haben?

CHRYSANDER. Und warum das nicht?

DAMIS. O, dem sei nun, wie ihm wolle! Ich habe mich gleichfalls geändert und fest entschlossen, ganz und gar nicht zu heiraten. Ich muß auf Reisen gehen, und ich werde mich, je eher je lieber, davon machen.

CHRYSANDER. Was? du willst ohne meine Erlaubnis in die Welt laufen?

ANTON. Das geht lustig! Der dritte Mann fehlt noch, und den will ich gleich holen. Damis will Julianen nicht, vielleicht fischt sie Valer. *(Geht ab.)*

Siebzehnter Auftritt

Chrysander. Damis.

DAMIS. Ja, ja, in zweimal vierundzwanzig Stunden muß ich schon unterwegens sein.

CHRYSANDER. Aber was ist dir denn in den Kopf gekommen?

DAMIS. Ich bin es längst überdrüssig gewesen, länger in Deutschland zu bleiben, in diesem nordischen Sitze der Grobheit und Dummheit, wo es alle Elemente verwehren, klug zu sein, wo kaum alle hundert Jahr ein Geist meinesgleichen geboren wird – –

CHRYSANDER. Hast du vergessen, daß Deutschland dein Vaterland ist?

DAMIS. Was Vaterland!

CHRYSANDER. Du Bösewicht, sprich doch lieber gar: was Vater! Aber ich will dir es zeigen: du mußt Julianen nehmen; du hast ihr dein Wort gegeben, und sie dir das ihrige.

DAMIS. Sie hat das ihrige zurückgenommen, wie ich jetzt das meinige, also –

CHRYSANDER. Also! – also! – Kurz von der Sache zu reden, glaubst du, daß ich vermögend bin, dich zu enterben, wann du mir nicht folgest?

DAMIS. Thun Sie, was Sie wollen. Nur, wann ich bitten darf, lassen Sie mich jetzt allein. Ich muß vor meiner Abreise noch zwei Schriften zustande bringen, die ich meinen Landsleuten aus Barmherzigkeit noch zurücklassen will. Ich bitte nochmals, lassen Sie mich – –

CHRYSANDER. Willst du mich nicht lieber gar zur Thür hinausstoßen?

Achtzehnter Auftritt

Chrysander. Damis. Valer. Anton.

VALER. Wie, Damis? ist es wahr, daß Sie wieder zu sich selbst gekommen sind? – daß Sie von Julianen abstehen?

CHRYSANDER Ach, Herr Valer, Sie könnten mir nicht ungelegner kommen. Bestärken Sie ihn fein in seinem Trotze. So? Sie verdienten es wohl, daß ich mich nach Ihrem Wunsche bequemte? Mich auf eine so gottlose Art hintergehen zu wollen! – Mein Sohn, widersprich mir nicht länger, oder – –

DAMIS. Ihre Drohungen sind umsonst. Ich muß mich fremden Ländern zeigen, die so wohl ein Recht auf mich haben als das Vaterland. Und Sie verlangen doch nicht, daß ich eine Frau mit herumführen soll?

VALER. Damis hat recht, daß er auf das Reisen dringt. Nichts kann ihm in seinen Umständen nützlicher sein. Lassen Sie ihm seinen Willen, und mir lassen Sie Julianen, die Sie mir so heilig versprochen haben.

CHRYSANDER. Was versprochen? Betrügern braucht man sein Wort nicht zu halten.

VALER. Ich habe es Ihnen schon beschworen, daß einzig und allein Lisette diesen Betrug hat spielen wollen, ohne die wir von dem Dokumente gar nichts wissen würden – – Wie glücklich, wann es nie zum Vorschein gekommen wäre! Es ist das grausamste Glück, das Julianen hat treffen können. Wie gern würde sie es aufopfern, wenn sie dadurch die Freiheit über ihr Herz erhalten könnte.

CHRYSANDER. Aufopfern? Herr Valer, bedenken Sie, was das sagen will. Wir Handwerksleute fassen einander gern bei dem Worte.

VALER. O, thun Sie es auch hier! Mit Freuden tritt Ihnen Juliane das Dokument ab. Fangen Sie den Prozeß an, wenn Sie wollen; der Vorteil davon soll ganz Ihnen gehören. Juliane hält dieses für das kleinste Zeichen ihrer Dankbarkeit. Sie glaubt Ihnen noch weit mehr schuldig zu sein. – –

CHRYSANDER. Nu, nu, sie ist mir immer ganz erkenntlich vorgekommen. – – Aber was würden Sie denn, Valer, als ihr künftiger Mann, zu dieser Dankbarkeit sagen?

VALER. Denken Sie besser von mir. Ich habe Julianen geliebt, da sie zu nichts Hoffnung hatte. Ich liebe sie auch noch, ohne die geringste eigennützige Absicht. Und ich bitte Sie: was schenkt man denn einem ehrlichen Manne, wenn man ihm einen schweren Prozeß schenkt?

CHRYSANDER. Valer, ist das Ihr Ernst?

VALER. Fordern Sie noch mehr als das Dokument; mein halbes Vermögen ist Ihre.

CHRYSANDER. Da sei Gott vor, daß ich von Ihrem Vermögen einen Heller haben wollte! Sie müssen mich nicht für so eigennützig ansehen. – Wir sind gute Freunde, und es bleibt bei dem Alten: Juliane ist Ihre! Und wenn das Dokument meine soll, so ist sie um so viel mehr Ihre.

VALER. Kommen Sie, Herr Chrysander, bekräftigen Sie ihr dieses selbst! Wie angenehm wird es ihr sein, uns beide vergnügt machen zu können!

CHRYSANDER. Wenn das ist, Damis, so kannst du meinetwegen noch heute die Nacht fortreisen. Ich will Gott danken, wenn ich dich Narren wieder aus dem Hause los bin.

DAMIS. Gehen Sie doch nur, und lassen Sie mich allein.

VALER. Damis, und endlich muß ich Ihnen doch noch mein Glück verdanken? Ich thue es mit der aufrichtigsten Zärtlichkeit, ob ich schon weiß, daß ich die Ursache Ihrer Veränderung nicht bin.

DAMIS. Aber die wahre Ursache? – *(Zu Anton.)* Verfluchter Kerl, hast du dein Maul nicht halten können? – Gehen Sie nur, Valer – *(Indem Chrysander und Valer abgehen wollen, hält Anton Valern zurück.)*

ANTON *(sachte)*. Nicht so geschwind! Wie steht es mit Lisettens Ausstattung, Herr Valer? und mit – –

VALER. Seid ohne Sorgen; ich werde mehr halten, als ich versprochen habe.

ANTON. Juchhe! Nun war die Taube gefangen.

Letzter Auftritt

Damis an seinem Tische. Anton.

ANTON. Noch ein Wort, Herr Damis, habe ich mit Ihnen zu reden.

DAMIS. Und? – –

ANTON. Sie wollen auf Reisen gehen? –

DAMIS. Zur Sache! es ist schon mehr als ein Wort.

ANTON. Je nun! meinen Abschied.

DAMIS. Deinen Abschied? Du denkst vielleicht, daß ich dich ungelehrten Esel mitnehmen würde?

ANTON. Nicht? und ich habe also meinen Abschied? Gott sei Dank! Empfangen Sie nun auch den Ihrigen, welcher in einer kleinen Lehre bestehen soll. Ich habe Ihre Thorheiten nun länger als drei Jahr angesehen und selber albern genug dabei gethan, weil ich weiß, daß ein Bedienter, wenn sein Herr auch noch so närrisch ist – –

DAMIS. Unverschämter Idiote, wirst du mir aus den Augen gehen?

ANTON. Je nun! wem nicht zu raten steht, dem steht auch nicht zu helfen. Bleiben Sie zeitlebens der gelehrte Herr Damis! *(Geht ab.)*

DAMIS. Geh, sag' ich, oder! – –

(Er wirft ihm sein Buch nach, und das Theater fällt zu.)

Die Juden

Ein Lustspiel in einem Aufzuge

1749

Personen

MICHEL STICH
MARTIN KRUMM
EIN REISENDER
CHRISTOPH, dessen Bedienter
DER BARON
EIN JUNGES FRÄULEIN, dessen Tochter
LISETTE

Erster Auftritt

Michel Stich. Martin Krumm.

MARTIN KRUMM. Du dummer Michel Stich!

MICHEL STICH. Du dummer Martin Krumm!

MARTIN KRUMM. Wir wollen's nur gestehen, wir sind beide erzdumm gewesen. Es wäre ja auf einen nicht angekommen, den wir mehr tot geschlagen hätten!

MICHEL STICH. Wie hätten wir es aber klüger können anfangen? Waren wir nicht gut vermummt? war nicht der Kutscher auf unsrer Seite? konnten wir was dafür, daß uns das Glück so einen Querstrich machte? Hab' ich's doch viel hundertmal gesagt: das verdammte Glücke! ohne das kann man nicht einmal ein guter Spitzbube sein.

MARTIN KRUMM. Je nu, wenn ich's beim Lichte besehe, so sind wir kaum dadurch auf ein paar Tage länger dem Stricke entgangen.

MICHEL STICH. Ah, es hat sich was mit dem Stricke! Wenn alle Diebe gehangen würden, die Galgen müßten dichter stehn. Man sieht ja kaum aller zwei Meilen einen, und wo auch einer steht, steht er meist leer. Ich glaube, die Herren Richter werden aus Höflichkeit die Dinger gar eingehen lassen. Zu was sind sie auch nütze? Zu nichts, als aufs höchste, daß Unsereiner, wenn er vorbeigeht, die Augen zublinzt.

MARTIN KRUMM. O! das thu' ich nicht einmal. Mein Vater und mein Großvater sind daran gestorben, und will ich's besser verlangen? Ich schäme mich meiner Eltern nicht.

MICHEL STICH. Aber die ehrlichen Leute werden sich deiner schämen. Du hast noch lange nicht so viel gethan, daß man dich für ihren rechten und echten Sohn halten kann.

MARTIN KRUMM. O! denkst du denn, daß es deswegen unserm Herrn soll geschenkt sein? Und an dem verzweifelten Fremden, der uns so einen fetten Bissen aus dem Munde gerissen hat, will ich mich gewiß auch rächen. Seine Uhr soll er so richtig müssen da lassen – – Ha! sieh, da kömmt er gleich. Hurtig geh fort! ich will mein Meisterstück machen.

MICHEL STICH. Aber halbpart! halbpart!

Zweiter Auftritt

Martin Krumm. Der Reisende.

MARTIN KRUMM. Ich will mich dumm stellen. – Ganz dienstwilliger Diener, mein Herr, – – ich werde Martin Krumm heißen, und werde auf diesem Gute hier wohlbestallter Vogt sein.

DER REISENDE. Das glaube ich Euch, mein Freund. Aber habt Ihr nicht meinen Bedienten gesehen?

MARTIN KRUMM. Ihnen zu dienen, nein; aber ich habe wohl von Dero preiswürdigen Person sehr viel Gutes zu hören die Ehre gehabt. Und es erfreut mich also, daß ich die Ehre habe, die Ehre Ihrer Bekanntschaft zu genießen. Man sagt, daß Sie unsern Herrn gestern Abends auf der Reise aus einer sehr gefährlichen Gefahr sollen gerissen haben. Wie ich nun nicht anders kann, als mich des Glücks meines Herrn zu erfreuen, so erfreu' ich mich – –

DER REISENDE. Ich errate, was Ihr wollt; Ihr wollt Euch bei mir bedanken, daß ich Eurem Herrn beigestanden habe – –

MARTIN KRUMM. Ja, ganz recht; eben das!

DER REISENDE. Ihr seid ein ehrlicher Mann –

MARTIN KRUMM. Das bin ich! Und mit der Ehrlichkeit kömmt man immer auch am weitesten.

DER REISENDE. Es ist mir kein geringes Vergnügen, daß ich mir durch eine so kleine Gefälligkeit so viel rechtschaffne Leute verbindlich gemacht habe. Ihre Erkenntlichkeit ist eine überflüssige Belohnung dessen, was ich gethan habe. Die allgemeine Menschenliebe verband mich dazu. Es war meine Schuldigkeit; und ich müßte zufrieden sein, wenn man es auch für nichts anders als dafür angesehen hätte. Ihr seid allzu gütig, ihr lieben Leute, daß ihr euch dafür bei mir bedanket, was ihr mir ohne Zweifel mit ebenso vielem Eifer würdet erwiesen haben, wenn ich mich in ähnlicher Gefahr befunden hätte. Kann ich Euch sonst worin dienen, mein Freund?

MARTIN KRUMM. O! mit dem Dienen, mein Herr, will ich Sie nicht beschweren. Ich habe meinen Knecht, der mich bedienen muß, wann's nötig ist. Aber – – wissen möcht' ich wohl gern, wie es doch dabei zugegangen wäre? Wo war's denn? Waren's viel Spitzbuben? Wollten sie unsern guten Herrn gar ums Leben bringen, oder wollten sie ihm nur sein Geld abnehmen? Es wäre doch wohl eins besser gewesen als das andre.

DER REISENDE. Ich will Euch mit wenigem den ganzen Verlauf erzählen. Es mag ohngefähr eine Stunde von hier sein, wo die Räuber Euren Herrn in einem hohlen Wege angefallen hatten. Ich reisete eben diesen Weg, und sein ängstliches Schreien um Hilfe bewog mich, daß ich nebst meinem Bedienten eilends herzu ritt.

MARTIN KRUMM. Ei! ei!

DER REISENDE. Ich fand ihn in einem offnen Wagen – –

MARTIN KRUMM. Ei! ei!

DER REISENDE. Zwei vermummte Kerle – –

MARTIN KRUMM. Vermummte? ei! ei!

DER REISENDE. Ja! machten sich schon über ihn her.

MARTIN KRUMM. Ei! ei!

DER REISENDE. Ob sie ihn umbringen, oder ob sie ihn nur binden wollten, ihn alsdann desto sichrer zu plündern, weiß ich nicht.

MARTIN KRUMM. Ei! ei! Ach freilich werden sie ihn wohl haben umbringen wollen; die gottlosen Leute!

DER REISENDE. Das will ich eben nicht behaupten, aus Furcht, ihnen zu viel zu thun

MARTIN KRUMM. Ja, ja, glauben Sie mir nur, sie haben ihn umbringen wollen. Ich weiß, ich weiß ganz gewiß – –

DER REISENDE. Woher könnt Ihr das wissen? Doch es sei! Sobald mich die Räuber ansichtig wurden, verließen sie ihre Beute und liefen über Macht dem nahen Gebüsche zu. Ich lösete das Pistol auf einen. Doch es war schon zu dunkel, und er schon zu weit entfernt, daß ich also zweifeln muß, ob ich ihn getroffen habe.

MARTIN KRUMM. Nein, getroffen haben Sie ihn nicht. – –

DER REISENDE. Wißt Ihr es?

MARTIN KRUMM. Ich meine nur so, weil's doch schon finster gewesen ist, und im Finstern soll man, hör' ich, nicht gut zielen können.

DER REISENDE. Ich kann Euch nicht beschreiben, wie erkenntlich sich Euer Herr gegen mich bezeigte. Er nannte mich hundertmal seinen Erretter und nötigte mich, mit ihm auf sein Gut zurückzukehren. Ich wollte wünschen, daß es meine Umstände zuließen, länger um diesen angenehmen Mann zu sein; so aber muß ich mich noch heute wieder auf den Weg machen. – Und eben deswegen suche ich meinen Bedienten.

MARTIN KRUMM. O! lassen Sie sich doch die Zeit bei mir nicht so lang werden. Verziehen Sie noch ein wenig. – Ja! was wollte ich denn noch fragen? Die Räuber, sagen Sie mir doch – – wie sahen sie denn aus? wie gingen sie denn? Sie hatten sich verkleidet, aber wie?

DER REISENDE. Euer Herr will durchaus behaupten, es wären Juden gewesen. Bärte hatten sie, das ist wahr; aber ihre Sprache war die ordentliche hiesige Bauernsprache. Wenn sie vermummt waren, wie ich gewiß glaube, so ist ihnen die Dämmerung sehr wohl zustatten gekommen. Denn ich begreife nicht, wie Juden die Straßen sollten können unsicher machen, da doch in diesem Lande so wenige geduldet werden.

MARTIN KRUMM. Ja, ja, das glaub' ich ganz gewiß auch, daß es Juden gewesen sind. Sie mögen das gottlose Gesindel noch nicht so kennen. So viel als ihrer sind, keinen ausgenommen, sind Betrüger, Diebe und Straßenräuber. Darum ist es auch ein Volk, das der liebe Gott verflucht hat. Ich dürfte nicht König sein: ich ließ' keinen, keinen einzigen am Leben. Ach! Gott behüte alle rechtschaffne Christen vor diesen Leuten! Wenn sie der liebe Gott nicht selber haßte, weswegen wären denn nur vor kurzem bei dem Unglücke in Breslau ihrer bald noch einmal so viel als Christen geblieben? Unser Herr Pfarr erinnerte das sehr weislich in der letzten Predigt. Es ist, als wenn sie zugehört hätten, daß sie sich gleich deswegen an unserm guten Herrn haben rächen wollen. Ach! mein lieber Herr, wenn Sie wollen Glück und Segen in der Welt haben, so hüten Sie sich vor den Juden ärger als vor der Pest.

DER REISENDE. Wollte Gott, daß das nur die Sprache des Pöbels wäre!

MARTIN KRUMM. Mein Herr, zum Exempel: ich bin einmal auf der Messe gewesen – ja! wenn ich an die Messe gedenke, so möchte ich gleich die verdammten Juden alle auf einmal mit Gift vergeben, wenn ich nur könnte. Dem einen hatten sie im Gedränge das Schnupftuch, dem andern die Tobaksdose, dem dritten die Uhr, und ich weiß nicht was sonst mehr, wegstibitzt. Geschwind sind sie, ochsenmäßig geschwind, wenn es aufs Stehlen ankömmt. So behende, als unser Schulmeister nimmermehr auf der Orgel ist. Zum Exempel, mein Herr: erstlich drängen sie sich an einen heran, so wie ich mich ungefähr jetzt an Sie – –

DER REISENDE. Nur ein wenig höflicher, mein Freund! – –

MARTIN KRUMM. O, lassen Sie sich's doch nur weisen! Wenn sie nun so stehen – – sehen Sie – – wie der Blitz sind sie mit der Hand nach der Uhrtasche. *(Er fährt mit der Hand, anstatt nach der Uhr, in die Rocktasche und nimmt ihm seine Tobaksdose heraus.)* Das können sie nun aber alles so geschickt machen, daß man schwören sollte, sie führen mit der Hand dahin, wenn sie dorthin fahren. Wenn sie von der Tobaksdose reden, so zielen sie gewiß nach der Uhr, und wenn sie von der Uhr reden, so haben sie gewiß die Tobaksdose zu stehlen im Sinne. *(Er will ganz sauber nach der Uhr greifen, wird aber ertappt.)*

DER REISENDE. Sachte! sachte! Was hat Eure Hand hier zu suchen?

MARTIN KRUMM. Da können Sie sehn, mein Herr, was ich für ein ungeschickter Spitzbube sein würde. Wenn ein Jude schon so einen Griff gethan hätte, so wäre es gewiß um die gute Uhr geschehn gewesen. – – Doch weil ich sehe, daß ich Ihnen beschwerlich falle, so nehme ich mir die Freiheit, mich Ihnen bestens zu empfehlen, und verbleibe zeitlebens für Dero erwiesene Wohlthaten meines hochzuehrenden Herrn gehorsamster Diener, Martin Krumm, wohlbestallter Vogt auf diesem hochadeligen Rittergute.

DER REISENDE. Geht nur, geht!

MARTIN KRUMM. Erinnern Sie sich ja, was ich Ihnen von den Juden gesagt habe. Es ist lauter gottloses, diebisches Volk.

Dritter Auftritt

Der Reisende.

Vielleicht ist dieser Kerl, so dumm er ist oder sich stellt, ein boshafterer Schelm, als je einer unter den Juden gewesen ist. Wenn ein Jude betrügt, so hat ihn, unter neun Malen, der Christ vielleicht siebenmal dazu genötigt. Ich zweifle, ob viel Christen sich rühmen können, mit einem Juden aufrichtig verfahren zu sein: und sie wundern sich, wenn er ihnen gleiches mit gleichem zu vergelten sucht? Sollen Treu und Redlichkeit unter zwei Völkerschaften herrschen, so müssen beide gleich viel dazu beitragen. Wie aber, wenn es bei der einen ein Religionspunkt und beinahe ein verdienstliches Werk wäre, die andre zu verfolgen? Doch – –

Vierter Auftritt

Der Reisende. Christoph.

DER REISENDE. Daß man Euch doch allezeit eine Stunde suchen muß, wenn man Euch haben will.

CHRISTOPH. Sie scherzen, mein Herr. Nicht wahr, ich kann nicht mehr als an einem Orte zugleich sein? Ist es also meine Schuld, daß Sie sich nicht an diesen Ort begeben? Gewiß, Sie finden mich allezeit da, wo ich bin.

DER REISENDE. So? und Ihr taumelt gar? Nun begreif' ich, warum Ihr so sinnreich seid. Müßt Ihr Euch denn schon frühmorgens besaufen?

CHRISTOPH. Sie reden von Besaufen, und ich habe kaum zu trinken angefangen. Ein paar Flaschen guten Landwein, ein paar Gläser Branntwein und eine Mundsemmel ausgenommen, habe ich, so wahr ich ein ehrlicher Mann bin, nicht das Geringste zu mir genommen. Ich bin noch ganz nüchtern.

DER REISENDE. O! das sieht man Euch an. Und ich rate Euch als ein Freund, die Portion zu verdoppeln.

CHRISTOPH. Vortrefflicher Rat! Ich werde nicht unterlassen, ihn nach meiner Schuldigkeit als einen Befehl anzusehen. Ich gehe, und Sie sollen sehen, wie gehorsam ich zu sein weiß.

DER REISENDE. Seid klug! Ihr könnt dafür gehen und die Pferde satteln und aufpacken. Ich will noch diesen Vormittag fort.

CHRISTOPH. Wenn Sie mir im Scherze geraten haben, ein doppeltes Frühstück zu nehmen, wie kann ich mir einbilden, daß Sie jetzt im Ernste reden? Sie scheinen sich heute mit mir erlustigen zu wollen. Macht Sie etwa das junge Fräulein so aufgeräumt? O, es ist ein allerliebstes Kind! – Nur noch ein wenig, ein klein wenig älter sollte sie sein. Nicht wahr, mein Herr? wenn das Frauenzimmer nicht zu einer gewissen Reife gelangt ist – –

DER REISENDE. Geht und thut, was ich Euch befohlen habe!

CHRISTOPH. Sie werden ernsthaft. Nichtsdestoweniger werde ich warten, bis Sie mir es das dritte Mal befehlen. Der Punkt ist zu wichtig! Sie könnten sich übereilt haben. Und ich bin allezeit gewohnt gewesen, meinen Herren Bedenkzeit zu gönnen. Überlegen Sie es wohl; einen Ort, wo wir fast auf den Händen getragen werden, so zeitig wieder zu verlassen? Gestern sind wir erst gekommen. Wir haben uns um den Herrn unendlich verdient gemacht und gleichwohl bei ihm kaum eine Abendmahlzeit und ein Frühstück genossen.

DER REISENDE. Eure Grobheit ist unerträglich. Wenn man sich zu dienen entschließt, sollte man sich gewöhnen, weniger Umstände zu machen.

CHRISTOPH. Gut, mein Herr! Sie fangen an zu moralisieren, das ist: Sie werden zornig. Mäßigen Sie sich; ich gehe schon – –

DER REISENDE. Ihr müßt wenig Überlegungen zu machen gewohnt sein. Das, was wir diesem Herrn erwiesen haben, verlieret den Namen einer Wohlthat, sobald wir die geringste Erkenntlichkeit dafür zu erwarten scheinen. Ich hätte mich nicht einmal sollen mit hierher nötigen lassen. Das Vergnügen, einem Unbekannten ohne Absicht beigestanden zu haben, ist schon vor sich so groß! Und er selbst würde uns mehr Segen nachgewünscht haben, als er uns jetzt übertriebene Danksagung hält. Wen man in die Verbindlichkeit setzt, sich weitläuftig und mit dabei verknüpften Kosten zu bedanken, der erweiset uns einen Gegendienst, der ihm vielleicht saurer wird, als uns unsere Wohlthat geworden. Die meisten Menschen sind zu verderbt, als daß ihnen die Anwesenheit eines Wohlthäters nicht höchst beschwerlich sein sollte. Sie scheint ihren Stolz zu erniedrigen –

CHRISTOPH. Ihre Philosophie, mein Herrn, bringt Sie um den Atem. Gut! Sie sollen sehen, daß ich ebenso großmütig bin als Sie. Ich gehe; in einer Viertelstunde sollen Sie sich aufsetzen können.

Fünfter Auftritt

Der Reisende. Das Fräulein.

DER REISENDE. So wenig ich mich mit diesem Menschen gemein gemacht habe, so gemein macht er sich mit mir.

DAS FRÄULEIN. Warum verlassen Sie uns, mein Herr? Warum sind Sie hier so allein? Ist Ihnen unser Umgang schon die wenigen Stunden, die Sie bei uns sind, zuwider geworden? Es sollte mir leid thun. Ich suche aller Welt zu gefallen; und Ihnen möchte ich, vor allen andern, nicht gern mißfallen.

DER REISENDE. Verzeihen Sie mir, Fräulein. Ich habe nur meinem Bedienten befehlen wollen, alles zur Abreise fertig zu halten.

DAS FRÄULEIN. Wovon reden Sie? von Ihrer Abreise? Wenn war denn Ihre Ankunft? Es sei noch, wenn Sie über Jahr und Tag eine melancholische Stunde auf diesen Einfall brächte. Aber wie? nicht einmal einen völligen Tag aushalten wollen? Das ist zu arg. Ich sage es Ihnen, ich werde böse, wenn Sie noch einmal daran gedenken.

DER REISENDE. Sie könnten mir nichts Empfindlicheres drohen.

DAS FRÄULEIN. Nein? im Ernst? ist es wahr, würden Sie empfindlich sein, wenn ich böse auf Sie würde?

DER REISENDE. Wem sollte der Zorn eines liebenswürdigen Frauenzimmers gleichgiltig sein können?

DAS FRÄULEIN. Was Sie sagen, klingt zwar beinahe, als wenn Sie spotten wollten, doch ich will es für Ernst aufnehmen; gesetzt, ich irrte mich auch. Also, mein Herr – – ich bin ein wenig liebenswürdig, wie man mir gesagt hat – und ich sage Ihnen noch einmal, ich werde entsetzlich, entsetzlich zornig werden, wenn Sie binnen hier und dem neuen Jahre wieder an Ihre Abreise gedenken.

DER REISENDE. Der Termin ist sehr liebreich bestimmt. Alsdann wollten Sie mir mitten im Winter die Thüre weisen, und bei dem unbequemsten Wetter – –

DAS FRÄULEIN. Ei! wer sagt das? Ich sage nur, daß Sie alsdann, des Wohlstands halber, etwa einmal an die Abreise denken können. Wir werden Sie deswegen nicht fort lassen; wir wollen Sie schon bitten – –

DER REISENDE. Vielleicht auch des Wohlstands halber?

DAS FRÄULEIN. Ei, seht! man sollte nicht glauben, daß ein so ehrliches Gesicht auch spotten könnte. – – Ah! da kömmt der Papa. Ich muß fort! Sagen Sie ja nicht, daß ich bei Ihnen gewesen bin. Er wirft mir so oft genug vor, daß ich gern um Mannspersonen wäre.

Sechster Auftritt

Der Reisende. Der Baron.

DER BARON. War nicht meine Tochter bei Ihnen? Warum läuft denn das wilde Ding?

DER REISENDE. Das Glück ist unschätzbar, eine so angenehme und muntre Tochter zu haben. Sie bezaubert durch ihre Reden, in welchen die liebenswürdigste Unschuld, der ungekünsteltste Witz herrschet.

DER BARON. Sie urteilen zu gütig von ihr. Sie ist wenig unter ihresgleichen gewesen und besitzt die Kunst zu gefallen, die man schwerlich auf dem Lande erlernen kann, und die doch oft mehr als die Schönheit selbst vermag, in einem sehr geringen Grade. Es ist alles bei ihr noch die sich selbst gelass'ne Natur.

DER REISENDE. Und diese ist desto einnehmender, je weniger man sie in den Städten antrifft. Alles ist da verstellt, gezwungen und erlernt. Ja, man ist schon so weit darin gekommen, daß man Dummheit, Grobheit und Natur für gleichviel bedeutende Wörter hält.

DER BARON. Was könnte mir angenehmer sein, als daß ich sehe, wie unsre Gedanken und Urteile so sehr übereinstimmen? O! daß ich nicht längst einen Freund Ihresgleichen gehabt habe!

DER REISENDE. Sie werden ungerecht gegen Ihre übrigen Freunde.

DER BARON. Gegen meine übrigen Freunde, sagen Sie? Ich bin funfzig Jahr alt: – – Bekannte habe ich gehabt, aber noch keinen Freund. Und niemals ist mir die Freundschaft so reizend vorgekommen als seit den wenigen Stunden, da ich nach der Ihrigen strebe. Wodurch kann ich sie verdienen?

DER REISENDE. Meine Freundschaft bedeutet so wenig, daß das bloße Verlangen danach ein genugsames Verdienst ist, sie zu erhalten. Ihre Bitte ist weit mehr wert als das, was Sie bitten.

DER BARON. O mein Herr, die Freundschaft eines Wohlthäters – –

DER REISENDE. Erlauben Sie – – ist keine Freundschaft. Wenn Sie mich unter dieser falschen Gestalt betrachten, so kann ich Ihr Freund nicht sein. Gesetzt einen Augenblick, ich wäre Ihr Wohlthäter: würde ich nicht zu befürchten haben, daß Ihre Freundschaft nichts als eine wirksame Dankbarkeit wäre?

DER BARON. Sollte sich beides nicht verbinden lassen?

DER REISENDE. Sehr schwer! Diese hält ein edles Gemüt für seine Pflicht; jene erfordert lauter willkürliche Bewegungen der Seele.

DER BARON. Aber wie sollte ich – – Ihr allzu zärtlicher Geschmack macht mich ganz verwirrt. – –

DER REISENDE. Schätzen Sie mich nur nicht höher, als ich es verdiene. Aufs höchste bin ich ein Mensch, der seine Schuldigkeit mit Vergnügen gethan hat. Die Schuldigkeit an sich selbst ist keiner Dankbarkeit wert. Daß ich sie aber mit Vergnügen gethan habe, dafür bin ich genugsam durch Ihre Freundschaft belohnt.

DER BARON. Diese Großmut verwirrt mich nur noch mehr. – – Aber ich bin vielleicht zu verwegen. – – Ich habe mich noch nicht unterstehen wollen, nach Ihrem Namen, nach Ihrem Stande zu fragen. – Vielleicht biete ich meine Freundschaft einem an, der – – der sie zu verachten – –

DER REISENDE. Verzeihen Sie, mein Herr! – Sie – Sie machen sich – – Sie haben allzu große Gedanken von mir.

DER BARON *(beiseite)*. Soll ich ihn wohl fragen? Er kann meine Neugierde übel nehmen.

DER REISENDE *(beiseite)*. Wenn er mich fragt, was werde ich ihm antworten?

DER BARON *(beiseite)*. Frage ich ihn nicht, so kann er es als eine Grobheit auslegen.

DER REISENDE *(beiseite)*. Soll ich ihm die Wahrheit sagen?

DER BARON *(beiseite)*. Doch ich will den sichersten Weg gehen. Ich will erst seinen Bedienten ausfragen lassen.

DER REISENDE *(beiseite)*. Könnte ich doch dieser Verwirrung überhoben sein! – –

DER BARON. Warum so nachdenkend?

DER REISENDE. Ich war gleich bereit, diese Frage an Sie zu thun, mein Herr. – –

DER BARON. Ich weiß es, man vergißt sich dann und wann. Lassen Sie uns von etwas anderm reden. – – Sehen Sie, daß es wirkliche Juden gewesen sind, die mich angefallen haben? Nur jetzt hat mir mein Schulze gesagt, daß er vor einigen Tagen ihrer drei auf der Landstraße angetroffen. Wie er sie beschreibt, haben sie Spitzbuben ähnlicher als ehrlichen Leuten gesehen. Und warum sollte ich auch daran zweifeln? Ein Volk, das auf den Gewinnst so erpicht ist, fragt wenig danach, ob es ihn mit Recht oder Unrecht, mit List oder Gewaltsamkeit erhält. – – Es scheinet auch zur Handelschaft, oder deutsch zu reden, zur Betrügerei gemacht zu sein. Höflich, frei, unternehmend, verschwiegen, sind Eigenschaften, die es schätzbar machen würden, wenn es sie nicht allzu sehr zu unserm Unglück anwendete. – – *(Er hält etwas inne.)* – – Die Juden haben mir sonst schon nicht wenig Schaden und Verdruß gemacht. Als ich noch in Kriegsdiensten war, ließ ich mich bereden, einen Wechsel für einen meiner Bekannten mit zu unterschreiben, und der Jude, an den er ausgestellet war, brachte mich nicht allein dahin, daß ich ihn bezahlen, sondern daß ich ihn sogar zweimal bezahlen mußte. – – O! es sind die allerboshaftesten, niederträchtigsten Leute. – Was sagen Sie dazu? Sie scheinen ganz niedergeschlagen.

DER REISENDE. Was soll ich sagen? Ich muß sagen, daß ich diese Klage sehr oft gehört habe. – –

DER BARON. Und ist es nicht wahr, ihre Gesichtsbildung hat gleich etwas, das uns wider sie einnimmt? Das Tückische, das Ungewissenhafte, das Eigennützige, Betrug und Meineid sollte man sehr deutlich aus ihren Augen zu lesen glauben. – Aber warum kehren Sie sich von mir?

DER REISENDE. Wie ich höre, mein Herr, so sind Sie ein großer Kenner der Physiognomie, und ich besorge, daß die meinige –

DER BARON. O! Sie kränken mich. Wie können Sie auf dergleichen Verdacht kommen? Ohne ein Kenner der Physiognomie zu sein, muß ich Ihnen sagen, daß ich nie eine so aufrichtige, großmütige und gefällige Miene gefunden habe als die Ihrige.

DER REISENDE. Ihnen die Wahrheit zu gestehen: ich bin kein Freund allgemeiner Urteile über ganze Völker. – – Sie werden meine Freiheit nicht übel nehmen. – Ich sollte glauben, daß es unter allen

Nationen gute und böse Seelen geben könnte. Und unter den Juden – –

Siebenter Auftritt

Der Reisende. Der Baron. Das Fräulein.

DAS FRÄULEIN. Ach! Papa – –

DER BARON. Nu, nu! fein wild, fein wild! Vorhin liefst du vor mir; was sollte das bedeuten? – –

DAS FRÄULEIN. Vor Ihnen bin ich nicht gelaufen, Papa, sondern nur vor Ihrem Verweise.

DER BARON. Der Unterschied ist sehr subtil. Aber was war es denn, das meinen Verweis verdiente?

DAS FRÄULEIN. O! Sie werden es schon wissen. Sie sahen es ja! Ich war bei dem Herrn – –

DER BARON. Nun? und –

DAS FRÄULEIN. Und der Herr ist eine Mannsperson, und mit den Mannspersonen, haben Sie befohlen, mir nicht allzu viel zu thun zu machen. – –

DER BARON. Daß dieser Herr eine Ausnahme sei, hättest du wohl merken sollen. Ich wollte wünschen, daß er dich leiden könnte. – – Ich werde es mit Vergnügen sehen, wenn du auch beständig um ihn bist.

DAS FRÄULEIN. Ach! – es wird wohl das erste und letzte Mal gewesen sein. Sein Diener packt schon auf. – – Und das wollte ich eben sagen.

DER BARON. Was? wer? sein Diener?

DER REISENDE. Ja, mein Herr, ich hab' es ihm befohlen. Meine Verrichtungen und die Besorgnis, Ihnen beschwerlich zu fallen –

DER BARON. Was soll ich ewig davon denken? Soll ich das Glück nicht haben, Ihnen näher zu zeigen, daß Sie sich ein erkenntliches Herz verbindlich gemacht haben? O! ich bitte Sie, fügen Sie zu Ihrer Wohlthat noch die andre hinzu, die mir ebenso schätzbar als die Erhaltung meines Lebens sein wird; bleiben Sie einige Zeit – wenigstens einige Tage bei mir; ich würde mir es ewig vorzuwerfen haben, daß ich einen Mann, wie Sie, ungekannt, ungeehrt, unbelohnt, wenn es anders in meinem Vermögen stehet, von mir gelassen hätte. Ich habe einige meiner Anverwandten auf heute einladen lassen, mein Vergnügen mit ihnen zu teilen und ihnen das Glück zu verschaffen, meinen Schutzengel kennen zu lernen.

DER REISENDE. Mein Herr, ich muß notwendig – –

DAS FRÄULEIN. Da bleiben, mein Herr, da bleiben! Ich laufe, Ihrem Bedienten zu sagen, daß er wieder abpacken soll. Doch da ist er schon.

Achter Auftritt

Die Vorigen. Christoph (in Stiefeln und Sporen, und zwei Mantelsäcke unter den Armen).

CHRISTOPH. Nun! mein Herr, es ist alles fertig. Fort! kürzen Sie Ihre Abschiedsformeln ein wenig ab. Was soll das viele Reden, wenn wir nicht dableiben können?

DER BARON. Was hindert Euch denn, hier zu bleiben?

CHRISTOPH. Gewisse Betrachtungen, mein Herr Baron, die den Eigensinn meines Herrn zum Grunde und seine Großmut zum Vorwande haben.

DER REISENDE. Mein Diener ist öfters nicht klug. Verzeihen Sie ihm! Ich sehe, daß Ihre Bitten in der That mehr als Komplimente sind. Ich ergebe mich, damit ich nicht aus Furcht, grob zu sein, eine Grobheit begehen möge.

DER BARON. O! was für Dank bin ich Ihnen schuldig!

DER REISENDE. Ihr könnt nur gehen und wieder abpacken! Wir wollen erst morgen fort.

DAS FRÄULEIN. Nu! hört Er nicht? Was steht Er denn da? Er soll gehn und wieder abpacken.

CHRISTOPH. Von Rechts wegen sollte ich böse werden. Es ist mir auch beinahe, als ob mein Zorn erwachen wollte; doch weil nichts Schlimmers daraus erfolgt, als daß wir hier bleiben und zu essen und zu trinken bekommen und wohl gepflegt werden, so mag es sein! Sonst laß ich mir nicht gern unnötige Mühe machen, wissen Sie das?

DER REISENDE. Schweigt! Ihr seid zu unverschämt.

CHRISTOPH. Denn ich sage die Wahrheit.

DAS FRÄULEIN. O! das ist vortrefflich, daß Sie bei uns bleiben. Nun bin ich Ihnen noch einmal so gut. Kommen Sie, ich will Ihnen unsern Garten zeigen; er wird Ihnen gefallen.

DER REISENDE. Wenn er Ihnen gefällt, Fräulein, so ist es schon so gut als gewiß.

DAS FRÄULEIN. Kommen Sie nur – – unterdessen wird es Essenszeit. Papa, Sie erlauben es doch?

DER BARON. Ich werde euch sogar begleiten.

DAS FRÄULEIN. Nein, nein, das wollen wir Ihnen nicht zumuten. Sie werden zu thun haben.

DER BARON. Ich habe jetzt nichts wichtigers zu thun, als meinen Gast zu vergnügen.

DAS FRÄULEIN. Er wird es Ihnen nicht übel nehmen; nicht wahr, mein Herr? *(Sachte zu ihm.)* Sprechen Sie doch Nein. Ich möchte gern mit Ihnen allein gehen.

DER REISENDE. Es wird mich gereuen, daß ich mich so leicht habe bewegen lassen, hier zu bleiben, sobald ich sehe, daß ich Ihnen im geringsten verhinderlich bin. Ich bitte also – –

DER BARON. O! warum kehren Sie sich an des Kindes Rede?

DAS FRÄULEIN. Kind? – – Papa! – – beschämen Sie mich doch nicht so! – Der Herr wird denken, wie jung ich bin! – – Lassen Sie es gut sein; ich bin alt genug, mit Ihnen spazieren zu gehen. – Kommen Sie. – – Aber sehen Sie einmal: Ihr Diener steht noch da und hat die Mantelsäcke unter den Armen.

CHRISTOPH. Ich dächte, das ginge nur den an, dem es sauer wird?

DER REISENDE. Schweigt! Man erzeigt Euch zu viel Ehre. –

Neunter Auftritt

Die Vorigen. Lisette.

DER BARON *(indem er Lisetten kommen sieht)*. Mein Herr, ich werde Ihnen gleich nachfolgen, wann es Ihnen gefällig ist, meine Tochter in den Garten zu begleiten.

DAS FRÄULEIN. O! bleiben Sie so lange, als es Ihnen gefällt. Wir wollen uns schon die Zeit vertreiben. Kommen Sie!

(Das Fräulein und der Reisende gehen ab.)

DER BARON. Lisette, dir habe ich etwas zu sagen! – –

LISETTE. Nu?

DER BARON *(sachte zu ihr)*. Ich weiß noch nicht, wer unser Gast ist. Gewisser Ursachen wegen mag ich ihn auch nicht fragen. Könntest du nicht von seinem Diener – –

LISETTE. Ich weiß, was Sie wollen. Dazu trieb mich meine Neugierigkeit von selbst, und deswegen kam ich hierher. –

DER BARON. Bemühe dich also – – und gieb mir Nachricht davon. Du wirst Dank bei mir verdienen.

LISETTE. Gehen Sie nur.

CHRISTOPH. Sie werden es also nicht übel nehmen, mein Herr, daß wir es uns bei Ihnen gefallen lassen. Aber ich bitte, machen Sie sich meinetwegen keine Ungelegenheit; ich bin mit allem zufrieden, was da ist.

DER BARON. Lisette, ich übergebe ihn deiner Aufsicht. Laß ihn an nichts Mangel leiden. *(Geht ab.)*

CHRISTOPH. Ich empfehle mich also, Mademoiselle, Dero gütigen Aufsicht, die mich an nichts wird Mangel leiden lassen. *(Will abgehen.)*

Zehnter Auftritt

Lisette. Christoph.

LISETTE *(hält ihn auf)*. Nein, mein Herr, ich kann es unmöglich über mein Herz bringen, Sie so unhöflich sein zu lassen. – Bin ich denn nicht Frauenzimmers genug, um einer kurzen Unterhaltung wert zu sein?

CHRISTOPH. Der Geier! Sie nehmen die Sache genau, Mamsell. Ob Sie Frauenzimmers genug oder zu viel sind, kann ich nicht sagen. Wenn ich zwar aus Ihrem gesprächigen Munde schließen sollte, so dürfte ich beinahe das Letzte behaupten. – Doch dem sei, wie ihm wolle; jetzt werden Sie mich beurlauben – – Sie sehen, ich habe Hände und Arme voll. – – Sobald mich hungert oder durstet, werde ich bei Ihnen sein.

LISETTE. So macht's unser *Schirrmeister* auch.

CHRISTOPH. Der Henker! das muß ein gescheiter Mann sein; er macht's wie ich.

LISETTE. Wenn Sie ihn wollen kennen lernen: er liegt vor dem Hinterhause an der Kette.

CHRISTOPH. Verdammt! ich glaube gar, Sie meinen den Hund. Ich merke also wohl, Sie werden den leiblichen Hunger und Durst verstanden haben. Den aber habe ich nicht verstanden, sondern den Hunger und Durst der Liebe. Den, Mamsell, den! Sind Sie nun mit meiner Erklärung zufrieden?

LISETTE. Besser als mit dem Erklärten.

CHRISTOPH. Ei! im Vertrauen: – – Sagen Sie etwa zugleich auch damit so viel, daß Ihnen ein Liebesantrag von mir nicht zuwider sein würde?

LISETTE. Vielleicht! Wollen Sie mir einen thun? im Ernst?

CHRISTOPH. Vielleicht!

LISETTE. Pfui! was das für eine Antwort ist! vielleicht!

CHRISTOPH. Und sie war doch nicht ein Haar anders als die Ihrige.

LISETTE. In meinem Munde will sie aber ganz etwas anders sagen. Vielleicht, ist eines Frauenzimmers größte Versicherung. Denn so schlecht unser Spiel auch ist, so müssen wir uns doch niemals in die Karte sehen lassen.

CHRISTOPH. Ja, wenn das ist! – Ich dächte, wir kämen also zur Sache. – – *(Er schmeißt beide Mantelsäcke auf die Erde.)* Ich weiß nicht, warum ich mir's so sauer mache? Da liegt! – – Ich liebe Sie, Mamsell.

LISETTE. Das heiß' ich mit wenigem viel sagen. Wir wollen's zergliedern. – –

CHRISTOPH. Nein, wir wollen's lieber ganz lassen. Doch – damit wir in Ruhe einander unsre Gedanken eröffnen können – – belieben Sie sich niederzulassen! – – Das Stehen ermüdet mich. – – Ohne Umstände! – *(Er nötiget sie, auf den Mantelsack zu sitzen.)* – – Ich liebe Sie, Mamsell. – –

LISETTE. Aber – – ich sitze verzweifelt hart. – – Ich glaube gar, es sind Bücher darin – –

CHRISTOPH. Dazu recht zärtliche und witzige – und gleichwohl sitzen Sie hart darauf? Es ist meines Herrn Reisebibliothek. Sie besteht aus Lustspielen, die zum Weinen, und aus Trauerspielen, die zum Lachen bewegen; aus zärtlichen Heldengedichten, aus tiefsinnigen Trinkliedern, und was dergleichen neue Siebensachen mehr sind. – – Doch wir wollen umwechseln. Setzen Sie sich auf meinen – ohne Umstände! – – meiner ist der weichste.

LISETTE. Verzeihen Sie! – – So grob werde ich nicht sein. – –

CHRISTOPH. Ohne Umstände – ohne Komplimente! – Wollen Sie nicht? – So werde ich Sie hintragen. –

LISETTE. Weil Sie es denn befehlen – *(Sie steht auf und will sich auf den andern setzen.)*

CHRISTOPH. Befehlen? behüte Gott! – Nein! befehlen will viel sagen. – – Wenn Sie es so nehmen wollen, so bleiben Sie lieber sitzen. – – *(Er setzt sich wieder auf seinen Mantelsack.)*

LISETTE *(beiseite)*. Der Grobian! Doch ich muß es gut sein lassen. – –

CHRISTOPH. Wo blieben wir denn? – Ja, – bei der Liebe. – – Ich liebe Sie also, Mamsell. Je vous aime, würde ich sagen, wenn Sie eine französische Marquisin wären.

LISETTE. Die Geier! Sie sind wohl gar ein Franzose?

CHRISTOPH. Nein, ich muß meine Schande gestehn: ich bin nur ein Deutscher. – Aber ich habe das Glück gehabt, mit verschiedenen Franzosen umgehen zu können, und da habe ich denn so ziemlich gelernt, was zu einem rechtschaffnen Kerl gehört. Ich glaube, man sieht mir es auch gleich an.

LISETTE. Sie kommen also vielleicht mit Ihrem Herrn aus Frankreich?

CHRISTOPH. Ach nein! – –

Lisette. Wo sonst her? freilich wohl! –

CHRISTOPH. Es liegt noch einige Meilen hinter Frankreich, wo wir herkommen.

LISETTE. Aus Italien doch wohl nicht?

CHRISTOPH. Nicht weit davon.

LISETTE. Aus England also?

CHRISTOPH. Beinahe; England ist eine Provinz davon. Wir sind über funfzig Meilen von hier zu Hause. – – Aber, daß Gott! – meine Pferde – die armen Tiere stehen noch gesattelt. Verzeihen Sie, Mamsell! – – Hurtig! stehen Sie auf! – – *(Er nimmt die Mantelsäcke wieder untern Arm.)* – – Trotz meiner inbrünstigen Liebe muß ich doch gehn und erst das Nötige verrichten. – – Wir haben noch den ganzen Tag und, was das meiste ist, noch die ganze Nacht vor uns. Wir wollen schon noch eins werden. – – Ich werde Sie wohl wieder zu finden wissen.

Elfter Auftritt

Lisette. Martin Krumm.

LISETTE. Von dem werde ich wenig erfahren können. Entweder er ist zu dumm oder zu fein. Und beides macht unergründlich.

MARTIN KRUMM. So, Jungfer Lisette? Das ist auch der Kerl danach, daß er mich ausstechen sollte!

LISETTE. Das hat er nicht nötig gehabt.

MARTIN KRUMM. Nicht nötig gehabt? Und ich denke, wer weiß wie fest ich in Ihrem Herzen sitze.

LISETTE. Das macht, Herr Vogt, Er denkt's. Leute von Seiner Art haben das Recht, abgeschmackt zu denken. Drum ärgre ich mich auch nicht darüber, daß Er's gedacht hat, sondern, daß Er mir's gesagt hat. Ich möchte wissen, was Ihn mein Herz angeht? Mit was für Gefälligkeiten, mit was für Geschenken hat Er sich denn ein Recht darauf erworben? – Man giebt die Herzen jetzt nicht mehr so in den Tag hinein weg. Und glaubt Er etwa, daß ich so verlegen mit dem meinigen bin? Ich werde schon noch einen ehrlichen Mann dazu finden, ehe ich's vor die Säue werfe.

MARTIN KRUMM. Der Teufel, das verschnupft! Ich muß eine Prise Tobak darauf nehmen. – – Vielleicht geht es wieder mit dem Niesen fort. – *(Er zieht die entwandte Dose hervor, spielt einige Zeit in den Händen damit und nimmt endlich auf eine lächerlich hochmütige Art eine Prise.)*

LISETTE *(schielt ihn von der Seite an)*. Verzweifelt! wo bekömmt der Kerl die Dose her?

MARTIN KRUMM. Belieben Sie ein Prischen?

LISETTE. O, Ihre unterthänige Magd, mein Herr Vogt! *(Sie nimmt.)*

MARTIN KRUMM. Was eine silberne Dose nicht kann! – – Könnte ein Ohrwürmchen geschmeidiger sein?

LISETTE. Ist es eine silberne Dose?

MARTIN KRUMM. Wann's keine silberne wäre, so würde sie Martin Krumm nicht haben.

LISETTE. Ist es nicht erlaubt, sie zu besehn?

MARTIN KRUMM. Ja, aber nur in meinen Händen.

LISETTE. Die Façon ist vortrefflich.

MARTIN KRUMM. Ja, sie wiegt ganzer fünf Lot. –

LISETTE. Nur der Façon wegen möchte ich so ein Döschen haben.

MARTIN KRUMM. Wenn ich sie zusammenschmelzen lasse, steht Ihnen die Façon davon zu Dienste.

LISETTE. Sie sind allzu gütig! – Es ist ohne Zweifel ein Geschenk?

MARTIN KRUMM. Ja – – sie kostet mir nicht einen Heller.

LISETTE. Wahrhaftig, so ein Geschenk könnte ein Frauenzimmer recht verblenden! Sie können Ihr Glück damit machen, Herr Vogt. Ich wenigstens würde mich, wenn man mich mit silbernen Dosen anfiele, sehr schlecht verteidigen können. Mit so einer Dose hätte ein Liebhaber gegen mich gewonnenes Spiel.

MARTIN KRUMM. Ich versteh's, ich versteh's! –

LISETTE. Da sie Ihnen so nichts kostet, wollte ich Ihnen raten, Herr Vogt, sich eine gute Freundin damit zu machen –

MARTIN KRUMM. Ich versteh's, ich versteh's! –

LISETTE *(schmeichelnd)*. Wollten Sie mir sie wohl schenken?

MARTIN KRUMM. O, um Verzeihung! – Man giebt die silbernen Dosen jetzt nicht mehr so in den Tag hinein weg. Und glaubt Sie denn, Jungfer Lisette, daß ich so verlegen mit der meinigen bin? Ich werde schon noch einen ehrlichen Mann dazu finden, ehe ich sie vor die Säue werfe.

LISETTE. Hat man jemals eine dümmre Grobheit gefunden! – – Ein Herz einer Schnupftobaksdose gleich zu schätzen?

MARTIN KRUMM. Ja, ein steinern Herz einer silbern Schnupftobaksdose – –

LISETTE. Vielleicht würde es aufhören, steinern zu sein, wenn – – Doch alle meine Reden sind vergebens. – – Er ist meiner Liebe nicht wert. – – Was ich für eine gutherzige Närrin bin! – *(Will weinen.)* Beinahe hätte ich geglaubt, der Vogt wäre noch einer von den ehrlichen Leuten, die es meinen, wie sie es reden –

MARTIN KRUMM. Und was ich für ein gutherziger Narre bin, daß ich glaube, ein Frauenzimmer meine es, wie sie es red't! Da, mein Lisettchen, weine Sie nicht! – *(Er giebt ihr die Dose.)* – Aber nun bin ich doch wohl Ihrer Liebe wert? – Zum Anfange verlange ich nichts als nur ein Küßchen auf Ihre schöne Hand! – – *(Er küßt sie.)* Ah, wie schmeckt das! –

Zwölfter Auftritt

Lisette. Martin Krumm. Das Fräulein.

DAS FRÄULEIN *(kömmt dazu geschlichen und stößt ihn mit dem Kopfe auf die Hand).* Ei! Herr Vogt – küß' Er mir doch meine Hand auch!

LISETTE. Daß doch! – –

MARTIN KRUMM. Ganz gern, gnädiges Fräulein – *(Er will ihr die Hand küssen.)*

DAS FRÄULEIN *(giebt ihm eine Ohrfeige).* Ihr Flegel, versteht Ihr denn keinen Spaß?

MARTIN KRUMM. Den Teufel mag das Spaß sein!

LISETTE. Ha! ha! ha! *(Lacht ihn aus.)* O, ich bedaure Ihn, mein lieber Vogt – Ha! ha! ha!

MARTIN KRUMM. So? und Sie lacht noch dazu? Ist das mein Dank? Schon gut, schon gut! *(Geht ab.)*

LISETTE. Ha! ha! ha!

Dreizehnter Auftritt

Lisette. Das Fräulein.

DAS FRÄULEIN. Hätte ich's doch nicht geglaubt, wenn ich's nicht selbst gesehen hätte. Du läßt dich küssen? und noch dazu vom Vogt?

LISETTE. Ich weiß auch gar nicht, was Sie für Recht haben, mich zu belauschen? Ich denke, Sie gehen im Garten mit dem Fremden spazieren.

DAS FRÄULEIN. Ja, und ich wäre noch bei ihm, wenn der Papa nicht nachgekommen wäre. Aber so kann ich ja kein kluges Wort mit ihm sprechen. Der Papa ist gar zu ernsthaft –

LISETTE. Ei, was nennen Sie denn ein kluges Wort? Was haben Sie denn wohl mit ihm zu sprechen, das der Papa nicht hören dürfte?

DAS FRÄULEIN. Tausenderlei! – Aber du machst mich böse, wo du mich noch mehr fragst. Genug, ich bin dem fremden Herrn gut. Das darf ich doch wohl gestehn?

LISETTE. Sie würden wohl greulich mit dem Papa zanken, wenn er Ihnen einmal so einen Bräutigam verschaffte? Und im Ernst, wer weiß, was er thut. Schade nur, daß Sie nicht einige Jahr älter sind; es könnte vielleicht bald zustande kommen.

DAS FRÄULEIN. O, wenn es nur am Alter liegt, so kann mich ja der Papa einige Jahre älter machen. Ich werde ihm gewiß nicht widersprechen.

LISETTE. Nein, ich weiß noch einen bessern Rat. Ich will Ihnen einige Jahre von den meinigen geben, so ist uns allen beiden geholfen. Ich bin alsdann nicht zu alt, und Sie nicht zu jung.

DAS FRÄULEIN. Das ist auch wahr; das geht ja an!

LISETTE. Da kömmt des Fremden Bedienter; ich muß mit ihm sprechen. Es ist alles zu Ihrem Besten. – – Lassen Sie mich mit ihm allein. – – Gehen Sie.

DAS FRÄULEIN. Vergiß es aber nicht wegen der Jahre! – – Hörst du, Lisette?

Vierzehnter Auftritt

Lisette. Christoph.

LISETTE. Mein Herr, Sie hungert oder durstet gewiß, daß Sie schon wiederkommen? nicht?

CHRISTOPH. Ja freilich! – – Aber wohl gemerkt, wie ich den Hunger und Durst erklärt habe. Ihr die Wahrheit zu gestehn, meine liebe Jungfer, so hatte ich schon, sobald ich gestern vom Pferde stieg, ein Auge auf Sie geworfen. Doch weil ich nur einige Stunden hier zu bleiben vermeinte, so glaubte ich, es verlohne sich nicht der Mühe, mich mit Ihr bekannt zu machen. Was hätten wir in so kurzer Zeit können ausrichten? Wir hätten unsern Roman von hinten müssen anfangen. Allein es ist auch nicht allzu sicher, die Katze bei dem Schwanze aus dem Ofen zu ziehen.

LISETTE. Das ist wahr! nun aber können wir schon ordentlicher verfahren. Sie können mir Ihren Antrag thun; ich kann darauf antworten. Ich kann Ihnen meine Zweifel machen; Sie können mir sie auflösen. Wir können uns bei jedem Schritte, den wir thun, bedenken und dürfen einander nicht den Affen im Sacke verkaufen. Hätten Sie mir gestern gleich Ihren Liebesantrag gethan, es ist wahr, ich würde ihn angenommen haben. Aber überlegen Sie einmal, wieviel ich gewagt hätte, wenn ich mich nicht einmal nach Ihrem Stande, Vermögen, Vaterlande, Bedienungen und dergleichen mehr zu erkundigen Zeit gehabt hätte.

CHRISTOPH. Der Geier! wäre das aber auch so nötig gewesen? Soviel Umstände? Sie könnten ja bei dem Heiraten nicht mehrere machen? –

LISETTE. O, wenn es nur auf eine kahle Heirat angesehen wäre, so wär' es lächerlich, wenn ich so gewissenhaft sein wollte. Allein mit einem Liebesverständnisse ist es ganz etwas anders! Hier wird die schlechteste Kleinigkeit zu einem wichtigen Punkte. Also glauben Sie nur nicht, daß Sie die geringste Gefälligkeit von mir erhalten werden, wenn Sie meiner Neugierde nicht in allen Stücken ein Gnüge thun.

CHRISTOPH. Nu? wie weit erstreckt sich denn die?

LISETTE. Weil man doch einen Diener am besten nach seinem Herrn beurteilen kann, so verlange ich vor allen Dingen zu wissen – –

CHRISTOPH. Wer mein Herr ist? Ha! ha! das ist lustig. Sie fragen mich etwas, das ich Sie gern selbst fragen möchte, wenn ich glaubte, daß Sie mehr wüßten als ich.

LISETTE. Und mit dieser abgedroschnen Ausflucht denken Sie durchzukommen? Kurz, ich muß wissen, wer Ihr Herr ist, oder unsre ganze Freundschaft hat ein Ende.

CHRISTOPH. Ich kenne meinen Herrn nicht länger als seit vier Wochen. So lange ist es, daß er mich in Hamburg in seine Dienste genommen hat. Von da aus habe ich ihn begleitet, niemals mir aber die Mühe genommen, nach seinem Stande oder Namen zu fragen. Soviel ist gewiß, reich muß er sein; denn er hat weder mich, noch sich auf der Reise Not leiden lassen. Um was brauch' ich mich mehr zu bekümmern?

LISETTE. Was soll ich mir von Ihrer Liebe versprechen, da Sie meiner Verschwiegenheit nicht einmal eine solche Kleinigkeit anvertrauen wollen? Ich würde nimmermehr gegen Sie so sein. Zum Exempel, hier habe ich eine schöne silberne Schnupftobaksdose – –

CHRISTOPH. Ja, nu? – –

LISETTE. Sie dürften mich ein klein wenig bitten, so sagte ich Ihnen, von wem ich sie bekommen habe —

CHRISTOPH. O, daran ist mir nun eben so viel nicht gelegen. Lieber möchte ich wissen, wer sie von Ihnen bekommen sollte?

LISETTE. Über den Punkt habe ich eigentlich noch nichts beschlossen. Doch wenn Sie sie nicht sollten bekommen, so haben Sie es niemanden anders als sich selbst zuzuschreiben. Ich würde Ihre Aufrichtigkeit gewiß nicht unbelohnt lassen.

CHRISTOPH. Oder vielmehr meine Schwatzhaftigkeit! Doch, so wahr ich ein ehrlicher Kerl bin, wann ich dasmal verschwiegen bin, so bin ich's aus Not. Denn ich weiß nichts, was ich ausplaudern könnte. Verdammt! wie gern wollte ich meine Geheimnisse ausschütten, wann ich nur welche hätte!

LISETTE. Adieu! ich will Ihre Tugend nicht länger bestürmen. Nur wünsch' ich, daß sie Ihnen bald zu einer silbernen Dose und einer Liebsten verhelfen möge, so wie sie Sie jetzt um beides gebracht hat. *(Will gehn.)*

CHRISTOPH. Wohin? wohin? Geduld! *(Beiseite.)* Ich sehe mich genötigt, zu lügen. Denn so ein Geschenk werde ich mir doch nicht sollen entgehn lassen? Was wird's auch viel schaden?

LISETTE. Nun, wollen Sie es näher geben? Aber – – ich sehe schon, es wird Ihnen sauer. Nein, nein; ich mag nichts wissen –

CHRISTOPH. Ja, ja, Sie soll alles wissen! – – *(Beiseite.)* Wer doch recht viel lügen könnte! – – Hören Sie nur! – Mein Herr ist – – ist einer von Adel. Er kömmt – – wir kommen mit einander aus – – aus – – Holland. Er hat müssen – – gewisser Verdrießlichkeiten wegen – – einer Kleinigkeit – – eines Mords wegen – – entfliehen –

LISETTE. Was? eines Mords wegen?

CHRISTOPH. Ja – – aber eines honetten Mords – – eines Duells wegen entfliehen. – Und jetzt eben – – ist er auf der Flucht – –

LISETTE. Und Sie, mein Freund? –

CHRISTOPH. Ich – bin auch mit ihm auf der Flucht. Der Entleibte hat uns – – will ich sagen, die Freunde des Entleibten haben uns sehr verfolgen lassen, und dieser Verfolgung wegen – – Nun können Sie leicht das übrige erraten. – – Was Geier! soll man auch thun? Überlegen Sie es selbst: ein junger, naseweiser Laffe schimpft uns; mein Herr stößt ihn übern Haufen. Das kann nicht anders sein! – Schimpft mich jemand, so thu' ich's auch – oder – oder schlage ihn hinter die Ohren. Ein ehrlicher Kerl muß nichts auf sich sitzen lassen.

LISETTE. Das ist brav! solchen Leuten bin ich gut; denn ich bin auch ein wenig unleidlich. Aber sehen Sie einmal, da kömmt Ihr Herr! sollte man es ihm wohl ansehn, daß er so zornig, so grausam wäre?

CHRISTOPH. O, kommen Sie! wir wollen ihm aus dem Wege gehn. Er möchte mir es ansehn, daß ich ihn verraten habe.

LISETTE. Ich bin's zufrieden – –

CHRISTOPH. Aber die silberne Dose –

LISETTE. Kommen Sie nur. *(Beiseite.)* Ich will erst sehen, was mir von meinem Herrn für mein entdecktes Geheimnis werden wird; lohnt sich das der Mühe, so soll er sie haben.

Fünfzehnter Auftritt

Der Reisende.

Ich vermisse meine Dose. Es ist eine Kleinigkeit; gleichwohl ist mir der Verlust empfindlich. Sollte mir sie wohl der Vogt? – – Doch ich kann sie verloren haben – ich kann sie aus Unvorsichtigkeit herausgerissen haben. – – Auch mit seinem Verdachte muß man niemanden beleidigen. – Gleichwohl – er drängte sich an mich heran; – er griff nach der Uhr – ich ertappte ihn; könnte er auch nicht nach der Dose gegriffen haben, ohne daß ich ihn ertappt hätte?

Sechzehnter Auftritt

Martin Krumm. Der Reisende.

MARTIN KRUMM *(als er den Reisenden gewahr wird, will er wieder umkehren).* Hui!

DER REISENDE. Nu, nu, immer näher, mein Freund! – – *(Beiseite.)* Ist er doch so schüchtern, als ob er meine Gedanken wüßte! – – Nu? nur näher!

MARTIN KRUMM *(trotzig)*. Ach, ich habe nicht Zeit! Ich weiß schon, Sie wollen mit mir plaudern. Ich habe wichtigere Sachen zu thun. Ich mag Ihre Heldentaten nicht zehnmal hören. Erzählen Sie sie jemanden, der sie noch nicht weiß.

DER REISENDE. Was höre ich? vorhin war der Vogt einfältig und höflich, jetzt ist er unverschämt und grob. Welches ist denn Eure rechte Larve?

MARTIN KRUMM. Ei! das hat Sie der Geier gelernt, mein Gesicht eine Larve zu schimpfen. Ich mag mit Ihnen nicht zanken – sonst – – *(Er will fortgehen.)*

DER REISENDE. Sein unverschämtes Verfahren bestärkt mich in meinem Argwohne. – Nein, nein, Geduld! Ich habe Euch etwas notwendiges zu fragen – –

MARTIN KRUMM. Und ich werde nichts drauf zu antworten haben, es mag so notwendig sein, als es will. Drum sparen Sie nur die Frage!

DER REISENDE. Ich will es wagen. – Allein, wie leid würde mir es sein, wann ich ihm Unrecht thäte. – – Mein Freund, habt Ihr nicht meine Dose gesehn? – Ich vermisse sie. – –

MARTIN KRUMM. Was ist das für eine Frage? Kann ich etwas dafür, daß man sie Ihnen gestohlen hat? – – Für was sehen Sie mich an? Für den Hehler? oder für den Dieb?

DER REISENDE. Wer red't denn vom Stehlen? Ihr verratet Euch fast selbst – –

MARTIN KRUMM. Ich verrate mich selbst? Also meinen Sie, daß ich sie habe? Wissen Sie auch, was das zu bedeuten hat, wenn man einen ehrlichen Kerl dergleichen beschuldigt? Wissen Sie's?

DER REISENDE. Warum müßt Ihr so schreien? Ich habe Euch noch nichts beschuldigt. Ihr seid Euer eigner Ankläger. Dazu weiß ich eben nicht, ob ich groß Unrecht haben würde! Wen ertappte ich denn vorhin, als er nach meiner Uhr greifen wollte?

MARTIN KRUMM. O, Sie sind ein Mann, der gar keinen Spaß versteht. Hören Sie's! – – *(Beiseite.)* Wo er sie nur nicht bei Lisetten gesehen hat. – Das Mädel wird doch nicht närrisch sein und sich damit breit machen? – –

DER REISENDE. O, ich verstehe den Spaß so wohl, daß ich glaube, Ihr wollt mit meiner Dose auch spaßen. Allein wenn man den Spaß zu weit treibt, verwandelt er sich endlich in Ernst. Es ist mir um Euren guten Namen leid. Gesetzt, ich wäre überzeugt, daß Ihr es nicht böse gemeint hättet, würden auch andre – –

MARTIN KRUMM. Ach – andre! – andre! – andre wären es längst überdrüssig, sich so etwas vorwerfen zu lassen. Doch, wenn Sie denken, daß ich sie habe: befühlen Sie mich – – visitieren Sie mich – –

DER REISENDE. Das ist meines Amts nicht. Dazu trägt man auch nicht alles bei sich in der Tasche.

MARTIN KRUMM. Nun gut! damit Sie sehen, daß ich ein ehrlicher Kerl bin, so will ich meine Schubsäcke selber umwenden. – Geben Sie acht! – *(Beiseite.)* Es müßte mit dem Teufel zugehen, wenn sie herausfiele.

DER REISENDE. O, macht Euch keine Mühe!

MARTIN KRUMM. Nein, nein; Sie sollen's sehn, Sie sollen's sehn. *(Er wendet die eine Tasche um.)* Ist da eine Dose? Brodkrümel sind drinne; das liebe Gut! *(Er wendet die andre um.)* Da ist auch nichts! Ja – doch! ein Stückchen Kalender. – Ich hebe es der Verse wegen auf, die über den Monaten stehen. Sie sind recht schnurrig! – Nu, aber daß wir weiter kommen. Geben Sie acht: da will ich den dritten umwenden. *(Bei dem Umwenden fallen zwei große Bärte heraus.)* Der Henker! was laß ich da fallen? *(Er will sie hurtig aufheben, der Reisende aber ist hurtiger und erwischt einen davon.)*

DER REISENDE. Was soll das vorstellen?

MARTIN KRUMM *(beiseite)*. O, verdammt! ich denke, ich habe den Quark lange von mir gelegt.

DER REISENDE. Das ist ja gar ein Bart. *(Er macht ihn vors Kinn.)* Sehe ich bald einem Juden so ähnlich? – –

MARTIN KRUMM. Ach, geben Sie her! geben Sie her! Wer weiß, was Sie wieder denken? Ich schrecke meinen kleinen Jungen manchmal damit; dazu ist er.

DER REISENDE. Ihr werdet so gut sein und mir ihn lassen. Ich will auch damit schrecken.

MARTIN KRUMM. Ach! vexieren Sie sich nicht mit mir. Ich muß ihn wieder haben. *(Er will ihn aus der Hand reißen.)*

DER REISENDE. Geht, oder – –

MARTIN KRUMM *(beiseite)*. Der Geier! nun mag ich sehen, wo der Zimmermann das Loch gelassen hat. – – Es ist schon gut; es ist schon gut! Ich seh's, Sie sind zu meinem Unglücke hierher gekommen. Aber, hol mich alle Teufel, ich bin ein ehrlicher Kerl! Und den will ich sehn, der mir etwas Schlimmes nachreden kann. Merken Sie sich das! Es mag kommen, zu was es will, so kann ich es beschwören, daß ich den Bart zu nichts bösem gebraucht habe. – *(Geht ab.)*

Siebzehnter Auftritt

Der Reisende.

Der Mensch bringt mich selbst auf einen Argwohn, der ihm höchst nachteilig ist. – – Könnte er nicht einer von den verkappten Räubern gewesen sein? – Doch ich will in meiner Vermutung behutsam gehen.

Achtzehnter Auftritt

Der Reisende. Der Baron.

DER REISENDE. Sollten Sie nicht glauben, ich wäre gestern mit den jüdischen Straßenräubern ins Handgemenge gekommen, daß ich einem davon den Bart ausgerissen hätte? *(Er zeigt ihm den Bart.)*

DER BARON. Wie verstehn Sie das, mein Herr? – – Allein, warum haben Sie mich so geschwind im Garten verlassen?

DER REISENDE. Verzeihen Sie meine Unhöflichkeit. Ich wollte gleich wieder bei Ihnen sein. Ich ging nur, meine Dose zu suchen, die ich hier herum muß verloren haben.

DER BARON. Das ist mir höchst empfindlich. Sie sollten noch bei mir zu Schaden kommen?

DER REISENDE. Der Schade würde so groß nicht sein. – – Allein betrachten Sie doch einmal diesen ansehnlichen Bart!

DER BARON. Sie haben mir ihn schon einmal gezeigt. Warum?

DER REISENDE. Ich will mich Ihnen deutlicher erklären. Ich glaube – – Doch nein, ich will meine Vermutungen zurückhalten. – –

DER BARON. Ihre Vermutungen? Erklären Sie sich!

DER REISENDE. Nein; ich habe mich übereilt. Ich könnte mich irren – –

DER BARON. Sie machen mich unruhig.

DER REISENDE. Was halten Sie von Ihrem Vogt?

DER BARON. Nein, nein; wir wollen das Gespräch auf nichts anders lenken. – – Ich beschwöre Sie bei der Wohlthat, die Sie mir erzeigt haben, entdecken Sie mir, was Sie glauben, was sie vermuten, worinne Sie sich könnten geirrt haben!

DER REISENDE. Nur die Beantwortung meiner Frage kann mich antreiben, es Ihnen zu entdecken.

DER BARON. Was ich von meinem Vogte halte? – – Ich halte ihn für einen ganz ehrlichen und rechtschaffnen Mann.

DER REISENDE. Vergessen Sie also, daß ich etwas habe sagen wollen.

DER BARON. Ein Bart – Vermutungen – der Vogt – wie soll ich diese Dinge verbinden? – Vermögen meine Bitten nichts bei Ihnen? – Sie könnten sich geirrt haben? Gesetzt, Sie haben sich geirrt: was können Sie bei einem Freunde für Gefahr laufen?

DER REISENDE. Sie dringen zu stark in mich. Ich sage Ihnen also, daß der Vogt diesen Bart aus Unvorsichtigkeit hat fallen lassen; daß er noch einen hatte, den er aber in der Geschwindigkeit wieder zu sich steckte; daß seine Reden einen Menschen verrieten, welcher glaubt, man denke von ihm ebenso viel Übels, als er thut; daß ich ihn auch sonst über einem nicht allzu gewissenhaften – – wenigstens nicht allzu klugen Griffe ertappt habe.

DER BARON. Es ist, als ob mir die Augen auf einmal aufgingen. Ich besorge – Sie werden sich nicht geirrt haben. Und Sie trugen Bedenken, mir so etwas zu entdecken? – Den Augenblick will ich gehn und alles anwenden, hinter die Wahrheit zu kommen. Sollte ich meinen Mörder in meinem eignen Hause haben?

DER REISENDE. Doch zürnen Sie nicht auf mich, wenn Sie, zum Glücke, meine Vermutungen falsch befinden sollten. Sie haben mir sie ausgepreßt, sonst würde ich sie gewiß verschwiegen haben.

DER BARON. Ich mag sie wahr oder falsch befinden, ich werde Ihnen allzeit dafür danken.

Neunzehnter Auftritt

Der Reisende und hernach Christoph.

DER REISENDE. Wo er nur nicht zu hastig mit ihm verfährt! Denn so groß auch der Verdacht ist, so könnte der Mann doch wohl noch unschuldig sein. – Ich bin ganz verlegen. – – In der That ist es nichts geringes, einem Herrn seine Untergebnen so verdächtig zu machen. Wenn er sie auch unschuldig befindet, so verliert er doch immer das Vertrauen zu ihnen. – Gewiß, wenn ich es recht bedenke, ich hätte schweigen sollen. – Wird man nicht Eigennutz und Rache für die Ursachen meines Argwohns halten, wenn man erfährt, daß ich ihm meinen Verlust zugeschrieben habe? – Ich wollte ein vieles darum schuldig sein, wenn ich die Untersuchung noch hintertreiben könnte –

CHRISTOPH *(kömmt gelacht)*. Ha! ha! ha! wissen Sie, wer Sie sind, mein Herr?

DER REISENDE. Wißt Ihr, daß Ihr ein Narr seid? Was fragt Ihr?

CHRISTOPH. Gut! wenn Sie es denn nicht wissen, so will ich es Ihnen sagen. Sie sind einer von Adel. Sie kommen aus Holland. Allda haben Sie Verdrießlichkeiten und ein Duell gehabt. Sie sind so glücklich gewesen, einen jungen Naseweis zu erstechen. Die Freunde des Entleibten haben Sie heftig verfolgt. Sie haben sich auf die Flucht begeben. Und ich habe die Ehre, Sie auf der Flucht zu begleiten.

DER REISENDE. Träumt Ihr, oder raset Ihr?

CHRISTOPH. Keines von beiden. Denn für einen Rasenden wäre meine Rede zu klug und für einen Träumenden zu toll.

DER REISENDE. Wer hat Euch solch unsinniges Zeug weisgemacht?

CHRISTOPH. O, dafür ist gebeten, daß man mir's weismacht. Allein, finden Sie es nicht recht wohl ausgesonnen? In der kurzen Zeit, die man mir zum Lügen ließ, hätte ich gewiß auf nichts Bessers fallen können. So sind Sie doch wenigstens vor weitrer Neugierigkeit sicher!

DER REISENDE. Was soll ich mir aber aus alle dem nehmen?

CHRISTOPH. Nichts mehr, als was Ihnen gefällt; das übrige lassen Sie mir. Hören Sie nur, wie es zuging. Man fragte mich nach Ihrem Namen, Stande, Vaterlande, Verrichtungen; ich ließ mich nicht lange bitten, ich sagte alles, was ich davon wußte; das ist: ich sagte, ich wüßte nichts. Sie können leicht glauben, daß diese Nachricht sehr unzulänglich war, und daß man wenig Ursache hatte, damit zufrieden zu sein. Man drang also weiter in mich; allein umsonst! Ich blieb verschwiegen, weil ich nichts zu verschweigen hatte. Doch endlich brachte mich ein Geschenk, welches man mir anbot, dahin, daß ich mehr sagte, als ich wußte; das ist: ich log.

DER REISENDE. Schurke! ich befinde mich, wie ich sehe, bei Euch in feinen Händen.

CHRISTOPH. Ich will doch nimmermehr glauben, daß ich von ohngefähr die Wahrheit sollte gelogen haben?

DER REISENDE. Unverschämter Lügner, Ihr habt mich in eine Verwirrung gesetzt, aus der – –

CHRISTOPH. Aus der Sie sich gleich helfen können, sobald Sie das schöne Beiwort, das Sie mir jetzt zu geben beliebten, bekannter machen.

DER REISENDE. Werde ich aber nicht alsdann genötigt sein, mich zu entdecken?

CHRISTOPH. Desto besser! so lerne ich Sie bei Gelegenheit auch kennen. – Allein, urteilen Sie einmal selbst, ob ich mir wohl, mit gutem Gewissen, dieser Lügen wegen ein Gewissen machen könnte? *(Er zieht die Dose heraus.)* Betrachten Sie diese Dose! Hätte ich sie leichter verdienen können?

DER REISENDE. Zeigt mir sie doch! – *(Er nimmt sie in die Hand.)* Was seh' ich?

CHRISTOPH. Ha! ha! ha! Das dachte ich, daß Sie erstaunen würden. Nicht wahr, Sie lögen selber ein Gesetzchen, wenn Sie so eine Dose verdienen könnten?

DER REISENDE. Und also habt Ihr mir sie entwendet?

CHRISTOPH. Wie? was?

DER REISENDE. Eure Treulosigkeit ärgert mich nicht so sehr als der übereilte Verdacht, den ich deswegen einem ehrlichen Mann zugezogen habe. Und Ihr könnt noch so rasend frech sein, mich überreden zu wollen, sie wäre ein – – obgleich beinahe ebenso schimpflich erlangtes – Geschenk? Geht! kommt mir nicht wieder vor die Augen!

CHRISTOPH. Träumen Sie, oder – – aus Respekt will ich das andre noch verschweigen. Der Neid bringt Sie doch nicht auf solche Ausschweifungen? Die Dose soll Ihre sein? Ich soll sie Ihnen, salva venia, gestohlen haben? Wenn das wäre, ich müßte ein dummer Teufel sein, daß ich gegen Sie selbst damit prahlen sollte. – Gut, da kömmt Lisette! – Hurtig komm' Sie! Helf' Sie mir doch meinen Herrn wieder zurechte bringen!

Zwanzigster Auftritt

Der Reisende. Christoph. Lisette.

LISETTE. O mein Herr, was stiften Sie bei uns für Unruhe! Was hat Ihnen denn unser Vogt gethan? Sie haben den Herrn ganz rasend auf ihn gemacht. Man red't von Bärten, von Dosen, von Plündern; der Vogt weint und flucht, daß er unschuldig wäre, daß Sie die Unwahrheit red'ten. Der Herr ist nicht zu besänftigen, und jetzt hat er sogar nach dem Schulzen und den Gerichten geschickt, ihn schließen zu lassen. Was soll denn das alles heißen?

CHRISTOPH. O, das ist alles noch nichts; hör' Sie nur, hör' Sie, was er jetzt gar mit mir vorhat! – –

DER REISENDE. Ja freilich, meine liebe Lisette, ich habe mich übereilt. Der Vogt ist unschuldig. Nur mein gottloser Bedienter hat mich in diese Verdrießlichkeiten gestürzt. Er ist's, der mir meine Dose entwandt hat, derenwegen ich den Vogt im Verdacht hatte, und der Bart kann allerdings ein Kinderspiel gewesen sein, wie er sagte. Ich geh', ich will ihm Genugthuung geben, ich will meinen Irrtum gestehn, ich will ihm, was er nur verlangen kann – –

CHRISTOPH. Nein, nein, bleiben Sie! Sie müssen mir erst Genugthuung geben. Zum Henker, so rede Sie doch, Lisette, und sagen Sie, wie die Sache ist! Ich wollte, daß Sie mit Ihrer Dose am Galgen wäre! Soll ich mich deswegen zum Diebe machen lassen? Hat Sie mir sie nicht geschenkt?

LISETTE. Ja freilich! und sie soll Ihm auch geschenkt bleiben.

DER REISENDE. So ist es doch wahr? Die Dose gehört aber mir.

LISETTE. Ihnen? das habe ich nicht gewußt.

DER REISENDE. Und also hat sie wohl Lisette gefunden? und meine Unachtsamkeit ist an allen den Verwirrungen schuld? *(Zu Christophen.)* Ich habe Euch auch zu viel gethan! Verzeiht mir! Ich muß mich schämen, daß ich mich so übereilen können.

LISETTE *(beiseite).* Der Geier! nun werde ich bald klug. O! er wird sich nicht übereilt haben.

DER REISENDE. Kommt, wir wollen – –

Einundzwanzigster Auftritt

Der Reisende. Lisette. Christoph. Der Baron.

DER BARON *(kommt hastig herzu).* Den Augenblick, Lisette, stelle dem Herrn seine Dose wieder zu! Es ist alles offenbar; er hat alles gestanden. Und du hast dich nicht geschämt, von so einem Menschen Geschenke anzunehmen? Nun? wo ist die Dose?

DER REISENDE. Es ist also doch wahr? – –

LISETTE. Der Herr hat sie lange wieder. Ich habe geglaubt, von wem Sie Dienste annehmen können, von dem könne ich auch Geschenke annehmen. Ich habe ihn so wenig gekannt wie Sie.

CHRISTOPH. Also ist mein Geschenk zum Teufel? Wie gewonnen, so zerronnen

DER BARON. Wie aber soll ich, teuerster Freund, mich gegen Sie erkenntlich erzeigen? Sie reißen mich zum zweitenmal aus einer gleich großen Gefahr. Ich bin Ihnen mein Leben schuldig. Nimmermehr würde ich ohne Sie mein so nahes Unglück entdeckt haben. Der Schulze, ein Mann, den ich für den ehrlichsten auf allen meinen Gütern hielt, ist sein gottloser Gehilfe gewesen. Bedenken Sie also, ob ich jemals dies hätte vermuten können? Wären Sie heute von mir gereiset –

DER REISENDE. Es ist wahr – – so wäre die Hülfe, die ich Ihnen gestern zu erweisen glaubte, sehr unvollkommen geblieben. Ich schätze mich also höchst glücklich, daß mich der Himmel zu dieser unvermuteten Entdeckung ausersehen hat, und ich freue mich jetzt so sehr, als ich vorher, aus Furcht zu irren, zitterte.

DER BARON. Ich bewundre Ihre Menschenliebe, wie Ihre Großmut. O, möchte es wahr sein, was mir Lisette berichtet hat!

Zweiundzwanzigster Auftritt

Die Vorigen. Das Fräulein.

LISETTE. Nun, warum sollte es nicht wahr sein?

DER BARON. Komm, meine Tochter, komm! Verbinde deine Bitte mit der meinigen: ersuche meinen Erretter, deine Hand, und mit deiner Hand mein Vermögen anzunehmen! Was kann ihm meine Dankbarkeit Kostbareres schenken als dich, die ich ebenso sehr liebe als ihn? Wundern Sie sich nur nicht, wie ich Ihnen so einen Antrag thun könne. Ihr Bedienter hat uns entdeckt, wer Sie sind. Gönnen Sie mir das unschätzbare Vergnügen, erkenntlich zu sein! Mein Vermögen ist meinem Stande und dieser dem Ihrigen gleich. Hier sind Sie vor Ihren Feinden sicher und kommen unter Freunde, die Sie anbeten werden. Allein Sie werden niedergeschlagen? Was soll ich denken?

DAS FRÄULEIN. Sind Sie etwa meinetwegen in Sorgen? Ich versichere Sie, ich werde dem Papa mit Vergnügen gehorchen.

DER REISENDE. Ihre Großmut setzt mich in Erstaunen. Aus der Größe der Vergeltung, die Sie mir anbieten, erkenne ich erst, wie klein meine Wohlthat ist. Allein, was soll ich Ihnen antworten? Mein Bedienter hat die Unwahrheit gered't, und ich –

DER BARON. Wollte der Himmel, daß Sie das nicht einmal wären, wofür er Sie ausgiebt! Wollte der Himmel, Ihr Stand wäre geringer als der meinige! So würde doch meine Vergeltung etwas kostbarer, und Sie würden vielleicht weniger ungeneigt sein, meine Bitte stattfinden zu lassen.

DER REISENDE *(beiseite)*. Warum entdecke ich mich auch nicht? – Mein Herr, Ihre Edelmütigkeit durchdringt meine ganze Seele. Allein, schreiben Sie es dem Schicksale, nicht mir zu, daß Ihr Anerbieten vergebens ist. Ich bin – –

DER BARON. Vielleicht schon verheiratet?

DER REISENDE. Nein – –

DER BARON. Nun? was?

DER REISENDE. Ich bin ein Jude.
DER BARON. Ein Jude? grausamer Zufall!
CHRISTOPH. Ein Jude?
LISETTE. Ein Jude?
DAS FRÄULEIN. Ei, was thut das?
LISETTE. St, Fräulein, St! ich will es Ihnen hernach sagen, was das thut.
DER BARON. So giebt es denn Fälle, wo uns der Himmel selbst verhindert, dankbar zu sein?
DER REISENDE. Sie sind es überflüssig dadurch, daß Sie es sein wollen.
DER BARON. So will ich wenigstens so viel thun, als mir das Schicksal zu thun erlaubt. Nehmen Sie mein ganzes Vermögen. Ich will lieber arm und dankbar, als reich und undankbar sein.
DER REISENDE. Auch dieses Anerbieten ist bei mir umsonst, da mir der Gott meiner Väter mehr gegeben hat, als ich brauche. Zu aller Vergeltung bitte ich nichts, als daß Sie künftig von meinem Volke etwas gelinder und weniger allgemein urteilen. Ich habe mich nicht vor Ihnen verborgen, weil ich mich meiner Religion schäme. Nein! Ich sahe aber, daß Sie Neigung zu mir und Abneigung gegen meine Nation hatten. Und die Freundschaft eines Menschen, er sei wer er wolle, ist mir allezeit unschätzbar gewesen.
DER BARON. Ich schäme mich meines Verfahrens.
CHRISTOPH. Nun komm' ich erst von meinem Erstaunen wieder zu mir selber. Was? Sie sind ein Jude und haben das Herz gehabt, einen ehrlichen Christen in Ihre Dienste zu nehmen? Sie hätten mir dienen sollen! So wär' es nach der Bibel recht gewesen. Potz Stern! Sie haben in mir die ganze Christenheit beleidigt. – Drum habe ich nicht gewußt, warum der Herr auf der Reise kein Schweinefleisch essen wollte und sonst hundert Alfanzereien machte. – Erlauben Sie nur nicht, daß ich Sie länger begleiten werde! Verklagen will ich Sie noch dazu.
DER REISENDE. Ich kann es Euch nicht zumuten, daß Ihr besser als der andre christliche Pöbel denken sollt. Ich will Euch nicht zu Gemüte führen, aus was für erbärmlichen Umständen ich Euch in Hamburg riß. Ich will Euch auch nicht zwingen, länger bei mir zu

bleiben. Doch weil ich mit Euren Diensten so ziemlich zufrieden bin, und ich Euch vorhin außerdem in einem ungegründeten Verdachte hatte, so behaltet zur Vergeltung, was diesen Verdacht verursachte. *(Giebt ihm die Dose.)* Euren Lohn könnt Ihr auch haben. Sodann geht, wohin Ihr wollt!

CHRISTOPH. Nein, der Henker! es giebt doch wohl auch Juden, die keine Juden sind. Sie sind ein braver Mann. Topp, ich bleibe bei Ihnen! Ein Christ hätte mir einen Fuß in die Rippen gegeben und keine Dose!

DER BARON. Alles, was ich von Ihnen sehe, entzückt mich. Kommen Sie, wir wollen Anstalt machen, daß die Schuldigen in sichere Verwahrung gebracht werden. O, wie achtungswürdig wären die Juden, wenn sie alle Ihnen glichen!

DER REISENDE. Und wie liebenswürdig die Christen, wenn sie alle Ihre Eigenschaften besäßen!

(Der Baron, das Fräulein und der Reisende gehen ab.)

Letzter Auftritt

Lisette. Christoph.

LISETTE. Also, mein Freund, hat er mich vorhin belogen?

CHRISTOPH. Ja, und das aus zweierlei Ursachen. Erstlich, weil ich die Wahrheit nicht wußte; und anderns, weil man für eine Dose, die man wiedergeben muß, nicht viel Wahrheit sagen kann.

LISETTE. Und wann's dazu kömmt, ist Er wohl gar auch ein Jude, so sehr Er sich verstellt?

CHRISTOPH. Das ist zu neugierig für eine Jungfer gefragt! Komm' Sie nur!

(Er nimmt sie untern Arm, und sie gehen ab.)

Der Misogyn

Ein Lustspiel in drei Aufzügen

1748

Personen

WUMSHÄTER
LAURA, dessen Tochter
VALER, dessen Sohn
HILARIA, in Mannskleidern; unter dem Namen LELIO
SOLBIST, ein Advokat
LEANDER, der Laura Liebhaber
LISETTE

Erster Aufzug

Erster Auftritt

Wumshäter. Lisette.

WUMSHÄTER. Wo finde ich nun den Schurken? Johann! – Johann! – Die verdammten Weiber! – Die Weiber haben mich zum Prozeß gebracht, und der wird mich noch vor der Zeit ins Grab bringen. Wer weiß, weswegen Herr Solbist zu mir kommen will! Ich kann es kaum erwarten. Wo wir nur nicht wieder eine schlechte Sentenz bekommen haben! – Johann! – – Hätte ich mich doch lieber dreimal gehangen als dreimal verheiratet! – Johann! hörst du nicht?

LISETTE *(kommend)*. Was befehlen Sie?

WUMSHÄTER. Was willst du? ruft' ich dich?

LISETTE. Johann ist ausgegangen; was soll er? Kann ich es nicht verrichten?

WUMSHÄTER. Ich mag von dir nicht bedient sein. Wie vielmal habe ich dir es nicht schon gesagt, daß du mir den Verdruß, dich zu sehen, ersparen sollst? Bleib, wohin du gehörst: in der Küche und bei der Tochter. – – Johann!

LISETTE. Sie hören es ja; er ist nicht da.

WUMSHÄTER. Wer heißt ihn denn ausgehen, gleich da ich ihn brauche? – – Johann!

LISETTE. Johann! Johann! Johann!

WUMSHÄTER. Nun? was schreist du?

LISETTE. Ihr Rufen allein wird er nicht drei Gassen weit hören.

WUMSHÄTER. Pfui über das Weibsstück!

LISETTE. Das steht mir an! Vor Kröten speit man aus und nicht vor Menschen.

WUMSHÄTER. Nun ja! – – Sobald du und deinesgleichen sich unter die Menschen rechnen, sobald bekomme ich Lust, mich mit dem Himmel zu zanken, daß er mich zu einem gemacht hat.

LISETTE. So zanken Sie! Vielleicht bereuet er es schon, daß er nicht ein Klotz aus Ihnen gemacht hat.

WUMSHÄTER. Geh mir aus den Augen!

LISETTE. Wie Sie befehlen.

WUMSHÄTER. Wird's bald? oder soll ich gehn?
LISETTE. Ich werde die Ehre haben, Ihnen zu folgen.
WUMSHÄTER. Ich möchte rasend werden!
LISETTE *(beiseite)*. Unsinnig ist er schon.
WUMSHÄTER. Ist Herr Solbist, mein Advokat, noch nicht da gewesen?
LISETTE. Johann wird es Ihnen wohl sagen.
WUMSHÄTER. Ist mein Sohn ausgegangen?
LISETTE. Fragen Sie nur Ihren Johann.
WUMSHÄTER. Ist das eine Antwort auf meine Frage? Ob Herr Solbist noch nicht hier gewesen ist, will ich wissen.
LISETTE. Sie mögen ja von mir nicht bedient sein.
WUMSHÄTER. Antworte! sag' ich.
LISETTE. Ich gehöre in die Küche.
WUMSHÄTER. Bleib und antworte erst!
LISETTE. Ich habe nur mit Ihrer Tochter zu thun.
WUMSHÄTER. Du sollst antworten! Ist Herr Solbist – –
LISETTE. Ich will Ihnen den Verdruß ersparen, mich zu sehen. *(Geht ab.)*

Zweiter Auftritt

Wumshäter. Valer.

WUMSHÄTER. Welch Geschöpf! – – Ich will auch heute noch alles Weibsvolk aus meinem Hause schaffen, selbst meine Tochter. Sie mag sehen, wo sie bleibt. – – Gut, gut, mein Sohn, daß du kömmst; ich habe eben nach dir gefragt.
VALER. Wie glücklich wär' ich, wenn ich glauben dürfte, daß Sie meinen Bitten hätten wollen zuvorkommen. Darf ich mir schmeicheln, die so oft gesuchte Einwilligung endlich von Ihnen zu erhalten?
WUMSHÄTER. O! du fängst wieder von der verdrießlichen Sache an. Kränke doch deinen alten Vater nicht so, der dich bis jetzt für den einzigen Trost seines Alters gehalten hat! Es ist ja noch Zeit.
VALER. Nein, es ist nicht länger Zeit, liebster Vater. Ich habe heute Briefe bekommen, welche mich nötigen, auf das eheste wieder zurückzureisen.

WUMSHÄTER. Je nun, so reise in Gottes Namen; nur folge mir darin: heirate nicht! Ich habe dich zu lieb, als daß ich zu deinem Unglück Ja sagen sollte.

VALER. Zu meinem Unglücke? Wie verschieden müssen wir über Glück und Unglück denken! Ich werde es für mein größtes Unglück halten, wenn ich eine Person länger entbehren muß, die mir das Schätzbarste in der Welt ist. Und Sie – –

WUMSHÄTER. Und ich werde es für dein äußerstes Unglück halten, wenn ich dich deiner blinden Neigung folgen sehe. Ein Weibsbild für das schätzbarste auf der Welt zu halten! Ein Weibsbild! Doch der Mangel der Erfahrung entschuldigt dich. Höre, hältst du mich für einen treuen Vater?

VALER. Es sollte mir leid sein, wenn Ihnen hiervon nicht mein Gehorsam – –

WUMSHÄTER. Du hast recht, dich auf deinen Gehorsam zu berufen. Allein hat es dich auch jemals gereuet, wenn du mir gehorsam gewesen bist?

VALER. Bist jetzt noch nie; aber – –

WUMSHÄTER. Aber du fürchtest, es werde dich gereuen, wenn du mir auch hierin folgen wolltest: nicht wahr? Doch wenn es an dem ist, daß ich dein treuer Vater bin; wenn es an dem ist, daß ich mit meiner väterlichen Zuneigung Einsicht und Erfahrung verbinde, so ist deine Furcht sehr unbillig. Man glaubt einem Unglücklichen, den Sturm und Wellen an das Ufer geworfen, wenn er uns die Schrecken des Schiffbruchs erzählt; und wer klug ist, lernt aus seiner Erzählung, wie wenig dem ungetreuen Wasser zu trauen. Alles, was so ein Unglücklicher auf der See erfahren hat, habe ich in meinem dreimaligen Ehestande erfahren; und gleichwohl willst du nicht durch meinen Schaden klug werden? Ich war in deinen Jahren ebenso feurig, ebenso unbedachtsam. Ich sah ein Mädchen mit roten Backen, ich sah es und beschloß, meine Frau daraus zu machen. Sie war arm – –

VALER. O Herr Vater, verschonen Sie mich mit der nochmaligen Erzählung Ihrer Geschichte! Ich habe sie schon so oft gehört –

WUMSHÄTER. Und du hast dich noch nicht daraus gebessert? – Sie war arm, und ich besaß auch nicht viel. Nun stelle dir einmal vor, was ein angehender Handelsmann, wie ich dazumal war, für Kummer, Sorge und Plage hat, wenn er mit leeren Händen anfängt.

VALER. Meine Braut aber ist ja nichts weniger als arm.

WUMSHÄTER. Höre nur zu! Zu meinen Anverwandten durfte ich bei meinen mühseligen Umständen keine Zuflucht nehmen. Warum? sie hatten mir vorgeschlagen, eine alte reiche Witwe zu heiraten, wodurch mir in meiner Handlung auf einmal wäre geholfen gewesen. Ich stieß sie also vor den Kopf, da ich mich in ein schönes Gesicht vergaffte und lieber glücklich lieben als glücklich leben wollte.

VALER. Aber bei meiner Heirat kann dieses – –

WUMSHÄTER. Geduld! Was dabei das Schlimmste war, so liebte ich sie so blind, daß ich allen möglichen Aufwand ihretwegen machte. Ihr übermäßiger Staat brachte mich in unzählige Schulden. –

VALER. Versparen Sie nur jetzt, Herr Vater, diese überflüssige Erzählung und sagen Sie mir kurz, ob ich hoffen darf – –

WUMSHÄTER. Ich erzähle es ja bloß zu deinem Besten. – – Glaubst du, daß ich mich aus den vielen Schulden hätte herausreißen können, wenn der Himmel nicht so gütig gewesen wäre, mir nach Jahresfrist die Ursache meines Verderbens zu nehmen? Sie starb, und sie hatte kaum die Augen zugethan, als mir die meinigen aufgingen. Wo ich hinsah, war ich schuldig. Und bedenke, in was für eine Raserei ich geriet, da ich nach ihrem Tode ihre verfluchte Untreue erfuhr. Meine Schulden fingen an, mich zweimal heftiger zu drücken, als ich sah, daß ich sie einer Nichtswürdigen zu Liebe, einer verdammten Heuchlerin zu gefallen gemacht hatte. Und bist du sicher, mein Sohn, daß es dir nicht auch so gehen werde?

VALER. Dieserwegen kann ich so sicher sein, als überzeugt ich von der Liebe meiner Hilaria bin. Ihre Seele ist viel zu edel, ihr Herz viel zu aufrichtig – –

WUMSHÄTER. Nun, nun, ich mag keine Lobrede auf eine Sirene hören, die ihre häßlichen Schuppen so klug unter dem Wasser zu halten weiß. Wenn du nicht mein Sohn wärst, so würde ich über deine Einfalt herzlich lachen. In der That, du hast einen sehr glücklichen Ansatz zu einem guten Manne! Eine edle Seele, ein aufrichtiges Herz in einem weiblichen Körper! Und wie du gar sagest: in einem schönen weiblichen Körper! Doch das kömmt endlich auf eins heraus: schön oder häßlich. Die Schöne findet ihre Liebhaber und die Räuber deiner Ehre überall, und die Häßliche sucht sie überall. Was kannst du mir hierauf antworten?

VALER. Zweierlei. Entweder es ist so gewiß nicht, daß alle Frauenzimmer von gleicher Untreue sind, und in diesem Falle bin ich versichert, daß meine Hilaria mit unter der Ausnahme ist, oder es ist gewiß, daß eine getreue Frau nur ein Wesen der Einbildung ist, das niemals war und niemals sein wird, und in diesem Falle muß ich so gut als jedermann –

WUMSHÄTER. O pfui, pfui! schäme dich, schäme dich! – Doch du scherzest.

VALER. In der That nicht! Ist eine Frau ein unstreitiges Übel, so ist sie auch ein notwendiges Übel.

WUMSHÄTER. Ja, das unsere Thorheit notwendig macht. Aber wie gern wollte ich thöricht gewesen sein, wenn du es nur dadurch weniger sein könntest! Vielleicht wäre es auch möglich, wenn du meine Zufälle recht überlegen wolltest. Höre nur! Als meine erste Frau also tot war, versucht' ich es mit einer reichen und schon etwas betagten – –

Dritter Auftritt

Die Vorigen. Lelio.

VALER. Kommen Sie, Lelio, kommen Sie; helfen Sie mir meinen Vater erbitten, daß er meinem Glücke nicht länger hinderlich ist!

WUMSHÄTER. Kommen Sie, Herr Lelio, kommen Sie! Mein Sohn hat wieder seinen Anfall von Heiraten bekommen. Helfen Sie mir, ihn doch zurechte bringen.

LELIO. O, so schämen Sie sich einmal, Valer, und machen der Vernunft Platz! Sie haben es ja oft genug von Ihrem Herrn Vater gehört, daß das Heiraten eine lächerliche und unsinnige Handlung ist. Ich dächte, Sie sollten einmal überzeugt sein. Einem Manne, der es mit drei Weibern versucht hat, kann man es doch wohl endlich glauben, daß die Weiber insgesamt – insgesamt Weiber sind.

VALER. Sind Sie so auf meiner Seite? Ihre Schwester wird Ihnen sehr verbunden sein.

LELIO. Ich bin mehr auf Ihrer Seite, als Sie glauben; und meine Schwester würde selbst nicht anders reden, wenn sie zugegen wäre.

WUMSHÄTER. Ja, das sollte ich auch meinen. Denn wenn es wahr ist, daß die Frauenzimmer noch so etwas der Vernunft Ähnliches besitzen, so müssen sie notwendig von ihrer eignen Abscheulichkeit überzeugt sein. Sie ist so sonnenklar, und nur du kannst sie nicht sehen, weil dir die Liebe die Augen zuhält.

LELIO. O mein Herr, Sie reden wie die Vernunft selbst. Sie haben mich in der kurzen Zeit, die ich bei Ihnen bin, ganz bekehrt. Das Frauenzimmer war mir auch sonst nicht allzu gleichgiltig. Aber jetzt – – ja, ich sollte Ihr Sohn sein, mein Herr Wumshäter, ich wollte das Geschlecht der Weiberfeinde vortrefflich fortpflanzen! Meine Söhne sollten alle so werden wie ich!

VALER. Das lass' ich gelten. Solche Weiberfeinde würden doch wenigstens die Welt nicht aussterben lassen.

LELIO. Das wäre auch albern genug. So müßten ja auch die Weiberfeinde mit aussterben? Nein, nein, Valer, auf die Erhaltung so vorzüglicher Menschen muß man soviel als möglich bedacht sein. Nicht wahr?

WUMSHÄTER. Das ist schon einigermaßen wahr. Doch aber sähe ich lieber, wenn mein Sohn andere darauf bedacht sein ließe. Ich weiß gewiß, man wird seinen Beitrag nicht vermissen. Warum soll er sich einer ungewissen Nachkommenschaft wegen ein unglückliches Leben machen? Und dazu ist es eine sehr schlechte Freude, Kinder zu haben, wenn man so viel Angst mit ihnen haben muß als ich. Du siehst, mein Sohn, wie ich mir deine Umstände zu Herzen nehme. Vergilt mir doch durch deinen Gehorsam den Verdruß, den mir deine Mutter gemacht hat!

LELIO. Das muß wohl eine sehr böse Frau gewesen sein?

WUMSHÄTER. Wie sie alle sind, mein lieber Lelio. Habe ich Ihnen meinen Lebenslauf noch nicht erzählt? Er ist erbärmlich anzuhören.

VALER. O, verschonen Sie ihn damit. Er hat ihn schon mehr als zehnmal müssen hören.

LELIO. Ich, Valer? Sie irren sich. Erzählen Sie ihn nur, Herr Wumshäter; ich bitte. Ich weiß gewiß, ich werde vieles zu meiner Lehre daraus nehmen können.

WUMSHÄTER. Das gefällt mir. O mein Sohn, wann du auch so gesinnt wärst! Nun so hören Sie! – – Ich habe drei Weiber gehabt.

LELIO. Drei Weiber?

VALER. Wissen Sie das noch nicht?

LELIO *(zu Valern)*. O, so schweigen Sie! – Drei Weiber! Sie müssen also einen rechten Schatz der mannigfaltigsten Erfahrung besitzen. Nur wundre ich mich, wie Sie Ihre Weiberfeindschaft gleichwohl dreimal so glücklich haben besiegen können.

WUMSHÄTER. Von selbst wird man auf einmal nicht klug. Hätte ich aber einen Vater gehabt, wie mein Sohn an mir hat, einen Vater, der mich mit seinem Beispiele von dem Rande des Verderbens hätte abhalten können – Gewiß, mein Sohn, du verdienest so einen Vater nicht! –

LELIO. O, sagen Sie mir doch vor allen Dingen, welche von Ihren drei bösen Weibern war Valerens Mutter? war es wohl noch die beste?

WUMSHÄTER. Die beste?

LELIO. Von den schlimmen, meine ich.

WUMSHÄTER. Die beste von den schlimmen? – die schlimmste, lieber Lelio, die allerschlimmste!

LELIO. Ei! so hatte sie wohl gar nichts von Ihrem Sohne? O, die ausgeartete Mutter!

VALER. Warum wollen Sie mich quälen, Lelio? Ich liebe meinen Vater, allein ich habe auch meine Mutter geliebt. Mein Herz wird zerrissen, wenn er sie noch im Grabe nicht ruhen läßt.

WUMSHÄTER. Mein Sohn, wenn du es so nimmst, gut, gut! – Ich will es Ihnen hernach erzählen, Herr Lelio, wenn wir allein sind. Man kann sich's unmöglich einbilden, wie eigensinnig, wie zänkisch –

VALER. Sie wollen es ihm erzählen, wenn Sie allein sind? Ich muß also gehen.

WUMSHÄTER. Nun, nun, bleib nur da. Ich will gern nichts mehr sagen. Hätte ich es doch nicht geglaubt, daß man so gar eingenommen für eine Mutter sein könne. Mutter hin, Mutter her; sie bleibt darum doch eine Frauensperson, deren Fehler man verabscheuen muß, wenn man sich ihrer nicht mit schuldig machen will. Doch gut. – – Wieder auf deine Heirat zu kommen: du versprichst mir es also, nicht zu heiraten?

VALER. Wie kann ich dieses versprechen? Gesetzt, ich könnte die Neigung unterdrücken, die mich jetzt beherrscht, so würden mich doch meine häuslichen Umstände nötigen, mir eine Gehilfin zu suchen.

WUMSHÄTER. O! wenn es nur eine Gehilfin in deinen häuslichen Geschäften sein soll, so weiß ich guten Rat. Höre, nimm deine Schwester mit dir. Sie ist geschickt genug, deinem Hause vorzustehen, und ich werde auf diese Art eine Last los, die mir längst unerträglich geworden ist.

VALER. Soll ich meiner Schwester an ihrem Glücke hinderlich sein?

WUMSHÄTER. Du bist wunderlich! An was für einem Glücke kannst du ihr hinderlich sein? Man wird sich um sie nicht reißen; und du magst sie mitnehmen oder nicht, sie wird doch keine Heirat finden, die mir oder ihr anständig wäre. Denn daß ich einen ehrlichen, rechtschaffnen Mann mit ihr betriegen sollte, das geschieht nimmermehr. Ich mag keinen Menschen unglücklich machen, geschweige einen, den ich hochschätze. Einen nichtswürdigen und schlechten Mann aber, dem ich sie noch am liebsten gönnen würde, zu nehmen, dazu ist sie selbst zu stolz.

LELIO. Aber, mein Herr Wumshäter, bedenken Sie denn nicht, daß es für mich höchst gefährlich sein würde, wenn Valer seine Schwester mit sich nehmen sollte? Die Weiberfeindschaft hat in meinem Herzen noch nicht allzu tiefe Wurzeln geschlagen. Laura ist munter und schön, und was das vornehmste ist, sie ist die Tochter eines Weiberfeinds, den ich mir in allem zur Nachahmung vorgestellt habe. Wie leicht könnte es nicht kommen, daß ich sie – ich will nicht sagen, heiratete; denn das möchte noch der geringste Schaden sein; sondern daß ich sie gar – – der Himmel wende das Unglück ab! – – daß ich sie gar liebte. Alsdenn gute Nacht, Weiberfeindschaft! Und vielleicht käme ich nach vielem Unglücke, in Ihrem Alter kaum, wieder zu mir selbst.

WUMSHÄTER. Behüte der Himmel, daß das daraus entstehen sollte! – – Doch trauen Sie sich mehr zu, Herr Lelio; Sie sind zu vernünftig. Wie gesagt, mein Sohn, du kannst dich darauf verlassen: Deine Schwester soll mit dir; sie muß mit dir. Ich will gleich gehen und es ihr sagen. *(Er geht ab.)*

Vierter Auftritt

Lelio. Valer.

VALER. Liebste Hilaria, was soll ich noch anfangen? Sie sehen –

LELIO. Ich sehe, daß Sie zu ungeduldig sind, Valer –

VALER. Zu ungeduldig? Sind wir nicht schon acht Tage hier? Warum war ich nicht leichtsinnig genug, mich um die Einwilligung meines Vaters nicht zu bekümmern? Warum mußte Hilaria für die Schwachheit seines mürrischen Alters soviel Gefälligkeit haben? Der Einfall, den Sie hatten, sich in der Verkleidung einer Mannsperson, unter dem Namen Ihres Bruders, seine Gewogenheit vorher zu erwerben, war der sinnreichste von der Welt, der uns am geschwindesten zu unserm Zwecke zu führen versprach. Und doch will er zu nichts helfen.

LELIO. Sagen Sie das nicht, denn ich glaube, unsre Sache ist auf einem sehr guten Wege. Habe ich, als Lelio, seine Freundschaft und sein ganzes Vertrauen nicht weg?

VALER. Und dieses ohne Wunderwerke. Sie stellen sich ihm ja in allem gleich.

LELIO. Muß ich es denn nicht thun?

VALER. Aber nicht so ernstlich. Anstatt daß Sie ihn von seinem eigensinnigen Wahne abbringen sollten, bestätigen Sie ihn darin. Das kann unmöglich gut gehen! – Noch eins, liebste Hilaria: gegen meine Schwester treiben Sie gleichfalls die Maskerade viel zu weit.

LELIO. Es wird aber doch immer ein Schattenspiel bleiben! Und sobald sie erfährt, wer ich bin, so ist alles wieder in seinem Gleise.

VALER. Wenn sie es nicht zu spät erfährt. Ich weiß wohl, da Sie als Mannsperson hier erschienen, durften Sie sich nicht entbrechen, ihr einige Schmeicheleien zu sagen; aber Sie hätten diese Schmeicheleien so frostig als möglich sagen sollen, ohne einen ernsthaft scheinenden Anschlag auf ihr Herz zu machen. Jetzt ist mein Vater ihr anzudeuten gegangen, daß sie mit uns reisen soll. Denken Sie an mich: das wird, mit dem Sprichworte zu reden, Wasser auf ihre Mühle sein. Für uns zwar kann freilich damit nichts verdorben werden, aber für einen andern desto mehr.

LELIO. Ich weiß, was Sie sagen wollen. Leander –

VALER. Leander hat schon lange Zeit in dem besten Vernehmen mit ihr gestanden; und nur der Prozeß, in welchen er mit unserm Vater verwickelt ist, hat ihn, durch die Furcht einer schimpflich abschläglichen Antwort, abgehalten, um ihre Hand zu bitten. Endlich aber hat es der dienstfertige Herr Solbist auf sich genommen, ihn wegen dieser Furcht in Sicherheit zu setzen. Er will selbst der Brautwerber sein, und die Wendung, die er seinem Ansuchen geben will, wäre die thörichste von der Welt, wenn er nicht mit einem Manne zu thun hätte, dessen Thorheit sich nicht anders als mit Thorheit bestreiten läßt.

LELIO. Eine artige Umschreibung Ihres Vaters!

VALER. Es geht mir nahe genug, daß ich hierin nicht anders von ihm denken kann! – Haben Sie nur die Gütigkeit, schönste Hilaria, und lenken ein wenig ein. Führen Sie sich gleichgiltiger gegen meine Schwester auf, damit Leander Sie nicht als einen Nebenbuhler ansehen darf, der ihm Schaden thut, ohne selbst am Ende den über ihn erlangten Vorteil brauchen zu können. Auch meinen Vater müssen Sie mehr für diejenige Person, die Sie sind, als für die, welche Sie zu sein scheinen, einzunehmen suchen. Sie müssen anfangen, seinen Grillen zu widersprechen, und ihn durch die Macht, die Sie über ihn erlangt haben, wenigstens dahin bringen, daß er Hilarien für die einzige ihres Geschlechts hält, die von seinem Hasse ausgenommen zu werden verdient. Sie müssen –

LELIO. Sie müssen nicht immer sagen: Sie müssen. – – Mein guter Valer, Sie versprechen, ein ziemlich gebieterischer Ehemann zu werden. Gönnen Sie mir doch immer die Lust, die angefangene Rolle nach meinem Gutdünken auszuspielen.

VALER. Wenn ich nur sähe, daß Sie an das Ausspielen dächten. So aber denken Sie nur an das Fortspielen, verwickeln den Knoten immer mehr und mehr, und endlich werden Sie ihn so verwickelt haben, daß er gar nicht wieder aufzuwickeln ist.

LELIO. Nun wohl; wenn er nicht wieder aufzuwickeln ist, so machen wir es wie die schlechten Komödienschreiber und zerreißen ihn.

VALER. Und werden ausgezischt wie die schlechten Komödienschreiber.

LELIO. Immerhin!

VALER. Wie martern Sie mich mit dieser Gleichgiltigkeit, Hilaria!

LELIO. Das war zu ernsthaft, Valer! Ich bin im Grunde so gleichgiltig nicht; und Sie davon zu überzeugen: – gut! – so will ich noch heute einen Schritt in unserm Plane thun, den ich nicht genug vorbereiten zu können geglaubt habe. Wir wollen die Hilaria erscheinen lassen und versuchen, was sie für Glück in ihrer wahren Gestalt haben wird.

VALER. Sie entzücken mich! – Ja, liebste Hilaria, wir können nicht genug eilen, unser Schicksal zu erfahren. Hilft es nichts, so haben wir doch alles gethan, was in unsern Kräften steht; und ich werde es endlich über mein Gewissen bringen können, einem wunderlichen Vater die Stirne zu bieten. Ich muß Sie besitzen, es koste, was es wolle. Wie glücklich werde ich sein, wenn ich mich öffentlich dieser Hand werde rühmen können – – *(Indem er die Hand küßt.)*

Fünfter Auftritt

Die Vorigen. Wumshäter.

WUMSHÄTER *(welcher Valern die Hand der Hilaria küsse sieht)*. Ei! ei! mein Sohn, thust du doch mit dem Bruder deiner Braut, als ob es die Braut selber wäre. Sieh, wie du zusammenfährst!

LELIO. Er vergißt sich oft, der gute Valer. – Aber wissen Sie, woher es kommt?

WUMSHÄTER. Das kann ich nicht wissen. – In Parenthesi, mein Sohn, es ist richtig: deine Schwester will mit dir reisen. Sie war mit meinem Vorschlage zufriedener, als ich glaubte. – Aber nun, Herr Lelio, woher kömmt es denn, was Sie sagen wollten?

LELIO *(sachte zum Valer)*. Geben Sie acht, Valer; jetzt wird sich unser Anschlag einleiten lassen.

WUMSHÄTER. Sagen Sie doch, Lelio, was meinten Sie denn?

LELIO. Sie ertappten den hitzigen Valer in einer Entzückung, die für eine männliche Freundschaft ein wenig zu zärtlich ist. Sie wunderten sich und glaubten, er müßte mich für meine Schwester ansehen. Wie durchdringend ist Ihr Verstand, mein Herr Wumshäter! Getroffen! dafür sieht er mich auch wirklich in der Trunkenheit seiner Leidenschaft nicht selten an. Allein dieses quid pro quo ist ihm zu vergeben; weil es unmöglich ist, daß zwei Tropfen Wasser einander ähnlicher sein sollten, als ich und meine Schwester einander sind. So oft er mich daher scharf ins Gesicht fasset, glaubt er auch sie zu sehen, und kann sich nicht enthalten, mir einige der ehrfurchtsvollen Liebkosungen zu erzeigen, die er ihr zu erzeigen gewohnt ist.

WUMSHÄTER. Wie abgeschmackt!

LELIO. Nicht wenige seines Gelichters sind noch weit abgeschmackter. Ich kenne einen gewissen Lidio, welcher mit einem verwelkten Blumenstrauße, den seine Gebieterin vor Jahr und Tag an dem Busen getragen, nicht anders umgeht, als ob es seine Gebieterin selbst wäre. Er spricht ganze Tage mit ihm, er küßt ihn, er fällt vor ihm nieder – –

WUMSHÄTER. Und ist noch nicht ins Tollhaus gebracht? – Mein Sohn, mein Sohn, werde doch ja durch fremden Schaden klug und steure der Liebe, so lange ihr noch zu steuern ist! Bedenke doch nur, mit einem Blumenstrauße zu sprechen, vor ihm niederzufallen! Können die Wirkungen von dem Bisse eines rasenden Hundes wohl erschrecklicher sein?

LELIO. Gewiß nicht. Aber wieder auf meine Schwester zu kommen – –

WUMSHÄTER. Die Ihnen so ähnlich sein soll? Wie ähnlich wird sie Ihnen nun wohl sein? Man wird ohngefähr erkennen können, daß Sie beide aus einer Familie sind.

LELIO. Kleinigkeit! Unsere Eltern selbst konnten uns in der Kindheit nicht unterscheiden, wenn wir aus Mutwillen die Kleider vertauscht hatten.

VALER. Und nun bedenken Sie einmal, liebster Herr Vater, wenn es wahr ist, was Sie oft selbst gesagt haben, daß schon aus dem Äußerlichen des Herrn Lelio, aus seiner Gesichtsbildung, aus seinen Mienen, aus dem bescheidenen Feuer seiner Augen, aus seinem Gange der innere Wert seiner Seele, sein Verstand, seiner Tugend und alle die Eigenschaften, die Sie an ihm schätzen, zu schließen wären; bedenken Sie einmal, sage ich, ob man bei seiner liebenswürdigen Schwester aus eben dem Äußerlichen, aus eben der Gesichtsbildung, aus eben den Mienen, aus eben den Augen, aus eben dem Gange einen andern Schluß zu machen habe? Gewiß nicht.

WUMSHÄTER. Gewiß ja! Damit du mich aber nicht zwingen kannst, dir dieses weitläufig zu beweisen, so darf ich es nur platterdings für unmöglich erklären, daß seine Schwester ihm so ähnlich sehen kann, als ihr sagt.

LELIO. Beweisen Sie ihm ja lieber jenes, Herr Wumshäter, als daß Sie dieses leugnen sollten, denn Sie möchten sonst, vielleicht noch heute, durch den Augenschein eingetrieben werden.

WUMSHÄTER. Wieso durch den Augenschein?

LELIO. Hat es Ihnen Valer noch nicht gesagt, daß er meine Schwester heut erwartet?

WUMSHÄTER. Wie? sie will selbst kommen? Aller Hochachtung unbeschadet, Herr Lelio, die ich gegen Sie hege, muß ich Ihnen doch frei bekennen, daß ich nicht ein bißchen begierig bin, Ihr weibliches Ebenbild kennen zu lernen.

VALER. Und eben, weil ich dieses wußte, Herr Vater, habe ich Ihnen noch bis jetzt von ihrer Ankunft nichts sagen wollen. Ich will aber doch hoffen, daß ich das Vergnügen haben darf, sie Ihnen vorzustellen?

WUMSHÄTER. Wenn du nur nicht verlangst, daß ich ihr als meiner künftigen Schwiegertochter begegnen soll.

VALER. Aber als der Schwester des Lelio werden Sie ihr doch begegnen?

WUMSHÄTER. Nachdem ich sie finde. – – Nun, was willst du, Laura? –

Sechster Auftritt

Die Vorigen. Laura.

LAURA. Ihnen nochmals danken, liebster Herr Vater, daß Sie so gütig sein wollen, mich meinem Bruder mitzugeben.

WUMSHÄTER. Laß nur gut sein! –

LAURA. Ihre väterliche Liebe ist meiner Bitte zuvorgekommen.

WUMSHÄTER. Schweig doch! –

LAURA. Wahrhaftig! ich habe Sie selbst darum ersuchen wollen.

WUMSHÄTER. Was geht's mich an?

LAURA. Nur wußte ich nicht, wie ich meine Bitte am behutsamsten vorbringen sollte. Ich fürchtete – –

WUMSHÄTER. Ich fürchte, daß ich mir noch die Schwindsucht über dein Plaudern an den Hals ärgern werde.

LAURA. Ich fürchtete, sag' ich, Sie möchten meine Begierde, bei meinem Bruder zu leben, einer falschen Ursache beimessen. –

WUMSHÄTER. Bist du noch nicht fertig?

LAURA. Einem sträflichen Überdrusse vielleicht, länger bei Ihnen zu bleiben. –

WUMSHÄTER. Ich werde dir das Maul zuhalten müssen.

LAURA. Aber ich versichere – –

WUMSHÄTER. Nun, wahrhaftig, ein Pferd, das den Koller bekömmt, ist leichter aufzuhalten als das Plappermaul eines solchen Nickels. – Du sollst wissen, daß ich nicht im geringsten dabei auf dich gesehen habe. Ich gebe dich dem Bruder mit, weil du dem Bruder die Haushaltung führen sollst, und weil ich dich los sein will. Ob es dir aber angenehm oder unangenehm ist, das kann mir gleich viel gelten.

LAURA. Ich höre wohl, Herr Vater, daß Sie nur deswegen Ihre Wohlthat so klein und zweideutig machen, um mich einer formellen Danksagung zu überheben. Ich schweige also. – Aber du, mein lieber Bruder –

WUMSHÄTER. Ja, ja, sie schweigt, das ist: sie fängt mit einem andern an zu plaudern.

LAURA. Du wirst mich doch hoffentlich nicht ungern mit dir nehmen?

VALER. Liebe Schwester – –

LAURA. Gut, gut; erspare nur deine Versicherungen. Ich weiß schon, daß du mich liebst. Wie vergnügt will ich in deinem Umgange sein, den ich so viele Jahre habe entbehren müssen!

VALER. Ich kann dir es unmöglich zumuten, eine geliebte Vaterstadt, wo du so viele Freunde und Verehrer hast, meinetwegen mit einem ganz unbekannten Orte zu vertauschen.

WUMSHÄTER. Aber ich mute es ihr zu! Ich will doch nicht hoffen, daß ihr mit einander komplimentiert?

LAURA. Hörst du? – – Und was willst du denn mit deiner ganz unbekannten Stadt? Werde ich dich nicht da haben? Wird nicht Lelio da sein? Werde ich nicht seine vortreffliche Schwester da finden? *(Zum Lelio.)* Erlauben Sie mir, mein Herr –

WUMSHÄTER. Das dacht' ich wohl, ihr Schnadern geht die Reihe herum.

LAURA. Erlauben Sie mir, sag' ich, Ihre Schwester immer im voraus als meine Freundin zu betrachten. Sie darf nur die Hälfte von den Vollkommenheiten ihres Bruders besitzen, wenn ich sie ebenso sehr lieben soll, als ich diesen hochschätze.

WUMSHÄTER. Nu? Ich glaube gar, du unterstehst dich, ehrlichen Leuten Schmeicheleien zu sagen? – – Es thut mir leid, Herr Lelio, daß Sie das unbesonnene Ding schamrot machen soll.

VALER *(sachte zum Lelio)*. Antworten Sie ihr ja nicht zu verbindlich. – –

LELIO. Liebenswürdige Laura – –

VALER *(sachte zum Lelio)*. Nicht zu verbindlich, sag' ich. –

LELIO. Schönste Laura – –

VALER *(sachte zum Lelio)*. Nehmen Sie sich in acht! – –

LELIO. Mademoiselle – –

WUMSHÄTER *(zu Laura)*. Da, sieh einmal, wie verwirrt du ihn gemacht hast. Aber es ist ein Zeichen seines Verstandes; denn je verständiger ein Mann ist, desto weniger kann er sich aus euerm Gikkelgackel und Wischiwaschi nehmen. – Kommen Sie nur, Lelio, wir wollen lieber im Garten ein wenig auf- und niedergehen, als bei dem Weibsbilde länger bleiben. Folge uns ja nicht nach! Aber du, Valer, kannst mitkommen. *(Lelio macht der Laura eine Verbeugung.)* Ei, was soll das? Sie werden sich doch wohl kein Gewissen machen, ihr ohne Referenz den Rücken zuzukehren? *(Laura erwidert die Verbeugung.)* Und dir, Mädel, sag' ich, laß die Knickse bleiben, oder – – Das verwünschte Packt! Wenn die Zunge müde ist, so verfolgt es einen noch mit Grimassen.

VALER. Ich werde gleich nachkommen. *(Wumshäter und Lelio gehen ab.)*

Siebenter Auftritt

Valer. Laura.

VALER. Nun, Schwester, sage mir einmal, was ich von dir denken soll?

LAURA. Sage mir doch erst, was ich von deinem Lelio denken soll?

VALER. Du bist wirklich entschlossen, mit mir zu reisen?

LAURA. Wer es doch glaubte, daß Lelio kein Kompliment zu beantworten wisse! Ich kenne ihn besser. Wie viel schöne Sachen hat er mir nicht vorgesagt, wenn er mich dann und wann allein gefunden. Aber, Bruder, er soll mir sie gewiß nicht mehr allein sagen. Ich will ihn bald dazu bringen, daß er mir sie in deiner und des Vaters Gegenwart sagen soll. Daß er sich gegen diesen bisher verstellt, daran hat er sehr wohl gethan. Er mußte sich seiner Gewogenheit versichern. Aber nun, sollte ich meinen, könnte er die Maske schon nach und nach ein wenig aufheben.

VALER. Ich erstaune! – –

LAURA. Ich möchte doch wissen, worüber? Bin ich erstaunt, daß du seiner Schwester gefallen hast?

VALER. Das heißt, ich soll so billig sein und auch nicht darüber erstaunen, daß du ihrem Bruder gefallen hast. Aber Leander – –

LAURA. Sage mir nur nichts von Leandern, ich bitte dich. Der sollte längst wissen, woran er wäre. Habe ich ihm nicht seit einigen Tagen alle seine Briefe unerbrochen wieder zurückgeschickt?

VALER. Aber nur seit einigen Tagen.

LAURA. Spöttischer Bruder! – Könnte es dir denn aber unangenehm sein, wenn du mit der Familie des Lelio auf eine doppelte Art verbunden würdest?

VALER. Ich wette wie viel, daß du dich nicht deutlicher erklären kannst!

LAURA. Wette nicht; denn sieh, ob du nicht die Wette verloren hättest. – Ich weiß, woran ich mit dem Lelio bin. Er hat mir seine Liebe gestanden, mit mehr Lebhaftigkeit, mit mehr Zärtlichkeit, als es Leander jemals gethan hat. Und weißt du denn nicht, wie wir Mädchen es machen? Wenn ich zu meinem Kaufmanne in das Gewölbe komme, ich versichere dich, ich kaufe niemals den Stoff, den ich zuerst behandelt habe. Und wollte der Kaufmann darüber verdrießlich werden, so würde ich sagen: Warum weisen Sie mir den nicht gleich zuerst, der mir am besten gefällt?

VALER. Der Kaufmann wird darüber nicht verdrießlich werden; denn er weiß aus der Erfahrung, daß, wenn ihr euch lange und viel besonnen habt, ihr endlich doch auf das schlechteste fallt, auf eine Farbe, auf ein Muster, das längst nicht mehr Mode gewesen. Und eher merkt ihr auch euren Selbstbetrug nicht, als bis ihr den Einkauf zu Hause mit Muße besehen habt. Wie sehr wünscht ihr euch alsdenn das, was ihr zuerst behandelt hattet!

LAURA. Du kannst ein Gleichnis vortrefflich ausführen. Willst du nicht so gut sein, und es nunmehr auch applicieren? Es liegt keine schlechte Anpreisung des Lelio darin. O, er soll es erfahren, wie sehr du ihm das Wort sprichst; er soll es heute noch erfahren. Lebe wohl, Bruder!

VALER. Ein Wort im Ernst, Schwester.

LAURA. Im Ernste? Bisher also hast du gescherzt? Ja, das lass' ich gelten.

VALER. Höre, ich sage dir mit trocknen Worten: Lelio kann unmöglich der deinige werden; glaube mir, er kann es unmöglich werden, unmöglich!

LAURA. Ha! ha! ha! Wenn ich nun nicht bald gehe, so wirst du mir vielleicht vertrauen, daß er schon verheiratet sei. Ha! ha! ha! *(Geht ab.)*

VALER. Närrisches Mädchen! – Ich habe es wahrhaftig nicht wagen dürfen, ihr von dem Anschlage des Herrn Solbist etwas zu sagen. Sie würde ihm bei dem Vater zuvorkommen, und alsdenn wäre alles aus. Wir müssen ihr wider ihren Willen dienen, wenn sie uns am Ende danken soll. – Da ist sie ja schon wieder.

LAURA *(kommt ganz ernsthaft zurück)*. Bruder –

VALER. Nun, so ernsthaft?

LAURA. Unmöglich, hast du gesagt? Erkläre mir doch diese Unmöglichkeit!

VALER. Der Vater erwartet mich in dem Garten. Ich muß dir es also ganz kurz erklären. Unmöglich ist das – was nicht möglich ist. Auf Wiedersehen, liebe Schwester! *(Geht ab.)*

LAURA. So? Ich bedanke mich. – Geduld! Ich muß sehen, wie ich den Lelio zu sprechen bekomme. *(Geht ab.)*

Zweiter Aufzug

Erster Auftritt

Lelio oder Hilaria.

Bald werde ich es selbst glauben, daß ich der guten Laura zu viel Liebkosungen gemacht habe. Wir armes Geschlecht! Wie leicht sind wir zu hintergehen! Sie winkte mir eben jetzt sehr vertraulich; sie wird mich sprechen wollen. Ja, ja, dacht' ich es doch! Gut, daß ich mich gefaßt gemacht habe.

Zweiter Auftritt

Laura. Lelio.

LAURA. Armer Lelio, haben Sie sich von der verdrießlichen Gesellschaft meines Vaters endlich losgemacht? Wie sehr wünschte ich, daß doch nur eine Person in unserm Hause sein möchte, deren angenehmere Gesellschaft Sie schadlos halten könnte!

LELIO *(beiseite)*. Sie weiß ein verliebtes Gespräch vortrefflich einzufädeln! Schwerlich werde ich die Vorbereitungen zu meinem Rückzuge ebenso fein zu machen wissen.

LAURA. Sie antworten mir nicht?

LELIO. Was soll ich Ihnen antworten?

LAURA. Es ist wahr, was soll man antworten, wenn einem die Antwort in den Mund gelegt wird? Sie hätten mir es ebenso galant gerade heraussagen können, daß wenigstens ich die gedachte Person nicht sei.

LELIO. Grausame Laura!

LAURA. Barmherziger Lelio!

LELIO. Barbarische Schöne!

LAURA. Noch mehr? – Haben Sie Mitleiden und machen mich menschlicher.

LELIO. Sie spotten meiner? – Ich Unglücklicher! O, daß ich Sie niemals oder wenigstens eher gekannt hätte!

LAURA. Noch kein Ende mit Ihren Ausrufungen? Aber was wollen Sie damit?

LELIO. Was habe ich Ihnen gethan, daß Sie eine Flamme in mir ernähren, die mich ohne Hilfe verzehren wird?

LAURA. Nun kommen Sie doch allmählich ins Fragen, und ich habe Hoffnung, bald aus Ihnen klug zu werden.

LELIO. Womit habe ich es verschuldet, daß Sie mich in eine hoffnungslose Liebe verwickeln?

LAURA. Fragen Sie weiter, vielleicht findet sich doch etwas, worauf ich antworten kann.

LELIO. War Ihnen denn so viel daran gelegen, mich zu einem unschuldigen Schlachtopfer Ihrer Reize zu machen? Was für ein Vergnügen versprachen Sie sich aus meiner Verzweiflung? Genießen Sie es nur, genießen Sie es! Aber daß es ein andrer mitgenießen soll, der Sie unmöglich so zärtlich lieben kann, als ich Sie liebe, das geht mir durch die Seele!

LAURA. Im Vorbeigehen: Sie sind doch wohl nicht gar eifersüchtig?

LELIO. Eifersüchtig? Nein, man hört auf, eifersüchtig zu sein, wenn man alle Hoffnung verloren hat, und man kann weiter nichts sein als neidisch.

LAURA *(beiseite)*. Was soll ich von ihm denken? – Darf man den Glücklichen nicht wissen, den Sie beneiden?

LELIO. Fahren Sie nur fort, sich zu verstellen! Ihre Verstellung eben hat mein Unglück gemacht. Je schöner ein Frauenzimmer ist, desto aufrichtiger sollte es sein; denn nur durch ihre Aufrichtigkeit kann es dem Schaden vorbauen, den seine Schönheit verüben würde. Gleich nach den ersten Höflichkeitsbezeigungen, wenigstens gleich nach den ersten zärtlichen Blicken, die ich auf Sie richtete, gleich nach den ersten Seufzern, die mir meine neue Liebe auspreßte, hätten Sie zu mir sagen sollen: »Mein Herr, ich warne Sie, sein Sie auf Ihrer Hut! Lassen Sie sich meine Schönheit nicht zu weit führen! Sie kommen zu spät, mein Herz ist bereits versagt.« – Das hätten Sie zu mir sagen sollen, und ich würde mich nicht mehr unterstanden haben, eines andern Gut zu begehren.

LAURA *(beiseite)*. Hui, daß ihm mein Bruder von Leandern etwas in den Kopf gesetzt hat!

LELIO. Allzu glücklicher Leander!

LAURA *(beiseite)*. Ja, ja, es ist richtig. Das will ich ihm gedenken! – Mein Herr –

LELIO. Nur keine Entschuldigungen, Mademoiselle! Sie könnten leicht das Übel ärger machen, und ich könnte anfangen, zu glauben, daß Sie mich wenigstens bedauerten. Ich kenne die geheiligten Rechte einer ersten Liebe, wofür ich Ihre Liebe gegen Leandern halte. Ich will mich des thörichten Unternehmens, sie zu schwächen, nicht schuldig machen. Alles würde vergebens sein –

LAURA. Ich erstaune über Ihre Leichtgläubigkeit.

LELIO. Sie haben recht, darüber zu erstaunen. Könnte ich mir etwas Thörichteres einbilden, als daß Ihre bezaubernden Reize auf mich sollten gewartet haben, Ihre Macht über ein empfindliches Herz zu äußern?

LAURA. Diese Leichtgläubigkeit würde Ihnen zu vergeben gewesen sein. Merken Sie denn aber nicht, oder wollen Sie es nicht merken? –

LELIO. Und was, schönste Laura? –

LAURA. Daß es eine ganz andere Leichtgläubigkeit ist, die mich an Ihnen ärgert. –

LELIO. Eine andere? – Sie haben recht! – Ah, ich Dummkopf! –

LAURA. Nun?

LELIO. Ich kann meine Augen vor Scham nicht aufschlagen. –

LAURA. Vor Scham?

LELIO. Wie lächerlich muß ich Ihnen vorkommen! –

LAURA. Ich wüßte nicht –

LELIO. Wie abgeschmackt erscheine ich mir selbst! –

LAURA. Mit Ihren Erscheinungen! – Und warum denn?

LELIO. Jawohl, wie lächerlich, wie abgeschmackt, daß ich Höflichkeit für Zärtlichkeit, gesellschaftliche Verbindlichkeiten für Merkmale einer werdenden Liebe gehalten habe! Das, das ist die Leichtgläubigkeit, die Ihnen an mir so ärgerlich ist; eine Leichtgläubigkeit, die desto sträflicher wird, je mehr Stolz sie voraussetzt.

LAURA. Lelio! –

LELIO. Aber vergeben Sie mir; sein Sie großmütig, schönste Laura; richten Sie mich nicht nach aller Strenge. Meine Jugend verdient Ihre Nachsicht. Welche Mannsperson von meinen Jahren, von meiner Bildung, von meiner Lebhaftigkeit ist nicht ein wenig Geck? Es ist unsere Natur. Jeder lächelnde Blick dünkt uns der Zoll unserer Verdienste oder die Huldigung unseres Werts, ohne zu untersuchen, ob er nicht bloß aus Zerstreuung, ob er nicht aus Mitleid, ob er nicht wohl gar aus Hohn auf uns gefallen. –

LAURA. O, Sie machen mich ungeduldig. – Ich weiß gar nicht, wie es mit Ihrem kleinen Gehirne dann und wann steht.

LELIO. Nicht immer zum besten. – Aber besorgen Sie von mir weiter nichts. Sie haben mich in die Schranken meiner Geringfügigkeit zurückgewiesen.

LAURA. Noch mehr? – Ich sehe meinen Vater kommen; ich muß es kurz machen – Daß Sie ein albernes Märchen von einem gewissen Leander sich so leicht für Wahrheit aufbinden lassen, das, das ist die Leichtgläubigkeit, die mich an Ihnen verdrießt. – Ich verlasse Sie; folgen Sie mir unvermerkt in das Gartenhaus. – Sie sollen Beweise haben, daß man Sie hintergehen will. – *(Geht ab.)*

Dritter Auftritt

Lelio. Wumshäter. Valer.

LELIO. Ich werde dir nicht folgen, gutes Kind! Wüßte ich doch nicht, was mir so sauer geworden wäre als diese Unterredung.

WUMSHÄTER. Sie sind mir ja unter den Händen weggekommen, Herr Lelio. – Was mir mein Sohn den Kopf warm macht, das können Sie kaum glauben! Sieh, über dein verwünschtes Anhalten habe ich's ganz vergessen, daß Herr Solbist zu mir kommen wollen. Wo er nur nicht schon da gewesen ist! Meine Leute sagen mir auch gar nichts. Aber woher kömmt's? Da hat mich der Himmel mit lauter weiblicher Aufwartung bestraft, und wenn ich ja einmal einen guten Menschen zur Aufwartung habe, so vergeht kein Monat, daß ihn nicht das verdammte Mädel, die Lisette, in ihren Stricken hat. Nu, nu, ist nur meine Tochter erst fort, so will ich auch keine weibliche Fliege mehr unter meinem Dache leiden.

VALER. Sehen Sie, Herr Vater, jetzt eben kömmt Herr Solbist.

Vierter Auftritt

Die Vorigen. Solbist (in einer großen Zipfelperücke und einen Packt Akten unter dem Arme).

WUMSHÄTER. Ei, sind Sie es denn, mein lieber Herr Solbist?

SOLBIST. Ja, freilich bin ich's.

VALER *(sachte zum Lelio)*. Lassen Sie ihm ja nicht merken, daß Sie von seinem Anschlage etwas wissen; denn alles sollen bei ihm Geheimnisse sein.

WUMSHÄTER. Nun, was bringen Sie mir Gutes?

SOLBIST. Habe ich's nicht gleich lieber sollen vor der Hausthüre sagen? – Geduld! Ich muß ganz ingeheim mit Ihnen sprechen.

WUMSHÄTER. Ganz ingeheim? Sie machen mich unruhig.

SOLBIST *(zu dem Lelio, welcher ihn von unten und oben betrachtet)*. Nun, was begucken Sie mich da?

LELIO. Ich bewundere Sie.

SOLBIST. Wie ein Bauer, der einmal in die Stadt kömmt, ein groß Haus.

LELIO. Ich sehe, Sie haben sich heute außerordentlich geputzt.

SOLBIST. Ich will ein Schelm sein, wenn es um Ihrentwillen geschehen ist.

LELIO. In dieser Perücke könnten Sie sich vor die Europäische Fama stechen lassen.

SOLBIST. Vexieren Sie mich heute nur nicht; heute bin ich in meinen Berufsverrichtungen. Ein andermal können Sie Ihren Spaß mit mir haben. Heute respektieren Sie mein Amt!

LELIO. Ich habe allen Respekt vor Ihre Akten.

SOLBIST. Die Spötterei hätten Sie können weglassen. Ist es meine Schuld, daß ich mir sie selber tragen muß? Nein, gewiß nein! Ich habe nun lange genug der undankbaren Stadt und der lieben Dorfschaft als ein betreibsamer Rechtskonsulent gedient; und meine Dienste hätten mir von Rechtswegen schon so viel abwerfen sollen, daß ich mir einen Jungen, einen Schreiber, einen Sekretär oder so etwas halten könnte. Aber wer kann denn das Glück zwingen? Bis jetzt bin ich mir alles noch selbst. Sobald ich mir aber einen Jungen oder so etwas werde halten können, wird meine Großmut, Sie dazu in Vorschlag zu bringen, nicht anstehen.

LELIO. Sie scherzen, Herr Solbist, und das sehr fein.

SOLBIST. Ich scherze nie anders. Doch, Herr Wumshäter, machen Sie, machen Sie, daß die Leutchen wegkommen. Ich muß allein mit Ihnen reden.

LELIO. Sie dürfen ja nur im Kanzleistile mit ihm reden, und es wird so gut sein, als ob wir nicht da wären.

WUMSHÄTER. Aber es sind ja meine Freunde; was Sie mir zu sagen haben, können Sie ja wohl in ihrer Gegenwart sagen.

SOLBIST. Sie wollen mich also nicht hören? Gut! -- *(Er will gehen.)*

LELIO. Wir wollen Sie seinem Eigensinne nicht aussetzen, Herr Wumshäter. Bleiben Sie nur, Herr Solbist; wir gehen schon. *(Sachte zum Valer.)* Kommen Sie, Valer; es wird ohnedem bald Zeit sein, daß ich mich umkleide.

WUMSHÄTER. Nehmen Sie es doch nicht übel!

(Valer und Lelio gehen ab.)

Fünfter Auftritt

Solbist. Wumshäter.

WUMSHÄTER. Lassen Sie doch nunmehr hören, Herr Solbist, was Sie mir für Geheimnisse zu vertrauen haben.

SOLBIST. Sind sie weg? – Treten Sie hierher! sie möchten an der Thüre horchen.

WUMSHÄTER. Nun?

SOLBIST. Herr Leander –

WUMSHÄTER. Hat ihn der Henker geholt?

SOLBIST. St! Hören Sie doch nur. Herr Leander will – *(Sachte ins Ohr.)* will sich mit Ihnen vergleichen.

WUMSHÄTER *(sehr laut)*. Was? Will sich mit mir vergleichen?

SOLBIST. St! st! Ja, er will. Er hat sich von mir lassen übern Tölpel stoßen.

WUMSHÄTER *(sehr laut)*. Sie mögen selber ein Tölpel sein. Ich mag mich mit ihm nicht vergleichen. Wie viele hundertmal habe ich Ihnen das nicht auf das teuerste versichert?

SOLBIST. St! st! st! Mit Ihrem verzweifelten Schreien werden Sie mich um Ehre, Reputation, Kredit und alles bringen. Wenn es nun jemand gehört hat?

WUMSHÄTER. O, das Zeugnis will ich Ihnen vor aller Welt geben, daß Sie nichts als meinen Ruin suchen. Vergleichen? Habe ich nicht die gerechteste Sache?

SOLBIST. Auch die gerechteste Sache kann verloren werden, wenn sie wie die Ihrige steht. Ihre selige Frau hat es schon zu weit kommen lassen.

WUMSHÄTER. Das verwünschte Weib! Kömmt nicht all mein Unglück von Weibern her?

SOLBIST. Nicht allein Ihr Unglück, sondern überhaupt alles Unglück, das in der Welt geschieht – wie ich hernach erweisen werde. Machen Sie nur, daß Sie den Beweis bald hören können, und sagen Sie mir kurz, ob es Ihnen nicht lieb sein würde, wenn Leander – ich will nicht sagen, sich mit Ihnen vergliche – denn von Vergleichen wollen Sie nichts hören – sondern unter einer kleinen, ganz kleinen Bedingung den Prozeß hängen ließ'.

WUMSHÄTER. Hängen ließ'? So daß ich ihn gleichsam gewonnen hätte? Ja, das wäre noch etwas. Aber was ist es denn für eine Bedingung?

SOLBIST. Eine Bedingung, die vollkommen nach Ihrem Sinne sein wird.

WUMSHÄTER. Nun?

SOLBIST. Kurz, Leander will den Prozeß unter der Bedingung hängen lassen – unter der Bedingung, Herr Wumshäter – *(Sachte ins Ohr.)* daß Sie sein Unglück machen wollen.

WUMSHÄTER *(sehr laut)*. Was? daß ich sein Unglück machen will?

SOLBIST. Sie werden mit Ihrer verräterischen Auktionatorstimme noch meines machen. Ich thue meine Dinge alle gern heimlich und in der Stille. Aber Sie, Sie – ich wette, Leander hat es in seinem Hause gehört!

WUMSHÄTER. Nun so entdecken Sie mir denn ganz heimlich, auf welche Weise ich sein Unglück machen kann!

SOLBIST. Nichts ist leichter. Hören Sie nur, im Vertrauen: der Mensch ist ganz närrisch geworden. Ich glaube, der Himmel hat ihn Ihrentwegen gestraft. Er ist auf einen recht desperaten Einfall geraten. Ich will ihn Ihnen gleich erklären. –

WUMSHÄTER. Noch seh' ich nicht, wo Sie hinaus wollen? –

SOLBIST *(legt die Akten weg, bringt eine große Halskrause aus der Tasche, die er sich umbindet, zieht ein paar weiße Handschuh an, tritt einige Schritte zurück und fängt auf eine pedantische Art zu perorieren an).* »Hochedelgeborner, insonders hochzuehrender Herr und Gönner! Als Gott den Adam erschaffen und in das schöne Paradies gesetzt hatte – Beiläufig will ich erinnern, daß man bis jetzo noch nicht weiß, wo eigentlich das Paradies gewesen ist. Die Gelehrten streiten sehr heftig darüber. Doch es sei gewesen, wo es wolle. – Als nun Gott den Adam in dieses uns unbewußte Paradies gesetzt hatte« –

WUMSHÄTER. Je, Herr Solbist! Herr Solbist!

SOLBIST. Treten Sie ein wenig vor die Thüre, damit niemand hereinkömmt.

WUMSHÄTER. Ich will Gott danken, wenn jemand dazukömmt, denn ich fürchte in der That, Sie sind unsinnig geworden.

SOLBIST. Treten Sie doch nur, und gedulden Sie sich einen Augenblick! – – »Als nun, sag' ich, Adam in dieses Paradies gesetzt, als er, sag' ich, darin gesetzt war und, will ich sagen, also in dem Paradiese war, worein er von Gott war gesetzt worden – so war er in diesem Paradiese.« – – Ei, vertrackt, wenn ich nur erstlich wieder heraus wäre! – Da haben Sie's nun! Das kömmt davon, wenn man dem Orator in die Rede fällt.

WUMSHÄTER. Ich besorge nur, ich werde Ihnen bald in die Daumen fallen müssen. Sagen Sie mir nur in Ewigkeit, was Sie wollen.

SOLBIST. Ich wollte lieber, daß Sie mir eine Ohrfeige gegeben hätten, als daß Sie mich aus meinem Konzepte gebracht haben. Ich muß nur sehen, ob ich wieder hineinkommen kann. *(Ganz geschwind.)* »Hochedelgeborner, insonders hochzuehrender Herr und Gönner! Als Gott den Adam erschaffen und in das schöne Paradies gesetzt hatte – – Hochedelgeborner, insonders hochzuehrender Herr und Gönner! Als Gott den Adam erschaffen und in das schöne Paradies gesetzt hatte« – – Nein, es geht wirklich nicht weiter; es ist, als wenn mir's vom Maule weggeschnitten wäre. Nun mag's; der größte Schade dabei ist Ihre.

WUMSHÄTER. Ist meine?

SOLBIST. Ja, wahrhaftig; Sie hätten ein recht ciceronianisches Meisterstück hören sollen. Eine vertraute Rednergesellschaft würde es nicht besser haben abfassen können! Nun werden Sie sich mit den Contentis begnügen müssen. Hören Sie nur also: meine Rede – denn so viel werden Sie doch wohl gemerkt haben, daß ich Ihnen eine Rede habe halten wollen? – Meine Rede, sag' ich, hatte drei Partes, obgleich sonst acht Partes orationis zu sein pflegen. Der erste Pars, oder vielmehr die erste Pars, enthielt ein richtiges Verzeichnis aller bösen Weiber, von der Eva an bis auf die Ihrigen drei.

WUMSHÄTER. Was? Ein Verzeichnis aller bösen Weiber? Ei, das wär' ich curiös gewesen zu hören! – Ein Verzeichnis aller bösen Weiber wird's nun wohl nicht gewesen sein, sondern nur ein Verzeichnis der bösesten. Denn ein Verzeichnis aller bösen Weiber, das wär' ein Verzeichnis aller Weiber, die jemals auf der Welt gelebt haben, und das kann's doch nicht gewesen sein.

SOLBIST. Ganz recht. Meine andre Pars –

WUMSHÄTER. Hatten Sie denn auch in Ihrem Verzeichnisse die Frau des Hiobs?

SOLBIST. Freilich! – Meine andre Pars –

WUMSHÄTER. Hatten Sie denn auch die Frau des Tobias?

SOLBIST. Freilich! – Meine andre Pars –

WUMSHÄTER. Auch die Königin Jesabel?

SOLBIST. Auch! – Meine andre Pars –

WUMSHÄTER. Auch die große Hure von Babylon?

SOLBIST. Auch! – Meine andre Pars –

WUMSHÄTER. Sie hören, daß ich doch auch ein wenig bewandert bin!

SOLBIST. Ich höre wohl, daß Sie nur die kennen, die noch die besten darunter sind. Ich wußte noch ganz andere! eine Hispulla, eine Hippia, eine Medullina, eine Saufeja, eine Ogulina, eine Messalina, eine Cäsonia – von welchen allen in dem sechsten der Geschichtsbücher des Juvenal ein mehreres nachgelesen werden kann. – – Doch, damit meine Contenta nicht länger werden, als meine Rede geworden wäre, so hören Sie nur weiter. Meine zweite Pars erwies so kurz als gründlich, daß eine Frau das größte Unglück auf der Welt sei, und leitete daraus unwidersprechlich her, daß das Heiraten eine sehr unsinnige Sache sein müsse, welches denn weitläuftig mit Testimoniis, besonders mit dem Ihrigen, bestärkt wurde.

WUMSHÄTER. Ei! lieber Herr Solbist, wie waren Sie auf eine so vortreffliche Materie gekommen? Gewiß, ich beklag' es nunmehr recht herzlich, daß Ihre Rede so vor die Hunde gegangen ist. Je! je! Aber wie komm' ich denn dazu, daß Sie mir so ein Vergnügen haben machen wollen? Es ist doch heute weder mein Geburtstag noch mein Namenstag, daß ich etwa dächte, Sie hätten mir eine so schöne Gratulationsrede halten wollen. –

SOLBIST. Aus meiner dritten Pars wird Ihnen alles klar werden. – – Die dritte Pars endlich enthielt, daß demohngeachtet diese Unsinnigkeit, nämlich die Unsinnigkeit zu heiraten – raten Sie einmal, wer? begehen wollte –

WUMSHÄTER. Wer? Doch wohl nicht mein Sohn? Denn dem denk' ich es wohl ausgered't zu haben.

SOLBIST. Nicht Ihr Sohn, nein.

WUMSHÄTER. Nun, so wollte ich, daß es mein ärgster Feind sein müsse.

SOLBIST. Bravo!

WUMSHÄTER. Ich wollte, daß es Leander wäre!

SOLBIST. Getroffen!

WUMSHÄTER. Wirklich? O, daß ich keine von meinen drei Weibern vom Tode erwecken und sie ihm geben kann!

SOLBIST. Das können Sie, Herr Wumshäter, das können Sie, wenn Sie nur wollen! Leibt und lebt nicht Ihre zweite Frau in Ihrer Jungfer Tochter? Kurz, sehen Sie in mir den Brautwerber des Herrn Leanders, und zwar um die ehr- und tugendsame Jungfer, Jungfer Laura, eheleiblichen einzigen Tochter des Herrn, Herrn Zacharias Maria Wumshäter. Wenn er in seinem Suchen glücklich ist, so sollen Sie den Prozeß gewonnen haben. Dixi.

WUMSHÄTER. Was? Allerliebster Herr Solbist, ist es möglich? Leander will meine Tochter haben, und wenn ich sie ihm gebe, soll ich den Prozeß gewonnen haben?

SOLBIST. Sollen Sie ihn gewonnen haben! Besinnen Sie sich ja nicht lange.

WUMSHÄTER. Ich mich besinnen?

SOLBIST. Sie müssen überzeugt sein, daß man kein feindseliger Verfahren erdenken kann, als einem eine Frau zu geben.

WUMSHÄTER. Das bin ich! Er soll sie haben, ja; mit Freuden will ich sie ihm geben. Wie soll sie ihm das Leben so sauer machen! Leander, Leander! er soll den Verdruß zehnfach wieder empfinden, den er mir verursacht hat. Wie will ich mich freuen, wenn ich bald erfahren werde, daß sich meine Tochter täglich mit ihm zankt; daß sie ihn keinen Bissen in Ruhe genießen läßt, daß sie sich sogar an ihm vergreift, daß sie ihm untreu ist, daß sie ihm sein Vermögen durchbringt, daß er endlich Haus und Hof ihrentwegen verlassen muß! Ich denke, ich denke, sie soll's dahin bringen. Ja, ja, Herr Solbist, Leander soll meine Tochter haben, er soll sie haben. – Allein, wenn ich den Prozeß dadurch gewinne, so muß ich die deponierten sechstausend Thaler ausgezahlt bekommen.

SOLBIST. Die können Sie morgen bekommen.

WUMSHÄTER. Morgen? Das wäre vortrefflich! Ich hätte eben Gelegenheit, sie zu sechs Prozent unterzubringen. – – Aber Leander denkt doch wohl nicht, daß er sie zur Aussteuer etwa wiederbekommen werde? Das mag er sich nur vergehen lassen. Mitgeben kann ich meiner Tochter nichts, gar nichts.

SOLBIST. Es wird auch nicht nötig sein; Leander ist selbst reich genug.

WUMSHÄTER. Wenn das ist, so ist sie, wenn er will, noch heute seine Frau. Ich wollte sie zwar meinem Sohne mitgeben; doch daraus wird nun nichts. Es ist besser, daß sie mich an einem Menschen rächt, der mir so vieles Unrecht gethan hat. Wir wollen gleich zu ihr gehen; kann doch Herr Leander hernach selbst herkommen. Kommen Sie, Herr Solbist –

SOLBIST. Gehen Sie nur! Ich muß meine Spitzenkrause vorher wieder abbinden und die glacierten Handschuh einstecken. Sagen Sie es aber ja niemanden, daß ich der Brautwerber gewesen bin! *(Wumshäter geht ab.)* Es möchte sich zu meinem Amte nicht allzu wohl schicken; weswegen ich denn auch ganz weislich in dem völligen Ornate nicht herkommen wollte. Wie leicht hätte man mir es ansehen können, daß ich mir einen Kuppelpelz verdienen wollen! Geschwind, es kömmt jemand! – –

Sechster Auftritt

Solbist. Lisette.

SOLBIST *(indem er sich noch die Krause abbindet)*. Ist sie's, Lisettchen? Nun, nun, Sie darf es endlich wissen, was ich hier gemacht habe.

LISETTE. Ist es gut abgelaufen, Herr Solbist?

SOLBIST. Als wenn nicht alles gut ablaufen müßte, womit ich mich einmal abgebe. Hätte man mich fein eher zu Rate gezogen, so könnte Laura wohl schon von Leandern Kinder haben.

LISETTE. Man sollte es kaum denken, was in dem grauen Köpfchen für Schelmereien stecken müssen!

SOLBIST. Mache sie mich nicht schamrot. Freilich würde Herr Wumshäter Leandern abgewiesen haben, wenn man den Antrag für ihn auf irgend eine andere Art gethan hätte. Aber es war doch auch so schwer nicht, diese einzige Art zu finden, besonders für einen Mann von Erfahrung wie ich. – – Denn im Vertrauen, Lisettchen, *(Ins Ohr.)* glaubt sie, daß dieses das erste Paar ist, das ich zusammenbringe?

LISETTE. Ei, nicht doch; ich glaube vielmehr, daß Sie auf das Kuppeln ausgelernt haben.

SOLBIST. St! st! schrei' Sie nicht so! Das hat mir müssen manchen schönen Thaler einbringen. Die Leute irren sich erschrecklich, wenn sie denken, ich könnte nichts als Uneinigkeit stiften. Das muß ich zwar können als ein ehrlicher Advokat; doch, wenn es damit nicht allezeit fort will, so kann ich auch Ehen stiften.

LISETTE. Als wenn Ehen stiften und Uneinigkeit stiften nicht einerlei wäre! Und soviel ich gehört habe, so können Sie Eheleute ebensowohl wieder von einander als zusammen bringen. Sie sind ein schlauer Fuchs. Hätten Sie mit Ehescheidungsprozessen wohl so viel verdienen können, wenn Sie nicht durch Ihr Kuppeln den Grund dazu gelegt hätten?

SOLBIST. Der Geier! Wer hat ihr das gesagt? Ich thue doch alles in der Stille und im Verschwiegenen und rede von solchen Sachen nicht gern einmal laut, und sie hat es doch erfahren? Das kann mit rechten Dingen nicht zugehen. – – Aber das ist wahr: eine Lust ist es, wenn ich des Vormittags meinen Klienten Gehör gebe. Alles hat seine Zuflucht zu mir. Will der Bauer mit seinem Herrn prozessieren, so kömmt er zu mir. Will ein altes Mütterchen einen gesunden, frischen Mann haben, so kömmt sie zu mir. Will ein Schelm den andern Injuriarum belangen, so kömmt er zu mir. Will eine junge Frau ihren alten Ehekrüppel los sein, so kömmt sie zu mir. Aber alles das, alles das, besonders was die Ehesachen anbelangt, geschieht so in der Stille, daß sie mir es nur ins Ohr sagen müssen. Und gleichwohl weiß sie's? Sei sie verschwiegen, Lisettchen, und plaudere sie es nicht weiter. Vielleicht, daß ich ihr auch einen Dienst thun kann. Ich weiß zwar nicht, ob sie schon Lust hat, sich zu verheiraten, aber die Lust kömmt manchmal ganz geschwind. Sage sie mir's, wenn sie kömmt. Ich halte ein richtiges Register von allen mannbaren Jungfern und allen weibbaren Junggesellen in der Stadt. Das lese ich alle Tage ein- bis zweimal durch und sehe nach, welche meiner Hilfe etwa nötig haben könnten. Die Wahrheit zu sagen: ich habe schon einige Mannspersonen mit einem Sternchen angemerkt, die sich ganz wohl für sie schicken würden.

LISETTE. Wenn sie reich, jung und schön sind, so können Sie gewiß glauben, daß sie sich für mich schicken. Mehr gute Eigenschaften braucht mein künftiger Mann eben nicht zu haben. Die andern habe ich.

SOLBIST. Ich will ihr mein Register weisen. Kann sie doch nachsehn, wer ihr am meisten darunter gefällt. Ich habe sie umständlich nach ihren äußerlichen und innerlichen Gaben beschrieben und aus der Proportion der Glieder gewisse nicht unebene Schlüsse gezogen, zumal der Nase, der Schultern, der Waden – Ein andermal hiervon ein mehreres, Lisettchen. Ich muß jetzt gehen und den Herrn Leander herschicken. Trotz des Prozesses hat er doch immer eine große Liebe zur Jungfer Laura gehabt.

LISETTE. O, und sie auch zu ihm. Vergessen Sie das Register nicht!

SOLBIST. Aber nur verschwiegen! verschwiegen!

LISETTE *(allein)*. Das laßt mir einen rechtschaffenen Advokaten sein! Wenn es mit seiner List nur nicht zu spät ist! Laura ist mir seit einigen Tagen sehr verändert gegen Leandern vorgekommen. Ich fürchte, ich fürchte, Valer hat seinen künftigen Schwager zur Unzeit mitgebracht!

Siebenter Auftritt

Wumshäter. Lisette.

WUMSHÄTER. Wo ist die Tochter, Lisette?

LISETTE. Was für eine Tochter?

WUMSHÄTER. Die Tochter! Ich habe sie schon im ganzen Hause gesucht. Wo ist sie?

LISETTE. Welche Tochter denn?

WUMSHÄTER. Der Nickel will nur, daß ich sagen solle: meine Tochter; und sie weiß doch, wie ungern ich es sage.

LISETTE. Nach Ihrer Jungfer Tochter fragen Sie also? nach Ihrer? Ich weiß wirklich nicht, wo sie ist. Aber was wetten wir, ich weiß, was Sie ihr melden wollen?

WUMSHÄTER. Ist sie etwan im Garten?

LISETTE. Es kann wohl sein. – Sie haben gewiß recht sehr klug gethan, daß Sie Herr Leandern –

WUMSHÄTER. Sage du ja nicht, daß ich klug gethan habe, oder ich werde glauben, daß ich die größte Thorheit begangen habe.

LISETTE. So will ich das letzte sagen.

WUMSHÄTER. So sag es in aller Hexen Namen und laß mich ungehudelt!

LISETTE *(allein)*. Nun gewiß, wenn ich einmal so einen Narren zum Manne bekommen sollte, ich glaube, ich würde in meinem Alter eine ebenso große Männerfeindin, als er ein Weiberfeind ist. Aber, wohl gemerkt, nicht ehr als in meinem Alter!

Dritter Aufzug

Erster Auftritt

Lisette (von der einen) und Laura (von der andern Seite).

LISETTE. So hitzig, Mamsell?

LAURA. Wo ist der nichtswürdige Advokat? Der alte, ungebetene Kuppler! In was mengt er sich? Wer hat es ihm aufgetragen, mich von meinem Vater als eine Strafe für einen Mann zu erbitten, mit dem ich am meisten gestraft sein würde?

LISETTE. Mit dem Sie am meisten gestraft sein würden? Lieben Sie denn nicht Leandern? Und haben Sie nicht schon längst ihm Ihre Genehmhaltung erteilt, auf die eine oder die andere Weise die Einwilligung Ihres Vaters zu suchen?

LAURA. Es ist dein Glück, daß du sagst, schon längst. Eben deswegen, weil ich Leandern schon längst einmal geliebt habe und schon längst einmal die Seine habe sein wollen, hätte man sich doch wohl vorher erkundigen können, ob ich es auch noch jetzt wollte, und ob ich ihn auch noch jetzt liebte? Muß man so zuversichtlich zu Werke gehen, ohne mir ein Wort davon zu sagen? Ich dächte doch, ich wäre die geringste Person bei diesem Handel nicht.

LISETTE. Und also lieben Sie wohl Leandern nicht mehr?

LAURA. Nein; und ich schäme mich, ihn jemals geliebt zu haben. Wenn deine Verführungen nicht gewesen wären, so würde ich nimmermehr einen Menschen meiner Achtung gewürdigt haben, der mit meinem Vater so offenbar im Zank und Streite lebt.

LISETTE *(macht eine tiefe Verbeugung)*. Sie erzeigen mir zu viel Ehre, mich mit Ihrem Herzen zu vermengen.

LAURA. Mein Herz muß keinen großen Anteil daran gehabt haben. Ein fliegender Geschmack, das war es aufs höchste alles. Sonst würde es mir ohne Zweifel saurer geworden sein, ihn zu vergessen. Eine einzige kleine Betrachtung hat mich von dieser ungeziemenden Liebe abgezogen.

LISETTE. So? eine Betrachtung? Darf man diese Betrachtung nicht wissen? Doch wohl nicht die Betrachtung des Herrn Lelio?

LAURA. Du bist eine Närrin.

LISETTE. Dieser Antwort versah ich mich. Aber wissen Sie das Sprüchelchen von Kindern und Narren?

LAURA. Leander ist ein Feind meines Vaters. Er hat mich zwar oft versichert, daß er es nicht sei, und daß er die Notwendigkeit gar nicht einsehen könnte, warum diejenigen, welche mit einander prozessierten, einander hassen müßten, man könne ja wohl sein Recht auch gegen einen Mann verfolgen, den man hochschätze und liebe; allein ich sehe nun wohl, diese Sprache ist die Sprache eines Arglistigen, welcher sich gern auf den Fuß setzen will, seinen Prozeß auch alsdenn nicht zu verlieren, wenn er ihn verliert; eines Eigennützigen, der das, was er durch eine Sentenz verloren hat, durch einen Ehekontrakt wieder zu gewinnen sucht. Da hast du meine Betrachtung! Ob mir aber Lelio zu dieser Betrachtung Gelegenheit gegeben hat, oder ob er sie nur bestärkt hat, das geht dich nichts an und ist einzig und allein meine Sache.

LISETTE. Ich habe die Erfahrung gemacht, so oft wir Frauenzimmer unsere Aufführung mit Vernunft und Gründen verteidigen, so oft haben wir unrecht. Gestehen Sie mir es also nur, daß Lelio die einzige Ursache Ihrer Veränderung ist. Nur seine Gesellschaft hat Sie diese Tage über so bestrickt, daß Sie weder Leanders Briefe lesen, noch ihm eine geheime Zusammenkunft verstatten wollen. Wie gern thaten Sie sonst beides!

LAURA. Ich will von dir an keine Fehler erinnert sein, die ich, wie schon gesagt, ohne dich nicht würde begangen haben. Es reuet mich genug, so schwach gewesen zu sein.

LISETTE. Um noch schwächer zu sein und sich einem jungen Flattergeist zu überlassen, den Sie erst seit acht Tagen kennen, und dessen Liebe Sie nur aus nichtsbedeutenden Schmeicheleien schließen. Ich rate Ihnen, Mamsell, sehen Sie sich vor!

Zweiter Auftritt

Die Vorigen. Wumshäter.

WUMSHÄTER. Nun? Hast du dem armen Herrn Solbist die Augen ausgekratzt?

LISETTE. Wenn er nicht schon fort gewesen wäre, wer weiß, was sie gethan hätte.

WUMSHÄTER. O, ich will es wohl glauben, daß sie als eine wohlgeratene Tochter demjenigen alles Unglück anwünscht, der ihren rechtschaffenen Vater von zwei beschwerlichen Dingen auf einmal befreiet: von einem Weibsbilde und einem Prozesse. Aber du magst mir dieses Glück nun gönnen oder nicht, so will ich es doch nicht länger entbehren. Du mußt Leanders Frau werden oder meine Tochter zu sein aufhören.

LAURA. Dieses Oder ist hart! Gleichwohl nehme ich mir die Freiheit, Ihnen zu sagen, daß ich Ihren ersten Befehl vorziehe und mit dem Bruder reisen will. Ich kann meinen Willen so geschwind nicht ändern, als Sie den Ihrigen. Oder hat man Sie etwa zu bereden gesucht, daß ich Leandern liebe?

WUMSHÄTER. Daran ist nicht gedacht worden; desto besser, wenn du ihn nicht liebst! Mit der Liebe einer Weibsperson sind es zwar so bloße Narrenspossen, und lieben heißt bei euch nur weniger hassen. Ihr seid nicht imstande, jemanden zu lieben als euch selbst. –

LISETTE *(fährt auf ihn los)*. Nein, mein Herr, das ist zu toll! Ihre Jungfer Tochter hat zwar unrecht, daß sie den Mann von Ihrer Hand nicht annehmen will, aber müssen Sie deswegen das ganze Geschlecht lästern?

WUMSHÄTER. Hu! – Nun ist es Zeit, daß ich geh'. Ich will lieber zwischen zwei Mühlräder, als zwischen zwei Weibsbilder kommen. Schweig, ich bitte dich, schweig! Sie kann sich allein genug verantworten.

Dritter Auftritt

Die Vorigen. Valer.

VALER. Eben jetzt, Herr Vater, ist die Schwester des Lelio angekommen. Sie ist bei einem Anverwandten, den sie hier hat, abgetreten und hat sich bereits bei mir melden lassen. Ich erwarte sie alle Augenblicke. Sie sind es doch noch zufrieden, daß ich sie Ihnen vorstellen darf?

WUMSHÄTER. Einmal möchte ich sie wohl sehen, wenn es auch nur der vorgegebenen Ähnlichkeit wegen wäre. Aber mehr als einmal auch nicht. Bringe sie nur. Ich will es ihr selbst, so bescheiden als möglich, sagen, daß sie auf dich keine Rechnung machen soll.

LAURA. Wie, Bruder? So ist deine Hilaria hier, und du hast mir es auch nicht mit einem einzigen Worte vorhergesagt, daß sie kommen werde?

VALER. Du wirst es nicht übel nehmen, Schwester. Ich habe dir nichts Ungewisses sagen wollen. – Du wirst dich aber über noch weit mehr als über ihre bloße Ankunft zu verwundern haben. Ihre erstaunliche Ähnlichkeit mit ihrem Bruder – Wen seh' ich? Himmel! Sie ist es selbst!

Vierter Auftritt

Die Vorigen. Lelio (in ihrer wahren Gestalt als Hilaria).

VALER. Ach! schönste Hilaria, wie erfreut, wie glücklich machen Sie mich! Wie soll ich Ihnen genug dafür danken, daß Sie eine Familie zu besuchen würdigen, die auf eine nähere Verbindung mit Ihnen schon zum voraus stolz ist.

LELIO. Erlauben Sie, Valer, daß ich vor jetzt Ihre Schmeichelei unbeantwortet lasse und vor allen Dingen demjenigen *(Gegen Wumshätern.)* meine Ehrerbietigkeit bezeige, der es mir so gütig erlauben will, ihn als einen Vater zu lieben.

WUMSHÄTER. Es ist mir ange – sehr unange – nicht ganz unangenehm, Mademoiselle, Sie kennen zu lernen; nur muß ich Ihnen gleich anfangs sagen, daß Sie ein wenig zu geschwind gehen. Ich werde von zweien bereits Vater genennt –

VALER. Und es ist sein einziger Wunsch, auch von Ihnen dafür erkannt zu werden. –

WUMSHÄTER. Nein doch, mein Sohn.

VALER *(indem er die Hilaria der Laura zuführt)*. Lassen Sie sich, Hilaria, von einer Schwester umarmen, die ihre Freude nicht mehr mäßigen kann!

LELIO *(indem sie sich umarmen)*. Ich bin so frei, schönste Laura, um Ihre Freundschaft zu bitten. –

LAURA. Ich bin beschämt, daß ich mir in dieser Bitte habe zuvorkommen lassen.

VALER. Nun, Herr Vater? erstaunen Sie nicht über die Gleichheit, die Hilaria mit ihrem Bruder hat?

LAURA. Gewiß, man muß darüber erstaunen. Ich kann mich nicht satt sehen. Wo ist Herr Lelio? Warum können wir nicht das Vergnügen haben, ihn mit diesem Ebenbilde zu vergleichen?

WUMSHÄTER. Wenn Lelio nur da wäre! wenn er nur da wäre! Ich weiß nicht, wo ihr die Augen haben müßt, ihr Leute. Ich will zwar nicht sagen, Mademoiselle, daß Sie gar nichts Ähnliches mit Ihrem Bruder haben sollten; allein man muß wirklich genau darauf sehen, wenn man es bemerken will. Vors erste ist Lelio wenigstens eine Hand breit größer, der hohen Absätze an Ihren Schuhen ungeachtet.

LELIO. Und doch haben wir uns hundertmal mit einander gemessen und nicht den geringsten Unterschied wahrnehmen können.

WUMSHÄTER. Mein Augenmaß triegt nicht, ich kann mich darauf verlassen. Vors andere ist Herr Lelio auch nicht völlig so stark; er ist besser gewachsen und schlanker, ob er gleich keine Schnürbrust trägt. Ich will Sie dadurch nicht beleidigen, Mademoiselle, sondern Ihrem Bruder bloß Gerechtigkeit widerfahren lassen.

LAURA. Ich kann Ihrer Meinung nicht sein, Herr Vater. Es ist zwar wahr, man wird schwerlich an einer Mannsperson einen schönern Wuchs finden als an dem Herrn Lelio; aber sehen Sie doch nur recht! Hilaria hat vollkommen eben denselben Wuchs, nur daß sie durch den Zwang der Kleidung eher schmächtiger als stärker scheinet.

WUMSHÄTER. Und das Gesicht!

VALER. Nun? das Gesicht?

WUMSHÄTER. Ich will davon gar nicht reden. Lelio hat seine frische, natürliche Farbe, aber auf Ihrem Gesichte, Mademoiselle, liegt die Schminke ja fingersdicke.

LELIO. Ich glaube zwar nicht, daß es etwas Unerlaubtes für ein Frauenzimmer sei, sich zu schminken; aber doch habe ich noch nie für gut befunden, meiner Bildung auf diese Art zu Hilfe zu kommen. Ich will dieses nicht zu meinem Lobe gesagt haben; denn vielleicht habe ich das, was andere aus Stolz thun, aus größerm Stolze unterlassen.

WUMSHÄTER. Ich versteh', ich versteh' – Die Augen, mein Sohn! Hast du noch nicht bemerkt, daß dieses graue Augen sind, und Lelio schwarze Augen hat?

VALER. Was sagen Sie? Sind dieses graue Augen?

WUMSHÄTER. Ja wohl, graue Augen, und dabei sind sie ebenso matt, als des Lelio Augen feurig sind.

LAURA. Je, Herr Vater –

WUMSHÄTER. Je, Jungfer Tochter! Schweig' sie doch! Ich weiß so wohl, daß keine Krähe der andern die Augen aushacken wird. Du willst gewiß, daß sie deine gelben Augen auch einmal schwarz nennen soll. Macht ihr mich nur blind! – Und diese Nase! – So eine kleine stumpfe Habichtsnase hat Lelio nicht. Wollt Ihr das auch leugnen?

VALER. Ich erstaune! –

WUMSHÄTER. Über deine Verblendung mußt du erstaunen. – Auch der Mund ist noch einmal so groß, als ihn Lelio hat. Was für eine aufgeworfene Lippe! Was für ein spitziges Kinn! Die rechte Schulter ist eine Hand breit höher als die linke! – Mit einem Worte, mein Sohn, die vorgegebene Gleichheit war eine List, dem Vater seine Einwilligung abzulocken. Und freilich wäre sie ein großer Punkt wider mich gewesen, wenn sie sich gefunden hätte. Desto besser, daß sie sich nicht gefunden hat, und daß es nunmehr desto wahrscheinlicher bleibt, daß in einem Körper, der von dem Körper des Bruders so gar sehr unterschieden ist, auch eine ganz verschiedene Seele wohnen werde. Ihr Herr Bruder, Mademoiselle, ist ein verständiger junger Mensch, der meine Ursachen, warum ich unmöglich zu der Verheiratung meines Sohnes Ja sagen kann, weiß und billiget. Er wird mich also bestens entschuldigen, daß ich mit Ihnen so wenig Umstände mache. Ich kann mich jetzt nicht länger aufhalten, sondern muß sorgen, daß ich mit Leandern je eher je lieber richtig werde. Du, Laura, halte dich gefaßt! Ich kann dir sie nunmehr nicht mitgeben, Valer; ich kann hier meinen Prozeß mit ihr gewinnen, und das geht vor.

LAURA. Laß dich nicht irre machen, Bruder, ich reise gewiß mit. Ihr Prozeß ist verloren, wenn Sie ihn durch mich gewinnen sollen.

WUMSHÄTER. Spare dein Widersprechen für deinen Mann!

(Geht ab.)

Fünfter Auftritt

Lelio. Valer. Laura. Lisette.

LAURA. Wir müssen uns schämen, Bruder, daß ein so liebenswürdiger Gast von unserm Vater so übel aufgenommen worden. Du mußt übrigens der Liebe deiner Hilaria sehr gewiß sein, daß du ihre Geduld auf diese empfindliche Probe zu stellen hast wagen dürfen.

LELIO. Sie haben eine sehr gütige Schwester, Valer. Ihre Höflichkeit würde mich verwirren, wenn ich nicht wüßte, in welcher Achtung mein Bruder bei ihr zu stehen das Glück habe. Er gefällt Ihnen, zärtliche Laura, und diese Eroberung war das erste, was er mir bei meiner Ankunft mit einer triumphierenden Miene erzählte. Er ist es auch in der That schon wert, daß ein Frauenzimmer um ihn seufzet. Aber nehmen Sie sich gleichwohl in acht; er ist ein kleiner Verräter und macht sich nicht das geringste Bedenken, eine Untreue zu begehen. Wenn Sie ihn nicht recht fest zu halten wissen, so wird er aus dem Garne sein, ehe Sie sich's versehen. Er ist ruhmredig dabei, und ich stehe Ihnen nicht dafür, daß er nicht hernach mit mehrern Gunstbezeugungen prahlen sollte, als er wirklich erhalten. – Ich empfehle mich Ihnen bis auf Wiedersehen. Kommen Sie, Valer.

Sechster Auftritt

Laura. Lisette.

LAURA. Was war das? Ich glaube, Lelio und Hilaria müssen nicht klug sein. Woher weiß er es denn, daß ich ihn liebe? Und wenn er es auch wissen könnte, ist es nicht etwas sehr Nichtswürdiges, eine so nasenweise Schwester zur Vertrauten zu machen? Gut, mein Herrchen, gut, daß wir mit einander noch nicht so weit sind! – Aber wie stehst du denn da, Lisette? Bist du versteinert? Rede doch!

LISETTE. Noch kann ich mich nicht recht besinnen, was ich gesehen und gehört habe. Lassen Sie mir ein klein wenig Zeit, daß ich mich von meinem Erstaunen erhole! Wer war das Frauenzimmer?

LAURA. Hilaria. Du hast sie die ganze Zeit über ja steif genug angesehen. Sahe sie dem Lelio nicht ähnlich genug, daß du noch daran zweifeln wolltest?

LISETTE. Sie sah ihm nur allzu ähnlich, und so ähnlich, so vollkommen ähnlich, daß ich mich wundern muß, warum Sie nicht selbst auf einen Verdacht fallen –

LAURA. Auf was für einen Verdacht?

LISETTE. Auf einen Verdacht, den ich mir nicht mehr ausreden lasse. Hilaria muß entweder Lelio, oder Lelio muß Hilaria sein.

LAURA. Wie meinst du das?

LISETTE. Sie werden wohl thun, wenn Sie auf Ihrer Hut sind, Mamsell. Ich will bald hinter das Geheimnis kommen. Bis dahin aber denken Sie ja fleißig an den Hund, der mit einem Stücke Fleisch durchs Wasser schwamm. Sie haben einen Liebhaber, der Ihnen gewiß ist; kehren Sie sich an den Schatten von einem andern nicht!

LAURA. Schweig mit deinen Kinderlehren! Lelio mag sein, wer er will, er hat es bei mir weg. Er soll es sehen; er soll es sehen, daß man ein Gesichtchen wie das seine leichter vergessen kann als ein anders.

LISETTE. Recht so! Besonders wenn sich bei einem andern Realitäten finden, die bei dem seinen ganz gewiß mangeln. Denn je mehr ich nachdenke, je wahrscheinlicher wird es mir. – Stille! da kömmt ja das andere Gesicht selbst! Zeigen Sie nunmehr, daß ein Stutzerchen wie Lelio uns nicht immer bei allen Zipfeln hat.

Siebenter Auftritt

Die Vorigen. Wumshäter. Leander.

WUMSHÄTER. Hier, Tochter, bringe ich dir den Mann, dem ich alle meine Rechte über dich abtrete. Es ist der Herr Leander.

LEANDER. Ich schmeichle mir, Mademoiselle, daß Sie mich nicht völlig als einen Unbekannten betrachten werden.

LAURA. Ich hätte nicht geglaubt, daß die wenig Male, die wir an öffentlichen Orten einander zu sehen Gelegenheit gehabt, einen Mann von der feinen Denkungsart des Herrn Leanders so zuversichtlich machen könnten. Sie haben sich in einer Sache an meinen Vater gewandt, wegen der Sie ohne Zweifel mit mir selbst vorher hätten einig werden sollen.

WUMSHÄTER. Ei denkt doch! So hätte er wohl gar sein Wort eher bei dir als bei mir anbringen sollen?

LISETTE *(beiseite)*. Als wenn er es auch nicht gethan hätte! Schon recht! Verstellen müssen wir uns.

WUMSHÄTER. Ich finde, daß du sehr unverschämt bist, und wenn ich dich nicht in Gegenwart deines Bräutigams schonen wollte, so würde ich dir jetzt eine recht derbe Lektion geben.

LEANDER. Es ist wahr, schönste Laura, daß meine Liebe viel zu ungeduldig gewesen ist, und daß Sie recht haben, sich über mich zu beschweren – –

WUMSHÄTER. Sie wollen sich doch wohl nicht entschuldigen? –

LAURA. Und die Art, Herr Leander, mit der Solbist um mich angehalten hat –

WUMSHÄTER. An der Art war nichts auszusetzen. Und kurz, ich will, daß du mir folgen sollst. – Kann ich das nicht verlangen, mein Sohn?

Achter Auftritt

Die Vorigen. Valer.

VALER. Wenn ich es getroffen habe, wovon die Rede ist, so will ich für den Gehorsam meiner Schwester fast stehen.

LAURA. Du wagst sehr viel, Bruder. Weit eher könnte ich für deinen Ungehorsam stehen und eine sichere Wette darauf eingehen, daß du mir gewisser eine Schwägerin geben wirst, als ich dir einen Schwager.

LEANDER. Ist es möglich, Mademoiselle?

VALER. Lassen Sie sich nichts anfechten!

LEANDER. Aber ich höre –

VALER. Sie hören das Gesperre einer Braut –

WUMSHÄTER. Und ich höre weiblichen Unsinn, Schweig, Mädel! Dein Bruder hat viel zu viel Verstand, als daß er noch an das Heiraten denken sollte.

VALER. Verzeihen Sie, Herr Vater. Da ich nunmehr auch des versprochenen Beistandes meiner Schwester entbehren muß, so ist es um soviel nötiger, bei meinem einmal gefaßten Entschlusse zu bleiben. Ich hoffe auch gewiß, daß Sie nicht länger dawider sein werden. Die ganze Stadt kennet Sie als einen Mann von Billigkeit. Was würde man aber sagen, wenn es auskäme, daß Sie ebendieselben Eigenschaften und Vollkommenheiten an der einen Person hochgeschätzt und an der andern verkleinert hätten? Was würde man sagen, wenn man erführe, daß eingewurzelter Groll gegen ein Geschlecht, von welchem Sie beleidigt zu sein glauben, Sie etwas zu erkennen verhindert habe, was die ganze Welt erkennet? Eine so offenbare Gleichheit –

WUMSHÄTER. Schweig doch nur von deiner chimärischen Gleichheit! Oder willst du mich nötigen, daß ich dich auch bei Herrn Leandern lächerlich machen soll? Wahrhaftig, ich werde es thun müssen. Gut, Herr Leander, Sie sollen Schiedsrichter zwischen uns sein. Geh, hole deine Hilaria her, aber bringe auch den Bruder mit. Wir wollen die Vergleichung anstellen, wie sich's gehört.

VALER. Ich bin es zufrieden, Herr Vater. Lisette, springe geschwind auf die Stube des Herrn Lelio. Du wirst sie beide beisammen antreffen. Bitte sie, sich hierher zu bemühen.

(Lisette geht ab.)

WUMSHÄTER. Sie werden sehen, Herr Leander, daß ich recht habe.

LEANDER *(sachte zu Valern)*. Möchte Ihre List doch ebenso glücklich ausfallen, als die meinige ausgefallen ist!

VALER *(sachte zu Leandern)*. Ich hoffe es, liebster Freund, und danke Ihnen.

WUMSHÄTER *(der Leandern und Valern zusammen reden sieht)*. Ja, das gilt nicht; bereden müßt ihr euch nicht vorher zusammen! Ich hoffe, Herr Leander, daß die erste Probe Ihrer Aufrichtigkeit, die ich von Ihnen verlange –

LEANDER. Befürchten Sie nichts. Ich werde mich von der Wahrheit nicht entfernen, wenn es auf meinen Ausspruch ankommen sollte. Ich hoffe aber, daß es nicht darauf ankommen wird.

WUMSHÄTER. Wie so? Wissen Sie denn schon, was unser Streit ist? Die Schwester soll vollkommen so aussehen wie der Bruder, und weil ich den Bruder leiden kann, so verlangt er, daß ich auch die Schwester müsse leiden können.

VALER. Kann ich es nicht mit Recht verlangen?

WUMSHÄTER. Die Gleichheit vorausgesetzt, könntest du es freilich mit einigem Rechte verlangen. Aber eben über diese Gleichheit streiten wir noch.

VALER. Wir werden nicht lange mehr darüber streiten, und ich bin versichert, Sie werden sie endlich selbst einräumen müssen.

WUMSHÄTER. Ich werde sie gewiß nicht einräumen. Wenn ich sie aber einräume, so wird es ein sicherer Beweis sein, daß ich Sinne und Verstand verloren habe, und du daher nicht verbunden bist, mir im geringsten zu gehorchen.

VALER. Merken Sie dieses, Herr Leander, daß ich nicht verbunden bin, ihm im geringsten zu gehorchen, im Falle er die Gleichheit selbst zugestehen muß.

WUMSHÄTER. Merken Sie es nur! – Nun, was ist das für ein Aufzug? –

Neunter Auftritt

Lelio oder Hilaria. Lisette. Wumshäter. Valer. Laura. Leander.

LELIO *(in einer halb männlichen und halb weiblichen Kleidung, welche von dem Geschmacke der Schauspielerin abhängen wird).* Mein Herr, Sie haben den Lelio und die Hilaria beide zugleich zu sehen verlangt.

WUMSHÄTER. Nun? – Ich weiß nicht, was mir ahnet.

LELIO. Hier sind sie beide.

WUMSHÄTER. Was?

LISETTE. Ja, mein Herr, hier sind sie beide, und Sie waren gefangen.

WUMSHÄTER. Was? ich gefangen?

LISETTE *(sachte zu Laura).* Hatte ich nicht recht, Mamsell? Sie stutzen?

WUMSHÄTER. Ich gefangen? Wie soll ich das verstehn?

LELIO. Sie werden die Gütigkeit haben und es so verstehen, daß ebendieselbe Person nicht eine Hand breit größer sein kann, als sie wirklich ist.

WUMSHÄTER. Nun? –

LELIO. Daß ebendieselben Augen nicht zugleich grau und schwarz sein können.

WUMSHÄTER. Nun? –

LELIO. Daß ebendieselbe Nase –

VALER. Kurz, liebster Vater *(Indem er ihm zu Fuße fällt.)* verzeihen Sie meiner unschuldigen List. Lelio ist Hilaria, und Hilaria hatte die Liebe, mir nur deswegen in Mannskleidern hierher zu folgen, damit sie Gelegenheit haben könnte, die Gewogenheit eines Mannes zu erlangen, von welchem sie es wußte, wie unerbittlich er gegen ihr Geschlecht sei.

WUMSHÄTER. Steh auf, mein Sohn, steh auf und mache der Possen einmal ein Ende. Ich sehe nun wohl, wie es ist. Deine Hilaria ist gar nicht da, und der leichtfertige Lelio hat mit seinem Jungfergesichtchen ihre Rolle gespielt. Pfui, Lelio – *(Indem er auf ihn losgeht.)* Nein, nein, so leicht hintergeht man mich nicht. Legen Sie immer diesen zweiten Habit wieder ab, mein guter – *(Indem er sie auf die Achsel klopfen will.)* Himmel, was seh' ich? O weh, meine armen Augen! Wo geraten die hin! Es ist ein Weibsbild! Es ist wirklich ein Weibsbild! Und das listigste, das verschlagenste, das gefährlichste vielleicht von allen, die in der Welt sind. Ich bin betrogen! Ich bin verraten! Mein Sohn, mein Sohn, wie hast du das thun können!

VALER. Lassen Sie mich nochmals zu Ihren Füßen um Vergebung bitten!

WUMSHÄTER. Was hilft dir meine Vergebung, wenn du meinem Rate nicht mehr folgen kannst? Freilich vergeb' ich dir, aber –

LELIO. Auch ich bitte auf das demütigste um Verzeihung –

WUMSHÄTER. Gehn Sie nur, gehn Sie nur. Ich vergeb' auch Ihnen – weil ich muß!

VALER. Nicht weil Sie müssen, Herr Vater! Lassen Sie uns diese schmerzlichen Worte nicht hören. Vergeben Sie uns, weil Sie uns lieben.

WUMSHÄTER. Nun ja doch, weil ich dich liebe.

LELIO. Und mich bald lieben werden, wie ich gewiß hoffe.

WUMSHÄTER. Sie hoffen zu viel. Daß ich Sie nicht hasse, das wird alles sein, was ich thun kann. Ich sehe wohl, der Mensch soll verliebt, er soll närrisch sein. Was kann ich wider das Schicksal? Sei es, mein Sohn, nur auch! Sei närrisch! Durch unsere Narrheit werden wir am sichersten klug. Zieh in Frieden; es ist mir lieb, daß ich wenigstens kein Augenzeuge von deiner Thorheit sein darf. Mache nur, daß mir meine Tochter nicht länger widerspenstig ist –

LAURA. Sorgen Sie nicht, Herr Vater, ich will Ihnen nicht einen zweiten Verdruß machen. Ich gebe Herrn Leandern meine Hand, und würde sie ihm gegeben haben, wenn Lelio auch nicht Hilaria wäre. *(Gegen die Hilaria.)* Dieses Ihnen zur Nachricht, wegen der triumphierenden Miene!

LELIO. Sind Sie ungehalten gegen mich, liebste Laura! *(Zu Leandern.)* Wie haben Sie es ewig angefangen, mein Herr, daß Sie ein solches Felsenherz zur Liebe haben bewegen können? Wenn Sie wüßten, was für Angriffe ich auf dasselbe in meiner Verkleidung gewagt, und wie standhaft es gleichwohl –

LAURA. Stille, Hilaria, oder ich werde noch ungehalten! *(Zu Leandern, welcher der Hilaria antworten will.)* Antworten Sie ihr nicht, Leander, ich verspreche Ihnen, daß Sie nie einen gefährlichern Nebenbuhler haben sollen, als Lelio war.

LEANDER. Wie glücklich bin ich!

VALER. Und wie glücklich bin auch ich!

WUMSHÄTER. Über Jahr und Tag, hoff' ich, sollt ihr anders exklamieren!

LISETTE. Freilich anders, besonders wenn mehr Stimmen dazu kommen – *(Gegen die Zuschauer.)* Lachen Sie doch, meine Herrn, diese Komödie schließt sich wie ein Hochzeitcarmen!

Der Freigeist

Ein Lustspiel in fünf Aufzügen

1749

Personen

ADRAST, der Freigeist
THEOPHAN, ein junger Geistlicher
LISIDOR
JULIANE } Töchter des Lisidor
HENRIETTE }
FRAU PHILANE
ARASPE, Theophans Vetter
JOHANN
MARTIN
LISETTE
EIN WECHSLER

Die Scene ist ein Saal.

Erster Aufzug

Erster Auftritt

Adrast. Theophan.

THEOPHAN. Werden Sie es übel nehmen, Adrast, wenn ich mich endlich über den stolzen Kaltsinn beklage, den Sie nicht aufhören gegen mich zu äußern? Schon seit Monaten sind wir in einem Hause und warten auf einerlei Glück. Zwei liebenswürdige Schwestern sollen es uns machen. Bedenken Sie doch, Adrast! können wir noch dringender eingeladen werden, uns zu lieben und eine Freundschaft unter uns zu stiften, wie sie unter Brüdern sein sollte? Wie oft bin ich nicht darauf bestanden! – –

ADRAST. Ebenso oft haben Sie gesehen, daß ich mich nicht einlassen will. Freundschaft? Freundschaft unter uns? – – Wissen Sie, muß ich fragen, was Freundschaft ist?

THEOPHAN. Ob ich es weiß?

ADRAST. Alle Fragen bestürzen, deren wir nicht gewärtig sind. Gut, Sie wissen es. Aber meine Art zu denken und die Ihrige, diese kennen Sie doch auch?

THEOPHAN. Ich verstehe Sie. Also sollen wir wohl Feinde sein?

ADRAST. Sie haben mich schön verstanden! Feinde? Ist denn kein Mittel? Muß denn der Mensch eines von beiden, hassen oder lieben? Gleichgiltig wollen wir einander bleiben. Und ich weiß, eigentlich wünschen Sie dieses selbst. Lernen Sie wenigstens nur die Aufrichtigkeit von mir.

THEOPHAN. Ich bin bereit. Werden Sie mich aber diese Tugend in aller ihrer Lauterkeit lehren?

ADRAST. Erst fragen Sie sich selbst, ob sie Ihnen in aller ihrer Lauterkeit gefallen würde!

THEOPHAN. Gewiß! Und Ihnen zu zeigen, ob Ihr künftiger Schüler einige Fähigkeit dazu hat, wollen Sie mich wohl einen Versuch machen lassen?

ADRAST. Recht gern.

THEOPHAN. Wo nur mein Versuch nicht ein Meisterstück wird. Hören Sie also, Adrast – – Aber erlauben Sie mir, daß ich mit einer

Schmeichelei gegen mich selbst anfange. Ich habe von jeher einigen Wert auf meine Freundschaft gelegt; ich bin vorsichtig, ich bin karg damit gewesen. Sie sind der Erste, dem ich sie angeboten habe, und Sie sind der Einzige, dem ich sie aufdringen will. – – Umsonst sagt mir Ihr verächtlicher Blick, daß es mir nicht gelingen solle. Gewiß, es soll mir gelingen. Ihr eigen Herz ist mir Bürge; Ihr eigen Herz, Adrast, welches unendlich besser ist, als es Ihr Witz, der sich in gewisse groß scheinende Meinungen verliebt hat, vielleicht wünschet.

ADRAST. Ich hasse die Lobsprüche, Theophan, und besonders die, welche meinem Herzen auf Unkosten meines Verstandes gegeben werden. Ich weiß eigentlich nicht, was das für Schwachheiten sein müssen (Schwachheiten aber müssen es sein), derentwegen Ihnen mein Herz so wohlgefällt; das aber weiß ich, daß ich nicht eher ruhen werde, als bis ich sie durch Hilfe meines Verstandes daraus verdrungen habe.

THEOPHAN. Ich habe die Probe meiner Aufrichtigkeit kaum angefangen, und Ihre Empfindlichkeit ist schon rege. Ich werde nicht weit kommen.

ADRAST. So weit, als Sie wollen. Fahren Sie nur fort.

THEOPHAN. Wirklich? – – Ihr Herz also ist das beste, das man finden kann. Es ist zu gut, Ihrem Geiste zu dienen, den das Neue, das Besondere geblendet hat, den ein Anschein von Gründlichkeit zu glänzenden Irrtümern dahinreißt, und der aus Begierde, bemerkt zu werden, Sie mit aller Gewalt zu etwas machen will, was nur Feinde der Tugend, was nur Bösewichter sein sollten. Nennen Sie es, wie Sie wollen: Freidenker, starker Geist, Deist; ja, wenn Sie ehrwürdige Benennungen mißbrauchen wollen, nennen Sie es Philosoph; es ist ein Ungeheuer, es ist die Schande der Menschheit. Und Sie, Adrast, den die Natur zu einer Zierde derselben bestimmte, der nur seinen eigenen Empfindungen folgen dürfte, um es zu sein, Sie, mit einer solchen Anlage zu allem, was edel und groß ist, Sie entehren sich vorsätzlich. Sie stürzen sich mit Bedacht aus Ihrer Höhe herab, bei dem Pöbel der Geister einen Ruhm zu erlangen, für den ich lieber aller Welt Schande wählen wollte.

ADRAST. Sie vergessen sich, Theophan, und wenn ich Sie nicht unterbreche, so glauben Sie endlich gar, daß Sie sich an dem Platze befinden, auf welchem Ihresgleichen ganze Stunden ungestört schwatzen dürfen.

THEOPHAN. Nein, Adrast, Sie unterbrechen keinen überlästigen Prediger; besinnen Sie sich nur: Sie unterbrechen bloß einen Freund -- wider Ihren Willen nenne ich mich so -- der eine Probe seiner Freimütigkeit ablegen sollte.

ADRAST. Und eine Probe seiner Schmeichelei abgelegt hat - aber einer verdeckten Schmeichelei, einer Schmeichelei, die eine gewisse Bitterkeit annimmt, um desto weniger Schmeichelei zu scheinen. -- Sie werden machen, daß ich Sie endlich auch verachte. -- Wenn Sie die Freimütigkeit kennten, so würden Sie mir alles unter die Augen gesagt haben, was Sie in Ihrem Herzen von mir denken. Ihr Mund würde mir keine gute Seite geliehen haben, die mir Ihre innere Überzeugung nicht zugestehet. Sie würden mich geradeweg einen Ruchlosen gescholten haben, der sich der Religion nur deswegen zu entziehen suche, damit er seinen Lüsten desto sicherer nachhängen könne. Um sich pathetischer auszudrücken, würden Sie mich einen Höllenbrand, einen eingefleischten Teufel genannt haben. Sie würden keine Verwünschungen gespart, kurz, Sie würden sich so erwiesen haben, wie sich ein Theolog gegen die Verächter seines Aberglaubens, und also auch seines Ansehens, erweisen muß.

THEOPHAN. Ich erstaune. Was für Begriffe!

ADRAST. Begriffe, die ich von tausend Beispielen abgesondert habe. -- Doch wir kommen zu weit. Ich weiß, was ich weiß, und habe längst gelernt, die Larve von dem Gesichte zu unterscheiden. Es ist eine Carnevalserfahrung: Je schöner die erste, desto häßlicher das andere.

THEOPHAN. Sie wollen damit sagen --

ADRAST. Ich will nichts damit sagen, als daß ich noch zu wenig Grund habe, die Allgemeinheit meines Urteils von den Gliedern Ihres Standes um Ihretwillen einzuschränken. Ich habe mich nach den Ausnahmen zu lange vergebens umgesehen, als daß ich hoffen könnte, die erste an Ihnen zu finden. Ich müßte Sie länger, ich müßte Sie unter verschiedenen Umständen gekannt haben, wenn --

THEOPHAN. Wenn Sie meinem Gesichte die Gerechtigkeit widerfahren lassen sollten, es für keine Larve zu halten. Wohl! Aber wie können Sie kürzer dazu gelangen, als wenn Sie mich Ihres nähern Umganges würdigen? Machen Sie mich zu Ihrem Freunde, stellen Sie mich auf die Probe – –

ADRAST. Sachte! Die Probe käme zu spät, wenn ich Sie bereits zu meinem Freunde angenommen hätte. Ich habe geglaubt, sie müsse vorhergehen.

THEOPHAN. Es giebt Grade in der Freundschaft, Adrast, und ich verlange den vertrautesten noch nicht.

ADRAST. Kurz, auch zu dem niedrigsten können Sie nicht fähig sein.

THEOPHAN. Ich kann nicht dazu fähig sein? Wo liegt die Unmöglichkeit?

ADRAST. Kennen Sie, Theophan, wohl ein Buch, welches das Buch aller Bücher sein soll, welches alle unsere Pflichten enthalten, welches uns zu allen Tugenden die sichersten Vorschriften erteilen soll, und welches der Freundschaft gleichwohl mit keinem Worte gedenkt? Kennen Sie dieses Buch?

THEOPHAN. Ich sehe Sie kommen, Adrast. Welchem *Collin* haben Sie diesen armseligen Einwurf abgeborgt?

ADRAST. Abgeborgt, oder selbst erfunden, es ist gleich viel. Es muß ein kleiner Geist sein, der sich Wahrheiten zu borgen schämt.

THEOPHAN. Wahrheiten! – – Sind Ihre übrigen Wahrheiten von gleicher Güte? Können Sie mich einen Augenblick anhören?

ADRAST. Wieder predigen?

THEOPHAN. Zwingen Sie mich nicht dazu? Oder wollen Sie, daß man Ihre seichten Spöttereien unbeantwortet lassen soll, damit es scheine, als könne man nicht darauf antworten?

ADRAST. Und was können Sie denn darauf antworten?

THEOPHAN. Dieses: Sagen Sie mir, ist die Liebe unter der Freundschaft, oder die Freundschaft unter der Liebe begriffen? Notwendig das Letztere. Derjenige also, der die Liebe in ihrem allerweitesten Umfange gebietet, gebietet der nicht auch die Freundschaft? Ich sollte es glauben; und es ist so wenig wahr, daß unser Gesetzgeber die Freundschaft seines Gebotes nicht würdig geschätzt habe, daß er vielmehr seine Lehre zu einer Freundschaft gegen die ganze Welt gemacht hat.

ADRAST. Sie bürden ihm Ungereimtheiten auf. Freundschaft gegen die ganze Welt? Was ist das? Mein Freund muß kein Freund der ganzen Welt sein.

THEOPHAN. Und also ist Ihnen wohl nichts Freundschaft als jene Übereinstimmung der Temperamente, jene angeborne Harmonie der Gemüter, jener heimliche Zug gegen einander, jene unsichtbare Kette, die zwei einerlei denkende, einerlei wollende Seelen verknüpfet?

ADRAST. Ja, nur dieses ist mir Freundschaft.

THEOPHAN. Nur dieses? Sie widersprechen sich also selbst.

ADRAST. O, daß Ihr Leute doch überall Widersprüche findet, außer nur da nicht, wo sie wirklich sind!

THEOPHAN. Überlegen Sie es. Wenn diese, ohne Zweifel nicht willkürliche, Übereinstimmung der Seelen, diese in uns liegende Harmonie mit einem andern einzelnen Wesen allein die wahre Freundschaft ausmacht: wie können Sie verlangen, daß sie der Gegenstand eines Gesetzes sein soll? Wo sie ist, darf sie nicht geboten werden; und wo sie nicht ist, da wird sie umsonst geboten. Und wie können Sie es unserm Lehrer zur Last legen, daß er die Freundschaft in diesem Verstande übergangen ist? Er hat uns eine edlere Freundschaft befohlen, welche jenes blinden Hanges, den auch die unvernünftigen Tiere nicht missen, entbehren kann: eine Freundschaft, die sich nach erkannten Vollkommenheiten mitteilet, welche sich nicht von der Natur lenken läßt, sondern welche die Natur selbst lenket.

ADRAST. O Geschwätze!

THEOPHAN. Ich muß Ihnen dieses sagen, Adrast, ob Sie es gleich ebensowohl wissen könnten als ich, und auch wissen sollten. Was würden Sie selbst von mir denken, wenn ich den Verdacht nicht mit aller Gewalt von mir abzulenken suchte, als mache mich die Religion zu einem Verächter der Freundschaft, die Religion, die Sie nur allzu gern aus einem wichtigen Grunde verachten möchten? – – Sehen Sie mich nicht so geringschätzig an! wenden Sie sich nicht auf eine so beleidigende Art von mir – –

ADRAST *(beiseite)*. Das Pfaffengeschmeiß! – –

THEOPHAN. Ich sehe, Sie gebrauchen Zeit, den ersten Widerwillen zu unterdrücken, den eine widerlegte Lieblingsmeinung natürlicherweise erregt. – Ich will Sie verlassen. Ich erfuhr jetzt ohnedem, daß einer von meinen Anverwandten mit der Post angelangt sei. Ich gehe ihm entgegen und werde die Ehre haben, Ihnen denselben vorzustellen.

Zweiter Auftritt

Adrast.

– – Daß ich ihn nimmermehr wiedersehen dürfte! Welcher von euch Schwarzröcken wäre auch kein Heuchler? – – Priestern habe ich mein Unglück zu danken. Sie haben mich gedrückt, verfolgt, so nahe sie auch das Blut mit mir verbunden hatte. Hassen will ich dich, Theophan, und alle deines Ordens! Muß ich denn auch hier in die Verwandtschaft der Geistlichkeit geraten? – – Er, dieser Schleicher, dieser blöde Verleugner seines Verstandes, soll mein Schwager werden? – – Und mein Schwager durch Julianen? – Durch Julianen? – Welch grausames Geschick verfolgt mich doch überall! Ein alter Freund meines verstorbenen Vaters trägt mir eine von seinen Töchtern an. Ich eile herbei und muß zu spät kommen und muß die, welche auf den ersten Anblick mein ganzes Herz hatte, die, mit der ich allein glücklich leben konnte, schon versprochen finden. Ach, Juliane! so warst du mir nicht bestimmt? Du, die ich liebe? Und so soll ich mich mit einer Schwester begnügen, die ich nicht liebe? – –

Dritter Auftritt

Lisidor. Adrast.

LISIDOR. Da haben wir's! Schon wieder allein, Adrast? Sagen Sie mir, müssen die Philosophen so zu Winkel kriechen? Ich wollte doch lieber sonst was sein – – Und wenn ich recht gehört habe, so sprachen Sie ja wohl gar mit sich selber? Nu, nu! Es ist schon wahr, ihr Herren Grillenfänger könnt freilich mit niemand Klügerm reden als mit euch selber. Aber gleichwohl ist unsereiner auch kein Katzenkopf. Ich schwatze eins mit, es mag sein, von was es will.

ADRAST. Verzeihen Sie – –

LISIDOR. Je, mit seinem Verzeihen! Er hat mir ja noch nichts zuwider gethan – – Ich habe gern, wenn die Leute lustig sind. Und ich will kein ehrlicher Mann sein, wenn ich mir nicht eine rechte Freude darauf eingebildet habe, den Wildfang, wie sie ihn sonst zu Hause nannten, zu meinem Schwiegersohne zu haben. Freilich ist er seitdem groß gewachsen; er ist auf Reisen gewesen; er hat Land und Leute gesehen. Aber daß er so gar sehr verändert würde wiedergekommen sein, das hätte ich mir nicht träumen lassen. Da geht er nun und spintisiert von dem, was ist – – und was nicht ist – – von dem, was sein könnte und wenn es sein könnte, warum es wieder nicht sein könnte – – von der Notwendigkeit, der halben und ganzen, der notwendigen Notwendigkeit und der nicht notwendigen Notwendigkeit; – – von den A – A – – wie heißen die kleinen Dingerchen, die so in den Sonnenstrahlen herumfliegen? – – von den A – A – – Sage doch, Adrast – –

ADRAST. Von den Atomis, wollen Sie sagen.

LISIDOR. Ja, ja, von den Atomis, von den Atomis. So heißen sie, weil man ihrer ein ganz Tausend mit einem Atem hinunterschlucken kann.

ADRAST. Ha! ha! ha!

LISIDOR. Er lacht, Adrast? Ja, mein gutes Bürschchen, du mußt nicht glauben, daß ich von den Sachen ganz und gar nichts verstehe. Ich habe euch, ihn und den Theophan, ja oft genug darüber zanken hören. Ich behalte mir das Beste. Wenn ihr euch in den Haaren liegt, so fische ich im Trüben. Da fällt manche Brocke ab, die keiner von euch brauchen kann, und die ist für mich. Ihr dürft deswegen nicht neidisch auf mich sein; denn ich bereichere mich nicht von einem allein. Das nehme ich von dir, mein lieber Adrast, und das vom Theophan; und aus allem dem mache ich mir hernach ein Ganzes – –

ADRAST. Das vortrefflich ungeheuer sein muß.

LISIDOR. Wie so?

ADRAST. Sie verbinden Tag und Nacht, wenn Sie meine mit Theophans Gedanken verbinden.

LISIDOR. Je nu! So wird eine angenehme Dämmerung daraus. – –

Und überhaupt ist es nicht einmal wahr, daß ihr so sehr von einander unterschieden wäret. Einbildungen! Einbildungen! Wie vielmal habe ich nicht allen beiden zugleich Recht gegeben? Ich bin es nur allzu wohl überzeugt, daß alle ehrliche Leute einerlei glauben.

ADRAST. Sollten! sollten! das ist wahr.

LISIDOR. Nun da sehe man! Was ist nun das wieder für ein Unterschied? Glauben oder glauben sollen: es kömmt auf eines heraus. Wer kann alle Worte so abzirkeln? – – Und ich wette was, wenn ihr nur erst werdet Schwäger sein, kein Ei wird dem andern ähnlicher sein können. – –

ADRAST. Als ich dem Theophan, und er mir?

LISIDOR. Gewiß. Noch wißt ihr nicht, was das heißt, mit einander verwandt sein. Der Verwandtschaft wegen wird der einen Daumen breit und der einen Daumen breit nachgeben. Und einen Daumen breit und wieder einen Daumen breit, das macht zwei Daumen breit; und zwei Daumen breit – – ich bin ein Schelm, wenn ihr die aus einander seid. – Nichts aber könnte mich in der Welt wohl so vergnügen, als daß meine Töchter so vortrefflich für euch passen. Die Juliane ist eine geborne Priesterfrau, und Henriette – – in ganz Deutschland muß kein Mädchen zu finden sein, das sich für ihn, Adrast, besser schickte. Hübsch, munter, fix; sie singt, sie tanzt, sie spielt; kurz, sie ist meine leibhafte Tochter. Juliane dagegen ist die liebe, heilige Einfalt.

ADRAST. Juliane? Sagen Sie das nicht. Ihre Vollkommenheiten fallen vielleicht nur weniger in die Augen. Ihre Schönheit blendet nicht, aber sie geht ans Herz. Man läßt sich gern von ihren stillen Reizen fesseln, und man biegt sich mit Bedacht in ihr Joch, das uns andere in einer fröhlichen Unbesonnenheit überwerfen müssen. Sie redet wenig; aber auch ihr geringstes Wort hat Vernunft.

LISIDOR. Und Henriette?

ADRAST. Es ist wahr, Henriette weiß sich frei und witzig auszudrücken. Würde es aber Juliane nicht auch können, wenn sie nur wollte, und wenn sie nicht Wahrheit und Empfindung jenem prahlenden Schimmer vorzöge? Alle Tugenden scheinen sich in ihrer Seele verbunden zu haben – –

LISIDOR. Und Henriette?

ADRAST. Es sei ferne, daß ich Henrietten irgend eine Tugend absprechen sollte! Aber es giebt ein gewisses Äußeres, welches sie schwerlich vermuten ließe, wenn man nicht andere Gründe für sie hätte. Julianens gesetzte Anmut, ihre ungezwungene Bescheidenheit, ihre ruhige Freude, ihre – –

LISIDOR. Und Henriettens?

ADRAST. Henriettens wilde Annehmlichkeiten, ihre wohl lassende Dreustigkeit, ihre fröhlichen Entzückungen stechen mit den gründlichen Eigenschaften ihrer Schwester vortrefflich ab. Aber Juliane gewinnt dabei – –

LISIDOR. Und Henriette?

ADRAST. Verliert dabei nichts. Nur daß Juliane – –

LISIDOR. Ho! ho! Herr Adrast, ich will doch nicht hoffen, daß Sie auch an der Narrheit krank liegen, welche die Leute nur das für gut und schön erkennen läßt, was sie nicht bekommen können. Wer Henker hat Sie denn gedungen, Julianen zu loben?

ADRAST. Fallen Sie auf nichts Widriges. Ich habe bloß zeigen wollen, daß mich die Liebe für meine Henriette gegen die Vorzüge ihrer Schwester nicht blind mache.

LISIDOR. Nu, nu! Wenn das ist, so mag es hingehen. Sie ist auch gewiß ein gutes Kind, die Juliane. Sie ist der Augapfel ihrer Großmutter. Und das gute alte Weib hat tausendmal gesagt, die Freude über ihr Julchen erhielte sie noch am Leben.

ADRAST. Ach!

LISIDOR. Das war ja gar geseufzt. Was Geier ficht ihn an? Pfui! Ein junger, gesunder Mann, der alle Viertelstunden eine Frau nehmen will, wird seufzen? Spare er sein Seufzen, bis er die Frau hat!

Vierter Auftritt

Johann. Adrast. Lisidor.

JOHANN. Pst! pst!

LISIDOR. Nu? nu?

JOHANN. Pst! pst!

ADRAST. Was giebt's?

JOHANN. Pst! pst!

LISIDOR. Pst! pst! Mosjeu Johann. Kann der Schurke nicht näher kommen?

JOHANN. Pst, Herr Adrast! Ein Wort im Vertrauen!

ADRAST. So komm her!

JOHANN. Im Vertrauen, Herr Adrast.

LISIDOR *(welcher auf ihn zugeht)*. Nun, was willst du?

JOHANN *(geht auf die andere Seite)*. Pst! Herr Adrast, nur ein Wörtchen, ganz im Vertrauen!

ADRAST. So pack dich her und rede!

LISIDOR. Rede! rede! Was kann der Schwiegersohn haben, das der Schwiegervater nicht hören dürfte?

JOHANN. Herr Adrast! *(Zieht ihn an dem Ärmel beiseite.)*

LISIDOR. Du Spitzbube, willst mich mit aller Gewalt vom Platze haben. Rede nur, rede! Ich gehe schon.

JOHANN. O! Sie sind gar zu höflich. Wenn Sie einen kleinen Augenblick dort in die Ecke treten wollen, so können Sie immer da bleiben.

ADRAST. Bleiben Sie doch! ich bitte.

LISIDOR. Nu! wenn ihr meint – – *(Indem er auf sie zu kömmt.)*

ADRAST. Nun sage, was willst du?

JOHANN *(welcher sieht, daß ihm Lisidor wieder nahe steht)*. Nichts.

ADRAST. Nichts?

JOHANN. Nichts, gar nichts.

LISIDOR. Das Wörtchen im Vertrauen, hast du es schon wieder vergessen?

JOHANN. Potz Stern! Sind Sie da? Ich denke, Sie stehen dort im Winkel.

LISIDOR. Narre, der Winkel ist näher gerückt.

JOHANN. Daran hat er sehr unrecht gethan.

ADRAST. Halte mich nicht länger auf und rede!

JOHANN. Herr Lisidor, mein Herr wird böse.

ADRAST. Ich habe vor ihm nichts Geheimes; rede!

JOHANN. So habe ich auch nichts für Sie.

LISIDOR. Galgendieb, ich muß dir nur deinen Willen thun. – – Ich gehe auf meine Stube, Adrast; wenn Sie zu mir kommen wollen –

ADRAST. Ich werde Ihnen gleich folgen.

Fünfter Auftritt

Johann. Adrast.

JOHANN. Ist er fort?

ADRAST. Was hast du mir denn zu sagen? Ich wette, es ist eine Kleinigkeit; und der Alte wird sich einbilden, daß es Halssachen sind.

JOHANN. Eine Kleinigkeit? – – Mit einem Worte, Herr Adrast, wir sind verloren. Und Sie konnten verlangen, daß ich es in Gegenwart des Lisidors sagen sollte?

ADRAST. Verloren? Und wie denn? Erkläre dich!

JOHANN. Was ist da zu erklären? Kurz, wir sind verloren. – – Aber so unvorsichtig hätte ich mir Sie doch nimmermehr eingebildet, daß Sie es sogar Ihren künftigen Schwiegervater wollten hören lassen – –

ADRAST. So laß mich es nur hören – –

JOHANN. Wahrhaftig, er hätte die Lust auf einmal verlieren können, es jemals zu werden. – – So ein Streich!

ADRAST. Nun? Was denn für ein Streich? Wie lange wirst du mich noch martern?

JOHANN. Ein ganz verdammter Streich. – – Ja, ja! Wenn der Bediente nicht oft behutsamer wäre als der Herr, es würden artige Dinge herauskommen.

ADRAST. Nichtswürdiger Schlingel – –

JOHANN. Ho, ho! Ist das mein Dank? Wenn ich es doch nur gesagt hätte, wie der Alte da war! Wir hätten wollen sehen! Wir hätten wollen sehen –

ADRAST. Daß dich dieser und jener – –

JOHANN. Ha, ha! Nach dem diesen und jenen wird nicht mehr gefragt. Ich weiß doch wohl, daß Sie den Teufel meinen, und daß keiner ist. Ich müßte wenig von Ihnen gelernt haben, wenn ich nicht der ganzen Hölle ein Schnippchen schlagen wollte.

ADRAST. Ich glaube, du spielst den Freigeist? Ein ehrlicher Mann möchte einen Ekel davor bekommen, wenn er sieht, daß es ein jeder Lumpenhund sein will. – – Aber ich verbiete dir nunmehr, mir ein Wort zu sagen. Ich weiß doch, daß es nichts ist.

JOHANN. Ich sollte es Ihnen nicht sagen? Ich sollte Sie so in Ihr Unglück rennen lassen? Das wollen wir sehen.

ADRAST. Gehe mir aus den Augen!

JOHANN. Nur Geduld! – – Sie erinnern Sich doch wohl so ohngefähr, wie Sie Ihre Sachen zu Hause gelassen haben?

ADRAST. Ich mag nichts wissen.

JOHANN. Ich sage Ihnen ja auch noch nichts. – – Sie erinnern sich doch wohl auch der Wechsel, die Sie an den Herrn Araspe vor Jahr und Tag ausstellten?

ADRAST. Schweig, ich mag nichts davon hören.

JOHANN. Ohne Zweifel, weil Sie sie vergessen wollen? Wenn sie nur dadurch bezahlt würden! – – Aber wissen Sie denn auch, daß sie verfallen sind?

ADRAST. Ich weiß, daß du dich nicht darum zu bekümmern hast.

JOHANN. Auch das verbeiße ich. – – Sie denken freilich: Weit davon, ist gut für den Schuß; und Herr Araspe hat eben nicht nötig, so sehr dahinterher zu sein. Aber, was meinen Sie, wenn ich den Herrn Araspe – –

ADRAST. Nun was?

JOHANN. Jetzt den Augenblick vom Postwagen hätte steigen sehen?

ADRAST. Was sagst du? Ich erstaune – –

JOHANN. Das that ich auch, als ich ihn sah.

ADRAST. Du, Araspen gesehen? Araspen hier?

JOHANN. Mein Herr, ich habe mich auf den Fuß gesetzt, daß ich Ihre und meine Schuldner gleich auf den ersten Blick erkenne; ja, ich rieche sie schon, wenn sie auch noch hundert Schritt von mir sind.

ADRAST *(nachdem er nachgedacht)*. Ich bin verloren!

JOHANN. Das war ja mein erstes Wort.

ADRAST. Was ist anzufangen?

JOHANN. Das beste wird sein: Wir packen auf und ziehen weiter.

ADRAST. Das ist unmöglich.

JOHANN. Nun, so machen Sie sich gefaßt, zu bezahlen!

ADRAST. Das kann ich nicht; die Summe ist zu groß.

JOHANN. O! Ich sagte auch nur so. – – Sie sinnen?

ADRAST. Doch, wer weiß auch, ob er ausdrücklich meinetwegen hergekommen ist. Er kann andre Geschäfte haben.

JOHANN. Je nu! so wird er das Geschäfte mit Ihnen so beiher treiben. Wir sind doch immer geklatscht.

ADRAST. Du hast recht. – – Ich möchte rasend werden, wenn ich an alle die Streiche gedenke, die mir ein ungerechtes Schicksal zu spielen nicht aufhört. – Doch wider wen murre ich? Wider ein taubes Ohngefähr? Wider einen blinden Zufall, der uns ohne Absicht und ohne Vorsatz schwer fällt? Ha! Nichtswürdiges Leben! – –

JOHANN. O! Lassen Sie mir das Leben ungeschimpft! So einer Kleinigkeit wegen sich mit ihm zu überwerfen, das wäre was gescheites!

ADRAST. So rate mir doch, wenn du es für eine Kleinigkeit ansiehst!

JOHANN. Fällt Ihnen im Ernste kein Mittel ein? – – Bald werde ich Sie gar nicht mehr für den großen Geist halten, für den ich Sie doch immer gehalten habe. Fortgehen wollen Sie nicht; bezahlen können Sie nicht; was ist denn noch übrig?

ADRAST. Mich ausklagen zu lassen.

JOHANN. O pfui! Worauf ich gleich zuerst fallen würde, wenn ich auch bezahlen könnte – –

ADRAST. Und was ist denn das?

JOHANN. Schwören Sie den Bettel ab!

ADRAST *(mit einer bittern Verachtung)*. Schurke!

JOHANN. Wie? Was bin ich? So einen brüderlichen Rat – –

ADRAST. Ja wohl, ein brüderlicher Rat, den du nur deinen Brüdern, Leuten deinesgleichen, geben solltest.

JOHANN. Sind Sie Adrast? Ich habe Sie wohl niemals über das Schwören spotten hören?

ADRAST. Über das Schwören als Schwören, nicht aber als eine bloße Beteurung seines Wortes. Diese muß einem ehrlichen Manne heilig sein, und wenn auch weder Gott noch Strafe ist. Ich würde mich ewig schämen, meine Unterschrift geleugnet zu haben, und ohne Verachtung meiner selbst nie mehr meinen Namen schreiben können.

JOHANN. Aberglauben über Aberglauben! Zu einer Thüre haben Sie in herausgejagt, und zu der andern lassen Sie ihn wieder herein.

ADRAST. Schweig! Ich mag dein lästerliches Geschwätze nicht anhören. Ich will Araspen aufsuchen. Ich will ihm Vorstellungen thun; ich will ihm von meiner Heirat sagen; ich will ihm Zinsen über Zinsen versprechen. – – Ich treffe ihn doch wohl noch in dem Posthause?

JOHANN. Vielleicht. – – Da geht er, der barmherzige Schlucker. Das Maul ist groß genug an ihm; aber wenn es dazu kömmt, daß er das, was er glaubt, mit Thaten beweisen soll, da zittert das alte Weib! Wohl dem, der nach seiner Überzeugung auch leben kann! So hat er doch noch etwas davon. Ich sollte an seiner Stelle sein! – – Doch ich muß nur sehen, wo er bleibt.

Zweiter Aufzug

Erster Auftritt

Juliane. Henriette. Lisette.

LISETTE. Vor allen Dingen, meine lieben Mamsells, ehe ich Ihre kleine Streitigkeit schlichte, lassen Sie uns ausmachen, welcher von Ihnen ich heute zugehöre. Sie wissen wohl, Ihre Herrschaft über mich ist umzechig. Denn weil es unmöglich sein soll, zweien Herren zu dienen, so hat Ihr wohlweiser Papa – – neigen Sie sich, Mamsells, neigen Sie sich! – – so hat, sage ich, Ihr wohlweiser Papa wohlbedächtig mich damit verschonen wollen, das Unmögliche möglich zu machen. Er hat jede von Ihnen einen Tag um den andern zu meiner hauptsächlichen Gebieterin gemacht, so daß ich den einen Tag der sanften Juliane ehrbares Mädchen, und den andern der muntern Henriette wilde Lisette sein muß. Aber jetzt, seitdem die fremden Herren im Hause sind – –

HENRIETTE. Unsere Anbeter meinst du – –

LISETTE. Ja, ja! Ihre Anbeter, welche bald Ihre hochbefehlenden Ehemänner sein werden. – – Seitdem, sage ich, diese im Hause sind, geht alles drüber und drunter; ich werde aus einer Hand in die andere geschmissen; und ach! unsre schöne Ordnung liegt mit dem Nähzeuge, das Sie seit eben der Zeit nicht angesehen haben, unterm Nachttische. Hervor wieder damit! Ich muß wissen, woran ich mit Ihnen bin, wenn ich ein unparteiisches Urteil fällen soll.

HENRIETTE. Das wollen wir bald ausrechnen. – – Du besinnst dich doch wohl auf den letzten Feiertag, da dich meine Schwester mit in die Nachmittagspredigt schleppte, so gerne du auch mit mir auf unser Vorwerk gefahren wärest? Du warst damals sehr strenge, Juliane! – – –

JULIANE. Ich habe doch wohl nicht einer ehrlichen Seele einen vergeblichen Weg nach ihr hinaus gemacht?

HENRIETTE. Lisette – –

LISETTE. Stille, Mamsell Henriette! Nicht aus der Schule geschwatzt, oder – –

HENRIETTE. Mädchen, drohe nicht! Du weißt wohl, ich habe ein gut Gewissen.

LISETTE. Ich auch. – – Doch lassen Sie uns nicht das Hundertste ins Tausendste schwatzen. – – Recht! An den Feiertag will ich gedenken! Es war der letzte in unsrer Ordnung; denn noch den Abend kam Theophan an.

HENRIETTE. Und also, mit Erlaubnis meiner Schwester, bist du heute meine.

JULIANE. Ohne Widerrede.

LISETTE. Juchhei! Mamsellchen. Ich bin also heute Ihre. Juchhei!

JULIANE. Ist das dein Lösungswort unter ihrer Fahne?

LISETTE. Ohne weitere Umstände; erzählen Sie mir nunmehr Ihre Streitigkeit. – – Unterdessen lege ich mein Gesicht in richterliche Falten.

JULIANE. Streitigkeit? Eine wichtige Streitigkeit? Ihr seid beide Schäkerinnen. – – Ich will nichts mehr davon hören.

HENRIETTE. So? Du willst keinen Richter erkennen? Ein klarer Beweis, daß du unrecht hast. – Höre nur, Lisette! Wir haben über unsre Anbeter gezankt. Ich will die Dinger immer noch so nennen, mag doch zuletzt daraus werden, was da will.

LISETTE. Das dachte ich. Über was könnten sich zwei gute Schwestern auch sonst zanken? Es ist freilich verdrießlich, wenn man sein künftiges Haupt verachten hört.

HENRIETTE. Schwude! Mädchen! Du willst ganz auf die falsche Seite. Keine hat des andern Anbeter verachtet, sondern unser Zank kam daher, weil eine des andern Anbeter – – schon wieder Anbeter! – – allzusehr erhob.

LISETTE. Eine neue Art Zanks! Wahrhaftig, eine neue Art!

HENRIETTE. Kannst du es anders sagen, Juliane?

JULIANE. O, verschone mich doch damit!

HENRIETTE. Hoffe auf kein Verschonen, wenn du nicht widerrufst. – – Sage, Lisette, hast du unsere Männerchen schon einmal gegen einander gehalten? Was dünkt dich? Juliane macht ihren armen Theophan herunter, als wenn er ein kleines Ungeheuer wäre.

JULIANE. Unartige Schwester! Wann habe ich dieses gethan? Mußt du aus einer flüchtigen Anmerkung, die du mir gar nicht hättest aufmutzen sollen, solche Folgen ziehen?

HENRIETTE. Ich seh', man muß dich böse machen, wenn du mit der

Sprache heraus sollst. – – Eine flüchtige Anmerkung nennst du es? Warum strittest du denn über ihre Gründlichkeit?

JULIANE. Du hast doch närrische Ausdrücke! Fingst du nicht den ganzen Handel selbst an? Ich glaubte, wie sehr ich dir schmeicheln würde, wenn ich deinen Adrast den wohlgemachtesten Mann nennte, den ich jemals gesehen hätte. Du hättest mir für meine Gesinnungen danken, nicht aber widersprechen sollen.

HENRIETTE. Sieh, wie wunderlich du bist! Was war mein Widerspruch anders als ein Dank? Und wie konnte ich mich nachdrücklicher bedanken, als wenn ich den unverdienten Lobspruch auf deinen Theophan zurückschob? –

LISETTE. Sie hat recht!

JULIANE. Nein, sie hat nicht recht. Denn eben dieses verdroß mich. Muß sie auf einen so kindischen Fuß mit mir umgehen? Sahe sie mich nicht dadurch für ein kleines spielendes Mädchen an, das zu ihr gesagt hätte: deine Puppe ist die schönste! und dem sie also, um es nicht böse zu machen, antworten müßte: nein, deine ist die schönste?

LISETTE. Nun hat sie recht!

HENRIETTE. O geh! Du bist eine artige Richterin. Hast du schon vergessen, daß du mir heute angehörst?

LISETTE. Desto schärfer eben werde ich gegen Sie sein, damit ich nicht parteiisch lasse.

JULIANE. Glaube mir nur, daß ich bessere Eigenschaften an einer Mannsperson zu schätzen weiß als seine Gestalt. Und es ist genug, daß ich diese bessern Eigenschaften an dem Theophan finde. Sein Geist –

HENRIETTE. Von dem ist ja nicht die Rede. Jetzt kömmt es auf den Körper an, und dieser ist an dem Theophan schöner, du magst sagen, was du willst. Adrast ist besser gewachsen: gut; er hat einen schönern Fuß: ich habe nichts dawider. Aber laß uns auf das Gesicht kommen! – –

JULIANE. So stückweise habe ich mich nicht eingelassen.

HENRIETTE. Das ist eben dein Fehler. – Was für ein Stolz, was für eine Verachtung aller andern blickt nicht dem Adrast aus jeder Miene! Du wirst es Adel nennen; aber machst du es dadurch schön?

Umsonst sind seine Gesichtszüge noch so regelmäßig; sein Eigensinn, seine Lust zum Spotten hat eine gewisse Falte hineingebracht, die ihm in meinen Augen recht häßlich läßt. Aber ich will sie ihm gewiß herausbringen; laß nur die Flitterwochen erst vorbei sein. – – Dein Theophan hingegen hat das liebenswürdigste Gesicht von der Welt. Es herrscht eine Freundlichkeit darin, die sich niemals verleugnet. –

JULIANE. Sage mir doch nur nichts, was ich ebenso gut bemerkt habe als du! Allein eben diese seine Freundlichkeit ist nicht sowohl das Eigentum seines Gesichts als die Folge seiner innern Ruhe. Die Schönheit der Seele bringt auch in einen ungestalten Körper Reize, sowie ihre Häßlichkeit dem vortrefflichsten Baue und den schönsten Gliedern desselben, ich weiß nicht was, eindrückt, das einen unzuerklärenden Verdruß erwecket. Wenn Adrast eben der fromme Mann wäre, der Theophan ist; wenn seine Seele von ebenso göttlichen Strahlen der Wahrheit, die er sich mit Gewalt zu verkennen bestrebet, erleuchtet wäre: so würde er ein Engel unter den Menschen sein, da er jetzt kaum ein Mensch unter den Menschen ist. Zürne nicht, Henriette, daß ich so verächtlich von ihm rede. Wenn er in gute Hände fällt, kann er noch alles das werden, was er jetzt nicht ist, weil er es nie hat sein wollen. Seine Begriffe von der Ehre, von der natürlichen Billigkeit sind vortrefflich. – –

HENRIETTE *(spöttisch)*. O, du machst ihn auch gar zu sehr herunter – – Aber im Ernste, kann ich nicht sagen, daß du mich nunmehr für das kleine spielende Mädchen ansiehst? Ich mag ja nicht von Dir seinetwegen zufriedengestellt sein. Er ist, wie er ist, und lange gut für mich. Du sprachst von guten Händen, in die er fallen müßte, wenn noch was aus ihm werden sollte. Da er in meine nunmehr gefallen ist, wird er wohl nicht anders werden. Mich nach ihm zu richten, wird mein einziger Kunstgriff sein, uns das Leben erträglich zu machen. Nur die verdrießlichen Gesichter muß er ablegen, und da werde ich ihm die Gesichter deines Theophans zum Muster vorschlagen.

JULIANE. Schon wieder Theophan und seine freundlichen Gesichter?

LISETTE. Stille! Mamsell – –

Zweiter Auftritt

Theophan. Juliane. Henriette. Lisette.

HENRIETTE *(springt dem Theophan entgegen).* Kommen Sie doch, Theophan, kommen Sie! – Können Sie wohl glauben, daß ich Ihre Partei gegen meine Schwester habe halten müssen? Bewundern Sie meine Uneigennützigkeit! Ich habe Sie bis in den Himmel erhoben, da ich doch weiß, daß ich Sie nicht bekomme, sondern daß Sie für meine Schwester bestimmt sind, die Ihren Wert nicht kennet. Denken Sie nur, sie behauptet, daß Sie keine so schöne Person vorstellten als Adrast. Ich weiß nicht, wie sie das behaupten kann. Ich sehe doch den Adrast mit den Augen einer Verliebten an, das ist, ich mache mir ihn noch zehnmal schöner als er ist, und gleichwohl geben Sie ihm, meines Bedünkens, nichts nach. Sie spricht zwar, auf der Seite des Geistes hätten Sie mehr Vorzüge; aber was wissen wir Frauenzimmer denn vom Geiste?

JULIANE. Die Schwätzerin! Sie kennen sie, Theophan; glauben Sie ihr nicht!

THEOPHAN. Ich ihr nicht glauben, schönste Juliane? Warum wollen Sie mich nicht in der glücklichen Überzeugung lassen, daß Sie so vorteilhaft von mir gesprochen haben? – – Ich danke Ihnen, angenehmste Henriette, für Ihre Verteidigung; ich danke Ihnen um so viel mehr, je stärker ich selbst überführet bin, daß Sie eine schlechte Sache haben verteidigen müssen. Allein – –

HENRIETTE. O Theophan, von Ihnen verlange ich es nicht, daß Sie mir Recht geben sollen. Es ist eine andere gewisse Person – –

JULIANE. Lassen Sie dieser andern Person Gerechtigkeit widerfahren, Theophan! Sie werden, hoffe ich, meine Gesinnungen kennen – –

THEOPHAN. Gehen Sie nicht mit mir als mit einem Fremden um, liebste Juliane! Brauchen Sie keine Einlenkungen; ich würde bei jeder nähern Bestimmung verlieren. – – Bei den Büchern, in einer engen staubichten Studierstube vergißt man des Körpers sehr leicht; und Sie wissen, der Körper muß eben so wohl bearbeitet werden als die Seele, wenn beide diejenigen Vollkommenheiten erhalten sollen, deren sie fähig sind. Adrast ist in der großen Welt erzogen worden; er hat alles, was bei derselben beliebt macht –

HENRIETTE. Und wenn es auch Fehler sein sollten. – –

THEOPHAN. Wenigstens habe ich diese Anmerkung nicht machen wollen. – – Aber nur Geduld! ein großer Verstand kann diesen Fehlern nicht immer ergeben sein. Adrast wird das Kleine derselben endlich einsehen, welches sich nur allzusehr durch das Leere verrät, daß sie in unsern Herzen zurücklassen. Ich bin seiner Umkehr so gewiß, daß ich ihn schon im voraus darum liebe. – – Wie glücklich werden Sie mit ihm leben, glückliche Henriette!

HENRIETTE. So edel spricht Adrast niemals von Ihnen, Theophan – –

JULIANE. Abermals eine recht garstige Anmerkung, meine liebe Schwester. – – Was suchst du damit, daß du dem Theophan dieses sagst? Es ist allezeit besser, wenn man es nicht weiß, wer von uns übel spricht. Die Kenntnis unserer Verleumder wirkt auch in dem großmütigsten Herzen eine Art von Entfernung gegen sie, die ihre Aussöhnung mit der beleidigten Person nur noch schwerer macht.

THEOPHAN. Sie entzücken mich, Juliane. Aber fürchten Sie nichts! Eben darin soll über kurz oder lang mein Triumph bestehen, daß ich den mich jetzt verachtenden Adrast besser von mir zu urteilen gezwungen habe. Würde ich aber nicht diesen ganzen Triumph zernichten, wenn ich selbst einigen Groll gegen ihn lassen wollte? Noch hat er sich nicht die Mühe genommen, mich näher kennen zu lernen. Vielleicht daß ich ein Mittel finde, ihn dazu zu vermögen. – – Lassen Sie uns nur jetzt davon abbrechen, und erlauben Sie, daß ich einen meiner nächsten Blutsfreunde bei Ihnen anmelden darf, der sich ein Vergnügen daraus gemacht hat, mich hier zu überraschen! –

JULIANE. Einen Anverwandten?

HENRIETTE. Und wer ist es?

THEOPHAN. Araspe.

JULIANE. Araspe?

HENRIETTE. Ei! das ist ja vortrefflich! Wo ist er denn?

THEOPHAN. Er war eben abgestiegen und hat mir versprochen, unverzüglich nachzufolgen.

HENRIETTE. Weiß es der Papa schon?

THEOPHAN. Ich glaube nicht.

JULIANE. Und die Großmama?

HENRIETTE. Komm, Schwesterchen! diese fröhliche Nachricht müssen wir ihnen zuerst bringen. – – Du bist doch nicht böse auf mich?

JULIANE. Wer kann auf Dich böse sein, Schmeichlerin? Komm nur!

THEOPHAN. Erlauben Sie, daß ich ihn hier erwarte!

HENRIETTE. Bringen Sie ihn aber nur bald! Hören Sie?

Dritter Auftritt

Theophan. Lisette.

LISETTE. Ich bleibe, Herr Theophan, um Ihnen noch ein kleines großes Kompliment zu machen. Wahrhaftig! Sie sind der glücklichste Mann von der Welt! und wenn Herr Lisidor, glaube ich, noch zwei Töchter hätte, so würden sie doch alle viere in Sie verliebt sein.

THEOPHAN. Wie versteht Lisette das?

LISETTE. Ich verstehe es so: daß wenn es alle viere sein würden, es jetzt alle zwei sein müssen.

THEOPHAN *(lächelnd)*. Noch dunkler!

LISETTE. Das sagt Ihr Lächeln nicht. – Wenn Sie aber wirklich Ihre Verdienste selbst nicht kennen, so sind Sie nur desto liebenswerter. Juliane liebt Sie, und das geht mit rechten Dingen zu, denn sie soll Sie lieben. Nur schade, daß ihre Liebe so ein gar vernünftiges Ansehen hat. Aber was soll ich zu Henrietten sagen? Gewiß, sie liebt Sie auch, und was das Verzweifeltste dabei ist, sie liebt Sie – aus Liebe. Wenn Sie sie doch nur alle Beide auch heiraten könnten!

THEOPHAN. Sie meint es sehr gut, Lisette.

LISETTE. Ja, wahrhaftig! alsdann sollten Sie mich noch obendrein behalten.

THEOPHAN. Noch besser! Aber ich sehe, Lisette hat Verstand – –

LISETTE. Verstand? Auf das Kompliment weiß ich, leider! nichts zu antworten. Auf ein anders: Lisette ist schön! habe ich wohl ungefähr antworten lernen: Mein Herr, Sie scherzen. Ich weiß nicht, ob sich diese Antwort hierher auch schickt.

THEOPHAN. Ohne Umstände! – Lisette kann mir einen Dienst erzeigen, wenn sie mir ihre wahre Meinung von Julianen entdeckt. Ich bin gewiß, daß sie auch in ihren Mutmaßungen nicht weit vom

Ziele treffen wird. Es giebt gewisse Dinge, wo ein Frauenzimmerauge immer schärfer sieht als hundert Augen der Mannspersonen.

LISETTE. Verzweifelt! diese Erfahrung können Sie wohl nimmermehr aus Büchern haben. – – Aber wenn Sie nur acht auf meine Reden gegeben hätten; ich habe Ihnen bereits meine wahre Meinung von Julianen gesagt. Sagte ich Ihnen nicht, daß mir ihre Liebe ein gar zu vernünftiges Ansehen zu haben scheine? Darin liegt alles, was ich davon denke. Überlegung, Pflicht, vorzügliche Schönheiten der Seele – – Ihnen die Wahrheit zu sagen, gegen so vortreffliche Worte in einem weiblichen Munde mag ein Liebhaber immer ein wenig mißtrauisch sein. Und noch eine kleine Beobachtung gehöret hierher, diese nämlich, daß sie mit den schönen Worten weit sparsamer gewesen, als Herr Theophan allein im Hause war.

THEOPHAN. Gewiß?

LISETTE *(nachdem sie ihn einen Augenblick angesehen)*. Herr Theophan! Herr Theophan! Sie sagen dieses Gewiß mit einer Art – – mit einer Art –

THEOPHAN. Mit was für einer Art?

LISETTE. Ja! nun ist sie wieder weg. Die Mannspersonen! die Mannspersonen! Und wenn es auch gleich die allerfrömmsten sind – – Doch ich will mich nicht irre machen lassen. Seit Adrast im Hause ist, wollte ich sagen, fallen zwischen dem Adrast und Julianen dann und wann Blicke vor –

THEOPHAN. Blicke? – Sie beunruhiget mich, Lisette.

LISETTE. Und das Beunruhigen können Sie so ruhig aussprechen, so ruhig – – Ja, Blicke fallen zwischen ihnen vor, Blicke, die nicht ein Haar anders sind als die Blicke, die dann und wann zwischen Mamsell Henrietten und dem Vierten vorfallen –

THEOPHAN. Was für einen Vierten?

LISETTE. Werden Sie nicht ungehalten! Wenn ich Sie gleich den vierten nenne, so sind Sie eigentlich doch in aller Absicht der erste.

THEOPHAN *(die ersten Worte beiseite)*. Die Schlaue! – – – Sie beschämt mich für meine Neubegierde, und ich habe es verdient. Nichtsdestoweniger aber irret sie sich, Lisette; gewaltig irret sie sich – –

LISETTE. O pfui! Sie machten mir vorhin ein so artiges Kompliment, und nunmehr gereuet es Sie auf einmal, mir es gemacht zu haben. – Ich müßte gar nichts von dem Verstande besitzen, den Sie mir beilegten, wenn ich mich so gar gewaltig irren sollte. – –

THEOPHAN *(unruhig und zerstreut)*. Aber wo bleibt er denn? –

LISETTE. Mein Verstand? – Wo er will. – So viel ist gewiß, daß Adrast bei Henrietten ziemlich schlecht steht, so sehr sie sich auch nach seiner Weise zu richten scheint. Sie kann alles leiden; nur gering geschätzt zu werden, kann sie nicht leiden. Sie weiß es allzu wohl, für was uns Adrast ansieht: für nichts als Geschöpfchen, die aus keiner andern Absicht da sind, als den Männern ein Vergnügen zu machen. Und das ist doch sehr nichtswürdig gedacht! Aber da kann man sehen, in was für gottlose Irrtümer die ungläubigen Leute verfallen. – – Nu? Hören Sie mir nicht mehr zu, Herr Theophan? Wie so zerstreut? wie so unruhig?

THEOPHAN. Ich weiß nicht, wo mein Vetter bleibt? – –

LISETTE. Er wird ja wohl kommen. – –

THEOPHAN. Ich muß ihm wirklich nur wieder entgegengehn. – – Adieu, Lisette!

Vierter Auftritt

Lisette.

Das heiße ich kurz abgebrochen! – Er wird doch nicht verdrießlich geworden sein, daß ich ihm ein wenig auf den Zahn fühlte? Das brave Männchen! Ich will nur gerne sehen, was noch daraus werden wird. Ich gönne ihm wirklich alles Gutes, und wenn es nach mir gehen sollte, so wüßte ich schon, was ich thäte. – *(Indem sie sich umsieht.)* Wer kömmt denn da den Gang hervor? – Sind die es? – Ein paar allerliebste Schlingel! Adrasts Johann und Theophans Martin: die wahren Bilder ihrer Herren von der häßlichen Seite! Aus Freigeisterei ist jener ein Spitzbube, und aus Frömmigkeit dieser ein Dummkopf. Ich muß mir doch die Lust machen, sie zu behorchen. *(Sie tritt zurück.)*

Fünfter Auftritt

Lisette (halb versteckt hinter einer Scene). Johann. Martin.

JOHANN. Was ich dir sage!

MARTIN. Du mußt mich für sehr dumm ansehen. Dein Herr ein Atheist? das glaube sonst einer! Er sieht ja aus wie ich und du. Er hat Hände und Füße; er hat das Maul in der Breite und die Nase in der Länge wie ein Mensch; er red't wie ein Mensch; er ißt wie ein Mensch – – und soll ein Atheist sein?

JOHANN. Nun? sind denn die Atheisten keine Menschen?

MARTIN. Menschen? Ha! ha! ha! Nun höre ich, daß du selber nicht weißt, was ein Atheist ist.

JOHANN. Zum Henker! Du wirst es wohl besser wissen. Ei, belehre doch deinen unwissenden Nächsten!

MARTIN. Höre zu! – Ein Atheist ist – eine Brut der Hölle, die sich, wie der Teufel, tausendmal verstellen kann. Bald ist's ein listiger Fuchs, bald ein wilder Bär; – – bald ist's ein Esel, bald ein Philosoph – – bald ist's ein Hund, bald ein unverschämter Poete. Kurz, es ist ein Untier, das schon lebendig bei dem Satan in der Hölle brennt – – eine Pest der Erde – – eine abscheuliche Kreatur – – ein Vieh, das dummer ist als ein Vieh: – – ein Seelenkannibal – – ein Antichrist – – ein schreckliches Ungeheuer – –

JOHANN. Es hat Bocksfüße, nicht? zwei Hörner? einen Schwanz? – –

MARTIN. Das kann wohl sein. – – Es ist ein Wechselbalg, den die Hölle durch – – durch einen unzüchtigen Beischlaf mit der Weisheit dieser Welt erzeugt hat – – es ist – – ja, sieh, das ist ein Atheist. So hat ihn unser Pfarr abgemalt; der kennt ihn aus großen Büchern.

JOHANN. Einfältiger Schöps! – – Sieh mich doch einmal an!

MARTIN. Nu?

Johann. Was siehst du an mir?

MARTIN. Nichts, als was ich zehnmal besser an mir sehen kann.

JOHANN. Findest du denn etwas Erschreckliches, etwas Abscheuliches an mir? Bin ich nicht ein Mensch wie du? Hast du jemals gesehen, daß ich ein Fuchs, ein Esel oder ein Kannibal gewesen wäre?

MARTIN. Den Esel laß immer weg, wenn ich dir antworten soll, wie du gerne willst. – Aber warum fragst du das?

JOHANN. Weil ich selbst ein Atheist bin; das ist ein starker Geist, wie es jeder ehrliche Kerl nach der Mode sein muß. Du sprichst, ein Atheist brenne lebendig in der Hölle. Nun, rieche einmal! riechst du einen Brand an mir?

MARTIN. Darum eben bist du keiner.

JOHANN. Ich wäre keiner? Thue mir nicht die Schande an, daran zu zweifeln, oder -- Doch wahrhaftig, das Mitleiden verhindert mich, böse zu werden. Du bist zu beklagen, armer Schelm!

MARTIN. Arm? Laß einmal sehen, wer die vergangene Woche das meiste Trinkgeld gekriegt hat! *(Er greift in die Tasche.)* Du bist ein liederlicher Teufel, du versäufst alles --

JOHANN. Laß stecken! Ich rede von einer ganz andern Armut, von der Armut des Geistes, der sich mit lauter elenden Brocken des Aberglaubens ernähren und mit lauter armseligen Lumpen der Dummheit kleiden muß. – Aber so geht es euch Leuten, die ihr nicht weiter als höchstens vier Meilen hinter den Backofen kommt. Wenn du gereiset wärest wie ich --

MARTIN. Gereist bist du? Laß hören, wo bist du gewesen?

JOHANN. Ich bin gewesen – in Frankreich --

MARTIN. In Frankreich? Mit deinem Herrn?

JOHANN. Ja, mein Herr war mit.

MARTIN. Das ist das Land, wo die Franzosen wohnen? – So wie ich einmal einen gesehen habe – das war eine schnurrige Kröte! In einem Augenblick konnte er sich siebenmal auf dem Absatze herumdrehen und dazu pfeifen.

JOHANN. Ja, es giebt große Geister unter ihnen! Ich bin da erst recht klug geworden.

MARTIN. Hast du denn auch Frankreichsch gelernt?

JOHANN. Französisch, willst du sagen – vollkommen.

MARTIN. O, rede einmal!

JOHANN. Das will ich wohl thun. -- Quelle heure est-il, maraut? Le père et la mère une fille des coups de bâton. Comment coquin? Diantre diable carogne à vous servir.

MARTIN. Das ist schnackisch! Und das Zeug können die Leute da verstehen? Sag einmal, was hieß das auf deutsch?

JOHANN. Ja, auf deutsch! Du guter Narre, das läßt sich auf deutsch nicht so sagen. Solche feine Gedanken können nur französisch ausgedrückt werden.

MARTIN. Der Blitz! – – Nu, wo bist du weiter gewesen?

JOHANN. Weiter? in England – –

MARTIN. In England? – – Kannst du auch Engländsch?

JOHANN. Was werde ich nicht können?

MARTIN. Sprich doch!

JOHANN. Du mußt wissen, es ist eben wie das Französische. Es ist französisch, versteh mich, auf englisch ausgesprochen. Was hörst du dir dran ab? – – Ich will dir ganz andre Dinge sagen, wenn du mir zuhören willst, Dinge, die ihresgleichen nicht haben müssen. Zum Exempel auf unsern vorigen Punkt zu kommen: sei kein Narr und glaube, daß ein Atheist so ein schrecklich Ding ist! Ein Atheist ist nichts weiter als ein Mensch, der keinen Gott glaubt. – –

MARTIN. Keinen Gott? Je! das ist ja noch viel ärger! Keinen Gott? Was glaubt er denn?

JOHANN. Nichts.

Martin. Das ist wohl eine mächtige Mühe.

JOHANN. Ei, Mühe! Wenn auch nichts glauben eine Mühe wäre, so glaubten ich und mein Herr gewiß alles. Wir sind geschworne Feinde alles dessen, was Mühe macht. Der Mensch ist in der Welt, vergnügt und lustig zu leben. Die Freude, das Lachen, das Courtisieren, das Saufen sind seine Pflichten. Die Mühe ist diesen Pflichten hinderlich; also ist es auch notwendig seine Pflicht, die Mühe zu fliehen. – – Sieh, das war ein Schluß, der mehr Gründliches enthält als die ganze Bibel.

MARTIN. Ich wollt's. Aber sage mir doch, was hat man denn in der Welt ohne Mühe?

JOHANN. Alles, was man erbt und was man erheiratet. Mein Herr erbte von seinem Vater und von zwei reichen Vettern keine kleinen Summen; und ich muß ihm das Zeugnis geben, er hat sie als ein braver Kerl durchgebracht. Jetzt bekömmt er ein reich Mädel, und wenn er klug ist, so fängt er es wieder an, wo er es gelassen hat. Seit einiger Zeit ist er mir zwar ganz aus der Art geschlagen, und ich sehe wohl, auch die Freigeisterei bleibt nicht klug, wenn sie auf die Freite geht. Doch ich will ihn schon wieder in Gang bringen. – –

Und höre, Martin, ich will auch dein Glück machen. Ich habe einen Einfall; aber ich glaube nicht, daß ich ihn anders wohl von mir geben kann als – – bei einem Glase Wein. Du klimpert'st vorhin mit deinen Trinkgeldern; und gewiß, du bist in Gefahr, keine mehr zu bekommen, wenn man nicht sieht, daß du sie dazu anwendest, wozu sie dir gegeben werden: zum Trinken, guter Martin, zum Trinken; darum heißen es Trinkgelder. – –

MARTIN. Still! Herr Johann, still! – Du bist mir so noch Revanche schuldig. Habe ich dich nicht jenen Abend nur noch freigehalten? – – Doch laß einmal hören! was ist denn das für ein Glück, das ich von dir zu hoffen habe?

JOHANN. Höre, wenn mein Herr heiratet, so muß er noch einen Bedienten annehmen. – – Eine Kanne Wein, so sollst du bei mir den Vorzug haben. Du versauerst doch nur bei deinem dummen Schwarzrocke. Du sollst bei Adrasten mehr Lohn und mehr Freiheit haben, und ich will dich noch obendrein zu einem starken Geiste machen, der es mit dem Teufel und seiner Großmutter aufnimmt, wenn nur erst einer wäre.

MARTIN. Was? wenn erst einer wäre? Ho! ho! Ist es nicht genug, daß du keinen Gott glaubst? willst du noch dazu keinen Teufel glauben? O, male ihn nicht an die Wand! Er läßt sich nicht so lange herumhudeln wie der liebe Gott. Der liebe Gott ist gar zu gut und lacht über einen solchen Narren, wie du bist. Aber der Teufel – – dem läuft gleich die Laus über die Leber, und darnach sieht's nicht gut aus. – Nein, bei dir ist kein Aushalten; ich will nur gehen. – –

JOHANN *(hält ihn zurück)*. Spitzbube! Spitzbube! denkst du, daß ich deine Streiche nicht merke? Du fürchtest dich mehr für die Kanne Wein, die du geben sollst, als für den Teufel. Halt! – – Ich kann dich aber bei dem allen unmöglich in dergleichen Aberglauben stecken lassen. Überlege dir's nur: – – Der Teufel – – der Teufel – – Ha! ha! ha! – – Und dir kömmt es nicht lächerlich vor? Je! so lache doch!

MARTIN. Wenn kein Teufel wäre, wo kämen denn die hin, die ihn auslachen? – – Darauf antworte mir einmal! den Knoten beiß mir auf! Siehst du, daß ich auch weiß, wie man euch Leute zu Schanden machen muß?

JOHANN. Ein neuer Irrtum! Und wie kannst du so ungläubig gegen meine Worte sein? Es sind die Aussprüche der Weltweisheit, die Orakel der Vernunft! Es ist bewiesen, sage ich dir, in Büchern ist es bewiesen, daß es weder Teufel noch Hölle giebt. – – Kennst du Balthasarn? Es war ein berühmter Becker in Holland.

MARTIN. Was gehn mich die Becker in Holland an? Wer weiß, ob sie so gute Prezeln backen wie der hier an der Ecke?

JOHANN. Ei! das war ein gelehrter Becker! Seine bezauberte Welt – – ha! – das ist ein Buch! Mein Herr hat es einmal gelesen. Kurz, ich verweise dich auf das Buch, so wie man mich darauf verwiesen hat, und will dir nur im Vertrauen sagen: Der muß ein Ochse, ein Rindvieh, ein altes Weib sein, der einen Teufel glauben kann. Soll ich dir's zuschwören, daß keiner ist? – Ich will ein Hundsfott sein!

MARTIN. Pah! der Schwur geht wohl mit.

JOHANN. Nun, sieh – – ich will, ich will – – auf der Stelle verblinden, wenn ein Teufel ist.

(Lisette springt geschwinde hinter der Scene hervor und hält ihm rückwärts die Augen zu, indem sie dem Martin zugleich winkt.)

MARTIN. Das wäre noch was; aber du weißt schon, daß das nicht geschieht.

JOHANN *(ängstlich)*. Ach! Martin, ach!

MARTIN. Was ist's?

JOHANN. Martin, wie wird mir? Wie ist mir, Martin?

MARTIN. Nu? was hast du denn?

JOHANN. Seh' ich – oder – – ach! daß Gott – – Martin! Martin! wie wird es auf einmal so Nacht?

MARTIN. Nacht? Was willst du mit der Nacht?

JOHANN. Ach! so ist es nicht Nacht? Hilfe! Martin, Hilfe!

Martin. Was denn für Hilfe? Was fehlt dir denn?

JOHANN. Ach! ich bin blind, ich bin blind! Es liegt mir auf den Augen, auf den Augen. – – Ach! ich zittre am ganzen Leibe – –

MARTIN. Blind bist du? Du wirst ja nicht? – – Warte, ich will dich in die Augen schlagen, daß das Feuer herausspringt, und du sollst bald sehen – –

JOHANN. Ach, ich bin gestraft, ich bin gestraft! Und du kannst meiner noch spotten? Hilfe! Martin, Hilfe! – – *(Er fällt auf die Knie.)* Ich will mich gern bekehren! Ach, was bin ich für ein Bösewicht gewesen! – –

LISETTE *(welche ihn plötzlich gehen läßt und, indem sie hervorspringt, ihm eine Ohrfeige giebt).* Du Schlingel!

MARTIN. Ha! ha! ha!

JOHANN. Ach! ich komme wieder zu mir. *(Indem er aufsteht.)* Sie Rabenaas, Lisette!

LISETTE. Kann man euch Hundsfötter so ins Bockshorn jagen? Ha! ha! ha!

MARTIN. Krank lache ich mich noch darüber. Ha! ha! ha!

JOHANN. Lacht nur! lacht nur! – – – Ihr seid wohl albern, wenn ihr denkt, daß ich es nicht gemerkt habe. – *(Beiseite.)* Das Blitzmädel, was sie mir für einen Schreck abgejagt hat! Ich muß mich wieder erholen. *(Geht langsam ab.)*

MARTIN. Gehst du? O! lach ihn doch aus! Je! lach' sie doch, Lisettchen, lach' sie doch! Ha! ha! ha! Das hat sie vortrefflich gemacht; so schöne, so schöne, ich möchte sie gleich küssen. – –

LISETTE. O! geh, geh, dummer Martin!

MARTIN. Komm' sie, wirklich! ich will sie zu Weine führen. Ich will sie mit der Kanne Wein traktieren, um die mich der Schurke prellen wollte. Komm' sie!

LISETTE. Das fehlte mir noch! Ich will nur gehen und meinen Mamsells den Spaß erzählen.

MARTIN. Ja, und ich meinem Herrn. – Der war abgeführt! der war abgeführt!

Dritter Aufzug

Erster Auftritt

Theophan. Araspe.

ARASPE. Was ich Ihnen sage, mein lieber Vetter. Das Vergnügen, Sie zu überfallen, und die Begierde, bei Ihrer Verbindung gegenwärtig zu sein, sind freilich die vornehmsten Ursachen meiner Anherkunft, nur die einzigen sind es nicht. Ich hatte den Aufenthalt des Adrast endlich ausgekundschaftet, und es war mir sehr lieb, auf diese Art, wie man sagt, zwei Würfe mit einem Steine zu thun. Die Wechsel des Adrast sind verfallen, und ich habe nicht die geringste Lust, ihm auch nur die allerkleinste Nachsicht zu gönnen. Ich erstaune zwar, ihn, welches ich mir nimmermehr eingebildet hätte, in dem Hause Ihres künftigen Schwiegervaters zu finden, ihn auf ebendemselben Fuße als Sie, Theophan, hier zu finden; aber gleichwohl – – und wenn ihn das Schicksal auch noch näher mit mir verbinden könnte – –

THEOPHAN. Ich bitte Sie, liebster Vetter, beteuern Sie nichts!

ARASPE. Warum nicht? Sie wissen wohl, Theophan, ich bin der Mann sonst nicht, welcher seine Schuldner auf eine grausame Art zu drücken fähig wäre. – –

THEOPHAN. Das weiß ich, und desto eher – –

ARASPE. Hier wird kein »Destoeher« gelten. Adrast, dieser Mann, der sich auf eine ebenso abgeschmackte als ruchlose Art von andern Menschen zu unterscheiden sucht, verdient, daß man ihn auch wieder von andern Menschen unterscheide. Er muß die Vorrechte nicht genießen, die ein ehrlicher Mann seinen elenden Nächsten sonst gern genießen läßt. Einem spöttischen Freigeiste, welcher uns lieber das Edelste, was wir besitzen, rauben und uns alle Hoffnung eines künftigen glückseligern Lebens zunichte machen möchte, vergilt man noch lange nicht Gleiches mit Gleichem, wenn man ihm das gegenwärtige Leben ein wenig sauer macht. – – Ich weiß, es ist der letzte Stoß, den ich dem Adrast versetze; er wird seinen Kredit nicht wieder herstellen können. Ja, ich wollte mich freuen, wenn ich sogar seine Heirat dadurch rückgängig machen könnte. Wenn mir es nur um mein Geld zu thun wäre, so sehen Sie wohl, daß ich diese Heirat lieber würde befördern helfen, weil er doch wohl dadurch wieder etwas in die Hände bekommen wird. Aber nein; und sollte ich bei dem Konkurse, welcher entstehen muß, auch ganz und gar ledig ausgehen, so will ich ihn dennoch auf das äußerste bringen. Ja, wenn ich alles wohl erwäge, so glaube ich, ihm durch diese Grausamkeit noch eine Wohlthat zu erweisen. Schlechtere Umstände werden ihn vielleicht zu ernsthaften Überlegungen bringen, die er in seinem Wohlstande zu machen nicht wert gehalten hat; und vielleicht ändert sich, wie es fast immer zu geschehen pflegt, sein Charakter mit seinem Glücke.

THEOPHAN. Ich habe Sie ausreden lassen. Ich glaube, Sie werden so billig sein und mich nunmehr auch hören.

ARASPE. Das werde ich. – Aber eingebildet hätte ich mir es nicht, daß ich an meinem frommen Vetter einen Verteidiger des Adrasts finden sollte.

THEOPHAN. Ich bin es weniger, als es scheinet; und es kommen hier so viel Umstände zusammen, daß ich weiter fast nichts als meine eigene Sache führen werde. Adrast, wie ich fest überzeugt bin, ist von derjenigen Art Freigeister, die wohl etwas bessers zu sein verdienten. Es ist auch sehr begreiflich, daß man in der Jugend so etwas gleichsam wider Willen werden kann. Man ist es aber alsdann nur so lange, bis der Verstand zu einer gewissen Reife gelangt ist, und sich das aufwallende Geblüte abgekühlt hat. Auf diesem kritischen Punkte steht jetzt Adrast, aber noch mit wankendem Fuße. Ein kleiner Wind, ein Hauch kann ihn wieder herabstürzen. Das Unglück, das Sie ihm drohen, würde ihn betäuben; er würde sich einer wütenden Verzweiflung überlassen und Ursache zu haben glauben, sich um die Religion nicht zu bekümmern, deren strenge Anhänger sich kein Bedenken gemacht hätten, ihn zu Grunde zu richten.

ARASPE. Das ist etwas; aber – –

THEOPHAN. Nein, für einen Mann von Ihrer Denkungsart, liebster Vetter, muß dieses nicht nur etwas, sondern sehr viel sein. Sie haben die Sache von dieser Seite noch nicht betrachtet; Sie haben den Adrast nur als einen verlornen Mann angesehen, an dem man zum Überflusse noch eine desperate Kur wagen müsse. Aus diesem

Grunde ist die Heftigkeit, mit der Sie wider ihn sprachen, zu entschuldigen. Lernen Sie ihn aber durch mich nunmehr unparteiischer beurteilen. Er ist in seinen Reden jetzt weit eingezogener, als man mir ihn sonst beschrieben hat. Wenn er streitet, so spottet er nicht mehr, sondern giebt sich alle Mühe, Gründe vorzubringen. Er fängt an, auf die Beweise, die man ihm entgegensetzt, zu antworten, und ich habe es ganz deutlich gemerkt, daß er sich schämt, wenn er nur halb darauf antworten kann. Freilich sucht er diese Scham noch dann und wann unter das Verächtliche eines Schimpfworts zu verstecken; aber nur Geduld! es ist schon viel, daß er diese Schimpfworte niemals mehr auf die heiligen Sachen, die man gegen ihn verteidigt, sondern bloß auf die Verteidiger fallen läßt. Seine Verachtung der Religion löset sich allmählich in die Verachtung derer auf, die sie lehren.

ARASPE. Ist das wahr, Theophan?

THEOPHAN. Sie werden Gelegenheit haben, sich selbst davon zu überzeugen. – Sie werden zwar hören, daß diese seine Verachtung der Geistlichen mich jetzt am meisten trifft; allein ich bitte Sie im voraus, nicht empfindlicher darüber zu werden, als ich selbst bin. Ich habe es mir fest vorgenommen, ihn nicht mit gleicher Münze zu bezahlen, sondern ihm vielmehr seine Freundschaft abzuzwingen, es mag auch kosten, was es will.

ARASPE. Wenn Sie bei persönlichen Beleidigungen so großmütig sind – –

THEOPHAN. Stille! wir wollen es keine Großmut nennen. Es kann Eigennutz, es kann eine Art von Ehrgeiz sein, sein Vorurteil von den Gliedern meines Ordens durch mich zu Schanden zu machen. Es sei aber, was es wolle, so weiß ich doch, daß Sie viel zu gütig sind, mir darin im Wege zu stehen. Adrast würde es ganz gewiß für ein abgekartetes Spiel halten, wenn er sähe, daß mein Vetter so scharf hinter ihm drein wäre. Seine Wut würde einzig auf mich fallen, und er würde mich überall als einen Niederträchtigen ausschreien, der ihm, unter tausend Versicherungen der Freundschaft, den Dolch ins Herz gestoßen habe. Ich wollte nicht gerne, daß er die Exempel von hämtückischen Pfaffen, wie er sie nennt, mit einigem Scheine der Wahrheit auch durch mich vermehren könnte.

ARASPE. Lieber Vetter, das wollte ich noch tausendmal weniger als Sie. – –

THEOPHAN. Erlauben Sie also, daß ich Ihnen einen Vorschlag thue: – – oder nein, es wird vielmehr eine Bitte sein.

ARASPE. Nur ohne Umstände, Vetter. Sie wissen ja doch wohl, daß Sie mich in Ihrer Hand haben.

THEOPHAN. Sie sollen so gütig sein und mir die Wechsel ausliefern und meine Bezahlung dafür annehmen.

ARASPE. Und Ihre Bezahlung dafür annehmen? Bei einem Haare hätten Sie mich böse gemacht. Was reden Sie von Bezahlung? Wenn ich Ihnen auch nicht gesagt hätte, daß es mir jetzt gar nicht um das Geld zu thun wäre, so sollten Sie doch wenigstens wissen, daß das, was meine ist, auch Ihre ist.

THEOPHAN. Ich erkenne meinen Vetter.

ARASPE. Und ich erkannte ihn fast nicht. – Mein nächster Blutsfreund, mein einziger Erbe, sieht mich als einen Fremden an, mit dem er handeln kann? *(Indem er sein Taschenbuch herauszieht.)* Hier sind die Wechsel! Sie sind Ihre; machen Sie damit, was Ihnen gefällt!

THEOPHAN. Aber erlauben Sie, liebster Vetter: ich werde nicht so frei damit schalten dürfen, wenn ich sie nicht auf die gehörige Art an mich gebracht habe.

ARASPE. Welches ist denn die gehörige Art unter uns, wenn es nicht die ist, daß ich gebe und Sie nehmen? – – Doch damit ich alle Ihre Skrupel hebe: wohl! Sie sollen einen Revers von sich stellen, daß Sie die Summe dieser Wechsel nach meinem Tode bei der Erbschaft nicht noch einmal fordern wollen. *(Lächelnd.)* Wunderlicher Vetter! sehen Sie denn nicht, daß ich weiter nichts thue, als auf Abschlag bezahle? –

THEOPHAN. Sie verwirren mich – –

ARASPE *(der noch die Wechsel in Händen hat).* Lassen Sie mich nur die Wische nicht länger halten.

THEOPHAN. Nehmen Sie unterdessen meinen Dank dafür an.

ARASPE. Was für verlorne Worte! *(Indem er sich umsieht.)* Stecken Sie hurtig ein; da kömmt Adrast selbst.

Zweiter Auftritt

Adrast. Theophan. Araspe.

ADRAST *(erstaunend)*. Himmel! Araspe hier?

THEOPHAN. Adrast, ich habe das Vergnügen, Ihnen in dem Herrn Araspe meinen Vetter vorzustellen.

ADRAST. Wie? Araspe Ihr Vetter?

ARASPE. O! wir kennen einander schon. Es ist mir angenehm, Herr Adrast, Sie hier zu sehen.

ADRAST. Ich bin bereits die ganze Stadt nach Ihnen durchgerannt. Sie wissen, wie wir mit einander stehen, und ich wollte Ihnen die Mühe ersparen, mich aufzusuchen.

ARASPE. Es wäre nicht nötig gewesen. Wir wollen von unserer Sache ein andermal sprechen. Theophan hat es auf sich genommen. – –

ADRAST. Theophan? Ha! nun ist es klar. – –

THEOPHAN. Was ist klar, Adrast? *(Ruhig.)*

ADRAST. Ihre Falschheit, Ihre List – –

THEOPHAN *(zum Araspe)*. Wir halten uns zu lange hier auf. Lisidor, lieber Vetter, wird Sie mit Schmerzen erwarten. Erlauben Sie, daß ich Sie zu ihm führe. – *(Zum Adrast.)* Darf ich bitten, Adrast, daß Sie einen Augenblick hier verziehen? Ich will den Araspe nur herauf begleiten; ich werde gleich wieder hier sein.

ARASPE. Wenn ich Ihnen raten darf, Adrast, so sein Sie gegen meinen Vetter nicht ungerecht. – –

THEOPHAN. Er wird es nicht sein. Kommen Sie nur.

(Theophan und Araspe gehen ab.)

Dritter Auftritt

Adrast (bitter.)

Nein, gewiß, ich werde es auch nicht sein! Er ist unter allen seinesgleichen, die ich noch gekannt habe, der Hassenswürdigste! Diese Gerechtigkeit will ich ihm widerfahren lassen. Er hat den Araspe ausdrücklich meinetwegen kommen lassen, das ist unleugbar. Es ist mir aber doch lieb, daß ich ihm nie einen redlichen Tropfen Bluts zugetrauet und seine süßen Reden jederzeit für das gehalten habe, was sie sind. – –

Vierter Auftritt

Adrast. Johann.

JOHANN. Nun? Haben Sie den Araspe gefunden?

ADRAST. Ja. *(Noch bitter.)*

JOHANN. Geht's gut?

ADRAST. Vortrefflich.

JOHANN. Ich hätte es ihm auch raten wollen, daß er die geringste Schwierigkeit gemacht hätte! – – – Und er hat doch schon wieder seinen Abschied genommen?

ADRAST. Verzieh nur; er wird uns gleich den unsrigen bringen.

JOHANN. Er den unsrigen? – Wo ist Araspe? – –

ADRAST. Beim Lisidor.

JOHANN. Araspe beim Lisidor? Araspe?

ADRAST. Ja, Theophans Vetter.

JOHANN. Was frage ich nach des Narren Vetter? Ich meine Araspen. – –

ADRAST. Den meine ich auch.

JOHANN. Aber – –

ADRAST. Aber siehst du denn nicht, daß ich rasend werden möchte? Was plagst du mich noch? Du hörst ja, daß Theophan und Araspe Vettern sind.

JOHANN. Zum erstenmal in meinem Leben. – – Vettern? Ei! desto besser; unsere Wechsel bleiben also in der Freundschaft, und Ihr neuer Herr Schwager wird dem alten Herrn Vetter schon zureden – –

ADRAST. Du Dummkopf! – Ja, er wird ihm zureden, mich ohne Nachsicht unglücklich zu machen. – Bist du denn so albern, es für einen Zufall anzusehen, daß Araspe hier ist? Siehst du denn nicht, daß es Theophan muß erfahren haben, wie ich mit seinem Vetter stehe? daß er ihm Nachricht von meinen Umständen gegeben hat? daß er ihn gezwungen hat, über Hals über Kopf eine so weite Reise zu thun, um die Gelegenheit ja nicht zu versäumen, meinen Ruin an den Tag zu bringen und mir dadurch die letzte Zuflucht, die Gunst des Lisidors, zu vernichten?

JOHANN. Verdammt! wie gehen mir die Augen auf! Sie haben Recht.

Kann ich Esel denn, wenn von einem Geistlichen die Rede ist, nicht gleich auf das Allerboshafteste fallen? – Ha! wenn ich doch die Schwarzröcke auf einmal zu Pulver stampfen und in die Luft schießen könnte! Was für Streiche haben sie uns nicht schon gespielt! Der eine hat uns um manches Tausend Thaler gebracht; das war der ehrwürdige Gemahl Ihrer lieben Schwester. Der andere – –

ADRAST. O! fange nicht an, mir meine Unfälle vorzuzählen! Ich will sie bald geendigt sehen. Alsdann will ich es doch abwarten, was mir das Glück noch nehmen kann, wann ich nichts mehr habe.

JOHANN. Was es Ihnen noch nehmen kann, wann Sie nichts mehr haben? Das will ich Ihnen gleich sagen: mich wird es Ihnen alsdann noch nehmen.

ADRAST. Ich verstehe dich, Holunke! –

JOHANN. Verschwenden Sie Ihren Zorn nicht an mir. Hier kömmt der, an welchem Sie ihn besser anwenden können.

Fünfter Auftritt

Theophan. Adrast. Johann.

THEOPHAN. Ich bin wieder hier, Adrast. Es entfielen Ihnen vorhin einige Worte von Falschheit und List. – –

ADRAST. Beschuldigungen entfallen mir niemals. Wenn ich sie vorbringe, bringe ich sie mit Vorsatz und Überlegung vor.

THEOPHAN. Aber eine nähere Erklärung – –

ADRAST. Die fordern Sie nur von sich selbst!

JOHANN *(die ersten Worte beiseite)*. Hier muß ich hetzen. – – Ja, ja, Herr Theophan! es ist schon bekannt, daß Ihnen mein Herr ein Dorn in den Augen ist.

THEOPHAN. Adrast, haben Sie es ihm befohlen, an Ihrer Stelle zu antworten?

JOHANN. So? auch meine Verteidigung wollen Sie ihm nicht gönnen? Ich will doch sehen, wer mir verbieten soll, mich meines Herrn anzunehmen!

THEOPHAN. Lassen Sie es ihn doch sehen, Adrast.

ADRAST. Schweig!

JOHANN. Ich sollte – –

ADRAST. Noch ein Wort! *(Drohend.)*

THEOPHAN. Nunmehr darf ich die Bitte um eine nähere Erklärung doch wohl wiederholen? Ich weiß sie mir selbst nicht zu geben.

ADRAST. Erklären Sie sich denn gerne näher, Theophan?

THEOPHAN. Mit Vergnügen, sobald es verlangt wird.

ADRAST. Ei! so sagen Sie mir doch, was wollte denn Araspe bei Gelegenheit dessen, was Sie schon wissen, mit den Worten sagen: Theophan hat es auf sich genommen?

THEOPHAN. Darüber sollte sich Araspe eigentlich erklären. Doch ich kann es an seiner Statt thun. Er wollte sagen, daß er mir Ihre Wechsel zur Besorgung übergeben habe.

ADRAST. Auf Ihr Anliegen?

THEOPHAN. Das kann wohl sein.

ADRAST. Und was haben Sie beschlossen, damit zu thun?

THEOPHAN. Sie sind Ihnen ja noch nicht vorgewiesen worden. Können wir etwas beschließen, ehe wir wissen, was Sie darauf thun wollen?

ADRAST. Kahle Ausflucht! Ihr Vetter weiß es längst, was ich darauf thun kann.

THEOPHAN. Er weiß, daß Sie ihnen Genüge thun können. Und sind Sie alsdann nicht auseinander?

ADRAST. Sie spotten.

THEOPHAN. Ich bin nicht Adrast.

ADRAST. Setzen Sie aber den Fall – – und Sie können ihn sicher setzen – – daß ich nicht imstande wäre zu bezahlen: was haben Sie alsdann beschlossen?

THEOPHAN. In diesem Falle ist noch nichts beschlossen.

ADRAST. Aber was dürfte beschlossen werden?

THEOPHAN. Das kömmt auf Araspen an. Doch sollte ich meinen, daß eine einzige Vorstellung, eine einzige höfliche Bitte bei einem Manne, wie Araspe ist, viel ausrichten könne.

JOHANN. Nachdem die Ohrenbläser sind. – –

ADRAST. Muß ich es noch einmal sagen, daß du schweigen sollst?

THEOPHAN. Ich würde mir ein wahres Vergnügen machen, wenn ich Ihnen durch meine Vermittlung einen kleinen Dienst dabei erzeigen könnte.

ADRAST. Und Sie meinen, daß ich Sie mit einer demütigen Miene, mit einer kriechenden Liebkosung, mit einer niederträchtigen Schmeichelei darum ersuchen solle? Nein, so will ich Ihre Kitzelung über mich nicht vermehren. Wenn Sie mich mit dem ehrlichsten Gesichte versichert hätten, Ihr möglichstes zu thun, so würden Sie in einigen Augenblicken mit einer wehmütigen Stellung wiederkommen und es bedauern, daß Ihre angewandte Mühe umsonst sei. Wie würden sich Ihre Augen an meiner Verwirrung weiden!

THEOPHAN. Sie wollen mir also keine Gelegenheit geben, das Gegenteil zu beweisen? – – Es soll Ihnen nur ein Wort kosten.

ADRAST. Nein, auch dieses Wort will ich nicht verlieren. Denn kurz, – – und hier haben Sie meine nähere Erklärung: – – Araspe würde ohne Ihr Anstiften nicht hieher gekommen sein. Und nun, da Sie Ihre Mine, mich zu sprengen, so wohl angelegt hätten, sollten Sie durch ein einziges Wort können bewogen werden, sie nicht springen zu lassen? Führen Sie Ihr schönes Werk nur aus.

THEOPHAN. Ich erstaune über Ihren Verdacht nicht. Ihre Gemütsart hat mich ihn vorhersehen lassen. Aber gleichwohl ist es gewiß, daß ich ebenso wenig gewußt habe, daß Araspe Ihr Gläubiger sei, als Sie gewußt haben, daß er mein Vetter ist.

ADRAST. Es wird sich zeigen.

THEOPHAN. Zu Ihrem Vergnügen, hoffe ich. – Heitern Sie Ihr Gesicht nur auf, und folgen Sie mir mit zu der Gesellschaft. – –

ADRAST. Ich will sie nicht wiedersehen.

THEOPHAN. Was für ein Entschluß! Ihren Freund, Ihre Geliebte – –

ADRAST. Wird mir wenig kosten, zu verlassen. Sorgen Sie aber nur nicht, daß es eher geschehen soll, als bis Sie befriediget sind. Ich will Ihren Verlust nicht und sogleich noch das letzte Mittel versuchen. –

THEOPHAN. Bleiben Sie, Adrast. – – Es thut mir leid, daß ich Sie nicht gleich den Augenblick aus aller Ihrer Unruhe gerissen habe. – – Lernen Sie meinen Vetter besser kennen *(Indem er die Wechsel hervorzieht.)* und glauben Sie gewiß, wenn Sie schon von mir das Allernichtswürdigste denken wollen, daß wenigstens er ein Mann ist, der Ihre Hochachtung verdient. Er will Sie nicht anders als mit dem sorglosesten Gesichte sehen und giebt Ihnen deswegen Ihre

Wechsel hier zurück. *(Er reicht sie ihm dar.)* Sie sollen sie selbst so lange verwahren, bis Sie ihn nach Ihrer Bequemlichkeit deswegen befriedigen können. Er glaubt, daß sie ihm in Ihren Händen ebenso sicher sind als unter seinem eigenen Schlosse. Sie haben den Ruhm eines ehrlichen Mannes, wenn Sie schon den Ruhm eines frommen nicht haben.

ADRAST *(stutzig, indem er des Theophans Hand zurückstößt).* Mit was für einem neuen Fallstricke drohen Sie mir? Die Wohlthaten eines Feindes – –

THEOPHAN. Unter diesem Feinde verstehen Sie mich; was aber hat Araspe mit Ihrem Hasse zu thun? Er ist es, nicht ich, der Ihnen diese geringschätzige Wohlthat erzeigen will, wenn anders eine armselige Gefälligkeit diesen Namen verdient. – Was überlegen Sie noch? Hier, Adrast! nehmen Sie Ihre Handschriften zurück!

ADRAST. Ich will mich wohl dafür hüten.

THEOPHAN. Ich bitte Sie, lassen Sie mich nicht unverrichteter Sache zu einem Manne zurückkommen, der es mit Ihnen gewiß redlich meinet. Er würde die Schuld seines verachteten Anerbietens auf mich schieben. *(Indem er ihm die Wechsel aufs neue darreicht, reißt sie ihm Johann aus der Hand.)*

JOHANN. Ha! ha! mein Herr, in wessen Händen sind die Wechsel nun?

THEOPHAN *(gelassen).* In den deinigen ohne Zweifel. Immer bewahre sie, anstatt deines Herrn!

ADRAST *(geht wütend auf den Bedienten los).* Infamer! es kostet dein Leben – –

THEOPHAN. Nicht so hitzig, Adrast!

ADRAST. Den Augenblick gieb sie ihm zurück! *(Er nimmt sie ihm weg.)* Geh mir aus den Augen!

JOHANN. Nun, wahrhaftig!

ADRAST. Wo du noch eine Minute verziehst – – *(Er stößt ihn fort.)*

Sechster Auftritt

Theophan. Adrast.

ADRAST. Ich muß mich schämen, Theophan; ich glaube aber nicht, daß Sie so gar weit gehen und mich mit meinem Bedienten vermengen werden. – – Nehmen Sie es zurück, was man Ihnen rauben wollte. – –

THEOPHAN. Es ist in der Hand, in der es sein soll.

ADRAST. Nein. Ich verachte Sie viel zu sehr, als daß ich Sie abhalten sollte, eine niederträchtige That zu begehen.

THEOPHAN. Das ist empfindlich! *(Er nimmt die Wechsel zurück.)*

ADRAST. Es ist mir lieb, daß Sie mich nicht gezwungen, sie Ihnen vor die Füße zu werfen. Wenn sie wieder in meine Hände zurückkommen sollen, so werde ich anständigere Mittel dazu finden. Finde ich aber keine, so ist es eben das: Sie werden sich freuen, mich zu Grunde zu richten, und ich werde mich freuen, Sie von ganzem Herzen hassen zu können.

THEOPHAN. Es sind doch wirklich Ihre Wechsel, Adrast? *(Indem er sie aufschlägt und ihm zeigt.)*

ADRAST. Sie glauben etwa, daß ich sie leugnen werde? –

THEOPHAN. Das glaube ich nicht; ich will bloß gewiß sein. *(Er zerreißt sie gleichgiltig.)*

ADRAST. Was machen Sie, Theophan?

THEOPHAN. Nichts. *(Indem er die Stücke in die Scene wirft.)* Ich vernichte eine Nichtswürdigkeit, die einen Mann, wie Adrast ist, zu so kleinen Reden verleiten kann.

ADRAST. Aber sie gehören nicht Ihnen. –

THEOPHAN. Sorgen Sie nicht; ich thue, was ich verantworten kann. – – Bestehet Ihr Verdacht noch? *(Geht ab.)*

Siebenter Auftritt

Adrast (sieht ihm einige Augenblicke nach).

Was für ein Mann! Ich habe tausend aus seinem Stande gefunden, die unter der Larve der Heiligkeit betrogen, aber noch keinen, der es, wie dieser, unter der Larve der Großmut gethan hätte. – – Entweder er sucht mich zu beschämen oder zu gewinnen. Keines von beiden soll ihm gelingen. Ich habe mich zu gutem Glücke auf einen hiesigen Wechsler besonnen, mit dem ich bei bessern Umständen ehemals Verkehr hatte. Er wird hoffentlich glauben, daß ich mich noch in ebendenselben befinde, und wenn das ist, mir ohne Anstand die nötige Summe vorschießen. Ich will ihn aber deswegen nicht zum Bocke machen, über dessen Hörner ich aus dem Brunnen springe. Ich habe noch liegende Gründe, die ich mit Vorteil verkaufen kann, wenn mir nur Zeit gelassen wird. Ich muß ihn aufsuchen. – –

Achter Auftritt

Henriette. Adrast.

HENRIETTE. Wo stecken Sie denn, Adrast. Man hat schon zwanzigmal nach Ihnen gefragt. O! schämen Sie sich, daß ich Sie zu einer Zeit suchen muß, da Sie mich suchen sollten! Sie spielen den Ehemann zu zeitig. Doch getrost! vielleicht spielen Sie dafür den Verliebten alsdann, wann ihn andre nicht mehr spielen.

ADRAST. Erlauben Sie, Mademoiselle; ich habe nur noch etwas Nötiges außer dem Hause zu besorgen.

HENRIETTE. Was können Sie jetzt Nötigers zu thun haben, als um mich zu sein?

ADRAST. Sie scherzen.

HENRIETTE. Ich scherze? – Das war ein allerliebstes Kompliment!

ADRAST. Ich mache nie welche.

HENRIETTE. Was für ein mürrisches Gesicht! – – Wissen Sie, daß wir uns über diese mürrischen Gesichter zanken werden, noch ehe uns die Trauung die Erlaubnis dazu erteilt?

ADRAST. Wissen Sie, daß ein solcher Einfall in Ihrem Munde nicht eben der artigste ist?

HENRIETTE. Vielleicht, weil Sie glauben, daß die leichtsinnigen Einfälle nur in Ihrem Munde wohl lassen? Unterdessen haben Sie doch wohl kein Privilegium darüber?

ADRAST. Sie machen Ihre Dinge vortrefflich. Ein Frauenzimmer, das so fertig antworten kann, ist sehr viel wert.

HENRIETTE. Das ist wahr; denn wir schwachen Werkzeuge wissen sonst den Mund am allerwenigsten zu gebrauchen.

ADRAST. Wollte Gott!

HENRIETTE. Ihr treuherziges »Wollte Gott!« bringt mich zum Lachen, so sehr ich auch böse sein wollte. Ich bin schon wieder gut, Adrast.

ADRAST. Sie sehen noch einmal so reizend aus, wenn Sie böse sein wollen; denn es kömmt doch selten weiter damit als bis zur Ernsthaftigkeit, und diese läßt Ihrem Gesichte um so viel schöner, je fremder sie in demselben ist. Eine beständige Munterkeit, ein immer anhaltendes Lächeln wird unschmackhaft.

HENRIETTE *(ernsthaft)*. O, mein guter Herr, wenn das Ihr Fall ist, ich will es Ihnen schmackhaft genug machen.

ADRAST. Ich wollte wünschen – – denn noch habe ich Ihnen nichts vorzuschreiben – –

HENRIETTE. Dieses Noch ist mein Glück. Aber was wollten Sie denn wünschen?

ADRAST. Daß Sie sich ein klein wenig mehr nach dem Exempel Ihrer ältesten Mademoiselle Schwester richten möchten. Ich verlange nicht, daß Sie ihre ganze sittsame Art an sich nehmen sollen; wer weiß, ob sie Ihnen so anstehen würde? –

HENRIETTE. St! die Pfeife verrät das Holz, woraus sie geschnitten ist. Lassen Sie doch hören, ob meine dazu stimmt!

ADRAST. Ich höre.

HENRIETTE. Es ist recht gut, daß Sie auf das Kapitel von Exempeln gekommen sind. Ich habe Ihnen auch einen kleinen Vers daraus vorzupredigen.

ADRAST. Was für eine Art sich auszudrücken!

HENRIETTE. Hum! Sie denken, weil Sie nichts vom Predigen halten. Sie werden finden, daß ich eine Liebhaberin davon bin. Aber hören Sie nur: – – *(In seinem vorigen Tone.)* Ich wollte wünschen – – denn noch habe ich Ihnen nichts vorzuschreiben – –

ADRAST. Und werden es auch niemals haben.

HENRIETTE. Ja so! – – Streichen Sie also das weg! – – Ich wollte wünschen, daß Sie sich ein klein wenig mehr nach dem Exempel des Herrn Theophans bilden möchten. Ich verlange nicht, daß Sie seine ganze gefällige Art an sich nehmen sollen, weil ich nichts Unmögliches verlangen mag; aber so etwas davon würde Sie um ein gut Teil erträglicher machen. Dieser Theophan, der nach weit strengern Grundsätzen lebt, als die Grundsätze eines gewissen Freigeistes sind, ist allezeit aufgeräumt und gesprächig. Seine Tugend und noch sonst etwas, worüber Sie aber lachen werden, seine Frömmigkeit – – Lachen Sie nicht?

ADRAST. Lassen Sie sich nicht stören! Reden Sie nur weiter! Ich will unterdessen meinen Gang verrichten und gleich wieder hier sein. *(Geht ab.)*

HENRIETTE. Sie dürfen nicht eilen. Sie kommen, wann Sie kommen: Sie werden mich nie wieder so treffen. – Welche Grobheit! Soll ich mich wohl darüber erzürnen? – Ich will mich besinnen. *(Geht auf der andern Seite ab.)*

Vierter Aufzug

Erster Auftritt

Juliane. Henriette. Lisette.

HENRIETTE. Sage, was du willst; sein Betragen ist nicht zu entschuldigen.

JULIANE. Davon würde sich alsdann erst urteilen lassen, wann ich auch seine Gründe gehört hätte. Aber, meine liebe Henriette, willst du mir wohl eine kleine schwesterliche Ermahnung nicht übel nehmen?

HENRIETTE. Das kann ich dir nicht voraussagen. Wenn sie dahin abzielen sollte, wohin ich mir einbilde – –

JULIANE. Ja, wenn du mit deinen Einbildungen dazu kömmst – –

HENRIETTE. O! ich bin mit meinen Einbildungen recht wohl zufrieden. Ich kann ihnen nicht nachsagen, daß sie mich jemals sehr irregeführt hätten.

JULIANE. Was meinst du damit?

HENRIETTE. Muß man denn immer etwas meinen? Du weißt ja wohl, Henriette schwatzt gerne in den Tag hinein, und sie erstaunt allezeit selber, wenn sie von ohngefähr ein Pünktchen trifft, welches das Pünktchen ist, das man nicht gerne treffen lassen möchte.

JULIANE. Nun höre einmal, Lisette!

HENRIETTE. Ja, Lisette, laß uns doch hören, was das für eine schwesterliche Ermahnung ist, die sie mir erteilen will.

JULIANE. Ich dir eine Ermahnung?

HENRIETTE. Mich deucht, du sprachst davon.

JULIANE. Ich würde sehr übel thun, wenn ich dir das Geringste sagen wollte.

HENRIETTE. O! ich bitte – –

JULIANE. Laß mich!

HENRIETTE. Die Ermahnung, Schwesterchen! – –

JULIANE. Du verdienst sie nicht.

HENRIETTE. So erteile sie mir ohne mein Verdienst.

JULIANE. Du wirst mich böse machen.

HENRIETTE. Und ich – – ich bin es schon. Aber denke nur nicht, daß ich es über dich bin. Ich bin es über niemanden als über den Adrast. Und was mich unversöhnlich gegen ihn macht, ist dieses, daß meine Schwester seinetwegen gegen mich ungerecht werden muß.

JULIANE. Von welcher Schwester sprichst du?

HENRIETTE. Von welcher? – – von der, die ich gehabt habe.

JULIANE. Habe ich dich jemals so empfindlich gesehen! – Du weißt es, Lisette, was ich gesagt habe.

LISETTE. Ja, das weiß ich; und es war wirklich weiter nichts als eine unschuldige Lobrede auf den Adrast, an der ich nur das auszusetzen hatte, daß sie Mamsell Henrietten eifersüchtig machen mußte.

JULIANE. Eine Lobrede auf Adrasten?

HENRIETTE. Mich eifersüchtig?

LISETTE. Nicht so stürmisch! – – So geht's den Leuten, die mit der Wahrheit gerade durch wollen: sie machen es niemandem recht.

HENRIETTE. Mich eifersüchtig? Auf Adrasten eifersüchtig? Ich werde von heute an den Himmel um nichts inbrünstiger anflehen als um die Errettung aus den Händen dieses Mannes.

JULIANE. Ich? eine Lobrede auf Adrasten? Ist das eine Lobrede, wenn ich sage, daß ein Mann einen Tag nicht wie den andern aufgeräumt sein kann? Wenn ich sage, daß Adrasten die Bitterkeit, worüber meine Schwester klagt, nicht natürlich ist, und daß sie ein zugestoßener Verdruß bei ihm müsse erregt haben? Wenn ich sage, daß ein Mann wie er, der sich mit finsterm Nachdenken vielleicht nur zu sehr beschäftiget – –

Zweiter Auftritt

Adrast. Juliane. Henriette. Lisette.

HENRIETTE. Als wenn Sie gerufen wären, Adrast! Sie verließen mich vorhin, unhöflich genug, mitten in der Erhebung des Theophans; aber das hindert mich nicht, daß ich Ihnen nicht die Wiederholung Ihrer eigenen anzuhören gönnen sollte. – Sie sehen sich um? Nach Ihrer Lobrednerin gewiß? Ich bin es nicht, wahrhaftig! ich bin es nicht; meine Schwester ist es. Eine Betschwester die Lobrednerin eines Freigeistes? Was für ein Widerspruch! Entweder Ihre Bekehrung muß vor der Thüre sein, Adrast, oder meiner Schwester Verführung.

JULIANE. Wie ausgelassen sie wieder auf einmal ist.

HENRIETTE. Stehen Sie doch nicht so hölzern da!

ADRAST. Ich nehme Sie zum Zeugen, schönste Juliane, wie verächtlich sie mir begegnet.

HENRIETTE. Komm nur, Lisette! wir wollen sie allein lassen. Adrast braucht ohne Zweifel unsere Gegenwart weder zu seiner Danksagung noch zu meiner Verklagung.

JULIANE. Lisette soll hier bleiben.

HENRIETTE. Nein, sie soll nicht.

LISETTE. Sie wissen wohl, ich gehöre heute Mamsell Henrietten.

HENRIETTE. Aber bei dem allen sieh dich vor, Schwester! Wenn mir dein Theophan aufstößt, so sollst du sehen, was geschieht. Sie dürfen nicht denken, Adrast, daß ich dieses sage, um Sie eifersüchtig zu machen. Ich fühle es in der That, daß ich anfange, Sie zu hassen.

ADRAST. Es möchte Ihnen auch schwerlich gelingen, mich eifersüchtig zu machen.

HENRIETTE. O, das wäre vortrefflich, wenn Sie mir hierinne gleich wären. Alsdann, erst alsdann würde unsre Ehe eine recht glückliche Ehe werden. Freuen Sie sich, Adrast! wie verächtlich wollen wir einander begegnen! – – Du willst antworten, Schwester? Nun ist es Zeit. Fort, Lisette!

Dritter Auftritt

Adrast. Juliane.

JULIANE. Adrast, Sie werden Geduld mit ihr haben müssen. – Sie verdient es aber auch; denn sie hat das beste Herz von der Welt, so verdächtig es ihre Zunge zu machen sucht.

ADRAST. Allzugütige Juliane! Sie hat das Glück, Ihre Schwester zu sein; aber wie schlecht macht sie sich dieses Glück zu nutze! Ich entschuldige jedes Frauenzimmer, das ohne merkliche Fehler nicht hat aufwachsen können, weil es ohne Erziehung und Beispiele hat aufwachsen müssen; aber ein Frauenzimmer zu entschuldigen, das eine Juliane zum Muster gehabt hat und eine Henriette geworden ist – bis dahin langt meine Höflichkeit nicht. –

JULIANE. Sie sind aufgebracht, Adrast; wie könnten Sie billig sein?

ADRAST. Ich weiß nicht, was ich jetzo bin; aber ich weiß, daß ich aus Empfindung rede. – –

JULIANE. Die zu heftig ist, als daß sie lange anhalten sollte.

ADRAST. So prophezeien Sie mir mein Unglück.

JULIANE. Wie? – Sie vergessen, in was für Verbindung Sie mit meiner Schwester stehen?

ADRAST. Ach! Juliane, warum muß ich Ihnen sagen, daß ich kein Herz für Ihre Schwester habe?

JULIANE. Sie erschrecken mich. – –

ADRAST. Und ich habe Ihnen nur noch die kleinste Hälfte von dem gesagt, was ich Ihnen sagen muß.

JULIANE. So erlauben Sie, daß ich mir die größre erspare. *(Sie will fortgehen.)*

ADRAST. Wohin? Ich hätte Ihnen meine Veränderung entdeckt, und Sie wollten die Gründe, die mich dazu bewogen haben, nicht anhören? Sie wollten mich mit dem Verdachte verlassen, daß ich ein unbeständiger, leichtsinniger Flattergeist sei?

JULIANE. Sie irren sich. Nicht ich, mein Vater, meine Schwester haben allein auf Ihre Rechtfertigungen ein Recht.

ADRAST. Allein? Ach! – –

JULIANE. Halten Sie mich nicht länger –

ADRAST. Ich bitte nur um einen Augenblick. Der größte Verbrecher wird gehört – –

JULIANE. Von seinem Richter, Adrast, und ich bin Ihr Richter nicht.

ADRAST. Aber ich beschwöre Sie, es jetzt sein zu wollen. Ihr Vater, schönste Juliane, und Ihre Schwester werden mich verdammen und nicht richten. Ihnen allein traue ich die Billigkeit zu, die mich beruhigen kann.

JULIANE *(beiseite)*. Ich glaube, er beredet mich, ihn anzuhören. – – Nun wohl! so sagen Sie denn, Adrast, was Sie wider meine Schwester so eingenommen hat!

ADRAST. Sie selbst hat mich wider sich eingenommen. Sie ist zu wenig Frauenzimmer, als daß ich sie als ein Frauenzimmer lieben könnte. Wenn ihre Lineamente nicht ihr Geschlecht bestärkten, so würde man sie für einen verkleideten wilden Jüngling halten, der zu ungeschickt wäre, seine angenommene Rolle zu spielen. Was für ein Mundwerk! Und was muß es für ein Geist sein, der diesen Mund in Beschäftigung erhält! Sagen Sie nicht, daß vielleicht Mund und Geist bei ihr wenig oder keine Verbindung mit einander haben. Desto schlimmer! Diese Unordnung, da ein jedes von diesen zwei Stücken seinen eignen Weg hält, macht zwar die Vergehungen einer solchen Person weniger strafbar; allein sie vernichtet auch alles Gute, was diese Person noch etwa an sich haben kann. Wenn ihre beißenden Spöttereien, ihre nachteiligen Anmerkungen deswegen zu übersehen sind, weil sie es, wie man zu reden pflegt, nicht so böse meinet, ist man nicht berechtiget, aus eben diesem Grunde dasjenige, was sie Rühmliches und Verbindliches sagt, ebenfalls für leere Töne anzusehen, bei welchen sie es vielleicht nicht so gut meinet? Wie kann man eines Art zu denken beurteilen, wenn man sie nicht aus seiner Art zu reden beurteilen soll? Und wenn der Schluß von der Rede auf die Gesinnung in dem einen Falle nicht gelten soll, warum soll er in dem andern gelten? Sie spricht mit dürren Worten, daß sie mich zu hassen anfange, und ich soll glauben, daß sie mich noch liebe? So werde ich auch glauben müssen, daß sie mich hasse, wenn sie sagen wird, daß sie mich zu lieben anfange.

JULIANE. Adrast, Sie betrachten ihre kleinen Neckereien zu strenge und verwechseln Falschheit mit Übereilung. Sie kann der letztern des Tages hundertmal schuldig werden und von der erstern doch immer entfernt bleiben. Sie müssen es aus ihren Thaten und nicht aus ihren Reden erfahren lernen, daß sie im Grunde die freundschaftlichste und zärtlichste Seele hat.

ADRAST. Ach! Juliane, die Reden sind die ersten Anfänge der Thaten, ihre Elemente gleichsam. Wie kann man vermuten, daß diejenige vorsichtig und gut handeln werde, der es nicht einmal gewöhnlich ist, vorsichtig und gut zu reden? Ihre Zunge verschont nichts, auch dasjenige nicht, was ihr das Heiligste von der Welt sein sollte. Pflicht, Tugend, Anständigkeit, Religion, alles ist ihrem Spotte ausgesetzt. – –

JULIANE. Stille, Adrast! Sie sollten der letzte sein, der diese Anmerkung machte.

ADRAST. Wie so?

JULIANE. Wie so? – Soll ich aufrichtig reden?

ADRAST. Als ob Sie anders reden könnten! – –

JULIANE. Wie, wenn das ganze Betragen meiner Schwester, ihr Bestreben, leichtsinniger zu scheinen, als sie ist, ihre Begierde, Spöttereien zu sagen, sich nur von einer gewissen Zeit herschrieben? Wie, wenn diese gewisse Zeit die Zeit Ihres Hierseins wäre, Adrast?

ADRAST. Was sagen Sie?

JULIANE. Ich will nicht sagen, daß Sie ihr mit einem bösen Exempel vorgegangen wären. Allein wozu verleitet uns nicht die Begierde, zu gefallen? Wenn Sie Ihre Gesinnungen auch noch weniger geäußert hätten – – und Sie haben sie oft deutlich genug geäußert – – so würde sie Henriette doch erraten haben. Und sobald sie dieselben erriet, sobald war der Schluß, sich durch die Annehmung gleicher Gesinnungen bei Ihnen beliebt zu machen, für ein lebhaftes Mädchen sehr natürlich. Wollen Sie wohl nun so grausam sein und ihr dasjenige als ein Verbrechen anrechnen, wofür Sie ihr als für eine Schmeichelei danken sollten?

ADRAST. Ich danke niemandem, der klein genug ist, meinetwegen seinen Charakter zu verlassen; und derjenige macht mir eine schlechte Schmeichelei, der mich für einen Thoren hält, welchem nichts als seine Art gefalle, und der überall gern kleine Kopien und verjüngte Abschilderungen von sich selbst sehen möchte.

JULIANE. Aber auf diese Art werden Sie wenig Proselyten machen.

ADRAST. Was denken Sie von mir, schönste Juliane? Ich Proselyten machen? Rasendes Unternehmen! Wem habe ich meine Gedanken jemals anschwatzen oder aufdringen wollen? Es sollte mir leid thun, sie unter den Pöbel gebracht zu wissen. Wenn ich sie oft laut und mit einer gewissen Heftigkeit verteidiget habe, so ist es in der Absicht, mich zu rechtfertigen, nicht, andere zu überreden, geschehen. Wenn meine Meinungen zu gemein würden, so würde ich der erste sein, der sie verließe und die gegenseitigen annähme.

JULIANE. Sie suchen also nur das Sonderbare?

ADRAST. Nein, nicht das Sonderbare, sondern bloß das Wahre; und ich kann nicht dafür, wenn jenes, leider! eine Folge von diesem ist. Es ist mir unmöglich zu glauben, daß die Wahrheit gemein sein könne; ebenso unmöglich, als zu glauben, daß in der ganzen Welt auf einmal Tag sein könne. Das, was unter der Gestalt der Wahrheit unter allen Völkern herumschleicht und auch von den Blödsinnigsten angenommen wird, ist gewiß keine Wahrheit, und man darf nur getrost die Hand, sie zu entkleiden, anlegen, so wird man den scheußlichsten Irrtum nackend vor sich stehen sehen.

JULIANE. Wie elend sind die Menschen, und wie ungerecht ihr Schöpfer, wenn Sie recht haben, Adrast! Es muß entweder gar keine Wahrheit sein, oder sie muß von der Beschaffenheit sein, daß sie von den meisten, ja von allen, wenigstens im wesentlichsten, empfunden werden kann.

ADRAST. Es liegt nicht an der Wahrheit, daß sie es nicht werden kann, sondern an den Menschen. – – Wir sollen glücklich in der Welt leben; dazu sind wir erschaffen, dazu sind wir einzig und allein erschaffen. So oft die Wahrheit diesem großen Endzwecke hinderlich ist, so oft ist man verbunden, sie beiseite zu setzen; denn nur wenig Geister können in der Wahrheit selbst ihr Glück finden. Man lasse daher dem Pöbel seine Irrtümer; man lasse sie ihm, weil sie ein Grund seines Glücks und die Stütze des Staates sind, in welchem er für sich Sicherheit, Überfluß und Freude findet. Ihm die Religion nehmen, heißt ein wildes Pferd auf der fetten Weide losbinden, das, sobald es sich frei fühlt, lieber in unfruchtbaren Wäldern herumschweifen und Mangel leiden, als durch einen gemächlichen Dienst alles, was es braucht, erwerben will. – Doch nicht für den Pöbel allein, auch noch für einen andern Teil des menschlichen Geschlechts muß man die Religion beibehalten. Für den schönsten Teil, meine ich, dem sie eine Art von Zierde, wie dort eine Art von Zaume ist. Das Religiöse stehet der weiblichen Bescheidenheit sehr wohl; es giebt der Schönheit ein gewisses edles, gesetztes und schmachtendes Ansehen – –

JULIANE. Halten Sie, Adrast! Sie erweisen meinem Geschlechte ebenso wenig Ehre als der Religion. Jenes setzen Sie mit dem Pöbel in eine Klasse, so fein auch Ihre Wendung war, und diese machen Sie aufs höchste zu einer Art von Schminke, die das Geräte auf unsern Nachttischen vermehren kann. Nein, Adrast! die Religion ist eine Zierde für alle Menschen und muß ihre wesentlichste Zierde sein. Ach! Sie verkennen sie aus Stolze, aber aus einem falschen

Stolze. Was kann unsere Seele mit erhabenern Begriffen füllen als die Religion? Und worin kann die Schönheit der Seele anders bestehen als in solchen Begriffen? in würdigen Begriffen von Gott, von uns, von unsern Pflichten, von unserer Bestimmung? Was kann unser Herz, diesen Sammelplatz verderbter und unruhiger Leidenschaften, mehr reinigen, mehr beruhigen als eben diese Religion? Was kann uns im Elende mehr aufrichten als sie? Was kann uns zu wahrern Menschen, zu bessern Bürgern, zu aufrichtigern Freunden machen als sie? – – Fast schäme ich mich, Adrast, mit Ihnen so ernstlich zu reden. Es ist der Ton ohne Zweifel nicht, der Ihnen an einem Frauenzimmer gefällt, ob Ihnen gleich der entgegengesetzte ebenso wenig zu gefallen scheinet. Sie könnten alles dieses aus einem beredtern Munde, aus dem Munde des Theophans hören. – –

Vierter Auftritt

Henriette. Juliane. Adrast.

HENRIETTE *(bleibt an der Scene horchend stehen)*. St!

ADRAST. Sagen Sie mir nichts vom Theophan. Ein Wort von Ihnen hat mehr Nachdruck als ein stundenlanges Geplärre von ihm. Sie wundern sich? Kann es bei der Macht, die eine Person über mich haben muß, die ich einzig liebe, die ich anbete, anders sein? – – Ja, die ich liebe. – Das Wort ist hin! es ist gesagt! Ich bin mein Geheimnis los, bei dessen Verschweigung ich mich ewig gequälet hätte, von dessen Entdeckung ich aber darum nichts mehr hoffe. – – Sie entfärben sich? – –

JULIANE. Was habe ich gehört? Adrast! –

ADRAST *(indem er niederfällt)*. Lassen Sie mich es Ihnen auf den Knien zu schwören, daß Sie die Wahrheit gehört haben. – Ich liebe Sie, schönste Juliane, und werde Sie ewig lieben. Nun, nun liegt mein Herz klar und aufgedeckt vor Ihnen da. Umsonst wollte ich mich und andere bereden, daß meine Gleichgiltigkeit gegen Henrietten die Wirkung an ihr bemerkter nachteiliger Eigenschaften sei, da sie doch nichts als die Wirkung einer schon gebundenen Neigung war. Ach! die liebenswürdige Henriette hat vielleicht keinen andern Fehler als diesen, daß sie eine noch liebenswürdigere Schwester hat. – –

HENRIETTE. Bravo! die Scene muß ich den Theophan unterbrechen lassen. – – *(Geht ab.)*

Fünfter Auftritt

Juliane. Adrast.

ADRAST *(indem er gähling aufsteht)*. Wer sprach hier?

JULIANE. Himmel! es war Henriettens Stimme.

ADRAST. Ja, sie war es. Was für eine Neugierde! was für ein Vorwitz! Nein, nein! ich habe nichts zu widerrufen; sie hat alle die Fehler, die ich ihr beigelegt, und noch weit mehrere. Ich könnte sie nicht lieben, und wenn ich auch schon vollkommen frei, vollkommen gleichgiltig gegen eine jede andere wäre.

JULIANE. Was für Verdruß, Adrast, werden Sie mir zuziehen!

ADRAST. Sorgen Sie nicht! Ich werde Ihnen allen diesen Verdruß durch meine plötzliche Entfernung zu ersparen wissen.

JULIANE. Durch Ihre Entfernung?

ADRAST. Ja, sie ist fest beschlossen. Meine Umstände sind von der Beschaffenheit, daß ich die Güte Lisidors mißbrauchen würde, wenn ich länger bliebe. Und über dieses will ich lieber meinen Abschied nehmen, als ihn bekommen.

JULIANE. Sie überlegen nicht, was Sie sagen, Adrast. Von wem sollten Sie ihn bekommen?

ADRAST. Ich kenne die Väter, schönste Juliane, und kenne auch die Theophane. Erlauben Sie, daß ich mich nicht näher erklären darf. Ach! wenn ich mir schmeicheln könnte, daß Juliane – – Ich sage nichts weiter. Ich will mir mit keiner Unmöglichkeit schmeicheln. Nein, Juliane kann den Adrast nicht lieben; sie muß ihn hassen. – –

JULIANE. Ich hasse niemanden, Adrast. –

ADRAST. Sie hassen mich; denn hier ist Hassen eben das, was Nichtlieben ist. Sie lieben den Theophan. – – Ha! hier kömmt er selbst.

Sechster Auftritt

Theophan. Adrast. Juliane.

JULIANE *(beiseite)*. Was wird er sagen? Was werde ich antworten?

ADRAST. Ich kann mir es einbilden, auf wessen Anstiften Sie herkommen. Aber was glaubt sie damit zu gewinnen? mich zu verwirren? mich wieder an sich zu ziehen? – – Wie wohl läßt es Ihnen, Theophan, und Ihrem ehrwürdigen Charakter, das Werkzeug einer weiblichen Eifersucht zu sein! Oder kommen Sie gar, mich zur Rede zu setzen? Ich werde Ihnen alles gestehen; ich werde noch stolz darauf sein. – –

THEOPHAN. Wovon reden Sie, Adrast? Ich verstehe kein Wort.

JULIANE. Erlauben Sie, daß ich mich entferne. Theophan, ich schmeichle mir, daß Sie einige Hochachtung für mich haben; Sie werden keine ungerechte Auslegungen machen und wenigstens glauben, daß ich meine Pflicht kenne, und daß sie mir zu heilig ist, sie auch nur in Gedanken zu verletzen.

THEOPHAN Verziehen Sie doch! – Was sollen diese Reden? Ich verstehe Sie so wenig, als ich den Adrast verstanden habe.

JULIANE. Es ist mir lieb, daß Sie aus einer unschuldigen Kleinigkeit nichts machen wollen. Aber lassen Sie mich – – *(Geht ab.)*

Siebenter Auftritt

Adrast. Theophan.

THEOPHAN. Ihre Geliebte, Adrast, schickte mich hierher; ich würde hier nötig sein, sagte sie. Ich eile und bekomme lauter Rätsel zu hören.

ADRAST. Meine Geliebte? – – Ei! wie fein haben Sie dieses angebracht! Gewiß, Sie konnten Ihre Vorwürfe nicht kürzer fassen.

THEOPHAN. Meine Vorwürfe? Was habe ich Ihnen denn vorzuwerfen?

ADRAST. Wollen Sie etwa die Bestätigung aus meinem Munde hören?

THEOPHAN. Sagen Sie mir nur, was Sie bestätigen wollen? Ich stehe ganz erstaunt hier. – –

ADRAST. Das geht zu weit. Welche kriechende Verstellung! Doch damit sie Ihnen endlich nicht zu sauer wird, so will ich Sie mit Gewalt zwingen, sie abzulegen. – – Ja, es ist alles wahr, was Ihnen Henriette hinterbracht hat. Sie war niederträchtig genug, uns zu behorchen. – Ich liebe Julianen und habe ihr meine Liebe gestanden. –

THEOPHAN. Sie lieben Julianen? –

ADRAST *(spöttisch)*. Und was das schlimmste dabei ist, ohne den Theophan um Erlaubnis gebeten zu haben.

THEOPHAN. Stellen Sie sich deswegen zufrieden! Sie haben nur eine sehr kleine Formalität übergangen.

ADRAST. Ihre Gelassenheit, Theophan, ist hier nichts besonders. Sie glauben Ihrer Sachen gewiß zu sein. – – Und ach! wenn Sie es doch weniger wären! Wenn ich doch nur mit der geringsten Wahrscheinlichkeit hinzusetzen könnte, daß Juliane auch mich liebe. Was für eine Wollust sollte mir das Erschrecken sein, das sich in Ihrem Gesichte verraten würde! Was für ein Labsal für mich, wenn ich Sie seufzen hörte, wenn ich Sie zittern sähe! Wie würde ich mich freuen, wenn Sie Ihre ganze Wut an mir auslassen und mich voller Verzweiflung, ich weiß nicht wohin, verwünschen müßten!

THEOPHAN. So könnte Sie wohl kein Glück entzücken, wenn es nicht durch das Unglück eines andern gewürzt würde? – – Ich bedaure den Adrast! Die Liebe muß alle ihre verderbliche Macht an ihm verschwendet haben, weil er so unanständig reden kann.

ADRAST. Wohl! an dieser Miene, an dieser Wendung erinnere ich mich, was ich bin. Es ist wahr, ich bin Ihr Schuldner, Theophan, und gegen seine Schuldner hat man das Recht, immer ein wenig groß zu thun – – doch Geduld! ich hoffe es nicht lange mehr zu sein. Es hat sich noch ein ehrlicher Mann gefunden, der mich aus dieser Verlegenheit reißen will. Ich weiß nicht, wo er bleibt. Seinem Versprechen gemäß hätte er bereits mit dem Gelde hier sein sollen. Ich werde wohl thun, wenn ich ihn hole.

THEOPHAN. Aber noch ein Wort, Adrast. Ich will Ihnen mein ganzes Herz entdecken. – –

ADRAST. Diese Entdeckung würde mich nicht sehr belustigen. Ich gehe, und bald werde ich Ihnen mit einem kühnern Gesichte unter die Augen treten können. *(Geht ab.)*

THEOPHAN *(allein)*. Unbiegsamer Geist! Fast verzweifle ich an meinem Unternehmen. Alles ist bei ihm umsonst. Aber was würde er gesagt haben, wenn er mir Zeit gelassen hätte, ihn für sein Geständnis mit einem andern ähnlichen Geständnisse zu bezahlen? – – Sie kömmt.

Achter Auftritt

Henriette. Lisette. Theophan.

HENRIETTE. Nun? Theophan, habe ich Sie nicht zu einem artigen Anblicke verholfen?

THEOPHAN. Sie sind leichtfertig, schöne Henriette. Aber was meinen Sie für einen Anblick? Kaum, daß ich die Hauptsache mit Mühe und Not begriffen habe.

HENRIETTE. O schade! – Sie kamen also zu langsam? und Adrast lag nicht mehr vor meiner Schwester auf den Knien?

THEOPHAN. So hat er vor ihr auf den Knien gelegen?

LISETTE. Leider für Sie alle beide!

HENRIETTE. Und meine Schwester stand da – – ich kann es Ihnen nicht beschreiben – – stand da, fast als wenn sie ihn in dieser unbequemen Stellung gerne gesehen hätte. Sie dauern mich, Theophan! –

THEOPHAN. Soll ich Sie auch bedauern, mitleidiges Kind?

HENRIETTE. Mich bedauern? Sie sollen mir Glück wünschen.

LISETTE. Aber nein, so etwas schreit um Rache!

THEOPHAN. Und wie meint Lisette denn, daß man sich rächen könne?

LISETTE. Sie wollen sich also doch rächen?

THEOPHAN. Vielleicht.

LISETTE. Und Sie sich auch, Mamsell?

HENRIETTE. Vielleicht.

LISETTE. Gut, daß sind zwei Vielleicht, womit sich etwas anfangen läßt.

THEOPHAN. Aber es ist noch sehr ungewiß, ob Juliane den Adrast wiederliebt; und wenn dieses nicht ist, so würde ich zu zeitig auf Rache denken.

LISETTE. O! die christliche Seele! Nun überlegt sie erst, daß man sich nicht rächen soll.

THEOPHAN. Nicht so spöttisch, Lisette! Es würde hier von einer sehr unschuldigen Rache die Rede sein.

HENRIETTE. Das meine ich auch, von einer sehr unschuldigen.

LISETTE. Wer leugnet das? von einer so unschuldigen, daß man sich mit gutem Gewissen darüber beratschlagen kann. Hören Sie nur! Ihre Rache, Herr Theophan, wäre eine männliche Rache, nicht wahr? und Ihre Rache, Mamsell Henriette, wäre eine weibliche Rache: eine männliche Rache nun und eine weibliche Rache – – Ja! wie bringe ich wohl das Ding recht gescheut herum?

HENRIETTE. Du bist eine Närrin mitsamt deinen Geschlechtern.

LISETTE. Helfen Sie mir doch ein wenig, Herr Theophan. – – Was meinen Sie dazu? Wenn zwei Personen einerlei Weg gehen müssen, nicht wahr? so ist es gut, daß diese zwei Personen einander Gesellschaft leisten?

THEOPHAN. Ja wohl; aber vorausgesetzt, daß diese zwei Personen einander leiden können.

HENRIETTE. Das war der Punkt!

LISETTE *(beiseite)*. Will denn keines anbeißen? Ich muß einen andern Zipfel fassen. – – Es ist schon wahr, was Herr Theophan vorhin sagte, daß es nämlich noch sehr ungewiß sei, ob Mamsell Juliane den Adrast liebe. Ich setze sogar hinzu: Es ist noch sehr ungewiß, ob Herr Adrast Mamsell Julianen wirklich liebt.

HENRIETTE. O, schweig, du unglückliche Zweiflerin! Es soll nun aber gewiß sein!

LISETTE. Die Mannspersonen bekommen dann und wann gewisse Anfälle von einer gewissen wetterwendischen Krankheit, die aus einer gewissen Überladung des Herzens entspringt.

HENRIETTE. Aus einer Überladung des Herzens? Schön gegeben!

LISETTE. Ich will Ihnen gleich sagen, was das heißt. So wie Leute, die sich den Magen überladen haben, nicht eigentlich mehr wissen, was ihnen schmeckt und was ihnen nicht schmeckt, so geht es auch den Leuten, die sich das Herz überladen haben. Sie wissen selbst nicht mehr, auf welche Seite das überladene Herz hinhängt, und da trifft es sich denn wohl, daß kleine Irrungen in der Person daraus entstehen. – – Habe ich nicht recht, Herr Theophan?

THEOPHAN. Ich will es überlegen.

LISETTE. Sie sind freilich eine weit bessere Art von Mannspersonen, und ich halte Sie für allzu vorsichtig, als daß Sie Ihr Herz so überladen sollten. – – Aber wissen Sie wohl, was ich für einen Einfall habe, wie wir gleichwohl hinter die Wahrheit mit dem Herrn Adrast und der Mamsell Juliane kommen wollen?

THEOPHAN. Nun?

HENRIETTE. Du würdest mich neugierig machen, wenn ich nicht schon hinter der Wahrheit wäre. – –

LISETTE. Wie, wenn wir einen gewissen blinden Lärm machten?

HENRIETTE. Was ist das wieder?

LISETTE. Ein blinder Lärm ist ein Lärm, wohinter nichts ist, der aber doch die Gabe hat, den Feind – – zu einer gewissen Aufmerksamkeit zu bringen. – – Zum Exempel: Um zu erfahren, ob Mamsell Juliane den Adrast liebe, müßte sich Herr Theophan in jemand anders verliebt stellen; und um zu erfahren, ob Adrast Mamsell Julianen liebe, müßten Sie sich in jemand anders verliebt stellen. Und da es nun nicht lassen würde, wenn sich Herr Theophan in mich verliebt stellte, noch viel weniger, wenn Sie sich in seinen Martin verliebt stellen wollten, so wäre, kurz und gut, mein Rat: Sie stellten sich beide in einander verliebt. – – Ich rede nur von Stellen; merken Sie wohl, was ich sage! nur von Stellen; denn sonst könnte der blinde Lärm auf einmal Augen kriegen. – – Nun sagen Sie mir beide, ist der Anschlag nicht gut?

THEOPHAN *(beiseite)*. Wo ich nicht gehe, so wird sie noch machen, daß ich mich werde erklären müssen. – – Der Anschlag ist so schlimm nicht; aber – –

LISETTE. Sie sollen sich ja nur stellen. –

THEOPHAN. Das Stellen eben ist es, was mir dabei nicht gefällt.

LISETTE. Und Sie, Mamsell?

HENRIETTE. Ich bin auch keine Liebhaberin vom Stellen.

LISETTE. Besorgen Sie beide etwa, daß Sie es zu natürlich machen möchten? –Was stehen Sie so auf dem Sprunge, Herr Theophan? Was stehen Sie so in Gedanken, Mamsell?

HENRIETTE. O, geh! es wäre in meinem Leben das erstemal.

THEOPHAN. Ich muß mich auf einige Augenblicke beurlauben, schönste Henriette. –

LISETTE. Es ist nicht nötig. Sie sollen mir wahrhaftig nicht nachsagen, daß ich Sie weggeplaudert habe. Kommen Sie, Mamsell! –

HENRIETTE. Es ist auch wahr, dein Plaudern ist manchmal recht ärgerlich. Komm! – – Theophan, soll ich sagen, daß Sie nicht lange weg sein werden?

THEOPHAN. Wenn ich bitten darf. – –

(Henriette und Lisette gehen auf der einen Seite ab. Indem Theophan auf der andern abgehen will, begegnet ihm der Wechsler.)

Neunter Auftritt

Theophan. Der Wechsler.

DER WECHSLER. Sie werden verzeihen, mein Herr. Ich möchte nur ein Wort mit dem Herrn Adrast sprechen.

THEOPHAN. Eben jetzt ist er ausgegangen. Wollen Sie mir es auftragen? – –

DER WECHSLER. Wenn ich so frei sein darf. – – Er hat eine Summe Geldes bei mir aufnehmen wollen, die ich ihm auch anfangs versprach. Ich habe aber nunmehr Bedenklichkeiten gefunden, und ich komme, es ihm wieder abzusagen; das ist es alles.

THEOPHAN. Bedenklichkeiten, mein Herr? Was für Bedenklichkeiten? doch wohl keine von Seiten des Adrast?

DER WECHSLER. Warum nicht?

THEOPHAN. Ist er kein Mann von Kredit?

DER WECHSLER. Kredit, mein Herr, Sie werden wissen, was das ist. Man kann heute Kredit haben, ohne gewiß zu sein, daß man ihn morgen haben wird. Ich habe seine jetzigen Umstände erfahren. –

THEOPHAN *(beiseite)*. Ich muß mein möglichstes thun, daß diese nicht auskommen. – – Sie müssen die falschen erfahren haben. – – Kennen Sie mich, mein Herr? –

DER WECHSLER. Von Person nicht; vielleicht, wann ich Ihren Namen hören sollte. – –

THEOPHAN. Theophan.

DER WECHSLER. Ein Name, von dem ich allezeit das beste gehört habe.

THEOPHAN. Wenn Sie dem Herrn Adrast die verlangte Summe nicht auf seine Unterschrift geben wollen, wollen Sie es wohl auf die meinige thun?

DER WECHSLER. Mit Vergnügen.

THEOPHAN. Haben Sie also die Güte, mich auf meine Stube zu begleiten. Ich will Ihnen die nötigen Versicherungen ausstellen, wobei es bloß darauf ankommen wird, diese Bürgschaft vor dem Adrast selbst geheim zu halten.

DER WECHSLER. Vor ihm selbst?

THEOPHAN. Allerdings; um ihm den Verdruß über Ihr Mißtrauen zu ersparen. – –

DER WECHSLER. Sie müssen ein großmütiger Freund sein. – –

THEOPHAN. Lassen Sie uns nicht länger verziehen.

(Gehen ab.)

Fünfter Aufzug

Erster Auftritt

Der Wechsler von der einen Seite und von der andern Adrast.

ADRAST *(vor sich).* Ich habe meinen Mann nicht finden können. – –

DER WECHSLER *(vor sich).* So lasse ich es mir gefallen. –

ADRAST. Aber sieh da! – – Ei! mein Herr, finde ich Sie hier? So sind wir ohne Zweifel einander fehlgegangen?

DER WECHSLER. Es ist mir lieb, mein Herr Adrast, daß ich Sie noch treffe.

ADRAST. Ich habe Sie in Ihrer Wohnung gesucht. Die Sache leidet keinen Aufschub. Ich kann mich doch noch auf Sie verlassen?

DER WECHSLER. Nunmehr, ja.

ADRAST. Nunmehr? Was wollen Sie damit?

DER WECHSLER. Nichts. Ja, Sie können sich auf mich verlassen.

ADRAST. Ich will nicht hoffen, daß Sie einiges Mißtrauen gegen mich haben?

DER WECHSLER. Im geringsten nicht.

ADRAST. Oder daß man Ihnen einiges beizubringen gesucht hat?

DER WECHSLER. Noch viel weniger.

ADRAST. Wir haben bereits mit einander zu thun gehabt, und Sie sollen mich auch künftig als einen ehrlichen Mann finden.

DER WECHSLER. Ich bin ohne Sorgen.

ADRAST. Es liegt meiner Ehre daran, diejenigen zu Schanden zu machen, die boshaft genug sind, meinen Kredit zu schmälern.

DER WECHSLER. Ich finde, daß man das Gegenteil thut.

ADRAST. O sagen Sie das nicht! Ich weiß wohl, daß ich meine Feinde habe –

DER WECHSLER. Sie haben aber auch Ihre Freunde. – –

ADRAST. Aufs höchste dem Namen nach. Ich würde auszulachen sein, wenn ich auf sie rechnen wollte. – – Und glauben Sie, mein Herr, daß es mir nicht einmal lieb ist, daß Sie in meiner Abwesenheit hier in diesem Hause gewesen sind?

DER WECHSLER. Und es muß Ihnen doch lieb sein.

ADRAST. Es ist zwar das Haus, zu welchem ich mir nichts als Gutes versehen sollte; aber eine gewisse Person darin, mein Herr, eine gewisse Person -- Ich weiß, ich würde es empfunden haben, wenn Sie mit derselben gesprochen hätten.

DER WECHSLER. Ich habe eigentlich mit niemandem gesprochen; diejenige Person aber, bei welcher ich mich nach Ihnen erkundigte, hat die größte Ergebenheit gegen Sie bezeigt.

ADRAST. Ich kann es Ihnen wohl sagen, wer die Person ist, vor deren übeln Nachrede ich mich einigermaßen fürchte. Es wird sogar gut sein, wenn Sie es wissen, damit Sie, wenn Ihnen nachteilige Dinge von mir zu Ohren kommen sollten, den Urheber kennen.

DER WECHSLER. Ich werde nicht nötig haben, darauf zu hören.

ADRAST. Aber doch -- Mit einem Worte, es ist Theophan.

DER WECHSLER *(erstaunt)*. Theophan?

ADRAST. Ja, Theophan. Er ist mein Feind --

DER WECHSLER. Theophan Ihr Feind?

ADRAST. Sie erstaunen?

DER WECHSLER. Nicht ohne die größte Ursache. -

ADRAST. Ohne Zweifel weil Sie glauben, daß ein Mann von seinem Stande nicht anders als großmütig und edel sein könne? --

DER WECHSLER. Mein Herr --

ADRAST. Er ist der gefährlichste Heuchler, den ich unter seinesgleichen noch jemals gefunden habe.

DER WECHSLER. Mein Herr --

ADRAST. Er weiß, daß ich ihn kenne, und giebt sich daher alle Mühe, mich zu untergraben. --

DER WECHSLER. Ich bitte Sie --

ADRAST. Wenn Sie etwa eine gute Meinung von ihm haben, so irren Sie sich sehr. Vielleicht zwar, daß Sie ihn nur von der Seite seines Vermögens kennen, und wider dieses habe ich nichts; er ist reich; aber eben sein Reichtum schafft ihm Gelegenheit, auf die allerfeinste Art schaden zu können.

DER WECHSLER. Was sagen Sie?

ADRAST. Er wendet unbeschreibliche Ränke an, mich aus diesem Hause zu bringen, Ränke, denen er ein so unschuldiges Ansehen geben kann, daß ich selbst darüber erstaune.

DER WECHSLER. Das ist zu arg! Länger kann ich durchaus nicht schweigen. Mein Herr, Sie hintergehen sich auf die erstaunlichste Art. – –

ADRAST. Ich mich?

DER WECHSLER. Theophan kann das unmöglich sein, wofür Sie ihn ausgeben. Hören Sie alles! Ich kam hierher, mein Ihnen gegebenes Wort wieder zurückzunehmen. Ich hatte von sicherer Hand, nicht vom Theophan, Umstände von Ihnen erfahren, die mich dazu nötigten. Ich fand ihn hier, und ich glaubte, es ihm ohne Schwierigkeit sagen zu dürfen. –

ADRAST. Dem Theophan? Wie wird sich der Niederträchtige gekitzelt haben!

DER WECHSLER. Gekitzelt? Er hat auf das nachdrücklichste für Sie gesprochen. Und kurz, wenn ich Ihnen mein erstes Versprechen halte, so geschieht es bloß in Betrachtung seiner.

ADRAST. In Betrachtung seiner? – Wo bin ich?

DER WECHSLER. Er hat mir schriftliche Versicherungen gegeben, die ich als eine Bürgschaft für Sie ansehen kann. Zwar hat er mir es zugleich verboten, jemandem das geringste davon zu sagen; allein ich konnte es unmöglich anhören, daß ein rechtschaffner Mann so unschuldig verlästert würde. Sie können die verlangte Summe bei mir abholen lassen, wenn es Ihnen beliebt. Nur werden Sie mir den Gefallen thun und sich nichts gegen ihn merken lassen. Er bezeigte bei dem ganzen Handel so viel Aufrichtigkeit und Freundschaft für Sie, daß er ein Unmensch sein müßte, wenn er die Verstellung bis dahin treiben könnte. – Leben Sie wohl! *(Geht ab.)*

Zweiter Auftritt

Adrast.

– – Was für ein neuer Streich! – Ich kann nicht wieder zu mir selbst kommen! – – Es ist nicht auszuhalten! – Verachtungen, Beleidigungen – Beleidigungen in dem Gegenstande, der ihm der liebste sein muß: – – Alles ist umsonst; nichts will er fühlen! Was kann ihn so verhärten? Die Bosheit allein, die Begierde allein, seine Rache reif werden zu lassen. – – Wen sollte dieser Mann nicht hinter das Licht führen? Ich weiß nicht, was ich denken soll. Er dringt seine Wohlthaten mit einer Art auf – – Aber verwünscht sind seine Wohlthaten und seine Art! Und wenn auch keine Schlange unter diesen Blumen läge, so würde ich ihn doch nicht anders als hassen können. Hassen werde ich ihn, und wenn er mir das Leben rettete. Er hat mir das geraubt, was kostbarer ist als das Leben: das Herz meiner Juliane; ein Raub, den er nicht ersetzen kann, und wenn er sich mir zu eigen schenkte. Doch er will ihn nicht ersetzen; ich dichte ihm noch eine zu gute Meinung an. – –

Dritter Auftritt

Theophan. Adrast.

THEOPHAN. In welcher heftigen Bewegung treffe ich Sie abermal, Adrast?

ADRAST. Sie ist Ihr Werk.

THEOPHAN. So muß sie eines von denen Werken sein, die wir alsdann wider unsern Willen hervorbringen, wenn wir uns am meisten nach ihrem Gegenteile bestreben. Ich wünsche nichts, als Sie ruhig zu sehen, damit Sie mit kaltem Blute von einer Sache mit mir reden könnten, die uns beide nicht näher angehen kann.

ADRAST. Nicht wahr, Theophan? es ist der höchste Grad der List, wenn man alle seine Streiche so zu spielen weiß, daß die, denen man sie spielt, selbst nicht wissen, ob und was für Vorwürfe sie uns machen sollen?

THEOPHAN. Ohne Zweifel.

ADRAST. Wünschen Sie sich Glück: Sie haben diesen Grad erreicht.

THEOPHAN. Was soll das wieder?

ADRAST. Ich versprach Ihnen vorhin, die bewußten Wechsel zu bezahlen – *(Spöttisch.)* Sie werden es nicht übel nehmen, es kann nunmehr nicht sein. Ich will Ihnen anstatt der zerrissenen andere Wechsel schreiben.

THEOPHAN *(in eben dem Tone)*. Es ist wahr, ich habe sie in keiner andern Absicht zerrissen, als neue von Ihnen zu bekommen. –

ADRAST. Es mag Ihre Absicht gewesen sein oder nicht, Sie sollen Sie haben. – Wollten Sie aber nicht etwa gern erfahren, warum ich sie nunmehr nicht bezahlen kann?

THEOPHAN. Nun?

ADRAST. Weil ich die Bürgschaften nicht liebe.

THEOPHAN. Die Bürgschaften?

ADRAST. Ja, und weil ich Ihrer Rechten nichts geben mag, was ich aus Ihrer Linken nehmen müßte.

THEOPHAN *(beiseite)*. Der Wechsler hat mir nicht reinen Mund gehalten!

ADRAST. Sie verstehen mich doch?

THEOPHAN. Ich kann es nicht mit Gewißheit sagen.

ADRAST. Ich gebe mir alle Mühe, Ihnen auf keine Weise verbunden zu sein; muß es mich also nicht verdrießen, daß Sie mich in den Verdacht bringen, als ob ich es gleichwohl zu sein Ursache hätte?

THEOPHAN. Ich erstaune über Ihre Geschicklichkeit, alles auf der schlimmsten Seite zu betrachten.

ADRAST. Und wie Sie gehört haben, so bin ich über die Ihrige erstaunt, diese schlimme Seite so vortrefflich zu verbergen. Noch weiß ich selbst nicht eigentlich, was ich davon denken soll.

THEOPHAN. Weil Sie das Natürlichste davon nicht denken wollen.

ADRAST. Dieses Natürlichste, meinen Sie vielleicht, wäre das, wenn ich dächte, daß Sie diesen Schritt aus Großmut, aus Vorsorge für meinen guten Namen gethan hätten? Allein, mit Erlaubnis, hier wäre es gleich das Unnatürlichste.

THEOPHAN. Sie haben doch wohl recht. Denn wie wäre es immer möglich, daß ein Mann von meinem Stande nur halb so menschliche Gesinnungen haben könnte?

ADRAST. Lassen Sie uns Ihren Stand einmal beiseite setzen.

THEOPHAN. Sollten Sie das wohl können? –

ADRAST. Gesetzt also, Sie wären keiner von den Leuten, die, den Charakter der Frömmigkeit zu behaupten, ihre Leidenschaften so geheim als möglich halten müssen, die anfangs aus Wohlstand heucheln lernen und endlich die Heuchelei als eine zweite Natur beibehalten, die nach ihren Grundsätzen verbunden sind, sich ehrlicher Leute, welche sie die Kinder der Welt nennen, zu entziehen, oder wenigstens aus keiner andern Absicht Umgang mit ihnen zu pflegen, als aus der niederträchtigen Absicht, sie auf ihre Seite zu lenken; gesetzt, Sie wären keiner von diesen: sind Sie nicht wenigstens der Mensch, der Beleidigungen empfindet? Und auf einmal alles in allem zu sagen: – – Sind Sie nicht ein Liebhaber, welcher Eifersucht fühlen muß?

THEOPHAN. Es ist mir angenehm, daß Sie endlich auf diesen Punkt herauskommen.

ADRAST. Vermuten Sie aber nur nicht, daß ich mit der geringsten Mäßigung davon sprechen werde.

THEOPHAN. So will ich es versuchen, desto mehrere dabei zu brauchen.

ADRAST. Sie lieben Julianen, und ich – ich – was suche ich lange noch Worte? – Ich hasse Sie wegen dieser Liebe, ob ich gleich kein Recht auf den geliebten Gegenstand habe; und Sie, der Sie ein Recht darauf haben, sollten mich, der ich Sie um dieses Recht beneide, nicht auch hassen?

THEOPHAN. Gewiß, ich sollte nicht. – Aber lassen Sie uns doch das Recht untersuchen, das Sie und ich auf Julianen haben!

ADRAST. Wenn dieses Recht auf die Stärke unsrer Liebe ankäme, so würde ich es Ihnen vielleicht noch streitig machen. Es ist Ihr Glück, daß es auf die Einwilligung eines Vaters und auf den Gehorsam einer Tochter ankömmt. – –

THEOPHAN. Hierauf will ich es durchaus nicht ankommen lassen. Die Liebe allein soll Richter sein. Aber merken Sie wohl, nicht bloß unsere, sondern vornehmlich die Liebe derjenigen, in deren Besitz Sie mich glauben. Wenn Sie mich überführen können, daß Sie von Julianen wiedergeliebt werden – –

ADRAST. So wollen Sie mir vielleicht Ihre Ansprüche abtreten?

THEOPHAN. So muß ich.

ADRAST. Wie höhnisch Sie mit mir umgehen! – – Sie sind Ihrer Sachen gewiß und überzeugt, daß Sie bei dieser Rodomontade nichts aufs Spiel setzen.

THEOPHAN. Also können Sie mir es nicht sagen, ob Sie Juliane liebet?

ADRAST. Wenn ich es könnte, würde ich wohl unterlassen, Sie mit diesem Vorzuge zu peinigen?

THEOPHAN. Stille! Sie machen sich unmenschlicher, als Sie sind. – – Nun wohl! So will ich – ich will es Ihnen sagen, daß Sie Juliane liebt.

ADRAST. Was sagen Sie? – – Doch fast hätte ich über das Entzückende dieser Versicherung vergessen, aus wessen Munde ich sie höre. Recht so! Theophan, recht so! Man muß über seine Feinde spotten. Aber wollen Sie, diese Spötterei vollkommen zu machen, mich nicht auch versichern, daß Sie Julianen nicht lieben?

THEOPHAN *(verdrießlich)*. Es ist unmöglich, mit Ihnen ein vernünftiges Wort zu sprechen. *(Er will weggehen.)*

ADRAST *(beiseite)*. Er wird zornig? – Warten Sie doch, Theophan! Wissen Sie, daß die erste aufgebrachte Miene, die ich endlich von Ihnen sehe, mich begierig macht, dieses vernünftige Wort zu hören?

THEOPHAN *(zornig)*. Und wissen Sie, daß ich endlich Ihres schimpflichen Betragens überdrüssig bin?

ADRAST *(beiseite)*. Er macht Ernst –

THEOPHAN *(noch zornig)*. Ich will mich bestreben, daß Sie den Theophan so finden sollen, als Sie ihn sich vorstellen.

ADRAST. Verzeihen Sie. Ich glaube in Ihrem Trotze mehr Aufrichtigkeit zu sehen, als ich jemals in Ihrer Freundlichkeit gesehen habe.

THEOPHAN. Wunderbarer Mensch! Muß man sich Ihnen gleich stellen, muß man ebenso stolz, ebenso argwöhnisch, ebenso grob sein als Sie, um Ihr elendes Vertrauen zu gewinnen?

ADRAST. Ich werde Ihnen diese Sprache ihrer Neuheit wegen vergeben müssen.

THEOPHAN. Sie soll Ihnen alt genug werden!

ADRAST. Aber in der That – – Sie machen mich vollends verwirrt. Müssen Sie mir Dinge, worauf alle mein Wohl ankömmt, mit einem fröhlichen Gesichte sagen? Ich bitte Sie, sagen Sie es jetzt noch einmal, was ich vorhin für eine Spötterei aufnehmen mußte.

THEOPHAN. Wenn ich es sage, glauben Sie nur nicht, daß es um Ihretwillen geschieht.

ADRAST. Desto mehr werde ich mich darauf verlassen.

THEOPHAN. Aber ohne mich zu unterbrechen, das bitte ich. – –

ADRAST. Reden Sie nur.

THEOPHAN. Ich will Ihnen den Schlüssel zu dem, was Sie hören sollen, gleich voraus geben. Meine Neigung hat mich nicht weniger betrogen, als Sie die Ihrige. Ich kenne und bewundere alle die Vollkommenheiten, die Julianen zu einer Zierde ihres Geschlechts machen; aber – ich liebe sie nicht.

ADRAST. Sie – –

THEOPHAN. Es ist gleichviel, ob Sie es glauben oder nicht glauben. – – Ich habe mir Mühe genug gegeben, meine Hochachtung in Liebe zu verwandeln. Aber eben bei dieser Bemühung habe ich Gelegenheit gehabt, es oft sehr deutlich zu merken, daß sich Juliane einen ähnlichen Zwang anthut. Sie wollte mich lieben und liebte mich nicht. Das Herz nimmt keine Gründe an und will in diesem, wie in andern Stücken, seine Unabhängigkeit von dem Verstande behaupten. Man kann es tyrannisieren, aber nicht zwingen. Und was hilft es, sich selbst zum Märtyrer seiner Überlegungen zu machen, wenn man gewiß weiß, daß man keine Beruhigung dabei finden kann? Ich erbarmte mich also Julianens – – oder vielmehr, ich erbarmte mich meiner selbst; ich unterdrückte meine wachsende Neigung gegen eine andre Person nicht länger und sahe es mit Vergnügen, daß auch Juliane zu ohnmächtig oder zu nachsehend war, der ihrigen zu widerstehen. Diese ging auf einen Mann, der ihrer ebenso unwürdig ist, als unwürdig er ist, einen Freund zu haben. Adrast würde sein Glück in ihren Augen längst gewahr geworden sein, wenn Adrast gelassen genug wäre, richtige Blicke zu thun. Er betrachtet alles durch das gefärbte Glas seiner vorgefaßten Meinungen und alles obenhin, und würde wohl oft lieber seine Sinne verleugnen als seinen Wahn aufgeben. Weil Juliane ihn liebenswürdig fand, konnte ich mir unmöglich einbilden, daß er so gar verderbt sei. Ich sann auf Mittel, es beiden mit der besten Art beizubringen, daß sie mich nicht als eine gefährliche Hinderung ansehen sollten. Ich kam nur jetzt in dieser Absicht hierher; allein ließ mich Adrast ohne die schimpflichsten Abschreckungen darauf kommen? Ich würde ihn ohne ein weiteres Wort verlassen haben, wenn ich mich nicht noch derjenigen Person wegen gezwungen hätte, der ich von Grund meiner Seelen alles gönne, was sie sich selbst wünscht. – – Mehr habe ich ihm nicht zu sagen. *(Er will fortgehen.)*

ADRAST. Wohin, Theophan? – – Urteilen Sie aus meinem Stillschweigen, wie groß mein Erstaunen sein müsse! – Es ist eine menschliche

Schwachheit, sich dasjenige leicht überreden zu lassen, was man heftig wünscht. Soll ich ihr nachhängen? Soll ich sie unterdrücken? –

THEOPHAN. Ich will bei Ihrer Überlegung nicht gegenwärtig sein. – –

ADRAST. Wehe dem, der mich auf eine so grausame Art aufzuziehen denkt!

THEOPHAN. So räche mich denn Ihre marternde Ungewißheit an Ihnen!

ADRAST *(beiseite)*. Jetzt will ich ihn fangen. – – Wollen Sie mir noch ein Wort erlauben, Theophan? – – Wie können Sie über einen Menschen zürnen, der mehr aus Erstaunen über sein Glück als aus Mißtrauen gegen Sie zweifelt? – –

THEOPHAN. Adrast, ich werde mich schämen, nur einen Augenblick gezürnt zu haben, sobald Sie vernünftig reden wollen.

ADRAST. Wenn es wahr ist, daß Sie Julianen nicht lieben, wird es nicht nötig sein, daß Sie sich dem Lisidor entdecken?

THEOPHAN. Allerdings.

ADRAST. Und Sie sind es wirklich gesonnen?

THEOPHAN. Und zwar je eher je lieber.

ADRAST. Sie wollen dem Lisidor sagen, daß Sie Julianen nicht lieben?

THEOPHAN. Was sonst?

ADRAST. Daß Sie eine andere Person lieben?

THEOPHAN. Vor allen Dingen! Um ihm durchaus keine Ursache zu geben, Julianen die rückgängige Verbindung zur Last zu legen.

ADRAST. Wollten Sie wohl alles dieses gleich jetzo thun?

THEOPHAN. Gleich jetzo? –

ADRAST *(beiseite)*. Nun habe ich ihn! – Ja, gleich jetzo.

THEOPHAN. Wollten Sie aber auch wohl eben diesen Schritt thun? Wollten auch Sie dem Lisidor wohl sagen, daß Sie Henrietten nicht liebten?

ADRAST. Ich brenne vor Verlangen.

THEOPHAN. Und daß Sie Julianen liebten?

ADRAST. Zweifeln Sie?

THEOPHAN. Nun wohl! So kommen Sie!

ADRAST *(beiseite)*. Er will? –

THEOPHAN. Nur geschwind!

ADRAST. Überlegen Sie es recht!

THEOPHAN. Und was soll ich denn noch überlegen?

ADRAST. Noch ist es Zeit. – –

THEOPHAN. Sie halten sich selbst auf. Nur fort! – *(Indem er vorangehen will.)* Sie bleiben zurück? Sie stehen in Gedanken? Sie sehen mich mit einem Auge an, das Erstaunen verrät? Was soll das? –

ADRAST *(nach einer kleinen Pause).* Theophan! – –

THEOPHAN. Nun? – – Bin ich nicht bereit?

ADRAST *(gerührt).* Theophan! – – Sie sind doch wohl ein ehrlicher Mann.

THEOPHAN. Wie kommen Sie jetzt darauf?

ADRAST. Wie ich jetzt darauf komme? Kann ich einen stärkern Beweis verlangen, daß Ihnen mein Glück nicht gleichgiltig ist?

THEOPHAN. Sie erkennen dieses sehr spät – aber Sie erkennen es doch noch. – – Liebster Adrast, ich muß Sie umarmen – –

ADRAST. Ich schäme mich – – lassen Sie mich allein; ich will Ihnen bald folgen. – –

THEOPHAN. Ich werde Sie nicht allein lassen. – Ist es möglich, daß ich Ihren Abscheu gegen mich überwunden habe? daß ich ihn durch eine Aufopferung überwunden habe, die mir so wenig kostet? Ach! Adrast, Sie wissen noch nicht, wie eigennützig ich dabei bin; ich werde vielleicht alle Ihre Hochachtung dadurch wieder verlieren: – – ich liebe Henrietten.

ADRAST. Sie lieben Henrietten? Himmel! So können wir ja hier noch beide glücklich sein. Warum haben wir uns nicht eher erklären müssen? O Theophan! Theophan! Ich würde Ihre ganze Aufführung mit einem andern Auge angesehen haben. Sie würden der Bitterkeit meines Verdachtes, meiner Vorwürfe nicht ausgesetzt gewesen sein.

THEOPHAN. Keine Entschuldigungen, Adrast! Vorurteile und eine unglückliche Liebe sind zwei Stücke, deren eines schon hinreichet, einen Mann zu etwas ganz anderm zu machen, als er ist. – – Aber was verweilen wir hier länger?

ADRAST. Ja, Theophan, nun lassen Sie uns eilen! – – Aber wenn uns Lisidor zuwider wäre? – – Wenn Juliane einen andern liebte? – –

THEOPHAN. Fassen Sie Mut! Hier kömmt Lisidor.

Vierter Auftritt

Lisidor. Theophan. Adrast.

LISIDOR. Ihr seid mir feine Leute! Soll ich denn beständig mit dem fremden Vetter allein sein?

THEOPHAN. Wir waren gleich im Begriff, zu Ihnen zu kommen.

LISIDOR. Was habt ihr nun wieder zusammen gemacht? Gestritten? Glaubt mir doch nur, aus dem Streiten kömmt nichts heraus. Ihr habt alle beide, alle beide habt ihr Recht. – – Zum Exempel: *(Zum Theophan.)* Der spricht, die Vernunft ist schwach, und der *(Zum Adrast.)* spricht, die Vernunft ist stark. Jener beweiset mit starken Gründen, daß die Vernunft schwach ist, und dieser mit schwachen Gründen, daß sie stark ist. Kommt das nun nicht auf eins heraus? Schwach und stark oder stark und schwach, was ist denn da für ein Unterschied?

THEOPHAN. Erlauben Sie, wir haben jetzt weder von der Stärke, noch von der Schwäche der Vernunft gesprochen – –

LISIDOR. Nun! So war es von etwas anderm, das ebenso wenig zu bedeuten hat. – Von der Freiheit etwa, ob ein hungriger Esel, der zwischen zwei Bündeln Heu steht, die einander vollkommen gleich sind, das Vermögen hat, von dem ersten von dem besten zu fressen, oder ob der Esel so ein Esel sein muß, daß er lieber verhungert? – –

ADRAST. Auch daran ist nicht gedacht worden. Wir beschäftigten uns mit einer Sache, bei der das Vornehmste nunmehr auf Sie ankömmt.

LISIDOR. Auf mich?

THEOPHAN. Auf Sie, der Sie unser ganzes Glück in Händen haben.

LISIDOR. O! Ihr werdet mir einen Gefallen thun, wenn ihr es so geschwind als möglich in eure eignen Hände nehmt. – Ihr meint doch wohl das Glück in Fischbeinröcken? Schon lange habe ich es selber nicht mehr gern behalten wollen, denn der Mensch ist ein Mensch, und eine Jungfer eine Jungfer; und Glück und Glas, wie bald bricht das!

THEOPHAN. Wir werden zeitlebens nicht dankbar genug sein können, daß Sie uns einer so nahen Verbindung gewürdiget haben. Allein es stößt sich noch an eine sehr große Schwierigkeit.

LISIDOR. Was?

ADRAST. An eine Schwierigkeit, die unmöglich vorauszusehen war.

LISIDOR. Nu?

THEOPHAN UND ADRAST. Wir müssen Ihnen gestehen –

LISIDOR. Alle beide zugleich? Was wird das sein? Ich muß euch ordentlich vernehmen. – – Was gestehen Sie, Theophan? – –

THEOPHAN. Ich muß Ihnen gestehen – daß ich Julianen nicht liebe.

LISIDOR. Nicht liebe? Habe ich recht gehört? – Und was ist denn Ihr Geständnis, Adrast? – –

ADRAST. Ich muß Ihnen gestehen – – daß ich Henrietten nicht liebe.

LISIDOR. Nicht liebe? – – Sie nicht lieben und Sie nicht lieben, das kann unmöglich sein! Ihr Streitköpfe, die ihr noch nie einig gewesen seid, solltet jetzo zum erstenmale einig sein, da es darauf ankömmt, mir den Stuhl vor die Thüre zu setzen? – Ach! Ihr scherzt; nun merke ich's erst.

ADRAST. Wir? scherzen?

LISIDOR. Oder ihr müßt nicht klug im Kopfe sein. Ihr meine Töchter nicht lieben? Die Mädel weinen sich die Augen aus dem Kopfe. – – Aber warum denn nicht? wenn ich fragen darf. Was fehlt denn Julianen, daß Sie sie nicht lieben können?

THEOPHAN. Ihnen die Wahrheit zu gestehen, ich glaube, daß ihr Herz selbst für einen andern eingenommen ist.

ADRAST. Und eben dieses vermute ich mit Grunde auch von Henrietten.

LISIDOR. Ho! ho! dahinter muß ich kommen. – – Lisette! he! Lisette! – – Ihr seid also wohl gar eifersüchtig und wollt nur drohen?

THEOPHAN. Drohen? da wir Ihrer Güte jetzt am nötigsten haben?

LISIDOR. Heda! Lisette!

Fünfter Auftritt

Lisette. Lisidor. Theophan. Adrast.

LISETTE. Hier bin ich ja schon! Was giebt's?

LISIDOR. Sage, sie sollen gleich herkommen!

LISETTE. Wer denn?

LISIDOR. Beide! Hörst du nicht?
LISETTE. Meine Jungfern?
LISIDOR. Fragst du noch?
LISETTE. Gleich will ich sie holen. *(Indem sie wieder umkehrt.)* Kann ich ihnen nicht voraussagen, was sie hier sollen?
LISIDOR. Nein!
LISETTE *(geht und kömmt wieder)*. Wenn sie mich nun aber fragen?
LISIDOR. Wirst du gehen?
LISETTE. Ich geh' – – *(Kömmt wieder.)* Es ist wohl etwas wichtiges?
LISIDOR. Ich glaube, du Maulaffe willst es eher wissen als sie?
LISETTE. Nur sachte! Ich bin so neugierig nicht.

Sechster Auftritt

Lisidor. Theophan. Adrast.

LISIDOR. Ihr habt mich auf einmal ganz verwirrt gemacht. Doch nur Geduld, ich will das Ding schon wieder in seine Wege bringen. Das wäre mir gelegen, wenn ich mir ein Paar andre Schwiegersöhne suchen müßte! Ihr waret mir gleich so recht, und so ein Paar bekomme ich nicht wieder zusammen, wenn ich mir sie auch bestellen ließe.
ADRAST. Sie sich andre Schwiegersöhne suchen? – – Was für ein Unglück drohen Sie uns?
LISIDOR. Ihr wollt doch wohl nicht die Mädel heiraten, ohne sie zu lieben? Da bin ich auch euer Diener.
THEOPHAN. Ohne sie zu lieben?
ADRAST. Wer sagt das?
LISIDOR. Was habt ihr denn sonst gesagt?
ADRAST. Ich bete Julianen an.
LISIDOR. Julianen?
THEOPHAN. Ich liebe Henrietten mehr als mich selbst.
LISIDOR. Henrietten? – Uph! Wird mir doch auf einmal ganz wieder leichte. – Ist das der Knoten? Also ist es weiter nichts, als daß sich einer in des andern seine Liebste verliebt hat? Also wäre der ganze Plunder mit einem Tausche gut zu machen?
THEOPHAN. Wie gütig sind Sie, Lisidor!

ADRAST. Sie erlauben uns also – –

LISIDOR. Was will ich thun? Es ist doch immer besser, ihr tauscht vor der Hochzeit, als daß ihr nach der Hochzeit tauscht. Wenn es meine Töchter zufrieden sind, ich bin es zufrieden.

ADRAST. Wir schmeicheln uns, daß sie es sein werden. – – Aber bei der Liebe, Lisidor, die Sie gegen uns zeigen, kann ich unmöglich anders, ich muß Ihnen noch ein Geständnis thun.

LISIDOR. Noch eins?

ADRAST. Ich würde nicht rechtschaffen handeln, wenn ich Ihnen meine Umstände verhehlte.

LISIDOR. Was für Umstände?

ADRAST. Mein Vermögen ist so geschmolzen, daß ich, wenn ich alle meine Schulden bezahle, nichts übrig behalte.

LISIDOR. O, schweig doch davon! Habe ich schon nach deinem Vermögen gefragt? Ich weiß so wohl, daß du ein lockerer Zeisig gewesen bist und alles durchgebracht hast; aber eben deswegen will ich dir eine Tochter geben, damit du doch wieder etwas hast. – – Nur stille! Da sind sie; laßt mich machen!

Siebenter Auftritt

Juliane. Henriette. Lisette. Lisidor. Theophan. Adrast.

LISETTE. Hier bringe ich sie, Herr Lisidor. Wir sind höchst begierig, zu wissen, was Sie zu befehlen haben.

LISIDOR. Seht freundlich aus, Mädchens! Ich will euch etwas Fröhliches melden: Morgen soll's richtig werden. Macht euch gefaßt!

LISETTE. Was soll richtig werden?

LISIDOR. Für dich wird nichts mit richtig. – Lustig, Mädchens! Hochzeit! Hochzeit! – Nu? Ihr seht ja so barmherzig aus? Was fehlt dir, Juliane?

JULIANE. Sie sollen mich allzeit gehorsam finden; aber nur dieses mal muß ich Ihnen vorstellen, daß Sie mich übereilen würden. – – Himmel! Morgen?

LISIDOR. Und du, Henriette?

HENRIETTE. Ich, lieber Herr Vater? Ich werde morgen krank sein, todsterbenskrank!

LISIDOR. Verschieb es immer bis übermorgen.

HENRIETTE. Es kann nicht sein. Adrast weiß meine Ursachen.

ADRAST. Ich weiß, schönste Henriette, daß Sie mich hassen.

THEOPHAN. Und Sie, liebste Juliane, Sie wollen gehorsam sein? – – Wie nahe scheine ich meinem Glücke zu sein, und wie weit bin ich vielleicht noch davon entfernt! – Mit was für einem Gesichte soll ich es Ihnen sagen, daß ich der Ehre Ihrer Hand unwert bin? daß ich mir bei aller der Hochachtung, die ich für eine so vollkommene Person hegen muß, doch nicht getraue, dasjenige für Sie zu empfinden, was ich nur für eine einzige Person in der Welt empfinden will.

LISETTE. Das ist ja wohl gar ein Korb? Es ist nicht erlaubt, daß auch Mannspersonen welche austeilen wollen. Hurtig also, Julianchen, mit der Sprache heraus!

THEOPHAN. Nur ein eitles Frauenzimmer könnte meine Erklärung beleidigen, und ich weiß, daß Juliane über solche Schwachheiten so weit erhaben ist – –

JULIANE. Ach, Theophan! ich höre es schon, Sie haben zu scharfe Blicke in mein Herz gethan. – –

ADRAST. Sie sind nun frei, schönste Juliane. Ich habe Ihnen kein Bekenntnis weiter abzulegen als das, welches ich Ihnen bereits abgelegt habe. – – Was soll ich hoffen?

JULIANE. Liebster Vater! – Adrast! – Theophan! – Schwester! – –

LISETTE. Nun merke ich alles. Geschwind muß das die Großmama erfahren. *(Lisette läuft ab.)*

LISIDOR *(zu Julianen)*. Siehst du, Mädchen, was du für Zeug angefangen hast?

THEOPHAN. Aber Sie, liebste Henriette, was meinen Sie hierzu? Ist Adrast nicht ein ungetreuer Liebhaber? Ach! wenn Sie Ihre Augen auf einen getreuern werfen wollten! Wir sprachen vorhin von Rache, von einer unschuldigen Rache – –

HENRIETTE. Topp! Theophan, ich räche mich.

LISIDOR. Fein bedächtig, Henriette! Hast du schon die Krankheit auf morgen vergessen?

HENRIETTE. Gut! Ich lasse mich verleugnen, wenn sie kömmt.

LISIDOR. Seid ihr aber nicht wunderliches Volk! Ich wollte jedem zu seinem Rocke egales Futter geben; aber ich sehe wohl, euer Geschmack ist bunt. Der Fromme sollte die Fromme, und der Lustige die Lustige haben: Nichts! Der Fromme will die Lustige, und der Lustige die Fromme.

Achter Auftritt

Frau Philane mit Lisetten, und die Vorigen.

FR. PHILANE. Kinder, was höre ich? Ist es möglich?

LISIDOR. Ja, Mama; ich glaube, Sie werden nicht dawider sein. Sie wollen nun einmal so – –

FR. PHILANE. Ich sollte dawider sein? Diese Veränderung ist mein Wunsch, mein Gebet gewesen. Ach, Adrast! ach, Henriette! für euch habe ich oft gezittert! Ihr würdet ein unglückliches Paar geworden sein! Ihr braucht beide einen Gefährten, der den Weg besser kennet als ihr. Theophan, Sie haben längst meinen Segen; aber wollen Sie mehr als diesen, wollen Sie auch den Segen des Himmels haben, so ziehen Sie eine Person aus Henrietten, die Ihrer wert ist. Und Sie, Adrast, ich habe Sie wohl sonst für einen bösen Mann gehalten; doch getrost! wer eine fromme Person lieben kann, muß selbst schon halb fromm sein. Ich verlasse mich seinetwegen auf dich, Julchen. – – Vor allen Dingen bringe ihm bei, wackern Leuten, rechtschaffenen Geistlichen, nicht so verächtlich zu begegnen, als er dem Theophan begegnet. – –

ADRAST. Ach! Madame, erinnern Sie mich an mein Unrecht nicht. Himmel! Wenn ich mich überall so irre, als ich mich bei Ihnen, Theophan, geirret habe: was für ein Mensch, was für ein abscheulicher Mensch bin ich! – –

LISIDOR. Habe ich's nicht gesagt, daß ihr die besten Freunde werden müßt, sobald als ihr Schwäger seid? Das ist nur der Anfang!

THEOPHAN. Ich wiederhole es, Adrast: Sie sind besser, als Sie glauben, besser, als Sie zeither haben scheinen wollen.

FR. PHILANE. Nun! Auch das ist mir ein Trost zu hören. – – *(Zum Lisidor.)* Komm mein Sohn, führe mich! Das Stehen wird mir zu sauer, und vor Freuden habe ich es ganz vergessen, daß ich Araspen allein gelassen.

LISIDOR. Ja, wahrhaftig! Da giebt's was zu erzählen. Kommen Sie, Mama! – – Aber keinen Tausch weiter! keinen Tausch weiter!

LISETTE. Wie übel ist unsereines dran, das nichts zu tauschen hat!

Der Schatz

Ein Lustspiel in einem Aufzuge

1750

Personen

LEANDER
STALENO, sein Freund
PHILTO, ein Alter
LELIO, des Anselmus Sohn
MASKARILL, des Lelio Bedienter
ANSELMO
RAPS
EIN TRÄGER
EIN ANDRER TRÄGER

Die Szene ist auf der Straße

Erster Auftritt

Leander. Staleno.

STALENO. Ei! Leander, so jung, und er hat sich schon ein Mädchen ausgesehen?

LEANDER. Das wird dem Mädchen eben lieb sein, daß ich jung bin. Und wie jung denn? Wenn ich noch einmal so alt wäre, so könnte ich schon Kinder haben, die so alt wären als ich.

STALENO Und das Mädchen soll ich Ihm zufreien?

LEANDER. Ja, mein lieber Herr Vormund, wenn Sie wollten so gut sein.

STALENO. Lieber Herr Vormund! das habe ich lange nicht gehört! Wenn Sie wollten so gut sein! Wie höflich man doch gleich wird, wenn man verliebt ist. – – Aber was ist es denn für ein Mädchen? das hat Er mir ja noch nicht gesagt.

LEANDER. Ein allerliebstes Mädchen.

STALENO. Hat sie Geld? was kriegt sie mit?

LEANDER. Sie ist die Schönheit selbst; und unschuldig dabei – – so unschuldig, als ich.

STALENO. Spricht sie auch schon von Kindern, die sie haben könnte? – – Aber sage Er mir, was kriegt sie mit?

LEANDER. Wenn Sie sie sehen wollten, Sie würden sich selbst in sie verlieben. Ein rundes, volles Gesicht, das aber gar nichts Kindisches mehr hat; ein Gewächs, wie ein Rohr – –

STALENO. Und was kriegt sie mit?

LEANDER. Wenn ihr Gesichte auch das schönste ganz und gar nicht wäre, so würden sie doch schon ihre Manieren zu der angenehmsten Person unter der Sonne machen. Ich kann nicht begreifen, wer sie ihr muß gewiesen haben.

STALENO. O, so höre er doch! Nach ihrer Aussteuer frage ich; was kriegt sie mit?

LEANDER. Und sprechen – – sprechen kann sie wie ein Engel – –

STALENO. Was kriegt sie mit?

LEANDER. Sie werden schwerlich mehr Verstand und Tugend bei irgend einer Person ihres Geschlechts antreffen als bei ihr – –

STALENO. Gut! alles gut! aber was kriegt sie mit?

LEANDER. Sie ist überdies aus einem guten Geschlechte, Herr Vormund, aus einem sehr guten Geschlechte.

STALENO. Die guten Geschlechter sind nicht allezeit die reichsten. Was kriegt sie mit?

LEANDER. Ich habe vergessen, Ihnen noch zu sagen, daß sie auch sehr schön singt.

STALENO. Zum Henker! lasse er mich nicht eine Sache hundertmal fragen! Ich will vor allen Dingen wissen, was sie mitkriegt? – –

LEANDER. Wahrhaftig! ich habe sie selbst nur gestern abends singen hören. Wie wurde ich bezaubert!

STALENO. Ach! Er muß seinen Vormund nicht zum Narren haben. Wenn er mir keine Antwort geben will, so packe er sich und lasse er mich meinen Gang gehen!

LEANDER. Sie sind ja gar böse, allerliebster Herr Vormund. Ich wollte Ihnen eben Ihre Frage beantworten.

STALENO. Nun! so thu' er's.

LEANDER. Was war Ihre Frage? Ja, ich besinne mich: Sie fragten, ob sie eine gute Haushälterin sei? O, eine unvergleichliche! Ich weiß gewiß, sie wird ihrem Manne jahraus jahrein zu Tausenden ersparen.

STALENO. Das wäre noch etwas; aber es war doch auch nicht das, was ich ihn fragte. Ich fragte – – versteht er denn kein Deutsch? – – ob sie reich ist? ob sie eine gute Aussteuer mit bekömmt?

LEANDER *(traurig)*. Eine Aussteuer?

STALENO. Ja, eine Aussteuer. Was gilt's, darum hat sich das junge Herrchen noch nicht bekümmert? O Jugend, o Jugend! daß doch die leichtsinnige Jugend so wenig nach dem allernotwendigsten fragt! – Nun! wenn er es noch nicht weiß, was sein Mädchen mitkriegen soll, so gehe er, und erkundige er sich vorher! Alsdann können wir mehr von der Sache sprechen.

LEANDER. Das können wir gleich jetzo, wenn es Ihnen nicht zuwider ist. Ich bin so leichtsinnig nicht gewesen, sondern habe mich allerdings schon danach erkundiget.

STALENO. So weiß er's, was sie mitkriegt?

LEANDER. Auf ein Haar.

STALENO. Und wieviel?

LEANDER. Allzuviel ist es nicht – –

STALENO. Ei! wer verlangt denn allzuviel? Was recht ist! Er hat ja selber schon genug Geld.

LEANDER. O! Sie sind ein vortrefflicher Mann, mein lieber Herr Vormund. Es ist wahr, ich bin reich genug, daß ich ihr schon diesen Punkt übersehen kann.

STALENO. Ist es wohl so die Hälfte von seinem Vermögen, was das Mädchen mitkriegt?

LEANDER. Die Hälfte? Nein, das ist es nicht.

STALENO. Das Drittel?

LEANDER. Auch wohl nicht.

STALENO. Das Viertel doch?

LEANDER. Schwerlich.

STALENO. Nu? das Achtel muß es doch wohl sein? Alsdann wären es ein paar tausend Thälerchen, die beim Anfange einer Wirtschaft nur allzubald weg sind.

LEANDER. Ich habe Ihnen schon gesagt, daß es nicht viel ist, gar nicht viel.

STALENO. Aber nicht viel ist doch etwas. Wieviel denn?

LEANDER. Wenig, Herr Vormund.

STALENO. Wie wenig denn?

LEANDER. Wenig – – Sie wissen ja selbst, was man wenig nennt.

STALENO. Nur heraus mit der Sprache! Das Kind muß doch einen Namen haben. Drücke er doch das Wenige mit Zahlen aus!

LEANDER. Das Wenige, Herr Staleno, ist – – ist gar nichts.

STALENO. Gar nichts? Ja nun! da hat er recht; gar nichts ist wenig genug. – – Aber im Ernste, Leander, schämt er sich nicht, auf so eine Thorheit zu fallen, ein Mädchen sich zur Frau auszusehen, die nichts hat?

LEANDER. Was sagen Sie? Nichts hat? Sie hat alles, was zu einer vollkommenen Frau gehört; nur kein Geld hat sie nicht.

STALENO. Das ist, sie hat alles, was eine vollkommene Frau machen könnte, wenn sie nur noch das hätte, was eine vollkommene Frau macht. – – Stille davon! Ich muß besser einsehen, was ihm gut ist. – – Aber darf man denn wissen, wer diese schöne, liebenswürdige, galante Bettlerin ist? wie sie heißt? –

LEANDER. Sie versündigen sich, Herr Staleno. Wenn es nach Verdiensten ginge, so würden wir alle arm, und diese Bettlerin würde allein reich sein.

STALENO. So sage er mir ihren Namen, damit ich sie anders nennen kann.

LEANDER. Kamilla.

STALENO. Kamilla? Doch wohl nicht die Schwester des liederlichen Lelio?

LEANDER. Eben die. Ihr Vater soll der rechtschaffenste Mann von der Welt sein.

STALENO. Sein oder gewesen sein. Es sind nun bereits neun Jahre, daß er von hier wegreisete, und schon seit vier Jahren hat man nicht die geringste Nachricht von ihm. Wer weiß, wo er modert, der gute Anselmus! Es ist für ihn auch ebenso gut. Denn wenn er wiederkommen sollte und sollte sehen, wie es mit seiner Familie stünde, so müßte er sich doch zu Tode grämen.

LEANDER. So haben Sie ihn wohl gekannt?

STALENO. Was sollte ich nicht. Er war mein Herzensfreund.

LEANDER. Und Sie wollen gegen seine Tochter so grausam sein? Sie wollen mich verhindern, sie wieder in Umstände zu setzen, die ihrer würdig sind?

STALENO. Leander, wenn er mein Sohn wäre, so wollte ich nicht ein Wort dawider reden; aber so ist er nur mein Mündel. Seine Neigung könnte sich in reifern Jahren ändern, und wenn er alsdann das schöne Gesicht satt wäre, dem der beste Nachdruck fehlt, so würde alle Schuld auf mich fallen.

LEANDER. Wie? meine Neigung sollte sich ändern? ich sollte aufhören, Kamillen zu lieben? ich sollte – –

STALENO. Er soll warten, bis er sein eigner Herr wird; alsdann kann er machen, was er will. Ja, wenn das Mädchen noch in den Umständen wäre, in welchen sie ihr Vater verließ; wenn ihr Bruder nicht alles durchgebracht hätte; wenn der alte Philto, dem Anselmus die Aufsicht über seine Kinder anvertraute, nicht ein alter Betrieger gewesen wäre: gewiß, ich wollte selbst mein Möglichstes thun, daß kein andrer als er die Kamilla bekommen sollte. Aber da das nicht ist, so habe ich nichts damit zu schaffen. Gehe er nach Hause!

LEANDER. Aber, liebster Herr Staleno –

STALENO. Er bringt seine Schmeichelei zu unnützen Kosten. Was ich gesagt habe, habe ich gesagt. Ich wollte eben zum alten Philto gehen, der sonst mein guter Freund ist, und ihm den Text wegen seines Betragens gegen den Lelio lesen. Nun hat er dem liederlichen Burschen auch sogar das Haus abgekauft, das letzte, was die Leutchen noch hatten. Das ist zu toll! das ist unverantwortlich! – – Geh' er, Leander; halte er mich nicht länger auf. Allenfalls können wir zu Hause mehr davon sprechen.

LEANDER. In der Hoffnung, daß Sie gütiger werden gesinnt sein, will ich gehen. Sie kommen doch bald zurück?

STALENO. Bald.

Zweiter Auftritt

Staleno.

Es bringt freilich nichts ein, den Leuten die Wahrheit zu sagen und ihnen ihre schlechten Streiche vorzurücken; man macht sie sich meistenteils dadurch zu Feinden. Aber mag's! Ich will den Mann nicht zum Freunde behalten, der so wenig Gewissen hat. – – Hätte ich mir's in Ewigkeit vorgestellt! Der Philto, der Mann, auf den ich Schlösser gebaut hätte – – Ha! da kömmt er mir eben in den Wurf. – –

Dritter Auftritt

Philto. Staleno.

STALENO. Guten Tag, Herr Philto.

PHILTO. Ei, sieh da! Herr Staleno! Wie geht's, mein alter, lieber, guter Freund? Wo wollten Sie hin?

STALENO. Ich war eben im Begriff, zu Ihnen zu gehen.

PHILTO. Zu mir? das ist ja vortrefflich. Kommen Sie, ich kehre gleich wieder mit um.

STALENO. Es ist nicht nötig, wenn ich Sie nur spreche; es ist mir gleich viel, ob es in Ihrem Hause oder auf der Gasse geschieht. Ich will so lieber unter freiem Himmel mit Ihnen reden, um vor dem Anstecken sichrer zu sein.

PHILTO. Was wollen Sie mit Ihrem Anstecken? Bin ich seitdem von der Pest befallen worden, als ich Sie nicht gesehen habe?

STALENO. Von noch etwas Schlimmern als von der Pest – – O Philto, Philto! Sind Sie der ehrliche Philto, den die Stadt bisher noch immer unter die wenigen Männer von altem Schrot und Korne gezählt hat?

PHILTO. Das ist ja ein vortrefflicher Anfang zu einer Strafpredigt. Wie käme ich zu der?

STALENO. Was für Zeug wird von Ihnen in der Stadt gesprochen! Ein alter Betrieger, ein Leuteschinder, ein Blutigel – das sind noch Ihre besten Ehrentitel.

PHILTO. Meine?

STALENO. Ja, Ihre.

PHILTO. Das ist mir leid. Aber was ist zu thun? man muß die Leute reden lassen. Ich kann es niemandem verwehren, das Nachteiligste von mir zu denken oder zu sprechen; genug, wenn ich bei mir überzeugt bin, daß man mir Unrecht thut.

STALENO. So kaltsinnig sind Sie dabei? So kaltsinnig war ich nicht einmal, als ich es hörte. Aber mit dieser Gelassenheit sind Sie noch nicht gerechtfertiget. Man ist oft gelassen, weil man bei sich kein Recht zu haben fühlt, hastig und aufgebracht zu sein. – – Von mir sollte jemand so reden! Ich drehte dem ersten dem besten den Hals um. Allein ich glaube auch nicht, daß ich jemals durch meine Handlungen Gelegenheit dazu geben würde.

PHILTO. Kann ich denn endlich erfahren, worin das Verbrechen besteht, das man mir schuld giebt?

STALENO. So? Sie müssen mit Ihrem Gewissen schon vortrefflich zu Rande sein, daß es Ihnen nicht selbst gleich beifällt. – Sagen Sie mir, war Anselmus Ihr Freund?

PHILTO. Er war es und ist es noch, so weit wir auch jetzt von einander sind. Wissen Sie denn nicht, daß er mir bei seiner Abreise seinen Sohn und seine Tochter zur Aufsicht anvertraute? Würde er das gethan haben, wenn er mich nicht für seinen rechtschaffnen Freund gehalten hätte?

STALENO. Du ehrlicher Anselmus, wie hast du dich betrogen!

PHILTO. Ich denke, er soll sich nicht betrogen haben.

STALENO. Nicht? Nu, nu! wenn ich einen Sohn hätte, den ich gern in das äußerste Verderben wollte gebracht wissen, so würde ich ihn ganz gewiß auch Ihrer Aufsicht anvertrauen. Er ist ein schönes Früchtchen geworden, der Lelio!

PHILTO. Sie legen mir jetzt etwas zur Last, wovon Sie mich selbst sonst allezeit freigesprochen haben. Lelio hat alle seine liederlichen Ausschweifungen ohne mein Vorwissen begangen; und wenn ich sie erfuhr, so war es schon zu spät, ihnen vorzubeugen.

STALENO. Alles das glaube ich nun nicht mehr; denn Ihr letzter Streich verrät Ihre Karte.

PHILTO. Was für ein Streich?

STALENO. An wen hat denn Lelio sein Haus verkauft?

PHILTO. An mich.

STALENO. Willkommen, Anselmus! Können Sie doch nun auf der Gasse schlafen. – – Pfui, Philto!

PHILTO. Ich habe die dreitausend Thaler dafür richtig bezahlt.

STALENO. Um den Namen eines ehrlichen Mannes richtig loszuwerden.

PHILTO. Hätte ich sie denn nicht bezahlen sollen?

STALENO. O! stellen Sie sich nicht so albern! Sie hätten gar nichts von dem Lelio kaufen sollen. Einem solchen Menschen zu Gelde verhelfen, heißt das nicht dem Wahnwitzigen ein Messer in die Hände geben, womit er sich die Gurgel abschneiden kann? Heißt das nicht Gemeinschaft mit ihm machen, um den armen Vater ohne Barmherzigkeit zu ruinieren?

PHILTO. Aber Lelio brauchte das Geld zur höchsten Not; er mußte sich mit einem Teile desselben von einem schimpflichen Gefängnisse losmachen. Und wenn ich das Haus nicht gekauft hätte, so hätte es ein andrer gekauft.

STALENO. Andre hätten mögen thun, was sie gewollt hätten. – Aber entschuldigen Sie sich nur nicht; man sieht Ihre wahre Ursache doch. Das Häuschen ist etwa noch viertausend Thaler wert; um dreitausend war es zu verkaufen, und zu dem Profitchen, dachten Sie, bin ich der nächste. Ich liebe das Geld doch auch; aber sehen Sie, Philto, eher wollte ich mir diese meine rechte Hand abhauen lassen, als so eine Niederträchtigkeit begehen, und wenn ich schon eine Million damit zu gewinnen wüßte. Kurz von der Sache zu kommen, meiner Freundschaft sind Sie quitt.

PHILTO. Nun wahrhaftig! Staleno, Sie legen mir's außerordentlich nahe. Ich glaube wirklich, Sie bringen es durch Ihre Schmähungen noch so weit, daß ich Ihnen ein Geheimnis vertraue, welches kein Mensch auf der Welt sonst von mir erfahren hätte.

STALENO. Was Sie mir vertrauen, darum lassen Sie sich nicht bange sein. Es ist bei mir so sicher aufgehoben als bei Ihnen.

PHILTO. Sehen Sie sich einmal ein wenig um, daß uns niemand behorcht! Sehen Sie recht zu! Guckt auch niemand hier aus den Fenstern?

STALENO. Das muß ja wohl ein recht geheimes Geheimnis sein. Ich sehe niemanden.

PHILTO. Nun, so hören Sie. Noch an eben dem Tage, als Anselmus wegreisete, zog er mich beiseite und führte mich an einen gewissen Ort in seinem Hause. »Ich habe dir«, sprach er, »mein lieber Philto, noch eins zu entdecken. Hier in diesem –« Warten Sie ein klein bißchen, Staleno; da sehe ich jemanden gehn, den wollen wir erst vorbei lassen. –

STALENO. Er ist vorbei.

PHILTO. »Hier«, sprach er, »in diesem Gewölbe, unter einem von den« – – Stille! dort kömmt eines – – –

STALENO. Es ist ja ein Kind.

PHILTO. Kinder sind neugierig!

STALENO. Es ist weg.

PHILTO. »Unter einem von den Pflastersteinen«, sprach er, »habe ich« – – Da läuft schon wieder was. – –

STALENO. Es ist ja nichts als ein Hund.

PHILTO. Es hat aber doch Ohren! – – »Habe ich«, sprach er *(Indem er sich von Zeit zu Zeit furchtsam umsiehet.)* »eine kleine Barschaft vergraben.«

STALENO. Was?

PHILTO. St! Wer wird so etwas zweimal sagen?

STALENO. Eine Barschaft? einen Schatz?

PHILTO. Ja doch! – – Wenn es nur nicht jemand gehört hat.

STALENO. Vielleicht ein Sperling, der uns über dem Kopfe weggeflogen.

PHILTO. »Ich habe«, fuhr er fort, »lange genug daran gespart und mir es herzlich sauer werden lassen. Ich reise jetzo weg; ich lasse meinem Sohne so viel, daß er leben kann; mehr darf ich ihm aber auch keinen Heller lassen. Er hat allen Ansatz zu einem liederlichen Menschen, und je mehr er haben würde, desto mehr würde er verthun. Was bliebe alsdann für meine Tochter übrig? Ich muß mich auf alle Fälle gefaßt machen; meine Reise ist weit und gefährlich; wer weiß, ob ich wiederkomme? Von dieser Barschaft also soll so und soviel für meine Kamilla zur Aussteuer, wenn ihr etwa unterdessen eine gute Gelegenheit zu heiraten vorkäme. Das übrige soll mein Sohn haben, aber nicht eher, als bis man es gewiß weiß, daß ich tot bin. Bis dahin, bitte ich dich, Philto, mit Thränen bitte ich dich, mein lieber Freund, laß den Lelio nichts davon merken; sei auch sonst gegen alle verschwiegen, damit er es etwa nicht von einem dritten erfährt!« Ich versprach meinem Freunde alles und that einen Schwur darauf. – – Nun sagen Sie mir, Staleno, als ich hörte, daß Lelio das Haus, eben das Haus, worin die Barschaft verborgen ist, mit aller Gewalt verkaufen wollte, sagen Sie mir, was sollte ich thun?

STALENO. Was hör' ich? Bei meiner Treu! das Ding bekömmt doch wohl ein ander Ansehen.

PHILTO. Lelio hatte das Haus anschlagen lassen, als ich eben auf dem Lande war.

STALENO. Ha! ha! der Wolf hatte gemerkt, daß die Hunde nicht bei der Herde wären.

PHILTO Sie können sich einbilden, daß ich nicht wenig erschrak, als ich wieder in die Stadt kam. Es war geschehen. Sollte ich nun meinen Freund verraten und dem liederlichen Lelio den Schatz anzeigen? Oder sollte ich das Haus in fremde Hände kommen lassen, aus welchen es vielleicht Anselmus nimmermehr wiederbekommen hätte? Den Schatz wegzunehmen, das ging gar nicht an. Mit einem Worte, ich sah keinen andern Rat, als das Haus selber zu kaufen, um sowohl das eine als das andere zu retten. Anselmus mag nunmehr heute oder morgen kommen: ich kann ihm beides richtig überliefern. Sie sehen ja wohl, daß ich das gekaufte Haus nicht einmal brauche. Ich habe Sohn und Tochter herausziehen lassen und es feste verschlossen. Es soll niemand wieder hineinkommen als sein rechter Herr. Ich sahe es voraus, daß mich die Leute verleumden würden; aber ich will doch lieber eine kurze Zeit weniger ehrlich scheinen, als es in der That sein. Bin ich nun noch in Ihren Augen ein alter Betrieger? ein Blutigel? –

STALENO. Sie sind ein ehrlicher Mann, und ich bin ein Narr. – Daß die Leute, die allen Plunder wissen wollen und sich mit Nachrichten schleppen, wovon doch weder Kopf noch Schwanz wahr ist, bei dem Henker wären! Was für Zeug haben sie mir nicht von Ihnen in die Ohren gesetzt! – Aber warum war ich auch so ein alter Esel und glaubte es? – Nehmen Sie mir's nicht übel, Philto, ich bin zu hastig gewesen.

PHILTO. Ich nehme nichts übel, wobei ich eine gute Absicht sehe. Mein ehrlicher Name ist Ihnen lieb gewesen, und das erfreut mich. Sie würden sich viel darum bekümmert haben, wenn Sie nicht mein Freund wären.

STALENO. Gewiß, ich bin ganz böse auf mich.

PHILTO. Ei nicht doch!

STALENO. Ich bin mir recht gram, daß ich mir nur einen Augenblick etwas Unrechtes von Ihnen habe einbilden können!

PHILTO. Und ich bin Ihnen recht gut, daß Sie so fein offenherzig gegen mich gewesen sind. Ein Freund, der uns alles unter die Augen sagt, was er Anstößiges an uns bemerkt, ist jetzt sehr rar; man muß ihn nicht vor den Kopf stoßen, und wenn er auch unter zehn Malen nur einmal recht haben sollte. Meinen Sie es nur ferner gut mit mir.

STALENO. Das heiße ich doch noch gered't, wie man reden soll! Topp! wir sind Freunde und wollen es immer bleiben.

PHILTO. Topp! – – Haben Sie mir sonst noch etwas zu sagen? – –

STALENO. Ich wüßte nicht. – – Doch ja. *(Beiseite.)* Vielleicht kann ich meinem Mündel eine unverhoffte Freude machen.

PHILTO. Was ist's?

STALENO. Sagten Sie mir nicht, daß ein Teil der verborgenen Barschaft zur Aussteuer für Jungfer Kamillen sollte?

PHILTO. Ja.

STALENO. Wie hoch beläuft sich wohl der Teil?

PHILTO. Auf sechstausend Thaler.

STALENO. Das ist nicht schlimm. Und wenn sich nun etwa eine ansehnliche Partie für die sechstausend Thaler – – für Jungfer Kamillen, wollte ich sagen, fände, hätten Sie wohl Lust, Ja dazu zu sagen?

PHILTO. Wenn sie ansehnlich wäre, die Partie, warum nicht?

STALENO. Zum Exempel mein Mündel? was meinen Sie?

PHILTO. Was? der junge Herr Leander? hat der ein Auge auf sie?

STALENO. Wohl beide. Er ist so vergafft in sie, daß er sie lieber heute als morgen nähme, und wenn sie auch nackend zu ihm käme.

PHILTO. Das laßt mir Liebe sein! Wahrhaftig, Herr Staleno, Ihr Vorschlag ist nicht zu verachten. Wenn es Ihr Ernst ist –

STALENO. Mein völliger Ernst! Ich werde ja nicht bei sechstausend Thalern scherzen?

PHILTO. Ja! aber will denn auch Kamilla Leandern haben?

STALENO. Wenigstens will er sie haben. Wenn zwanzigtausend Thaler sechstausend Thaler heiraten wollen, so werden ja die Sechse nicht närrisch sein und den Zwanzigen einen Korb geben. Das Mädchen wird ja wohl zählen können.

PHILTO. Ich glaube, wenn auch Anselmus heute wieder käme, daß er selbst seine Tochter nicht besser zu versorgen wünschen könnte. Gut! ich nehme alles über mich. Die Sache soll richtig sein, Herr Staleno.

STALENO. Wenn die sechstausend Thaler richtig sind. –

PHILTO. Ja, verzweifelt! nun fällt mir erst die größte Schwierigkeit ein. – – Müßte denn Leander die sechstausend Thaler gleich mitbekommen?

STALENO. Er müßte eben nicht; aber alsdann müßte er eben auch nicht Kamillen gleich haben.

PHILTO. Nun, so geben Sie mir doch einen guten Rat. Das Geld ist verborgen; wenn ich es hervorkriege, wo soll ich sagen, daß ich es herbekommen habe? Soll ich die Wahrheit sagen, so wird Lelio Lunte riechen und sich nicht ausreden lassen, daß da, wo sechstausend Thaler gelegen, nicht noch mehr liegen könnte. Soll ich sagen, daß ich das Geld von dem meinigen gebe? Das will ich auch nicht gern. Die Leute würden doch nur einen neuen Anlaß, mich zu verleumden, daraus nehmen. Philto, sprächen sie vielleicht, würde so freigebig nicht sein, wenn ihm nicht sein Gewissen sagte, daß er die armen Kinder um gar zu vieles betrogen habe.

STALENO. Das ist alles wahr.

PHILTO. Und daher meinte ich eben, daß es gut wäre, wenn es mit der Aussteuer solange bleiben könnte, bis Anselmus wiederkäme. Sie ist Leandern doch gewiß genug.

STALENO. Leander, wie gesagt, würde sich nichts daraus machen. Aber, mein lieber Philto, ich, der ich sein Vormund bin, habe mich für die übeln Nachreden ebenso wohl in acht zu nehmen als Sie. Ja, ja! würde man murmeln, der reiche Mündel ist in guten Händen! Jetzt wird ihm ein armes Mädchen angehangen, und das arme Mädchen, um dankbar zu sein, wird auch schon wissen, wie es sich gegen den Vormund verhalten muß. Staleno ist schlau; Rechnungen, wie er für Leandern zu führen hat, sind so leicht nicht abzulegen. Eine Vorsprecherin, die ihrem Manne die Augen zuhält, wenn er nachsehen will, ist dabei nicht übel. – – Für solche Glossen bedanke ich mich.

PHILTO. Sie haben recht. – Aber wie ist die Sache nun anzufangen? Sinnen Sie doch ein bißchen nach. –

STALENO. Sinnen Sie nur auch nach. –

PHILTO. Wie, wenn wir – –

STALENO. Nun?

PHILTO. Nein, das geht nicht an.

STALENO. Hören Sie nur: ich dächte – – Das ist auch nichts.

PHILTO. Könnte man nicht –
STALENO. Man müßte – –
(Zugleich, nachdem sie einige Augenblicke nachgedacht.)

PHILTO. Was meinten Sie?

STALENO. Was wollten Sie sagen?

PHILTO. Reden Sie nur – –

STALENO. Sagen Sie nur – –

PHILTO. Ich will Ihre Gedanken erst hören.

STALENO. Und ich Ihre. Meine sind so recht reif noch nicht. – –

PHILTO. Und meine – meine sind wieder gar weg.

STALENO. Schade! Aber Geduld! meine fangen eben an zu reifen. – – Nun sind sie reif!

PHILTO. Das ist gut!

STALENO. Wie, wenn wir, für ein gutes Trinkgeld, einen Kerl auf die Seite kriegten, der frech genug wäre und Mundwerk genug hätte, zehn Lügen in einem Atem zu sagen?

PHILTO. Was könnte uns der helfen?

STALENO. Er müßte sich verkleiden und vorgeben, daß er, ich weiß nicht aus welchem, weit entlegenen Lande käme – –

PHILTO. Und – –

STALENO. Und daß er den Anselmus gesprochen habe – –

PHILTO. Und – –

STALENO. Und daß ihm Anselmus Briefe mitgegeben habe, einen an seinen Sohn und einen an Sie. – –

PHILTO. Und was denn nun?

STALENO. Sehen Sie denn noch nicht, wo ich hinaus will? In dem Briefe an seinen Sohn müßte stehen, daß Anselmus so bald noch nicht zurückkommen könne, daß Lelio unterdessen gute Wirtschaft treiben und das Seine fein zusammenhalten solle, und mehr so dergleichen. In Ihrem Briefe aber müßte stehen, daß Anselmus das Alter seiner Tochter überlegt habe, daß er sie gerne verheiratet wissen möchte und daß er ihr hier so viel und so viel zur Ausstattung schicke, im Fall sie eine gute Gelegenheit finden sollte.

PHILTO. Und der Kerl müßte thun, als ob er das Geld zur Ausstattung mitbrächte? nicht?

STALENO. Ja freilich.

PHILTO. Das geht wirklich an! – – Aber wie denn, wenn der Sohn die Hand des Vaters zu gut kennt? Wie, wenn er sich auf sein Siegel besinnt?

STALENO. O! da giebt's tausend Ausflüchte. Machen Sie sich doch nicht unzeitige Sorge! – – Ich besinne mich alleweile auf jemanden, der die Rolle recht meisterlich wird spielen können.

PHILTO. Je nun! so gehen Sie und reden das Nötige mit ihm ab! Ich will sogleich das Geld zurechte legen und es lieber unterdessen von dem meinigen nehmen, bis ich es dort ausgraben kann.

STALENO. Thun Sie das! thun Sie das! In einer halben Stunde soll der Mann bei Ihnen sein. *(Geht ab.)*

PHILTO *(allein)*. Es ist mir ärgerlich genug, daß ich in meinen alten Tagen noch solche Kniffe brauchen muß, und zwar des liederlichen Lelios wegen! – – Da kömmt er ja wohl gar selber mit seinem Anführer in allen Schelmstücken? Sie reden ziemlich ernstlich; ohne Zweifel muß sie ein Gläubiger wieder auf dem Korne haben. *(Tritt ein wenig zurück.)*

Vierter Auftritt

Lelio. Maskarill. Philto.

LELIO. Und das wäre der ganze Rest von den dreitausend Thalern? *(Er zählt.)* Zehne, zwanzig, dreißig, vierzig, fünfzig, fünfundfünfzig. Nicht mehr als fünfundfünfzig Thaler noch?

MASKARILL. Es kömmt mir selbst fast unglaublich vor. Lassen Sie mich doch zählen. *(Lelio giebt ihm das Geld.)* Zehne, zwanzig, dreißig, vierzig, fünfundvierzig. Ja wahrhaftig; noch fünfundvierzig Thaler und nicht einen Heller mehr. *(Er giebt ihm das Geld wieder.)*

LELIO. Fünfundvierzig? fünfundfünfzig, willst du sagen.

MASKARILL. O! ich hoffe richtiger gezählt zu haben als Sie.

LELIO *(nachdem er vor sich gezählt)*. Ha! ha! Herr Taschenspieler! Sie haben Ihre Hände doch nicht zum Schubsacke gebraucht? Mit Erlaubnis – –

MASKARILL. Was befehlen Sie?

LELIO. Ihre Hand, Herr Maskarill – –

MASKARILL. O pfui – –

LELIO. Ich bitte – –

MASKARILL. Nicht doch! Ich – – muß mich schämen – –

LELIO. Schämen? Das wäre ja ganz etwas Neues für dich. – – Ohne Umstände, Schurke, weise mir deine Hand – –

MASKARILL. Ich sage Ihnen ja, Herr Lelio, ich muß mich schämen; denn wahrhaftig – – ich habe mich heute noch nicht gewaschen.

LELIO. Da haben wir's! Drum ist es ja wohl kein Wunder, daß alles an dem Schmutze kleben bleibt. *(Er macht ihm die Hand auf und findet die Goldstücke zwischen den Fingern.)* Siehst du, was die Reinlichkeit für eine nötige Tugend ist? Man sollte dich bei einem Haare für einen Spitzbuben halten, und du bist doch nur ein Schwein. – – Aber im Ernst. Wenn du von jeden fünfzig Thalern deine zehn Thaler Rabatt genommen hast, so sind von den dreitausend Thalern – – laß sehen – – nicht mehr als sechshundert in deinen Beutel gefallen.

MASKARILL. Blitz! man sollte es kaum glauben, daß ein Verschwender so gut rechnen könnte!

LELIO. Und doch sehe ich noch nicht, wie die Summe herauskommen soll. – – Bedenke doch, dreitausend Thaler!

MASKARILL. Teilen sich bald ein. – – Erstlich auf den ausgeklagten Wechsel –

LELIO. Das macht es noch nicht.

MASKARILL. Ihrer Jungfer Schwester zur Wirtschaft – –

LELIO. Ist eine Kleinigkeit.

MASKARILL. Dem Herrn Stiletti für Austern und italienische Weine – –

LELIO. Waren hundertundzwanzig Thaler. – –

MASKARILL. Abgetragene Ehrenschulden –

LELIO. Die werden sich auch nicht viel höher belaufen haben.

MASKARILL. Noch eine Art von Ehrenschulden, die aber nicht bei dem Spiele gemacht waren: – – zwar freilich auch bei dem Spiele! – – der guten, ehrlichen Frau Lelane und ihren gefälligen Nichten.

LELIO. Fort über den Punkt! Für hundert Thaler kann man viel Bänder, viel Schuhblätter, viel Spitzen kaufen.

MASKARILL. Aber Ihr Schneider – –

LELIO. Ist er davon bezahlt worden?

MASKARILL. Ja so! der ist gar noch nicht bezahlt. Und ich –

LELIO. Und du? Nun freilich wohl muß ich auf dich mehr als auf den Wechsel, mehr als auf den Herrn Stiletti, und mehr als auf die Frau Lelane rechnen.

MASKARILL. Nein, nein, mein Herr! – und ich, wollte ich sagen, ich bin auch noch nicht bezahlt. Ich habe meinen Lohn ganzer sieben Jahr bei Ihnen stehen lassen.

LELIO. Du hast dafür sieben Jahr die Erlaubnis gehabt, mich auf alle mögliche Art zu betriegen, und dich dieser Erlaubnis auch so wohl zu bedienen gewußt –

PHILTO *(der ihnen näher tritt)*. Daß der Herr noch endlich die Liverei des Bedienten wird tragen müssen.

MASKARILL. Welche Prophezeiung! Ich glaube, sie kam vom Himmel? *(Indem er sich umsieht.)* Ha! ha! Herr Philto, kam sie von Ihnen? Ich bin zu großmütig, als daß ich Ihnen das Schicksal der neuen Propheten wünschen sollte. – – Aber wenn Sie uns zugehört haben, sagen Sie selbst, ist es erlaubt, daß ein armer Bedienter seinen Lohn für sieben saure Jahre –

PHILTO. An dem Galgen solltest du deinen Lohn finden. – – Herr Lelio, ich habe Ihnen ein Wort zu sagen.

LELIO. Nur keine Vorwürfe, Herr Philto! Ich kann sie wohl verdienen, aber sie kommen zu spät.

PHILTO. Herr Leander hat durch seinen Vormund, den Herrn Staleno, um Ihre Schwester anhalten lassen.

LELIO. Um meine Schwester? Das ist ja ein großes Glück.

PHILTO. Freilich wäre es ein Glück; aber es stößt sich an die Aussteuer. Staleno hat es nicht glauben können, daß Sie alles verthan haben. Sobald ich es ihm sagte, nahm er seine Anwerbung wieder zurück.

LELIO. Was sagen Sie?

PHILTO. Ich sage, daß Sie Ihre Schwester zugleich unglücklich gemacht haben. Das arme Mädchen muß durch Ihre Schuld nun sitzen bleiben.

MASKARILL. Nicht durch seine Schuld, sondern durch die Schuld eines alten Geizhalses. Wenn doch der Geier alle eigennützigen Vormünder und alles, was ihnen ähnlich sieht *(Indem er den Philto ansieht.)* holen wollte! Muß denn ein Mädchen Geld haben, wenn sie die ehrliche Frau eines ehrlichen Mannes sein soll? Und allenfalls wüßte ich wohl, wer ihr eine Aussteuer geben könnte. Es giebt Leute, die sehr wohlfeil Häuser zu kaufen pflegen. –

LELIO *(in Gedanken)*. Kamilla ist doch wirklich unglücklich. Ihr Bruder ist – – ist ein Nichtswürdiger.

MASKARILL. Sie haben es mit sich selbst auszumachen, wenn Sie sich schimpfen. – Aber Herr Philto, ein kleiner Nachschuß von tausend Thalern, in Ansehung des wohlfeilen Kaufs – –

PHILTO. Adieu, Lelio. Sie scheinen über meine Nachricht ernsthaft geworden zu sein. Ich will gute Betrachtungen nicht stören.

MASKARILL. Und auch selbst keine gern machen. Nicht wahr? Denn sonst könnte der kleine Nachschuß einen vortrefflichen Stoff an die Hand geben.

PHILTO. Maskarill, hüte dich vor meinem Nachschuß. Die Münze möchte dir nicht anstehen. – – *(Geht ab.)*

MASKARILL. Es müßte nichtswürdige Münze sein, wenn sie nicht wenigstens beim Spiele gelten könnte.

Fünfter Auftritt

Maskarill. Lelio.

MASKARILL. Aber was wird denn nun das? So eine saure Miene pflegen Sie ja kaum zu machen, wenn Sie bei einem mißlichen Solo die Trümpfe nachzählen. – – Doch was wetten wir, ich weiß, was Sie denken? – – Es ist doch ein verdammter Streich, denken Sie, daß meine Schwester den reichen Leander nicht bekommen soll. Wie hätte ich den neuen Schwager rupfen wollen! – –

LELIO *(noch in Gedanken)*. Höre, Maskarill! – –

MASKARILL. Nun? – Aber denken kann ich Sie nicht hören; Sie müssen reden.

LELIO. – – Willst du wohl alle deine an mir verübte Betriegereien durch eine einzige rechtschaffene That wieder gut machen?

MASKARILL. Eine seltsame Frage! Für was sehen Sie mich denn an? Für einen Betrieger, der ein rechtschaffner Mann ist, oder für einen rechtschaffnen Mann, der ein Betrieger ist?

LELIO. Mein lieber, ehrlicher Maskarill, ich sehe dich für einen Mann an, der mir wenigstens einige tausend Thaler leihen könnte, wenn er mir so viel leihen wollte, als er mir gestohlen hat.

MASKARILL. Du lieber, ehrlicher Maskarill! – – Und was wollten Sie mit diesen einigen tausend Thalern machen?

LELIO. Sie meiner Schwester zur Aussteuer geben und mich hernach – – vor den Kopf schießen.

MASKARILL. Sich vor den Kopf schießen? – – Es ist schon wahr, entlaufen würden Sie mir mit dem Gelde alsdann nicht. Aber doch – – *(Als ob er nachdächte.)*

LELIO. Du weißt es Maskarill, ich liebe meine Schwester. Jetzt also muß ich das Äußerste für sie thun, wenn sie nicht zeitlebens mit

Unwillen an ihren Bruder denken soll. – – Sei großmütig und versage mir deinen Beistand nicht! –

MASKARILL. Sie fassen mich bei meiner Schwäche. Ich habe einen verteufelten Hang zur Großmut, und Ihre brüderliche Liebe, Herr Lelio – – wirklich! bezaubert mich ganz. Sie ist etwas recht Edles, etwas recht Superbes! – – Aber Ihre Jungfer Schwester verdient sie auch; gewiß! Und ich sehe mich gedrungen –

LELIO. O! so laß dich umarmen, liebster Maskarill. Gebe doch Gott, daß du mich um recht vieles betrogen hast, damit du mir recht viel leihen kannst! Hätte ich doch nie geglaubt, daß du ein so zärtliches Herz hättest. – – Aber laß hören, wie viel kannst du mir leihen? – –

MASKARILL. Ich leihe Ihnen, mein Herr. –

LELIO. Sage nicht: mein Herr. Nenne mich deinen Freund! Ich wenigstens will dich zeitlebens für meinen einzigen, besten Freund halten.

MASKARILL. Behüte der Himmel! Sollte ich, einer so kleinen, nichtswürdigen Gefälligkeit wegen, den Respekt beiseite setzen, den ich Ihnen schuldig bin?

LELIO. Wie? Maskarill, du bist nicht allein großmütig, du bist auch bescheiden?

MASKARILL. Machen Sie meine Tugend nicht schamrot. – Ich leihe Ihnen also auf zehn Jahr – –

LELIO. Auf zehn Jahr? Welche übermäßige Güte! Auf fünf Jahr ist genug, Maskarill, auf zwei Jahr, wenn du willst. Leihe mir nur und setze den Termin zur Bezahlung so kurz, als es dir gefällt!

MASKARILL. Nun wohl, so leihe ich Ihnen auf fünfzehn Jahr – –

LELIO. Ich muß dir nur deinen Willen lassen, edelmütiger Maskarill – –

MASKARILL. Auf fünfzehn Jahr leihe ich Ihnen, ohne Interessen – –

LELIO. Ohne Interessen? Das gehe ich nimmermehr ein. Ich will, was du mir leihest, nicht anders als zu fünfzig Prozent – –

MASKARILL. Ohne alle Interessen – –

LELIO. Ich bin dankbar, Maskarill, und vierzig Prozent mußt du wenigstens nehmen.

MASKARILL. Ohne alle Interessen – –

LELIO. Denkst du, daß ich niederträchtig genug bin, deine Güte zu mißbrauchen? Willst du mit dreißig Prozent zufrieden sein, so will ich es als einen Beweis der größten Uneigennützigkeit ansehen.

MASKARILL. Ohne Interessen, sage ich. –

LELIO. Aber ich bitte dich, Maskarill; bedenke doch nur, zwanzig Prozent nimmt der allerchristlichste Jude.

MASKARILL. Mit einem Worte, ohne alle Interessen, oder – –

LELIO. Sei doch nur – –

MASKARILL. Oder es wird aus dem ganzen Darlehn nichts.

LELIO. Je nun! weil du denn deiner Freundschaft gegen mich durchaus keine Schranken willst gesetzt wissen. – – –

MASKARILL. Ohne Interessen! – –

LELIO. Ohne Interessen! – – ich muß mich schämen! – – – Ohne Interessen leihest du mir also auf fünfzehn Jahr – – was? wie viel?

MASKARILL. Ohne Interessen leihe ich Ihnen noch auf fünfzehn Jahr – – die 175 Thaler, die ich für sieben Jahre Lohn bei Ihnen stehn habe.

LELIO. Wie meinst du? die 175 Thaler, die ich dir schon schuldig bin? – –

MASKARILL. Machen mein ganzes Vermögen aus, und ich will sie Ihnen von Grund des Herzens gern noch fünfzehn Jahr ohne Interessen, ohne Interessen lassen.

LELIO. Und das ist dein Ernst, Schlingel?

MASKARILL. Schlingel? Das klingt ja nicht ein bißchen erkenntlich.

LELIO. Ich sehe schon, woran ich mit dir bin, du ehrvergessener, nichtswürdiger, infamer Verführer, Betrieger! – –

MASKARILL. Ein weiser Mann ist gegen alles gleichgiltig, gegen Lob und Tadel, gegen Schmeicheleien und Scheltworte. Sie haben es vorhin gesehen, und sehen es jetzt.

LELIO. Mit was für einem Gesichte werde ich mich meiner Schwester zeigen können? – –

MASKARILL. Mit einem unverschämten, wäre mein Rat. Man hat nie etwas Unrechtes begangen, so lange man noch selbst das Herz hat, es zu rechtfertigen. – »Es ist ein Unglück für dich, Schwester, ich gestehe es. Aber wer kann sich helfen? Ich will des Todes sein, wenn ich bei meinen Verschwendungen jemals daran gedacht habe, daß ich das Deinige auch zugleich mit verschwendete.« – – So etwas ohngefähr müssen Sie ihr sagen, mein Herr – –

LELIO *(nachdem er ein wenig nachgedacht)*. Ja, das wäre noch das einzige. Ich will es dem Staleno selbst vorschlagen. Komm, Schurke! – –

MASKARILL. Der Weg nach dem Kränzchen, in welches ich Sie begleiten sollte, mein Herr, geht dahin.

LELIO. Zum Teufel mit deinem Kränzchen! – – Aber ist das nicht Herr Staleno selbst, den ich hier kommen sehe?

Sechster Auftritt

Staleno. Lelio. Maskarill.

LELIO. Mein Herr, ich wollte mir eben jetzt die Freiheit nehmen, Sie aufzusuchen. Ich habe vom Herrn Philto die gütigen Gesinnungen Ihres Mündels gegen meine Schwester erfahren. Halten Sie mich nicht für so verwildert, daß es mich nicht außerordentlich schmerzen würde, wenn sie durch mein Verschulden fruchtlos bleiben sollten. Es ist wahr, meine Ausschweifungen haben mich entsetzlich heruntergebracht; allein die mir drohende Armut schreckt mich weit weniger als der Vorwurf, den ich mir wegen einer geliebten Schwester machen müßte, wenn ich nicht alles hervorsuchte, das Unglück, das ich ihr durch meine Thorheit zugezogen, so viel als noch möglich, von ihr abzuwenden. Überlegen Sie also, Herr Staleno, ob das Anerbieten, welches ich jetzt thun will, einige Aufmerksamkeit verdienen kann. Vielleicht ist es Ihnen nicht unbekannt, daß mir eine alte Pate ein so ziemlich beträchtliches Vorwerk in ihrem Testamente hinterließ. Dieses habe ich noch; nur daß – – wie Sie leicht vermuten können – – einige Schulden darauf haften, deren ohngeachtet es jährlich noch so viel einbringt, daß ich notdürftig davon leben könnte. Ich will es meiner Schwester mit Vergnügen abtreten. Ihr Mündel hat Geld genug, daß er es frei machen und ansehnliche Verbesserungen, deren es fähig ist, damit vornehmen kann. Es würde alsdann als keine unebene Aussteuer anzusehen sein, an deren Mangel, wie mir Herr Philto gesagt hat, Sie sich einzig und allein stoßen.

MASKARILL *(sachte zum Lelio)*. Sind Sie nicht klug, Herr Lelio? –

LELIO. Schweig!

MASKARILL. Das einzige, was Ihnen noch übrig ist – –
LELIO. Habe ich dir Rechenschaft zu geben? – –
MASKARILL. Wollen Sie denn hernach betteln gehen?
LELIO. Ich will thun, was ich will. –
STALENO *(beiseite)*. Ich merke schon. – Ja wohl, Herr Lelio, mußte ich mich an den gänzlichen Mangel der Aussteuer stoßen, so gern ich auch sonst diese Heirat gesehen hätte. Wenn es Ihnen also mit dem gethanen Vorschlage ein Ernst wäre, so wollte ich mich wohl noch besinnen.
LELIO. Es ist mein völliger Ernst, Herr Staleno.
MASKARILL. So nehmen Sie doch Ihr Wort wieder zurück!
LELIO. Wirst du – –
MASKARILL. Bedenken Sie doch nur – –
LELIO. Noch ein Wort!
STALENO. Vor allen Dingen aber, Herr Lelio, müßten Sie mir einen Anschlag von dem Vorwerke und ein aufrichtiges Verzeichnis von allen Schulden, die Sie darauf haben, geben. Eher läßt sich nichts sagen. – –
LELIO. Gut, ich will sogleich gehen und beides aufsetzen. – Wann kann ich Sie wieder sprechen?
STALENO. Sie werden mich immer zu Hause treffen.
LELIO. Leben Sie wohl unterdessen! *(Geht ab.)*

Siebenter Auftritt

Staleno. Maskarill.

MASKARILL *(beiseite)*. Jetzt muß ich ihm wider seinen Willen einen guten Dienst thun. Wie fange ich's an? Pst! – – Verziehen Sie doch noch einen Augenblick, Herr Staleno –
STALENO. Was giebt's?
MASKARILL. Ich sehe Sie für einen Mann an, der eine wohlgemeinte Warnung, wie es sich gehört, zu schätzen weiß.
STALENO. Du siehst mich für das an, was ich bin.
MASKARILL. Und für einen Mann, welcher nicht glaubt, daß ein Bedienter seinen Herrn eben verrate, wenn er nicht überall mit ihm in ein Horn blasen will.

STALENO. Ei freilich muß sich ein Diener des Bösen, das sein Herr thut, so wenig als möglich teilhaftig machen. – Aber wozu sagst du das? Hat Lelio wider mich etwas im Sinne?

MASKARILL. Sein Sie auf Ihrer Hut! ich bitte Sie, ich beschwöre Sie. Bei allem beschwöre ich Sie, was Ihnen auf der Welt lieb ist: bei der Wohlfahrt Ihres Mündels, bei der Ehre Ihrer grauen Haare – –

STALENO. Du sprichst auch wirklich wie ein Beschwörer. – – Aber weswegen soll ich auf meiner Hut sein?

MASKARILL. Des Anerbietens wegen, das Ihnen Lelio gethan hat.

STALENO. Und wie so?

MASKARILL. Kurz, Sie und Ihr Mündel sind verlorne Leute, wenn Sie das Vorwerk annehmen. Denn erstlich muß ich Ihnen nur sagen, daß er fast ebenso viel darauf schuldig ist, als der ganze Bettel etwa wert sein mag.

STALENO. Je nun! Maskarill, wenn es nur fast so viel ist – –

MASKARILL. Schon recht, so kömmt doch noch etwas dabei heraus – – Aber hören Sie nur, was ich nun sagen will! Der Boden, worauf das Vorwerk liegt, muß gleich die Gegend sein, in welcher aller Fluch, der jemals über die Erde ausgesprochen worden, zusammengeflossen ist.

STALENO. Du erschreckst mich. – –

MASKARILL. Wenn rund herum alle Nachbarn die reichste Ernte haben, so bringen die Äcker, die zu dem Vorwerke gehören, doch kaum die Aussaat wieder. Alle Jahre macht das Viehsterben die Ställe leer. –

STALENO. Man muß also kein Vieh darauf halten.

MASKARILL. Das hat Herr Lelio auch gedacht und daher schon längst Schafe und Rinder, Schweine und Pferde, Hühner und Tauben verkauft. Allein wenn das Viehsterben keine Ochsen findet – – was meinen Sie wohl? – – so fällt es die Menschen an.

STALENO. Das wäre!

MASKARILL. Ja gewiß! Es hat kein Knecht ein halb Jahr da ausgehalten, und wenn er auch eine eiserne Gesundheit gehabt hätte. Die stärksten Kerls hat Herr Lelio im Wendischen mieten lassen; aber was half's? das Frühjahr kam, weg waren sie.

STALENO. Je nun! so muß man's mit den Pommern versuchen. Das sind Leute, die noch mehr aushalten können als die Wenden, Leute wie Klotz und Stein.

MASKARILL. Und der kleine Busch, Herr Staleno, der zu dem Vorwerke gehört –

STALENO. Nun? der Busch?

MASKARILL. Im ganzen Busche ist kein Baum anzutreffen, in den es nicht entweder einmal eingeschlagen hätte – –

STALENO. Eingeschlagen?

MASKARILL. Oder an den sich nicht einmal jemand gehenkt hätte. Lelio ist dem abscheulichen Busche auch so gram, daß er ihn noch alle Tage lichter machen läßt. Und glauben Sie wohl, daß er das Holz, das darinne geschlagen wird, fürs halbe Geld verkauft?

STALENO. Das ist schlecht.

MASKARILL. Ei! er muß wohl; denn die Leute, die es kaufen und brennen wollen, wagen erstaunend viel. Bei einigen hat es die Öfen eingeschmissen, bei andern einen so stinkenden Dampf von sich gegeben, daß die Magd vor dem Herde dem Koche ohnmächtig in die Arme gefallen ist.

STALENO. Aber, Maskarill, lügst du wohl nicht?

MASKARILL. Ich lüge nicht, mein Herr, wenn ich Ihnen sage, daß ich gar nicht lügen kann. – – Und die Teiche –

STALENO. Auch Teiche hat das Vorwerk?

MASKARILL. Ja! aber Teiche, in welchen sich mehr Menschen ersäuft haben, als Tropfen Wasser darinne sind. Und da sich also die Fische von lauter menschlichem Luder nähren, so können Sie leicht denken, was das für Fische sein mögen.

STALENO. Große und fette Fische. – –

MASKARILL. Fische, die durch ihre Nahrung Menschenverstand bekommen haben und sich daher gar nicht mehr fangen lassen; ja, wenn man die Teiche abläßt, so sind sie verschwunden. – – Mit einem Worte, es muß kein Winkel auf der ganzen Erde sein, wo man allen Schaden, alles Unglück so häufig und so gewiß antreffen könnte als auf diesem elenden Vorwerke. Die Geschichte meldet uns auch, und die Historie bestätiget es, daß seit dreihundert und etlichen fünfzig Jahren – – oder seit vierhundert Jahren – – kein einziger Besitzer desselben eines natürlichen Todes gestorben sei.

STALENO. Außer die alte Pate doch, die es dem Lelio vermachte.

MASKARILL. Man redet nicht gerne davon; aber auch die alte Pat – –

STALENO. Nun?

MASKARILL. Die alte Pate ward des Nachts von einer schwarzen Katze, die sie immer um sich hatte, erstickt. Und es ist sehr wahrscheinlich, sehr wahrscheinlich, daß diese schwarze Katze – – der Teufel gewesen ist – – Wie es meinem Herrn gehen wird, das weiß Gott. Man hat ihm prophezeit, daß ihn Diebe ermorden würden, und ich muß es ihm nachsagen, daß er sich alle Mühe giebt, diese Prophezeiung zu Schanden zu machen und die Diebe durch eine großmütige Aufopferung seines Vermögens von sich abzuwehren; aber gleichwohl – –

STALENO. Aber gleichwohl, Maskarill, werde ich seinen Vorschlag annehmen. – –

MASKARILL. Sie? – – Gehen Sie doch! das werden Sie nimmermehr thun.

STALENO. Gewiß, ich werde es thun.

MASKARILL *(beiseite)*. Der alte Fuchs!

STALENO *(beiseite)*. Wie ich ihn martre, den Schelm! – – Aber doch, Maskarill, danke ich dir für deine gute Nachricht. Sie kann mir wenigstens so viel nützen, daß ich meinen Mündel das Vorwerk zwar nehmen, aber auch gleich wieder verkaufen lasse.

MASKARILL. Am besten wäre es, Sie gäben sich gar nicht damit ab. Ich habe Ihnen noch lange nicht alles erzählt. – –

STALENO. Verspare es nur; ich habe ohnedem jetzo nicht Zeit. Ein andermal, Maskarill, bin ich deinen Possen wieder zu Diensten. *(Geht ab.)*

Achter Auftritt

Maskarill.

Das war nichts! War ich zu dumm, oder war er zu klug? Je nun! ich werde am wenigsten dabei verlieren. Will sich Lelio von allem entblößen, meinetwegen. Endlich kann ich eines Herrn, wie er ist, entbehren. Meine Schäfchen sind im Treugen. Was ich noch für ihn thu', thu' ich aus Mitleiden. Er ist immer eine gute Haut gewesen;

und ich wollte doch nicht gerne, daß er es am Ende gar zu schlecht hätte. Marsch! – – Ha! das ist ja gar ein Reisender. Ich dächte, ich hätte wenig genug zu thun, um mich um fremde Leute bekümmern zu können. Es ist eine schöne Sache um die Neubegierde!

Neunter Auftritt

Anselmo. Ein Träger. Maskarill.

ANSELMO. Dem Himmel sei Dank, daß ich endlich mein Haus, mein liebes Haus wiedersehe!

MASKARILL. Sein Haus?

ANSELMO *(zum Träger)*. Setzt den Koffer hier nur nieder, guter Freund! Ich will ihn schon vollends hereinschaffen lassen. – Ich habe Euch doch bezahlt? – –

DER TRÄGER. O ja, Herr! o ja! – – Aber – – ohne Zweifel sind Sie wohl sehr vergnügt, sehr freudig, daß Sie wieder zu Hause sind?

ANSELMO. Ja freilich!

DER TRÄGER. Ich habe Leute gekannt, die, wenn sie sehr freudig waren, gegen einen armen Teufel ein übriges thaten. – – Bezahlt haben Sie mich, Herr, bezahlt haben Sie mich.

ANSELMO. Nun da! ich will auch ein übriges thun.

DER TRÄGER. Ei! ei! das ist mir doch lieb, daß ich mich nicht betrogen habe; ich sahe Sie gleich für einen spendabeln Mann an. O! ich versteh' mich drauf. Gott bezahl's! *(Geht ab.)*

ANSELMO. Es will sich niemand aus meinem Hause sehen lassen. Ich muß nur anklopfen.

MASKARILL. Der Mann ist offenbar unrecht!

ANSELMO. Es sieht nicht anders aus, als ob das ganze Haus ausgestorben wäre. Gott verhüte. – –

MASKARILL *(der ihm näher tritt)*. Mein Herr! – – Sie werden verzeihen – – ich bitte um Vergebung – *(Indem er zurückprellt.)* Der Blitz! das Gesichte sollte ich kennen.

ANSELMO. Verzeih Euch's der liebe Gott, daß Ihr nicht klug seid! – – Was wollt Ihr?

MASKARILL. Ich wollte – – ich wollte – –

ANSELMO. Nun? was geht Ihr denn um mich herum?

MASKARILL. Ich wollte – –

ANSELMO. Absehen vielleicht, wo meinem Beutel am besten beizukommen wäre?

MASKARILL. Ich irre mich; wenn er es wäre, müßte er mich ja wohl auch kennen. – – Ich bin neugierig, mein Herr; aber meine Neubegierde ist keine von den unhöflichen, und ich frage mit aller Bescheidenheit – – was Sie vor diesem Hause zu suchen haben?

ANSELMO. Kerl! – – Aber jetzt seh' ich ihn erst recht an. Mas – –

MASKARILL. Herr An – –

ANSELMO. Maska – –

MASKARILL. Ansel – –

ANSELMO. Maskarill –

MASKARILL. Herr Anselmo –

ANSELMO. Bist du es denn?

MASKARILL. Ich bin ich; das ist gewiß. Aber Sie – –

ANSELMO. Es ist kein Wunder, daß du zweifelst, ob ich es bin.

MASKARILL. Ist es in aller Welt möglich? – – Ach! nicht doch! Herr Anselmo ist neun Jahr weg, und es wäre ja wohl wunderbar, wenn er eben heute wiederkommen sollte? Warum denn eben heute?

ANSELMO. Die Frage kannst du alle Tage thun, und ich dürfte also gar nicht wiederkommen.

MASKARILL. Das ist wahr! – – Je nun! so sein Sie tausendmal willkommen und aber tausendmal, allerliebster Herr Anselmo! – Zwar am Ende sind Sie es doch wohl nicht? –

ANSELMO. Ich bin es gewiß. Antworte mir nur geschwind, ob alles noch wohl steht? Leben meine Kinder noch? Lelio? Kamilla?

MASKARILL. Ja, nun darf ich wohl nicht mehr daran zweifeln, daß Sie es sind. – Sie leben, beide leben sie noch. – – *(Beiseite.)* Wenn er das übrige doch von einem andern zuerst erfahren könnte! –

ANSELMO. Gott sei Dank, daß sie beide noch leben! Sie sind doch zu Hause? – Geschwind, daß ich sie in meine alten Arme schließen kann! – Bringe den Koffer nach, Maskarill. –

MASKARILL. Wohin, Herr Anselmo, wohin?

ANSELMO. Ins Haus.

MASKARILL. In dieses Haus hier?

ANSELMO. In mein Haus.

MASKARILL. Das wird sogleich nicht angehen. – – *(Beiseite.)* Was soll ich nun sagen?

ANSELMO. Und warum nicht? – –

MASKARILL. Dieses Haus, Herr Anselmo – – ist verschlossen – –

ANSELMO. Verschlossen?

MASKARILL. Verschlossen, ja, und zwar – weil niemand darinne wohnt.

ANSELMO. Niemand darinne wohnt? Wo wohnen denn meine Kinder?

MASKARILL. Herr Lelio? und Jungfer Kamille? – – die wohnen – – wohnen in einem andern Hause.

ANSELMO. Nun? Du sprichst ja so seltsam, so rätselhaft.

MASKARILL Sie wissen also wohl nicht, was seit kurzem vorgefallen ist?

ANSELMO. Wie kann ich es wissen.

MASKARILL. Es ist wahr, Sie sind nicht zugegen gewesen, und in neun Jahren kann sich schon etwas verändert haben. Neun Jahr! eine lange Zeit! – – Aber es ist doch gewiß ganz etwas eignes – – neun Jahr, neun ganzer Jahr weg sein und eben jetzt wiederkommen! Wenn das in einer Komödie geschähe, jedermann würde sagen: Es ist nicht wahrscheinlich, daß der Alte eben jetzt wiederkömmt. Und doch ist es wahr! Er hat eben jetzt wiederkommen können und kömmt auch eben jetzt wieder. – Sonderbar, sehr sonderbar!

ANSELMO. O du verdammter Schwätzer, so halte mich doch nicht auf und sage mir – –

MASKARILL. Ich will es Ihnen sagen, wo Ihre Kinder sind. Ihre Jungfer Tochter ist – – bei Ihrem Herrn Sohn. – – Und Ihr Herr Sohn – –

ANSELMO. Und mein Sohn – –

MASKARILL. Ist hier ausgezogen und wohnt – – Sehen Sie hier in der Straße das neue Eckhaus? – – Da wohnt Ihr Herr Sohn.

ANSELMO. Und warum wohnt er denn nicht mehr hier? hier in seinem väterlichen Hause? –

MASKARILL. Sein väterliches Haus war ihm zu groß – – zu klein; zu leer – – zu enge.

ANSELMO. Zu groß, zu klein; zu leer, zu enge. Was heißt denn das?

MASKARILL. Je nun! Sie werden es von ihm selbst besser hören können, wie das alles ist. – – So viel werden Sie doch wohl erfahren haben, daß er ein großer Handelsmann geworden ist?

ANSELMO. Mein Sohn ein großer Handelsmann?

MASKARILL. Ein sehr großer! Er lebt schon seit mehr als einem Jahre von nichts als vom Verkaufen.

ANSELMO. Was sagst du? So wird er vielleicht zur Niederlage für seine Waren ein großes Haus gebraucht haben?

MASKARILL. Ganz recht, ganz recht.

ANSELMO. Das ist vortrefflich! Ich bringe auch Waren mit, kostbare indische Waren.

MASKARILL. Das wird an ein Verkaufen gehen!

ANSELMO. Mache nur, Maskarill, und nimm den Koffer auf den Bukkel und führe mich zu ihm!

MASKARILL. Der Koffer, Herr Anselmo, ist wohl sehr schwer? Verziehen Sie nur einen Augenblick, ich will gleich einen Träger schaffen.

ANSELMO. Du kannst ihn selbst fortbringen; es sind nichts als Skripturen und Wäsche darinne.

MASKARILL. Ich habe mir den Arm letzthin ausgefallen. –

ANSELMO. Den Arm? Du armer Teufel! So geh nur und bringe jemanden!

MASKARILL *(beiseite)*. Gut, daß ich so wegkomme. Herr Lelio! Herr Lelio! was werden Sie zu der Nachricht sagen?

(Er geht und kömmt wieder zurück.)

ANSELMO. Nun? bist du noch nicht fort?

MASKARILL. Ich muß Sie wahrhaftig noch einmal ansehen, ob Sie es auch sind.

ANSELMO. Je! so zweifle, du verzweifelter Zweifler!

MASKARILL *(im Fortgehen)*. Ja, ja, er ist's. – Neun Jahr weg sein, und eben jetzt wiederkommen!

Zehnter Auftritt

Anselmo.

Da muß ich nun unter freiem Himmel warten? Es ist gut, daß die Straße ein wenig abgelegen ist, und daß mich die wenigsten mehr kennen werden. Aber gleichwohl darf ich die Augen nicht sehr von meinem Koffer verwenden. Ich dächte, ich setzte mich darauf. – – Bald, bald werde ich nun wohl ruhiger sitzen können. Ich habe mir es sauer genug werden lassen und Gefahr genug ausgestanden, daß ich mir schon mit gutem Gewissen meine letzten Tage zu Rast- und Freudentagen machen kann. – – Ja gewiß, das sollen sie werden. Und wer wird mir es verdenken? Wenn ich es nur ganz obenhin überschlage, so besitze ich doch – *(Er spricht die letzten Worte immer sachter und sachter, bis er zuletzt in bloßen Gedanken an Fingern zählt.)*

Elfter Auftritt

Raps (in einer fremden und seltsamen Kleidung). Anselmo.

RAPS. Man muß allerlei Personen spielen können. Den möchte ich doch sehen, der in diesem Aufzuge den Trommelschläger Raps erkennen sollte? Ich seh' aus, ich weiß selber nicht wie, und soll – – ich weiß selber nicht was? Eine närrische Kommission! Närrisch immerhin; genug, daß man mich bezahlt. – – Hier in dieser Gasse, hat mir Staleno gesagt, soll ich meinen Mann nur aufsuchen. Er wohnt nicht weit von seinem vorigen Hause, und das ist ja sein voriges Haus.

ANSELMO. Was ist das für ein Gespenste?

RAPS. Wie mich die Leute ansehen!

ANSELMO. Diese Figur muß in das Geschlecht der Pilze gehören. Der Hut reicht auf allen Seiten eine halbe Elle über den Körper.

RAPS. Guter Vater, der Ihr mich so anguckt, seid Ihr weniger fremd hier wie ich? – – Er will nicht hören. – – Mein Herr, der Sie auf dem Koffer hier sitzen, könnten Sie mich wohl allenfalls zurechte weisen? Ich suche einen jungen Menschen, Namens Lelio, und einen Kahlkopf von Ihrer Gattung, Namens Philto.

ANSELMO. Lelio? Philto? – *(Beiseite.)* So heißt ja mein Sohn, und mein alter guter Freund. – –

RAPS. Wenn Sie mir die Wohnung dieser Leute zeigen können, so werden Sie bei einem Manne Dank verdienen, der nicht ermangeln wird, Ihre Höflichkeit an allen vier Enden der Welt auszuposaunen, bei einem Reisenden, der siebenmal rund um die Welt gereiset ist, einmal zu Schiffe, zweimal auf der geschwinden Post und viermal zu Fuße.

ANSELMO. Darf ich nicht wissen, mein Herr, wer Sie sind? wie sie heißen? von wannen Sie kommen? was Sie bei genannten Personen zu suchen haben?`

RAPS. Das heißt sehr viel auf einmal fragen. Worauf soll ich nun zuerst antworten? Wenn Sie mich jedes insbesondere, mit der gehörigen Art, fragen wollten, so möchte ich vielleicht darauf Bescheid erteilen. Denn ich bin gesprächig, mein Herr, sehr gesprächig. – – *(Beiseite.)* Ich kann wenigstens meine Rolle mit ihm probieren.

ANSELMO. Nun wohl, mein Herr; lassen Sie uns bei dem kürzesten anfangen! Wie ist Ihr Name?

RAPS. Bei dem kürzesten? Mein Name? Gefehlt! weit gefehlt!

ANSELMO. Wie so?

RAPS. Ja, mein guter, lieber, alter Herr, ich muß Ihnen nur sagen – – geben Sie wohl Achtung: – – – Wenn Sie ganz früh, ganz früh, sobald der Tag anfängt zu grauen, von meinem ersten Namen ausgehen und gehen und gehen, so stark, wie Sie nur können, so wette ich, daß die Sonne doch schon untergegangen sein wird, ehe Sie nur den Anfangsbuchstaben von meinem letzten Namen zu sehen bekommen.

ANSELMO. Ei! so brauchte man ja wohl gar eine Laterne und einen Schnappsack zu Ihrem Namen?

RAPS. Nicht anders.

ANSELMO *(beiseite)*. Der Kerl red't! – Aber was wollen Sie denn bei dem jungen Lelio und bei dem alten Philto? Ohne Zweifel stehen Sie mit dem erstern in Verkehr? Lelio soll ein großer Kaufmann sein.

RAPS. Ein großer Kaufmann? das ich nicht wüßte! Nein, mein Herr; ich habe bloß ein paar Briefe bei ihm abzugeben.

ANSELMO. Ha! ha! Avisobriefe vielleicht von Waren, die an ihn abgegangen sind, oder so etwas.

RAPS. Nicht so etwas. – Es sind Briefe, die mir sein Vater an ihn mitgegeben hat.

ANSELMO. Wer?

RAPS. Sein Vater.

ANSELMO. Des Lelio Vater?

RAPS. Ja, des Lelio Vater, der jetzt in der Fremde ist. – – Er ist mein guter Freund.

ANSELMO *(beiseite)*. Je! das ist ja gar, mit Ehren zu melden, ein Betrieger. Warte, dich will ich kriegen! Ich soll ihm Briefe an meinen Sohn gegeben haben?

RAPS. Was meinen Sie, mein Herr?

ANSELMO. Nichts. – – Und so kennen Sie wohl den Vater des Lelio?

RAPS. Wenn ich ihn nicht kennte, würde ich wohl Briefe an seinen Sohn Lelio und Briefe an seinen Freund Philto von ihm haben? – – Da, mein Herr, hier sehen Sie beide. – – Er ist mein Herzensfreund.

ANSELMO. Ihr Herzensfreund? – – Und wo war er denn, dieser Ihr Herzensfreund, als er Ihnen die Briefe gab?

RAPS. Er war – – er war – – bei guter Gesundheit.

ANSELMO. Das ist mir von Herzen lieb. Aber wo war er denn? wo?

RAPS. Mein Herr, er war – – auf der Küste von Paphlagonien.

ANSELMO. Das gesteh' ich – – Daß Sie ihn kennen, haben Sie mir schon gesagt; aber es versteht sich doch wohl, von Person?

RAPS. Freilich von Person. – – Habe ich denn nicht so manche Flasche Kapwein mit ihm ausgestochen? und zwar auf dem Orte, wo er wächst. – Sie wissen wohl, mein Herr, auf dem Vorgebirge Capua, wo sich in dem dreißigjährigen Kriege Hannibal so voll soff, daß er nicht vor Rom gehen konnte.

ANSELMO. Sie besitzen Gelehrsamkeit, wie ich höre.

RAPS. So etwas fürs Haus.

ANSELMO. Können Sie mir nicht sagen, wie er aussieht, des Lelio Vater?

RAPS. Wie er aussieht? – – Sie sind sehr neugierig. Doch ich liebe die neugierigen Leute. – – Er ist ungefähr einen Kopf größer als Sie.

ANSELMO *(beiseite)*. Das geht gut! ich bin abwesend größer als gegenwärtig. – Seinen Namen haben Sie mir noch nicht gesagt. Wie heißt er?

RAPS. Er heißt – – vollkommen, wie ein ehrlicher Mann heißen soll.

ANSELMO. Ich möchte doch hören – –

RAPS. Er heißt – – er heißt nicht wie sein Sohn – – er würde aber besser gethan haben, wenn er so hieße – – sondern er heißt – – daß dich!

ANSELMO. Nun?

RAPS. Ich glaube, ich habe den Namen vergessen.

ANSELMO. Den Namen eines Freundes? – –

RAPS. Nur Geduld! jetzt läuft er mir auf der Zunge herum. Nennen Sie mir doch geschwind einen, der etwa so klingt. Er fängt sich auf ein A an.

ANSELMO. Arnolph vielleicht?

RAPS. Nicht Arnolph.

ANSELMO. Anton?

RAPS. Nicht Anton. Ans – Ansa – Ansi — Asi – – Asinus. Nein, nicht Asinus, nicht Asinus – – Ein verzweifelter Name! An – Ansel – –

ANSELMO. Anselmo doch wohl nicht?

RAPS. Recht! Anselmo. Daß der Henker den schurkischen Namen holen wolle!

ANSELMO. Das ist nicht freundschaftlich gesprochen.

RAPS. Ei! warum bleibt er auch einem zwischen den Zähnen stecken. Ist das freundschaftlich, wenn man sich so lange suchen läßt? Dasmal will ich es ihm noch vergeben. – – Anselmo hieß er? nicht? – Ganz recht! Anselmo. Wie gesagt, das letztemal habe ich ihn auf der Küste von Paphlagonien gesprochen, und zwar in dem Hafen Gibraltar. Er wollte noch den Königen von Gallipoli einen kleinen Besuch abstatten. –

ANSELMO. Den Königen von Gallipoli? Wer sind die?

RAPS. Wie, mein Herr! kennen Sie die berühmten Brüder nicht, welche über Gallipoli herrschen? die weltbekannten Dardanellen? Sie reiseten vor einigen zwanzig Jahren in Europa herum, und da hat er sie kennen lernen.

ANSELMO *(beiseite)*. Die Narrenspossen dauern zu lange. Ich muß der Pauke nur ein Loch machen, damit ich doch erfahre, woran ich bin.

RAPS. Der Hof der Dardanellen, mein Herr, ist einer von den prächtigsten in ganz Amerika, und ich weiß gewiß, mein Freund Anselmo wird daselbst sehr wohl empfangen worden sein. Er wird so bald auch nicht wieder wegkommen. Und eben deswegen, weil er dieses voraussahe, und weil er wußte, daß ich geradesweges hierher reisen würde, gab er mir Briefe mit, um die Seinigen wegen seiner langen Abwesenheit zu beruhigen.

ANSELMO. Das war sehr wohl gethan. – Aber eins muß ich doch noch fragen – –

RAPS. So viel als Ihnen beliebt.

ANSELMO. Wenn man Ihnen, mein sonderbarer Herr mit dem langen Namen –

RAPS. Lang ist mein Name, das ist wahr; aber ich führe auch einen ganz kleinen, welcher gleichsam die Quintessenz von dem langen ist.

ANSELMO. Darf ich ihn wissen?

RAPS. Raps.

ANSELMO. Raps?

RAPS. Ja, Raps, Ihnen zu dienen.

ANSELMO. Ich danke für Ihre Dienste, Herr Raps.

RAPS. Raps will eigentlich soviel sagen als der Sohn des Rap. Rap aber hieß mein Vater, und mein Großvater Rip, von welchem sich denn mein Vater auch manchmal Rips zu nennen pflegte, so daß ich mich gar wohl, wenn ich mit meinen Ahnen prahlen wollte, Rips Raps nennen könnte.

ANSELMO. Nun wohl, Herr Rips Raps – damit ich wieder auf meine Frage komme: – – Wenn man Ihnen Ihren Freund Anselmo jetzt zeigte, würden Sie ihn wohl wiedererkennen?

RAPS. Wenn ich meine Augen behielte, ohne Zweifel. Aber es scheint, als ob Sie es noch nicht glauben wollten, daß ich den Anselmo kenne. Hören Sie also einen Beweis über alle Beweise. Nicht allein Briefe hat er mir mitgegeben, sondern auch sechstausend Thaler, die ich dem Herrn Philto einhändigen soll. Würde er das wohl gethan haben, wenn ich nicht sein ander Ich wäre?

ANSELMO. Sechstausend Thaler?

RAPS. In lauter guten, vollwichtigen Dukaten.

ANSELMO *(beiseite)*. Nun weiß ich fast nicht, was ich von dem Kerl denken soll. Ein Betrieger, der Geld bringt, das ist ja wohl ein sehr wunderbarer Betrieger.

RAPS. Aber, mein Herr, wir plaudern zu lange. Ich sehe wohl, daß Sie mir meine Leute entweder nicht weisen können oder nicht wollen. – –

ANSELMO. Nur noch ein Wort! – Haben Sie denn, Herr Raps, das Geld bei sich, das Ihnen Anselmo gegeben hat?

RAPS. Ja. Warum?

ANSELMO. Und es ist ganz gewiß, daß Ihnen Anselmo, des Lelio Vater, die sechstausend Thaler gegeben hat?

RAPS. Ganz gewiß.

ANSELMO. Je nun! so geben Sie mir sie nur wieder, Herr Raps.

RAPS. Was soll ich Ihnen wiedergeben?

ANSELMO. Die sechstausend Thaler, die Sie von mir bekommen haben.

RAPS. Ich von Ihnen sechstausend Thaler bekommen?

ANSELMO. Sie sagen es ja selbst.

RAPS. Was sag' ich? – Sie sind – – Wer sind Sie denn?

ANSELMO. Ich bin eben der, der Herr Rapsen sechstausend Thaler anvertraut hat; ich bin Anselmo.

RAPS. Sie Anselmo?

ANSELMO. Kennen Sie mich nicht? Die Könige von Gallipoli, die weltberühmten Dardanellen, haben die Gnade gehabt, mich eher wieder von sich zu lassen, als ich vermutete. Und weil ich denn nun selbst da bin, so will ich dem Herrn Raps fernere Mühe ersparen.

RAPS *(beiseite)*. Sollte man nicht schwören, der Mann wäre ein größerer Gauner als ich selbst! – –

ANSELMO. Besinnen Sie sich nur nicht lange und geben Sie mir das Geld wieder!

RAPS. Wer sollte es denken, daß ein alter Mann noch so fein sein könnte! Sobald er hört, daß ich Geld bei mir habe, husch! ist er Anselmo. Aber, mein guter Vater, so geschwind Sie sich anselmisiert haben, so geschwind werden Sie sich auch wieder entanselmisieren müssen.

ANSELMO. Je nun! wer bin ich denn, wenn ich nicht der bin, der ich bin?

RAPS. Was geht das mich an? Sein Sie, wer Sie wollen, wenn Sie nur nicht der sind, der ich nicht will, daß Sie sein sollen. Warum waren Sie denn nicht gleich anfangs der, der Sie sind? Und warum wollen Sie denn nun der sein, der Sie nicht waren?

ANSELMO. O! so machen Sie doch nur fort – –

RAPS. Was soll ich machen?

ANSELMO. Mir mein Geld wiedergeben.

RAPS. Machen Sie sich nur weiter keine Ungelegenheit! Ich habe gelogen. Das Geld ist nicht in vollwichtigen Dukaten, sondern es steht bloß auf dem Papiere.

ANSELMO. Bald werde ich mit dem Herrn aus einem andern Tone sprechen. – – Ihr sollt in allem Ernste wissen, Herr Rips Raps, daß ich Anselmo bin; und wenn Ihr mir nicht gleich die Briefe und das Geld einhändiget, das Ihr von mir bekommen zu haben vorgebt, so will ich gar bald so viel Leute zusammenrufen, als nötig sein wird, einen solchen Betrieger festzuhalten.

RAPS. Sie wissen also ganz ohnfehlbar, daß ich ein Betrieger bin? und Sie sind ganz ohnfehlbar Herr Anselmo? So habe ich denn die Ehre, mich dem Herrn Anselmo zu empfehlen. – –

ANSELMO. Du sollst so nicht wegkommen, guter Freund!

RAPS. O! ich bitte, mein Herr – – *(Indem ihn Anselmo halten will, stößt ihn Raps mit Gewalt von sich, daß er rücklings wieder auf den Koffer zu sitzen kömmt.)* Der alte Dieb könnte wenigstens einen Auflauf erregen. Ich will dir schon einen schicken, der dich besser kennen soll. *(Geht ab.)*

ANSELMO. Da sitze ich ja nun wieder! Wo ist er hin, der Spitzbube? Wo ist er hin? – – Ich sehe niemanden. – – Bin ich auf dem Koffer eingeschlafen, und hat mir das närrische Zeug geträumt, oder – – Den Henker mag es mir geträumt haben! – – Ich armer Mann! Dahinter steckt ganz gewiß etwas; ganz gewiß steckt etwas dahinter! Und Maskarill? – – Maskarill kömmt auch nicht wieder? Auch das geht nicht richtig zu! auch das nicht! – Was soll ich anfangen? Ich will nur gleich den ersten den besten rufen – – Heda, guter Freund, heda!

Zwölfter Auftritt

Anselmo. Ein andrer Träger.

DER TRÄGER. Was steht zu Ihren Diensten, mein Herr?

ANSELMO. Wollt Ihr Euch ein gut Trinkgeld verdienen, mein Freund?

DER TRÄGER. Das wäre wohl meine Sache.

ANSELMO. So nehmt geschwind den Koffer und bringt mich zu dem Kaufmann Lelio!

DER TRÄGER. Zu dem Kaufmann Lelio?

ANSELMO. Ja. Er soll da in der Straße, in dem neuen Eckhause wohnen.

DER TRÄGER. Ich kenne in der ganzen Stadt keinen Kaufmann Lelio. In dem neuen Eckhause da unten wohnt jemand ganz anders.

ANSELMO. Ei nicht doch! Lelio muß da wohnen. Sonst hat er hier in diesem Hause gewohnt, welches ihm auch gehört.

DER TRÄGER. Nun merke ich, wen Sie meinen. Sie meinen den liederlichen Lelio. O! den kenn' ich wohl!

ANSELMO. Was? den liederlichen Lelio?

DER TRÄGER. Je nu! die ganze Stadt nennt ihn so; warum soll ich ihn anders nennen? Sein Vater war der alte Anselmo. Das war ein garstiger, geiziger Mann, der nie genug kriegen konnte. Er reisete vor vielen Jahren hier weg, Gott weiß wohin? Unterdessen daß er sich's in der Fremde sauer werden läßt oder wohl gar darüber schon ins Gras gebissen hat, ist sein Sohn hier guter Dinge. Der wird zwar nun wohl auch allmählich auf die Hefen gekommen sein; aber es ist schon recht. Ein Sammler will einen Zerstreuer haben. Das Häuschen, höre ich, hat er nun auch verkauft – –

ANSELMO. Was? verkauft? – – Nun ist's klar! Ach, du verwünschter Maskarill! – Ach ich unglücklicher Vater! Du gottloser, ungeratner Sohn!

DER TRÄGER. Ei! – Sie sind doch wohl nicht gar der alte Anselmo selber? Nehmen Sie mir's nicht übel, wenn Sie es sind; ich habe Sie wirklich nicht gekannt. Sonst hätte ich es wohl bleiben lassen, Sie einen garstigen, geizigen Mann zu nennen. Es ist niemandem an die Stirne geschrieben, wer er ist. Mögen Sie mich doch immerhin das Trinkgeld nicht verdienen lassen.

ANSELMO. Ihr sollt es verdienen, guter Freund, Ihr sollt es verdienen. Sagt mir nur geschwind: Ist es wirklich wahr, daß er das Haus verkauft hat? Und an wen hat er es verkauft?

DER TRÄGER. Der alte Philto hat's gekauft.

ANSELMO. Philto? – O du ehrvergeßner Mann! Ist das deine Freundschaft? – Ich bin verraten! Ich bin verloren! – Er wird mir nun alles leugnen. – –

DER TRÄGER. Die Leute haben es ihm übel genug ausgelegt, daß er sich mit dem Kaufe abgegeben hat. Hat er nicht sollen in Ihrer Abwesenheit bei Ihrem Sohne gleichsam Vormunds Stelle vertreten? Ein schöner Vormund! das hieß ja wohl den Bock zum Gärtner setzen. Er ist alle sein Lebtage für einen eigennützigen Mann gehalten worden; und was ein Rabe ist, das bleibt wohl ein Rabe. – – Da eben seh' ich ihn kommen! Ich will gern mein Trinkgeld im Stiche lassen; die Leute sind gar zu wunderlich, wenn sie hören, daß man sie kennt. *(Geht ab.)*

Dreizehnter Auftritt

Anselmo. Philto.

ANSELMO. Unglück über alle Unglücke! Komm nur! Komm nur, du Verräter!

PHILTO. Ich muß doch sehen, wer hier das Herze hat, sich für den Anselmo auszugeben. – – Aber was sehe ich? Er ist es wirklich. – – Laß dich umarmen, mein liebster Freund! So bist du doch endlich wieder da? Gott sei tausendmal gedankt! Aber warum so verdrießlich? Kennst du deinen Philto nicht mehr?

ANSELMO. Ich weiß alles, Philto, ich weiß alles. Ist das ein Streich, wie man ihn von einem Freunde erwarten kann?

PHILTO. Nicht ein Wort mehr, Anselmo! Ich höre schon, daß mir ein dienstfertiger Verleumder zuvorgekommen ist. – – Hier ist nicht der Ort, uns weitläuftiger zu erklären. Komm in dein Haus!

ANSELMO. In mein Haus?

PHILTO. Ja; noch ist es das deine und soll wider deinen Willen nie eines andern werden. Komm; ich habe zu allem Glücke den Schlüssel bei mir. Ohne Zweifel ist dieses dein Koffer? Fasse nur an! wir wollen ihn selbst hineinziehen, es sieht uns doch niemand. – –

ANSELMO. Aber meine Barschaft? – –

PHILTO. Auch diese wirst du finden, wie du sie verlassen hast.

(Sie gehen in das Haus, nachdem sie den Koffer nach sich gezogen.)

Vierzehnter Auftritt

Lelio. Maskarill.

MASKARILL. Nun? haben Sie ihn gesehen? War er es nicht?

LELIO. Er ist es, Maskarill!

MASKARILL. Wenn nur der erste Empfang vorüber wäre!

LELIO. Nie habe ich meine Nichtswürdigkeit so lebhaft empfunden als eben jetzt, da sie mich verhindert, einem Vater freudig unter die Augen zu treten, der mich so zärtlich geliebt hat. Was soll ich thun? Soll ich mich aus seinen Augen verbannen? oder soll ich gehen und ihm zu Fuße fallen?

MASKARILL. Das letzte taugt nicht viel; aber das erste taugt gar nichts.

LELIO. Nun, so rate mir doch! Nenne mir wenigstens einen Vorsprecher! – –

MASKARILL. Einen Vorsprecher? eine Person, die bei Ihrem Vater für Sie sprechen soll? – – Den Herrn Stiletti.

LELIO. Bist du toll?

MASKARILL. Oder – die Frau Lelane.

LELIO. Verräter!

MASKARILL. Die eine von ihren Nichten. –

LELIO. Ich bringe dich um!

MASKARILL. Ja! das würde vollends eine Freude für Ihren Vater sein, wenn er seinen Sohn als einen Mörder fände.

LELIO. An den alten Philto darf ich mich nicht wenden. Ich habe seine Lehren, seine Warnungen, seinen Rat allzu oft verachtet, als daß ich auf sein gutes Wort einigen Anspruch machen könnte.

MASKARILL. Aber fallen Sie denn gar nicht auf mich?

LELIO. Sieh du dich nur selbst nach einem Vorsprecher um!

MASKARILL. Das habe ich schon gethan, und der sind Sie.

LELIO. Ich?

MASKARILL. Sie! und zwar zur Danksagung, daß ich Ihnen einen Vorsprecher werde geschafft haben, den Sie in alle Ewigkeit nicht besser finden können.

LELIO. Wenn du das thust, Maskarill –

MASKARILL. Kommen Sie nur hier weg! die Alten möchten wieder herauskommen.

LELIO. Aber nenne mir doch den Vorsprecher, den ich in alle Ewigkeit nicht besser finden könnte.

MASKARILL. Kurz, Ihr Vater soll Ihr Vorsprecher bei dem Herrn Anselmo sein.

LELIO. Was heißt das?

MASKARILL. Das heißt, daß ich einen Einfall habe, den ich Ihnen hier nicht sagen kann. Nur fort! *(Gehen ab.)*

Fünfzehnter Auftritt

Anselmo. Philto (welche aus dem Hause kommen).

ANSELMO. Nun! das ist wahr, Philto: ein getreurer und klügrer Freund, als du bist, muß in der Welt nicht zu finden sein. Ich danke dir tausendmal und wollte wünschen, daß ich dir deine Dienste vergelten könnte.

PHILTO. Sie sind vergolten genug, wenn sie dir angenehm sind.

ANSELMO. Ich weiß es, daß du meinetwegen viel Verleumdungen hast über dich müssen ergehen lassen.

PHILTO. Was wollen Verleumdungen sagen, wenn man bei sich überzeugt ist, daß man sie nicht verdient habe? Auch die List, hoffe ich, wirst du gut finden, die ich wegen der Aussteuer brauchen wollte.

ANSELMO. Die List ist vortrefflich ersonnen; aber nur ist es mir leid, daß aus der ganzen Sache nichts werden kann.

PHILTO. Nichts werden? Warum denn nicht? Gut, daß Sie kommen, Herr Staleno.

Sechzehnter Auftritt

Staleno. Anselmo. Philto.

STALENO. So ist es doch wahr, daß Anselmo endlich wieder da ist? Willkommen! willkommen!

ANSELMO. Es ist mir lieb, einen alten guten Freund gesund wiederzusehen. Aber es ist mir nicht lieb, daß das erste, was ich ihm sagen muß, eine abschlägliche Antwort sein soll. Philto hat mir hinterbracht, was für eine gute Absicht Ihr Mündel auf meine Tochter hat. Ohne ihn zu kennen, würde ich, bloß in Ansehung Ihrer, Ja dazu sagen, wenn ich meine Tochter nicht bereits versprochen hätte, und zwar an den Sohn eines guten Freundes, der vor kurzem in Engeland verstorben ist. Ich habe ihm noch auf seinem Todbette mein Wort geben müssen, daß ich seinen Sohn, welcher sich hier aufhalten soll, auch zu dem meinigen machen wolle. Er hat mir sein Verlangen sogar schriftlich hinterlassen, und es muß eine von meinen ersten Verrichtungen sein, daß ich den jungen Leander aufsuche und ihm davon Nachricht gebe.

STALENO. Wen? den jungen Leander? Je! das ist ja eben mein Mündel.

ANSELMO. Leander ist Ihr Mündel? des alten Pandolfo Sohn?

STALENO. Leander, des alten Pandolfo Sohn, ist mein Mündel.

ANSELMO. Und eben diesen Leander sollte meine Tochter haben?

PHILTO. Eben diesen.

ANSELMO. Was für ein glücklicher Zufall! Hätte ich mir es besser wünschen können? Nun wohl, ich bekräftige also das Wort, das Ihnen Philto in meinem Namen gegeben hat. Kommen Sie, damit ich den lieben Mündel bald sehen und meine Tochter umarmen kann! Ach! wenn ich den ungeratnen Sohn nicht hätte, was für ein beneidenswürdiger Mann könnte ich sein!

Siebzehnter Auftritt

Maskarill. Anselmo. Philto. Staleno.

MASKARILL. Ach! Unglück, unaussprechliches Unglück! Wo werde ich nun den armen Herrn Anselmo finden?

ANSELMO. Ist das nicht Maskarill? Was sagt der Spitzbube?

MASKARILL. Ach! unglücklicher Vater, was wirst du zu dieser Nachricht sagen?

ANSELMO. Zu was für einer Nachricht?

MASKARILL. Ach! der bedauernswürdige Lelio!

ANSELMO. Nun? was ist ihm denn widerfahren?

MASKARILL. Ach! was für ein trauriger Zufall!

ANSELMO. Maskarill!

MASKARILL. Ach! welche tragische Begebenheit!

ANSELMO. Tragisch? Ängstige mich nicht länger, Kerl, und sage, was es ist! – –

MASKARILL. Ach! Herr Anselmo, Ihr Sohn – –

ANSELMO. Nun? mein Sohn?

MASKARILL. Als ich ihm Ihre glückliche Ankunft zu melden kam, fand ich ihn mit untergestütztem Arme im Lehnstuhle –

ANSELMO. Und in den letzten Zügen vielleicht? – –

MASKARILL. Ja, in den letzten Zügen, die er aus einer Ungerschen Bouteille thun wollte. – Freuen Sie sich, Herr Lelio, waren meine Worte, eben jetzt Ihr lieber, sehnlich gewünschter Vater wiedergekommen! – Was? mein Vater? – Hier fiel ihm die Bouteille vor Schrecken aus der Hand; sie sprang in Stücken, und die kostbare Neige floß auf den staubichten Boden. Was? schrie er nochmals, mein Vater wiedergekommen? Wie wird es mir nun ergehen? – Wie Sie es verdient haben, sagte ich. Er sprang auf, lief zu dem Fenster, das auf den Kanal geht, riß es auf – –

ANSELMO. Und stürzte sich herab?

MASKARILL. Und sahe, was für Wetter wäre. – Geschwind meinen Degen! – – Ich wollte ihm den Degen nicht geben, weil man Exempel hat, daß mit einem Degen groß Unglück angerichtet worden. – Was wollen Sie mit dem Degen, Herr Lelio? – – Halte mich nicht auf, oder – das Oder sprach er in einem so fürchterlichen Tone aus, daß ich ihm den Degen vor Schrecken gab. Er nahm ihn, und –

ANSELMO. Und that sich ein Leides?

MASKARILL. Und – –

ANSELMO. Ach! ich unglücklicher Vater! –

Achtzehnter Auftritt

Lelio (an der Scene). Die Vorigen.

MASKARILL. Und steckte ihn an. Komm, rief er, Maskarill; mein Vater wird auf mich zürnen, und sein Zorn ist mir unerträglich. Ich will nicht länger leben, ohne ihn zu versöhnen. Er stürzte die Treppe herab, lief sporenstreichs zum Hause hinaus und warf sich nicht weit von hier – *(Indem Maskarill dieses sagt, und Anselmo gegen ihn gekehrt ist, fällt ihm Lelio auf der andern Seite zu Füßen.)* – – zu den Füßen seines Vaters. – –

LELIO. Verzeihen Sie, liebster Vater, daß ich durch dieses Mittel versuchen wollen, ob Ihr Herz gegen mich noch einiges Mitleids fähig ist! Das Traurigste, was Sie meinetwegen besorgten, geschieht gewiß, wenn ich, ohne Vergebung von Ihnen zu erhalten, von Ihren Füßen aufstehen muß. Ich bekenne, daß ich Ihrer Liebe nicht wert bin, aber ich will auch ohne dieselbe nicht leben. Jugend und Unerfahrenheit können vieles entschuldigen. – –

PHILTO. Laß dich bewegen, Anselmo!

STALENO. Auch ich bitte für ihn. Er wird sich bessern.

ANSELMO. Wenn ich das nur glauben dürfte. Steh auf! Noch will ich's einmal versuchen. Aber wo du noch einen liederlichen Streich machst, so habe ich dir nichts vergeben, und die kleinste Ausschweifung, die du wieder begehst, soll die gewisse Strafe für alle andre nach sich ziehen.

MASKARILL. Das ist billig.

ANSELMO. Den nichtswürdigen Maskarill jage nur gleich zum Henker!

MASKARILL. Das ist unbillig! – – Doch jagen Sie mich oder behalten Sie mich, es soll mir gleich viel sein; nur zahlen Sie mir vorher die Summe aus, die ich Ihnen schon sieben Jahr geliehen habe und aus Großmut noch zehn Jahr leihen wollte!

Minna von Barnhelm
oder
Das Soldatenglück

Ein Lustspiel in fünf Aufzügen

1763

Personen

MAJOR VON TELLHEIM, verabschiedet
MINNA VON BARNHELM
GRAF VON BRUCHSALL, ihr Oheim
FRANZISKA, ihr Mädchen
JUST, Bedienter des Majors
PAUL WERNER, gewesener Wachtmeister des Majors
DER WIRT
EINE DAME IN TRAUER
EIN FELDJÄGER
RICCAUT DE LA MARLINIERE

Die Szene ist abwechselnd in dem Saale eines Wirtshauses und einem daran stoßenden Zimmer.

Erster Aufzug

Erster Auftritt

Just (sitzt in einem Winkel, schlummert und redet im Traume).

Schurke von einem Wirte! Du, uns? – Frisch, Bruder! – Schlag zu, Bruder! – *(Er holt aus und erwacht durch die Bewegung.)* Heda! schon wieder? Ich mache kein Auge zu, so schlage ich mich mit ihm herum. Hätte er nur erst die Hälfte von allen den Schlägen! – – Doch sieh, es ist Tag! Ich muß nur bald meinen armen Herrn aufsuchen. Mit meinem Willen soll er keinen Fuß mehr in das vermaledeite Haus setzen. Wo wird er die Nacht zugebracht haben?

Zweiter Auftritt

Der Wirt. Just.

DER WIRT. Guten Morgen, Herr Just, guten Morgen! Ei, schon so früh auf? Oder soll ich sagen: noch so spät auf?

JUST. Sage Er, was Er will.

DER WIRT. Ich sage nichts als »guten Morgen«; und das verdient doch wohl, daß Herr Just »großen Dank« darauf sagt?

JUST. Großen Dank!

DER WIRT. Man ist verdrüßlich, wenn man seine gehörige Ruhe nicht haben kann. Was gilt's, der Herr Major ist nicht nach Hause gekommen, und Er hat hier auf ihn gelauert?

JUST. Was der Mann nicht alles erraten kann!

DER WIRT. Ich vermute, ich vermute.

JUST *(kehrt sich um und will gehen)*. Sein Diener!

DER WIRT *(hält ihn)*. Nicht doch, Herr Just!

JUST. Nun gut; nicht Sein Diener!

DER WIRT. Ei, Herr Just! ich will doch nicht hoffen, Herr Just, daß Er noch von gestern her böse ist? Wer wird seinen Zorn über Nacht behalten?

JUST. Ich; und über alle folgenden Nächte.

DER WIRT. Ist das christlich?

JUST. Ebenso christlich, als einen ehrlichen Mann, der nicht gleich bezahlen kann, aus dem Hause stoßen, auf die Straße werfen.

DER WIRT. Pfui, wer könnte so gottlos sein?

JUST. Ein christlicher Gastwirt. – Meinen Herrn! so einen Mann! so einen Offizier!

DER WIRT. Den hätte ich aus dem Hause gestoßen? auf die Straße geworfen? Dazu habe ich viel zu viel Achtung für einen Offizier und viel zu viel Mitleid mit einem abgedankten! Ich habe ihm aus Not ein ander Zimmer einräumen müssen. – Denke Er nicht mehr daran, Herr Just. *(Er ruft in die Scene.)* Holla! – Ich will's auf andere Weise wieder gut machen. *(Ein Junge kommt.)* Bring ein Gläschen; Herr Just will ein Gläschen haben, und was Gutes!

JUST. Mache Er sich keine Mühe, Herr Wirt. Der Tropfen soll zu Gift werden, den – Doch ich will nicht schwören; ich bin noch nüchtern!

DER WIRT *(zu dem Jungen, der eine Flasche Liqueur und ein Glas bringt)*. Gieb her; geh! – Nun, Herr Just, was ganz Vortreffliches, stark, lieblich, gesund. *(Er füllt und reicht ihm zu.)* Das kann einen überwachten Magen wieder in Ordnung bringen!

JUST. Bald dürfte ich nicht! – – Doch warum soll ich meiner Gesundheit Seine Grobheit entgelten lassen? – *(Er nimmt und trinkt.)*

DER WIRT. Wohl bekomm's, Herr Just!

JUST *(indem er das Gläschen wieder zurückgibt)*. Nicht übel! – Aber, Herr Wirt, Er ist doch ein Grobian!

DER WIRT. Nicht doch, nicht doch! – Geschwind noch eins; auf einem Beine ist nicht gut stehen.

JUST *(nachdem er getrunken)*. Das muß ich sagen: gut, sehr gut! – Selbst gemacht, Herr Wirt? –

DER WIRT. Behüte! veritabler Danziger! echter doppelter Lachs!

JUST. Sieht Er, Herr Wirt, wenn ich heucheln könnte, so würde ich für so was heucheln; aber ich kann nicht; es muß raus – Er ist doch ein Grobian, Herr Wirt!

DER WIRT. In meinem Leben hat mir das noch niemand gesagt. – Noch eins, Herr Just; aller guten Dinge sind drei!

JUST. Meinetwegen! *(Er trinkt.)* Gut Ding, wahrlich gut Ding! – Aber auch die Wahrheit ist gut Ding. – Herr Wirt, Er ist doch ein Grobian!

DER WIRT. Wenn ich es wäre, würde ich das wohl so mit anhören?

JUST. O ja, denn selten hat ein Grobian Galle.

DER WIRT. Nicht noch eins, Herr Just? Eine vierfache Schnur hält desto besser.

JUST. Nein, zu viel ist zu viel! Und was hilft's Ihm, Herr Wirt? Bis auf den letzten Tropfen in der Flasche würde ich bei meiner Rede bleiben. Pfui, Herr Wirt, so guten Danziger zu haben und so schlechte Mores! – Einem Manne wie meinem Herrn, der Jahr und Tag bei Ihm gewohnt, von dem Er schon so manchen schönen Thaler gezogen, der in seinem Leben keinen Heller schuldig geblieben ist; weil er ein paar Monate her nicht prompt bezahlt, weil er nicht mehr so viel aufgehen läßt – in der Abwesenheit das Zimmer auszuräumen!

DER WIRT. Da ich aber das Zimmer notwendig brauchte? Da ich voraussahe, daß der Herr Major es selbst gutwillig würde geräumt haben, wenn wir nur lange auf seine Zurückkunft hätten warten können? Sollte ich denn so eine fremde Herrschaft wieder von meiner Thüre wegfahren lassen? Sollte ich einem andern Wirte so einen Verdienst mutwillig in den Rachen jagen? Und ich glaube nicht einmal, daß sie sonst wo untergekommen wäre. Die Wirtshäuser sind jetzt alle stark besetzt. Sollte eine so junge, schöne, liebenswürdige Dame auf der Straße bleiben? Dazu ist Sein Herr viel zu galant! Und was verliert er denn dabei? Habe ich ihm nicht ein anderes Zimmer dafür eingeräumt?

JUST. Hinten an dem Taubenschlage; die Aussicht zwischen des Nachbars Feuermauern –

DER WIRT. Die Aussicht war wohl sehr schön, ehe sie der verzweifelte Nachbar verbaute. Das Zimmer ist doch sonst galant und tapeziert –

JUST. Gewesen!

DER WIRT. Nicht doch, die eine Wand ist es noch. Und Sein Stübchen darneben, Herr Just; was fehlt dem Stübchen? Es hat einen Kamin, der zwar im Winter ein wenig raucht –

JUST. Aber doch im Sommer recht hübsch läßt. – Herr, ich glaube gar, Er vexiert uns noch obendrein? –

DER WIRT. Nu, nu, Herr Just, Herr Just –

JUST. Mache Er Herr Justen den Kopf nicht warm, oder –

DER WIRT. Ich macht' ihn warm? der Danziger thut's! –

JUST. Einen Offizier wie meinen Herrn! Oder meint Er, daß ein abgedankter Offizier nicht auch ein Offizier ist, der Ihm den Hals brechen kann? Warum waret ihr denn im Kriege so geschmeidig, ihr Herren Wirte? Warum war denn da jeder Offizier ein würdiger Mann und jeder Soldat ein ehrlicher, braver Kerl? Macht euch das bißchen Friede schon so übermütig?

DER WIRT. Was ereifert Er sich nun, Herr Just? –

JUST. Ich will mich ereifern. – –

Dritter Auftritt

v. Tellheim. Der Wirt. Just.

V. TELLHEIM *(im Hereintreten).* Just!

JUST *(in der Meinung, daß ihn der Wirt nenne).* Just? – So bekannt sind wir?

V. TELLHEIM. Just!

JUST. Ich dächte, ich wäre wohl Herr Just für Ihn!

DER WIRT *(der den Major gewahr wird).* St! st! Herr, Herr, Herr Just – seh' Er sich doch um; Sein Herr – –

V. TELLHEIM. Just, ich glaube, du zankst? Was habe ich dir befohlen?

DER WIRT. O, Ihro Gnaden! zanken? Da sei Gott vor! Ihr unterthänigster Knecht sollte sich unterstehen, mit einem, der die Gnade hat, Ihnen anzugehören, zu zanken?

JUST. Wenn ich ihm doch eins auf den Katzenbuckel geben dürfte! – –

DER WIRT. Es ist wahr, Herr Just spricht für seinen Herrn, und ein wenig hitzig. Aber daran thut er recht; ich schätze ihn um soviel höher; ich liebe ihn darum. –

JUST. Daß ich ihm nicht die Zähne austreten soll!

DER WIRT. Nur Schade, daß er sich umsonst erhitzt. Denn ich bin gewiß versichert, daß Ihro Gnaden keine Ungnade deswegen auf mich geworfen haben, weil – die Not – mich notwendig –

V. TELLHEIM. Schon zu viel, mein Herr! Ich bin Ihnen schuldig; Sie räumen mir in meiner Abwesenheit das Zimmer aus; Sie müssen bezahlt werden; ich muß wo anders unterzukommen suchen. Sehr natürlich!

DER WIRT. Wo anders? Sie wollen ausziehen, gnädiger Herr? Ich unglücklicher Mann! ich geschlagner Mann! Nein, nimmermehr! Eher muß die Dame das Quartier wieder räumen. Der Herr Major kann ihr, will ihr sein Zimmer nicht lassen; das Zimmer ist sein; sie muß fort; ich kann ihr nicht helfen. – Ich gehe, gnädiger Herr – –

V. TELLHEIM. Freund, nicht zwei dumme Streiche für einen! Die Dame muß in dem Besitze des Zimmers bleiben –

DER WIRT. Und Ihro Gnaden sollten glauben, daß ich aus Mißtrauen, aus Sorge für meine Bezahlung – –? Als wenn ich nicht wüßte, daß mich Ihro Gnaden bezahlen können, sobald Sie nur wollen. – – Das versiegelte Beutelchen – fünfhundert Thaler Louisdor steht drauf – – welches Ihro Gnaden in dem Schreibpulte stehen gehabt – – ist in guter Verwahrung. –

V. TELLHEIM. Das will ich hoffen, so wie meine übrigen Sachen. – Just soll sie in Empfang nehmen, wenn er Ihnen die Rechnung bezahlt hat. – –

DER WIRT. Wahrhaftig, ich erschrak recht, als ich das Beutelchen fand. – Ich habe immer Ihro Gnaden für einen ordentlichen und vorsichtigen Mann gehalten, der sich niemals ganz ausgiebt. – – Aber dennoch – – wenn ich bar Geld in dem Schreibpulte vermutet hätte – –

V. TELLHEIM. Würden Sie höflicher mit mir verfahren sein. Ich verstehe Sie. – Gehen Sie nur, mein Herr; lassen Sie mich; ich habe mit meinem Bedienten zu sprechen. – –

DER WIRT. Aber, gnädiger Herr – –

V. TELLHEIM. Komm, Just, der Herr will nicht erlauben, daß ich dir in seinem Hause sage, was du thun sollst. – –

DER WIRT. Ich gehe ja schon, gnädiger Herr! – Mein ganzes Haus ist zu Ihren Diensten.

Vierter Auftritt

v. Tellheim. Just.

JUST *(der mit dem Fuße stampft und dem Wirte nachspuckt)*. Pfui!

V. TELLHEIM. Was giebt's?

JUST. Ich ersticke vor Bosheit.

v. TELLHEIM. Das wäre so viel als an Vollblütigkeit.

JUST. Und Sie – Sie erkenne ich nicht mehr, mein Herr. Ich sterbe vor Ihren Augen, wenn Sie nicht der Schutzengel dieses hämischen, unbarmherzigen Rackers sind! Trotz Galgen und Schwert und Rad hätte ich ihn – hätte ich ihn mit diesen Händen erdrosseln, mit diesen Zähnen zerreißen wollen. –

v. TELLHEIM. Bestie!

JUST. Lieber Bestie als so ein Mensch!

v. TELLHEIM. Was willst du aber?

JUST. Ich will, daß Sie es empfinden sollen, wie sehr man Sie beleidigt.

v. TELLHEIM. Und dann?

JUST. Daß Sie sich rächten. – Nein, der Kerl ist Ihnen zu gering. –

v. TELLHEIM. Sondern, daß ich es dir auftrüge, mich zu rächen? Das war von Anfang mein Gedanke. Er hätte mich nicht wieder mit Augen sehen und seine Bezahlung aus deinen Händen empfangen sollen. Ich weiß, daß du eine Hand voll Geld mit einer ziemlich verächtlichen Miene hinwerfen kannst. –

JUST. So? eine vortreffliche Rache! –

v. TELLHEIM. Aber die wir noch verschieben müssen. Ich habe keinen Heller bares Geld mehr! ich weiß auch keines aufzutreiben.

JUST. Kein bares Geld? Und was ist denn das für ein Beutel mit fünfhundert Thaler Louisdor, den der Wirt in Ihrem Schreibpulte gefunden?

v. TELLHEIM. Das ist Geld, welches mir aufzuheben gegeben worden.

JUST. Doch nicht die hundert Pistolen, die Ihnen Ihr alter Wachtmeister vor vier oder fünf Wochen brachte?

v. TELLHEIM. Die nämlichen, von Paul Wernern. Warum nicht?

JUST. Diese haben Sie noch nicht gebraucht? Mein Herr, mit diesen können Sie machen, was Sie wollen. Auf meine Verantwortung –

v. TELLHEIM. Wahrhaftig?

JUST. Werner hörte von mir, wie sehr man Sie mit Ihren Forderungen an die Generalkriegskasse aufzieht. Er hörte –

v. TELLHEIM. Daß ich sicherlich zum Bettler werden würde, wenn ich es nicht schon wäre. – Ich bin dir sehr verbunden, Just. – Und diese Nachricht vermochte Wernern, sein bißchen Armut mit mir zu teilen. – Es ist mir doch lieb, daß ich es erraten habe. – Höre, Just, mache mir zugleich auch deine Rechnung; wir sind geschiedene Leute. – –

JUST. Wie? Was?

V. TELLHEIM. Kein Wort mehr; es kömmt jemand. –

Fünfter Auftritt

Eine Dame in Trauer. v. Tellheim. Just.

DIE DAME. Ich bitte um Verzeihung, mein Herr! –

V. TELLHEIM. Wen suchen Sie, Madame? –

DIE DAME. Eben den würdigen Mann, mit welchem ich die Ehre habe zu sprechen. Sie kennen mich nicht mehr? Ich bin die Witwe Ihres ehemaligen Stabsrittmeisters –

V. TELLHEIM. Um des Himmels willen, gnädige Frau! welche Veränderung! –

DIE DAME. Ich stehe von dem Krankenbette auf, auf das mich der Schmerz über den Verlust meines Mannes warf. Ich muß Ihnen früh beschwerlich fallen, Herr Major. Ich reise auf das Land, wo mir eine gutherzige, aber eben auch nicht glückliche Freundin eine Zuflucht vors erste angeboten. –

V. TELLHEIM *(zu Just)*. Geh, laß uns allein. –

Sechster Auftritt

Die Dame. v. Tellheim.

V. TELLHEIM. Reden Sie frei, gnädige Frau! Vor mir dürfen Sie sich Ihres Unglücks nicht schämen. Kann ich Ihnen worin dienen?

DIE DAME. Mein Herr Major –

V. TELLHEIM. Ich beklage Sie, gnädige Frau! Worin kann ich Ihnen dienen? Sie wissen, Ihr Gemahl war mein Freund; mein Freund, sage ich; ich war immer karg mit diesem Titel.

DIE DAME. Wer weiß es besser als ich, wie wert Sie seiner Freundschaft waren, wie wert er der Ihrigen war? Sie würden sein letzter Gedanke, Ihr Name der letzte Ton seiner sterbenden Lippen gewesen sein, hätte nicht die stärkere Natur dieses traurige Vorrecht für seinen unglücklichen Sohn, für seine unglückliche Gattin gefordert –

V. TELLHEIM. Hören Sie auf, Madame! Weinen wollte ich mit Ihnen gern; aber ich habe heute keine Thränen. Verschonen Sie mich! Sie finden mich in einer Stunde, wo ich leicht zu verleiten wäre, wider die Vorsicht zu murren. – O, mein rechtschaffner Marloff! Geschwind, gnädige Frau, was haben Sie zu befehlen? Wenn ich Ihnen zu dienen imstande bin, wenn ich es bin –

DIE DAME. Ich darf nicht abreisen, ohne seinen letzten Willen zu vollziehen. Er erinnerte sich kurz vor seinem Ende, daß er als Ihr Schuldner sterbe, und beschwor mich, diese Schuld mit der ersten Barschaft zu tilgen. Ich habe seine Equipage verkauft und komme, seine Handschrift einzulösen. –

V. TELLHEIM. Wie, gnädige Frau? darum kommen Sie?

DIE DAME. Darum. Erlauben Sie, daß ich das Geld aufzähle.

V. TELLHEIM. Nicht doch, Madame! Marloff mir schuldig? das kann schwerlich sein. Lassen Sie doch sehen. *(Er zieht sein Taschenbuch heraus und sucht.)* Ich finde nichts.

DIE DAME. Sie werden seine Handschrift verlegt haben, und die Handschrift thut nichts zur Sache. – Erlauben Sie –

V. TELLHEIM. Nein, Madame! so etwas pflege ich nicht zu verlegen. Wenn ich sie nicht habe, so ist es ein Beweis, daß ich nie eine gehabt habe, oder daß sie getilgt und von mir schon zurückgegeben worden.

DIE DAME. Herr Major! –

V. TELLHEIM. Ganz gewiß, gnädige Frau. Marloff ist mir nichts schuldig geblieben. Ich wüßte mich auch nicht zu erinnern, daß er mir jemals etwas schuldig gewesen wäre. Nicht anders, Madame; er hat mich vielmehr als seinen Schuldner hinterlassen. Ich habe nie etwas thun können, mich mit einem Manne abzufinden, der sechs Jahr Glück und Unglück, Ehre und Gefahr mit mir geteilt. Ich werde es nicht vergessen, daß ein Sohn von ihm da ist. Er wird mein Sohn sein, sobald ich sein Vater sein kann. Die Verwirrung, in der ich mich jetzt selbst befinde –

DIE DAME. Edelmütiger Mann! Aber denken Sie auch von mir nicht zu klein. Nehmen Sie das Geld, Herr Major; so bin ich wenigstens beruhigt. –

v. TELLHEIM. Was brauchen Sie zu Ihrer Beruhigung weiter als meine Versicherung, daß mir dieses Geld nicht gehört? Oder wollen Sie, daß ich die unerzogene Waise meines Freundes bestehlen soll? Bestehlen, Madame, das würde es in dem eigentlichsten Verstande sein. Ihm gehört es; für ihn legen Sie es an. –

DIE DAME. Ich verstehe Sie; verzeihen Sie nur, wenn ich noch nicht recht weiß, wie man Wohlthaten annehmen muß. Woher wissen es denn aber auch Sie, daß eine Mutter mehr für ihren Sohn thut, als sie für ihr eigen Leben thun würde? Ich gehe –

v. TELLHEIM. Gehen Sie, Madame, gehen Sie! Reisen Sie glücklich! Ich bitte Sie nicht, mir Nachricht von Ihnen zu geben. Sie möchte mir zu einer Zeit kommen, wo ich sie nicht nutzen könnte. Aber noch eins, gnädige Frau; bald hätte ich das Wichtigste vergessen. Marloff hat noch an der Kasse unsers ehemaligen Regiments zu fordern. Seine Forderungen sind so richtig wie die meinigen. Werden meine bezahlt, so müssen auch die seinigen bezahlt werden. Ich hafte dafür. –

DIE DAME. O! mein Herr – Aber ich schweige lieber. – Künftige Wohlthaten so vorbereiten, heißt sie in den Augen des Himmels schon erwiesen haben. Empfangen Sie seine Belohnung und meine Thränen! *(Geht ab.)*

Siebenter Auftritt

v. Tellheim.

Armes, braves Weib! Ich muß nicht vergessen, den Bettel zu vernichten. *(Er nimmt aus seinem Taschenbuche Briefschaften, die er zerreißt.)* Wer steht mir dafür, daß eigner Mangel mich nicht einmal verleiten könnte, Gebrauch davon zu machen?

Achter Auftritt

Just. v. Tellheim

V. TELLHEIM. Bist du da?

JUST *(indem er sich die Augen wischt)*. Ja!

V. TELLHEIM. Du hast geweint?

JUST. Ich habe in der Küche meine Rechnung geschrieben, und die Küche ist voll Rauch. Hier ist sie, mein Herr!

V. TELLHEIM. Gieb her.

JUST. Haben Sie Barmherzigkeit mit mir, mein Herr. Ich weiß wohl, daß die Menschen mit Ihnen keine haben; aber –

V. TELLHEIM. Was willst du?

JUST. Ich hätte mir eher den Tod als meinen Abschied vermutet.

V. TELLHEIM. Ich kann dich nicht länger brauchen; ich muß mich ohne Bedienten behelfen lernen. *(Schlägt die Rechnung auf und liest.)* »Was der Herr Major mir schuldig: Drei und einen halben Monat Lohn, den Monat 6 Thaler, macht 21 Thaler. Seit dem ersten dieses an Kleinigkeiten ausgelegt 1 Thaler 7 Gr. 9 Pf. Summa Summarum 22 Thaler 7 Gr. 9 Pf.« – Gut, und es ist billig, daß ich diesen laufenden Monat ganz bezahle.

JUST. Die andere Seite, Herr Major –

V. TELLHEIM. Noch mehr? *(Liest.)* »Was dem Herrn Major ich schuldig: An den Feldscher für mich bezahlt 25 Thaler. Für Wartung und Pflege während meiner Kur für mich bezahlt 39 Thaler. Meinem abgebrannten und geplünderten Vater auf meine Bitte vorgeschossen, ohne die zwei Beutepferde zu rechnen, die er ihm geschenkt, 50 Thaler. Summa Summarum 114 Thaler. Davon abgezogen vorstehende 22 Thaler 7 Gr. 9 Pf. Bleibe dem Herrn Major schuldig 91 Thaler 16 Gr. 3 Pf.« – Kerl, du bist toll! –

JUST. Ich glaube es gern, daß ich Ihnen weit mehr koste. Aber es wäre verlorne Tinte, es dazu zu schreiben. Ich kann Ihnen das nicht bezahlen; und wenn Sie mir vollends die Liverei nehmen, die ich auch noch nicht verdient habe – so wollte ich lieber, Sie hätten mich in dem Lazarette krepieren lassen.

V. TELLHEIM. Wofür siehst du mich an? Du bist mir nichts schuldig, und ich will dich einem von meinen Bekannten empfehlen, bei dem du es besser haben sollst als bei mir.

JUST. Ich bin Ihnen nichts schuldig, und doch wollen Sie mich verstoßen?

V. TELLHEIM. Weil ich dir nichts schuldig werden will.

JUST. Darum? nur darum? – So gewiß ich Ihnen schuldig bin, so gewiß Sie mir nichts schuldig werden können, so gewiß sollen Sie mich nun nicht verstoßen. – Machen Sie, was Sie wollen, Herr Major; ich bleibe bei Ihnen; ich muß bei Ihnen bleiben. –

V. TELLHEIM. Und deine Hartnäckigkeit, dein Trotz, dein wildes, ungestümes Wesen gegen alle, von denen du meinst, daß sie dir nichts zu sagen haben, deine tückische Schadenfreude, deine Rachsucht – –

JUST. Machen Sie mich so schlimm, wie Sie wollen; ich will darum doch nicht schlechter von mir denken als von meinem Hunde. Vorigen Winter ging ich in der Dämmerung an dem Kanale und hörte etwas winseln. Ich stieg herab und griff nach der Stimme und glaubte ein Kind zu retten, und zog einen Pudel aus dem Wasser. Auch gut, dachte ich. Der Pudel kam mir nach; aber ich bin kein Liebhaber von Pudeln. Ich jagte ihn fort, umsonst; ich prügelte ihn von mir, umsonst. Ich ließ ihn des Nachts nicht in meine Kammer; er blieb vor der Thüre auf der Schwelle. Wo er mir zu nahe kam, stieß ich ihn mit dem Fuße; er schrie, sahe mich an und wedelte mit dem Schwanze. Noch hat er keinen Bissen Brot aus meiner Hand bekommen; und doch bin ich der einzige, dem er hört und der ihn anrühren darf. Er springt vor mir her und macht mir seine Künste unbefohlen vor. Er ist ein häßlicher Pudel, aber ein gar zu guter Hund. Wenn er es länger treibt, so höre ich endlich auf, den Pudeln gram zu sein.

V. TELLHEIM *(beiseite)*. So wie ich ihm! Nein, es giebt keine völligen Unmenschen! – – Just, wir bleiben beisammen.

JUST. Ganz gewiß! – Sie wollten sich ohne Bedienten behelfen? Sie vergessen Ihrer Blessuren und daß Sie nur eines Armes mächtig sind. Sie können sich ja nicht allein ankleiden. Ich bin Ihnen unentbehrlich und bin – – ohne mich selbst zu rühmen, Herr Major – und bin ein Bedienter, der – wenn das Schlimmste zum Schlimmen kömmt – für seinen Herrn betteln und stehlen kann.

V. TELLHEIM. Just, wir bleiben nicht beisammen.

JUST. Schon gut!

Neunter Auftritt

Ein Bedienter. v. Tellheim. Just.

DER BEDIENTE. Bst! Kamerad!

JUST. Was giebt's?

DER BEDIENTE. Kann Er mir nicht den Offizier nachweisen, der gestern noch in diesem Zimmer *(Auf eines an der Seite zeigend, von welcher er herkömmt.)* gewohnt hat?

JUST. Das dürfte ich leicht können. Was bringt Er ihm?

DER BEDIENTE. Was wir immer bringen, wenn wir nichts bringen: ein Kompliment. Meine Herrschaft hört, daß er durch sie verdrängt worden. Meine Herrschaft weiß zu leben, und ich soll ihn desfalls um Verzeihung bitten.

JUST. Nun, so bitte Er ihn um Verzeihung; da steht er.

DER BEDIENTE. Was ist er? Wie nennt man ihn?

V. TELLHEIM. Mein Freund, ich habe Euern Auftrag schon gehört. Es ist eine überflüssige Höflichkeit von Eurer Herrschaft, die ich erkenne, wie ich soll. Macht ihr meinen Empfehl. – Wie heißt Eure Herrschaft? –

DER BEDIENTE. Wie sie heißt? Sie läßt sich gnädiges Fräulein heißen.

V. TELLHEIM. Und ihr Familienname?

DER BEDIENTE. Den habe ich noch nicht gehört, und danach zu fragen, ist meine Sache nicht. Ich richte mich so ein, daß ich meistenteils aller sechs Wochen eine neue Herrschaft habe. Der Henker behalte alle ihre Namen! –

JUST. Bravo, Kamerad!

DER BEDIENTE. Zu dieser bin ich erst vor wenig Tagen in Dresden gekommen. Sie sucht, glaube ich, hier ihren Bräutigam. –

V. TELLHEIM. Genug, mein Freund. Den Namen Eurer Herrschaft wollte ich wissen, aber nicht ihre Geheimnisse. Geht nur!

DER BEDIENTE. Kamerad, das wäre kein Herr für mich!

Zehnter Auftritt

v. Tellheim. Just.

v. TELLHEIM. Mache, Just, mache, daß wir aus diesem Hause kommen! Die Höflichkeit der fremden Dame ist mir empfindlicher als die Grobheit des Wirts. Hier nimm diesen Ring, die einzige Kostbarkeit, die mir übrig ist, von der ich nie geglaubt hätte, einen solchen Gebrauch zu machen! – Versetze ihn! laß dir achtzig Friedrichsd'or darauf geben; die Rechnung des Wirts kann keine dreißig betragen. Bezahle ihn und räume meine Sachen – Ja, wohin? – Wohin du willst. Der wohlfeilste Gasthof der beste. Du sollst mich hier nebenan auf dem Kaffeehause treffen. Ich gehe; mache deine Sache gut. –

JUST. Sorgen Sie nicht, Herr Major! –

v. TELLHEIM *(kömmt wieder zurück)*. Vor allen Dingen, daß meine Pistolen, die hinter dem Bette gehangen, nicht vergessen werden.

JUST. Ich will nichts vergessen.

v. TELLHEIM *(kömmt nochmals zurück)*. Noch eins: nimm mir auch deinen Pudel mit; hörst du, Just! –

Elfter Auftritt

Just.

Der Pudel wird nicht zurückbleiben. Dafür lass' ich den Pudel sorgen. – Hm! auch den kostbaren Ring hat der Herr noch gehabt? Und trug ihn in der Tasche anstatt am Finger? – Guter Wirt, wir sind so kahl noch nicht, als wir scheinen. Bei ihm, bei ihm selbst will ich dich versetzen, schönes Ringelchen! Ich weiß, er ärgert sich, daß du in seinem Hause nicht ganz sollst verzehrt werden! – Ah –

Zwölfter Auftritt

Paul Werner. Just.

JUST. Sieh da, Werner! guten Tag, Werner! willkommen in der Stadt!

WERNER. Das verwünschte Dorf! Ich kann's unmöglich wieder gewohne werden. Lustig, Kinder, lustig! ich bringe frisches Geld! Wo ist der Major?

JUST. Er muß dir begegnet sein; er ging eben die Treppe herab.

WERNER. Ich komme die Hintertreppe herauf. Nun, wie geht's ihm? Ich wäre schon vorige Woche bei euch gewesen; aber –

JUST. Nun? was hat dich abgehalten? –

WERNER. – Just – hast du von dem Prinzen Heraklius gehört?

JUST. Heraklius? Ich wüßte nicht.

WERNER. Kennst du den großen Helden im Morgenlande nicht?

JUST. Die Weisen aus dem Morgenlande kenn' ich wohl, die ums Neujahr mit dem Sterne herumlaufen. – –

WERNER. Mensch, ich glaube, du liesest eben so wenig die Zeitungen als die Bibel? – Du kennst den Prinzen Heraklius nicht? den braven Mann nicht, der Persien weggenommen und nächster Tage die ottomanische Pforte einsprengen wird? Gott sei Dank, daß doch noch irgendwo in der Welt Krieg ist! Ich habe lange genug gehofft, es sollte hier wieder losgehen. Aber da sitzen sie und heilen sich die Haut. Nein, Soldat war ich, Soldat muß ich wieder sein! Kurz – *(Indem er sich schüchtern umsieht, ob ihn jemand behorcht.)* im Vertrauen, Just, ich wandere nach Persien, um unter Sr. Königlichen Hoheit dem Prinzen Heraklius ein paar Feldzüge wider den Türken zu machen.

JUST. Du?

WERNER. Ich, wie du mich hier siehst! Unsere Vorfahren zogen fleißig wider den Türken, und das sollten wir noch thun, wenn wir ehrliche Kerls und gute Christen wären. Freilich begreife ich wohl, daß ein Feldzug wider den Türken nicht halb so lustig sein kann als einer wider den Franzosen; aber dafür muß er auch desto verdienstlicher sein, in diesem und in jenem Leben. Die Türken haben dir alle Säbels mit Diamanten besetzt –

JUST. Um mir von so einem Säbel den Kopf spalten zu lassen, reise ich nicht eine Meile. Du wirst doch nicht toll sein und dein schönes Schulzengerichte verlassen? –

WERNER. O, das nehme ich mit! – Merkst du was? – Das Gütchen ist verkauft – –

JUST. Verkauft?

WERNER. St! – hier sind hundert Dukaten, die ich gestern auf den Kauf bekommen; die bring' ich dem Major –

JUST. Und was soll der damit?

WERNER. Was er damit soll? Verzehren soll er sie, verspielen, vertrinken, ver- – wie er will. Der Mann muß Geld haben, und es ist schlecht genug, daß man ihm das seinige so sauer macht! Aber ich wüßte schon, was ich thäte, wenn ich an seiner Stelle wäre! Ich dächte: hol' euch hier alle der Henker! und ginge mit Paul Wernern nach Persien! – Blitz! – der Prinz Heraklius muß ja wohl von dem Major Tellheim gehört haben, wenn er auch schon seinen gewesenen Wachtmeister Paul Wernern nicht kennt. Unsere Affaire bei den Katzenhäusern –

JUST. Soll ich dir die erzählen? –

WERNER. Du mir? – Ich merke wohl, daß eine schöne Disposition über deinen Verstand geht. Ich will meine Perlen nicht vor die Säue werfen. – Da nimm die hundert Dukaten; gieb sie dem Major. Sage ihm, er soll mir auch die aufheben. Ich muß jetzt auf den Markt; ich habe zwei Winspel Roggen hereingeschickt; was ich daraus löse, kann er gleichfalls haben. –

JUST. Werner, du meinst es herzlich gut; aber wir mögen dein Geld nicht. Behalte deine Dukaten, und deine hundert Pistolen kannst du auch unversehrt wieder bekommen, sobald als du willst.

WERNER. So? hat denn der Herr Major noch Geld?

JUST. Nein.

WERNER. Hat er sich wo welches geborgt?

JUST. Nein.

WERNER. Und wovon lebt ihr denn?

JUST. Wir lassen anschreiben, und wenn man nicht mehr anschreiben will und uns zum Hause herauswirft, so versetzen wir, was wir noch haben, und ziehen weiter. – Höre nur, Paul, dem Wirte hier müssen wir einen Possen spielen.

WERNER. Hat er dem Major was in den Weg gelegt? – Ich bin dabei! –

JUST. Wie wär's, wenn wir ihm des Abends, wenn er aus der Tabagie kömmt, aufpaßten und ihn brav durchprügelten? –

WERNER. Des Abends? – aufpaßten? – ihrer zwei einem? – Das ist nichts. –

JUST. Oder, wenn wir ihm das Haus über dem Kopf ansteckten? –

WERNER. Sengen und brennen? – Kerl, man hört's, daß du Packknecht gewesen bist und nicht Soldat – pfui!

JUST. Oder, wenn wir ihm seine Tochter zur Hure machten? Sie ist zwar verdammt häßlich –

WERNER. O, da wird sie's schon lange sein! Und allenfalls brauchst du auch hierzu keinen Gehilfen. Aber was hast du denn? Was giebt's denn?

JUST. Komm nur, du sollst dein Wunder hören!

WERNER. So ist der Teufel wohl hier gar los?

JUST. Ja wohl, komm nur!

WERNER. Desto besser! Nach Persien also, nach Persien!

Zweiter Aufzug

Erster Auftritt

(Die Scene ist in dem Zimmer des Fräuleins.)
Minna von Barnhelm. Franziska.

DAS FRÄULEIN *(im Negligé, nach ihrer Uhr sehend)*. Franziska, wir sind auch sehr früh aufgestanden. Die Zeit wird uns lang werden.

FRANZISKA. Wer kann in den verzweifelten großen Städten schlafen? Die Karossen, die Nachtwächter, die Trommeln, die Katzen, die Korporals – das hört nicht auf zu rasseln, zu schreien, zu wirbeln, zu mauen, zu fluchen, gerade, als ob die Nacht zu nichts weniger wäre als zur Ruhe. – Eine Tasse Thee, gnädiges Fräulein? –

DAS FRÄULEIN. Der Thee schmeckt mir nicht. –

FRANZISKA. Ich will von unserer Schokolade machen lassen.

DAS FRÄULEIN. Laß machen, für dich!

FRANZISKA. Für mich? Ich wollte eben so gern für mich allein plaudern als für mich allein trinken. – Freilich wird uns die Zeit so lang werden. – Wir werden vor langer Weile uns putzen müssen und das Kleid versuchen, in welchem wir den ersten Sturm geben wollen.

DAS FRÄULEIN. Was redest du von Stürmen, da ich bloß herkomme, die Haltung der Kapitulation zu fordern?

FRANZISKA. Und der Herr Offizier, den wir vertrieben, und dem wir das Kompliment darüber machen lassen, er muß auch nicht die feinste Lebensart haben, sonst hätte er wohl um die Ehre können bitten lassen, uns seine Aufwartung machen zu dürfen. –

DAS FRÄULEIN. Es sind nicht alle Offiziere Tellheims. Die Wahrheit zu sagen, ich ließ ihm das Kompliment auch bloß machen, um Gelegenheit zu haben, mich nach diesem bei ihm zu erkundigen. – Franziska, mein Herz sagt es mir, daß meine Reise glücklich sein wird, daß ich ihn finden werde. –

FRANZISKA. Das Herz, gnädiges Fräulein? Man traue doch ja seinem Herzen nicht zu viel. Das Herz redet uns gewaltig gern nach dem Maule. Wenn das Maul eben so geneigt wäre, nach dem Herzen zu reden, so wäre die Mode längst aufgekommen, die Mäuler unterm Schlosse zu tragen.

DAS FRÄULEIN. Ha! ha! mit deinen Mäulern unterm Schlosse! Die Mode wäre mir eben recht!

FRANZISKA. Lieber die schönsten Zähne nicht gezeigt, als alle Augenblicke das Herz darüber springen lassen!

DAS FRÄULEIN. Was? bist du so zurückhaltend? –

FRANZISKA. Nein, gnädiges Fräulein; sondern ich wollte es gern mehr sein. Man spricht selten von der Tugend, die man hat, aber desto öfter von der, die uns fehlt.

DAS FRÄULEIN. Siehst du, Franziska? da hast du eine sehr gute Anmerkung gemacht. –

FRANZISKA. Gemacht? macht man das, was einem so einfällt?

DAS FRÄULEIN. Und weißt du, warum ich eigentlich diese Anmerkung so gut finde? Sie hat viel Beziehung auf meinen Tellheim.

FRANZISKA. Was hätte bei Ihnen nicht auch Beziehung auf ihn?

DAS FRÄULEIN. Freund und Feind sagen, daß er der tapferste Mann von der Welt ist. Aber wer hat ihn von Tapferkeit jemals reden hören? Er hat das rechtschaffenste Herz, aber Rechtschaffenheit und Edelmut sind Worte, die er nie auf die Zunge bringt.

FRANZISKA. Von was für Tugenden spricht er denn?

DAS FRÄULEIN. Er spricht von keiner; denn ihm fehlt keine.

FRANZISKA. Das wollte ich nur hören.

DAS FRÄULEIN. Warte, Franziska, ich besinne mich. Er spricht sehr oft von Ökonomie. Im Vertrauen, Franziska, ich glaube, der Mann ist ein Verschwender.

FRANZISKA. Noch eins, gnädiges Fräulein. Ich habe ihn auch sehr oft der Treue und Beständigkeit gegen Sie erwähnen hören. Wie, wenn der Herr auch ein Flattergeist wäre?

DAS FRÄULEIN. Du Unglückliche! – Aber meinst du das im Ernste, Franziska?

FRANZISKA. Wie lange hat er Ihnen nun schon nicht geschrieben?

DAS FRÄULEIN. Ach! seit dem Frieden hat er mir nur ein einziges Mal geschrieben.

FRANZISKA. Auch ein Seufzer wider den Frieden! Wunderbar! der Friede sollte nur das Böse wieder gut machen, das der Krieg gestiftet, und er zerrüttet auch das Gute, was dieser sein Gegenpart etwa noch veranlaßt hat. Der Friede sollte so eigensinnig nicht sein! – Und wie lange haben wir schon Friede? Die Zeit wird einem gewaltig lang, wenn es so wenig Neuigkeiten giebt. – Umsonst gehen die Posten wieder richtig; niemand schreibt, denn niemand hat was zu schreiben.

DAS FRÄULEIN. Es ist Friede, schrieb er mir, und ich nähere mich der Erfüllung meiner Wünsche. Aber, daß er mir dieses nur einmal, nur ein einziges Mal geschrieben –

FRANZISKA. – Daß er uns zwingt, dieser Erfüllung der Wünsche selbst entgegen zu eilen; finden wir ihn nur, das soll er uns entgelten! – Wenn indes der Mann doch Wünsche erfüllt hätte, und wir erführen hier –

DAS FRÄULEIN *(ängstlich und hitzig)*. Daß er tot wäre?

FRANZISKA. Für Sie, gnädiges Fräulein, in den Armen einer andern. –

DAS FRÄULEIN. Du Quälgeist! Warte, Franziska, er soll dir es gedenken! – Doch schwatze nur; sonst schlafen wir wieder ein. – Sein Regiment ward nach dem Frieden zerrissen. Wer weiß, in welche Verwirrung von Rechnungen und Nachweisungen er dadurch geraten? Wer weiß, zu welchem andern Regimente, in welche entlegene Provinz er versetzt worden? Wer weiß, welche Umstände – Es pocht jemand.

FRANZISKA. Herein!

Zweiter Auftritt

Der Wirt. Die Vorigen.

DER WIRT *(den Kopf voransteckend)*. Ist es erlaubt, meine gnädige Herrschaft? –

FRANZISKA. Unser Herr Wirt? – Nur vollends herein!

DER WIRT *(mit einer Feder hinter dem Ohre, ein Blatt Papier und Schreibzeug in der Hand)*. Ich komme, gnädiges Fräulein, Ihnen einen unterthänigen guten Morgen zu wünschen – *(Zur Franziska.)* und auch Ihr, mein schönes Kind –

FRANZISKA. Ein höflicher Mann!

DAS FRÄULEIN. Wir bedanken uns.

FRANZISKA. Und wünschen Ihm auch einen guten Morgen.

DER WIRT. Darf ich mich unterstehen zu fragen, wie Ihro Gnaden die erste Nacht unter meinem schlechten Dache geruht? –

FRANZISKA. Das Dach ist so schlecht nicht, Herr Wirt; aber die Betten hätten können besser sein.

DER WIRT. Was höre ich? Nicht wohl geruht? Vielleicht, daß die gar zu große Ermüdung von der Reise –

DAS FRÄULEIN. Es kann sein.

DER WIRT. Gewiß, gewiß! denn sonst – – Indes, sollte etwas nicht vollkommen nach Ihro Gnaden Bequemlichkeit gewesen sein, so geruhen Ihro Gnaden nur zu befehlen.

FRANZISKA. Gut, Herr Wirt, gut! Wir sind auch nicht blöde; und am wenigsten muß man im Gasthofe blöde sein. Wir wollen schon sagen, wie wir es gern hätten.

DER WIRT. Hiernächst komme ich zugleich – *(Indem er die Feder hinter dem Ohre hervorzieht.)*

FRANZISKA. Nun? –

DER WIRT. Ohne Zweifel kennen Ihro Gnaden schon die weisen Verordnungen unsrer Polizei.

DAS FRÄULEIN. Nicht im geringsten, Herr Wirt. –

DER WIRT. Wir Wirte sind angewiesen, keinen Fremden, wes Standes und Geschlechts er auch sei, vierundzwanzig Stunden zu behausen, ohne seinen Namen, Heimat, Charakter, hiesige Geschäfte, vermutliche Dauer des Aufenthalts und so weiter gehörigen Orts schriftlich einzureichen.

DAS FRÄULEIN. Sehr wohl.

DER WIRT. Ihro Gnaden werden also sich gefallen lassen – *(Indem er an einen Tisch tritt und sich fertig macht zu schreiben.)*

DAS FRÄULEIN. Sehr gern. – Ich heiße –

DER WIRT. Einen kleinen Augenblick Geduld! – *(Er schreibt.)* »Dato, den 22. August a. c. allhier zum Könige von Spanien angelangt« – Nun Dero Namen, gnädiges Fräulein?

DAS FRÄULEIN. Das Fräulein von Barnhelm.

DER WIRT *(schreibt).* »von Barnhelm« – Kommend? woher, gnädiges Fräulein?

DAS FRÄULEIN. Von meinen Gütern aus Sachsen.

DER WIRT *(schreibt).* »Gütern aus Sachsen« – Aus Sachsen! Ei, ei, aus Sachsen, gnädiges Fräulein? aus Sachsen?

FRANZISKA. Nun? warum nicht? Es ist doch wohl hier zu Lande keine Sünde, aus Sachsen zu sein?

DER WIRT. Eine Sünde? Behüte! da wäre ja eine ganz neue Sünde! – Aus Sachsen also? Ei, ei! aus Sachsen! Das liebe Sachsen! – Aber wo mir recht ist, gnädiges Fräulein, Sachsen ist nicht klein und hat mehrere – wie soll ich es nennen? – Distrikte, Provinzen. – Unsere Polizei ist sehr exakt, gnädiges Fräulein. –

DAS FRÄULEIN. Ich verstehe: von meinen Gütern aus Thüringen also.

DER WIRT. Aus Thüringen! Ja, das ist besser, gnädiges Fräulein, das ist genauer. – *(Schreibt und liest.)* »Das Fräulein von Barnhelm, kommend von ihren Gütern aus Thüringen, nebst einer Kammerfrau und zwei Bedienten« –

FRANZISKA. Einer Kammerfrau? das soll ich wohl sein?

DER WIRT. Ja, mein schönes Kind. –

FRANZISKA. Nun, Herr Wirt, so setzen Sie anstatt Kammerfrau Kammerjungfer. – Ich höre, die Polizei ist sehr exakt; es möchte ein Mißverständnis geben, welches mir bei meinem Aufgebote einmal Händel machen könnte. Denn ich bin wirklich noch Jungfer und heiße Franziska, mit dem Geschlechtsnamen Willig, Franziska Willig. Ich bin auch aus Thüringen. Mein Vater war Müller auf einem von den Gütern des gnädigen Fräuleins. Es heißt Klein-Rammsdorf. Die Mühle hat jetzt mein Bruder. Ich kam sehr jung auf den Hof und ward mit dem gnädigen Fräulein erzogen. Wir sind von einem Alter, künftige Lichtmeß einundzwanzig Jahr. Ich habe alles gelernt, was das gnädige Fräulein gelernt hat. Es soll mir lieb sein, wenn mich die Polizei recht kennt.

DER WIRT. Gut, mein schönes Kind, das will ich mir auf weitere Nachfrage merken – Aber nunmehr, gnädiges Fräulein, Dero Verrichtungen allhier? –

DAS FRÄULEIN. Meine Verrichtungen?

DER WIRT. Suchen Ihro Gnaden etwas bei des Königs Majestät?

DAS FRÄULEIN. O nein!

Der Wirt. Oder bei unsern hohen Justizkollegiis?

DAS FRÄULEIN. Auch nicht.

DER WIRT. Oder –

DAS FRÄULEIN. Nein, nein. Ich bin lediglich in meinen eigenen Angelegenheiten hier.

DER WIRT. Ganz wohl, gnädiges Fräulein; aber wie nennen sich diese eigenen Angelegenheiten?

DAS FRÄULEIN. Sie nennen sich – Franziska, ich glaube, wir werden vernommen.

FRANZISKA. Herr Wirt, die Polizei wird doch nicht die Geheimnisse eines Frauenzimmers zu wissen verlangen?

DER WIRT. Allerdings, mein schönes Kind, die Polizei will alles, alles wissen, und besonders Geheimnisse.

FRANZISKA. Ja nun, gnädiges Fräulein, was ist zu thun? – So hören Sie nur, Herr Wirt – aber daß es ja unter uns und der Polizei bleibt! –

DAS FRÄULEIN. Was wird ihm die Närrin sagen?

FRANZISKA. Wir kommen, dem Könige einen Offizier wegzukapern –

DER WIRT. Wie? was? Mein Kind! mein Kind! –

FRANZISKA. Oder uns von dem Offiziere kapern zu lassen. Beides ist eins.

DAS FRÄULEIN. Franziska, bist du toll? – Herr Wirt, die Naseweise hat Sie zum besten.

DER WIRT. Ich will nicht hoffen! Zwar mit meiner Wenigkeit kann sie scherzen so viel wie sie will; nur mit einer hohen Polizei –

DAS FRÄULEIN. Wissen Sie was, Herr Wirt? – Ich weiß mich in dieser Sache nicht zu nehmen. Ich dächte, Sie ließen die ganze Schreiberei bis auf die Ankunft meines Oheims. Ich habe Ihnen schon gestern gesagt, warum er nicht mit mir zugleich angekommen. Er verunglückte zwei Meilen von hier mit seinem Wagen und wollte durchaus nicht, daß mich dieser Zufall eine Nacht mehr kosten sollte. Ich mußte also voran. Wenn er vierundzwanzig Stunden nach mir eintrifft, so ist es das Längste.

DER WIRT. Nun ja, gnädiges Fräulein, so wollen wir ihn erwarten.

DAS FRÄULEIN. Er wird auf Ihre Fragen besser antworten können. Er wird wissen, wem und wie weit er sich zu entdecken hat, was er von seinen Geschäften anzeigen muß und was er davon verschweigen darf.

DER WIRT. Desto besser! Freilich, freilich kann man von einem jungen Mädchen *(Die Franziska mit einer bedeutenden Miene ansehend.)* nicht verlangen, daß es eine ernsthafte Sache mit ernsthaften Leuten ernsthaft traktiere –

DAS FRÄULEIN. Und die Zimmer für ihn sind doch in Bereitschaft, Herr Wirt?

DER WIRT. Völlig, gnädiges Fräulein, völlig, bis auf das eine –

FRANZISKA. Aus dem Sie vielleicht auch noch erst einen ehrlichen Mann vertreiben müssen?

DER WIRT. Die Kammerjungfern aus Sachsen, gnädiges Fräulein, sind wohl sehr mitleidig? –

DAS FRÄULEIN. Doch, Herr Wirt, das haben Sie nicht gut gemacht. Lieber hätten Sie uns nicht einnehmen sollen.

DER WIRT. Wie so, gnädiges Fräulein, wie so?

DAS FRÄULEIN. Ich höre, daß der Offizier, welcher durch uns verdrängt worden –

DER WIRT. Ja nur ein abgedankter Offizier ist, gnädiges Fräulein. –

DAS FRÄULEIN. Wenn schon! –

DER WIRT. Mit dem es zu Ende geht. –

DAS FRÄULEIN. Desto schlimmer! Es soll ein sehr verdienter Mann sein.

DER WIRT. Ich sage Ihnen ja, daß er abgedankt ist.

DAS FRÄULEIN. Der König kann nicht alle verdienten Männer kennen.

DER WIRT. O gewiß, er kennt sie, er kennt sie alle. –

DAS FRÄULEIN. So kann er sie nicht alle belohnen.

DER WIRT. Sie wären alle belohnt, wenn sie danach gelebt hätten. Aber so lebten die Herren währendes Krieges, als ob ewig Krieg bleiben würde, als ob das dein und mein ewig aufgehoben sein würde. Jetzt liegen alle Wirtshäuser und Gasthöfe von ihnen voll, und ein Wirt hat sich wohl mit ihnen in acht zu nehmen. Ich bin mit diesem noch so ziemlich weggekommen. Hatte er gleich kein Geld mehr, so hatte er doch noch Geldeswert, und zwei, drei Monate hätte ich ihn freilich noch ruhig können sitzen lassen. Doch besser ist besser. – Apropos, gnädiges Fräulein, Sie verstehen sich doch auf Juwelen? –

DAS FRÄULEIN. Nicht sonderlich.

DER WIRT. Was sollten Ihro Gnaden nicht? – Ich muß Ihnen einen Ring zeigen, einen kostbaren Ring. Zwar gnädiges Fräulein haben da auch einen sehr schönen am Finger, und je mehr ich ihn betrachte, je mehr muß ich mich wundern, daß er dem meinigen so ähnlich ist. – O! sehen Sie doch, sehen Sie doch! *(Indem er ihn aus dem Futteral herausnimmt und dem Fräulein zureicht.)* Welch ein Feuer! der mittelste Brillant allein wiegt über fünf Karat.

DAS FRÄULEIN *(ihn betrachtend)*. Wo bin ich? was seh' ich? Dieser Ring –

DER WIRT. Ist seine funfzehnhundert Thaler unter Brüdern wert.

DAS FRÄULEIN. Franziska! – Sieh doch! –

DER WIRT. Ich habe mich auch nicht einen Augenblick bedacht, achtzig Pistolen darauf zu leihen.

DAS FRÄULEIN. Erkennst du ihn nicht, Franziska?

FRANZISKA. Der nämliche! – Herr Wirt, wo haben Sie diesen Ring her?

DER WIRT. Nun, mein Kind? Sie hat doch wohl kein Recht daran?

FRANZISKA. Wir kein Recht an diesem Ringe? – Inwärts auf dem Kasten muß der Fräulein verzogener Name stehn. – Weisen Sie doch, Fräulein.

DAS FRÄULEIN. Er ist's, er ist's! – Wie kommen Sie zu diesem Ringe, Herr Wirt?

DER WIRT. Ich? auf die ehrlichste Weise von der Welt. – Gnädiges Fräulein, gnädiges Fräulein, Sie werden mich nicht in Schaden und Unglück bringen wollen? Was weiß ich, wo sich der Ring eigentlich herschreibt? Währendes Krieges hat manches seinen Herrn, sehr oft mit und ohne Vorbewußt des Herrn, verändert. Und Krieg war Krieg. Es werden mehr Ringe aus Sachsen über die Grenze gegangen sein. – Geben Sie mir ihn wieder, gnädiges Fräulein, geben Sie mir ihn wieder!

FRANZISKA. Erst geantwortet: von wem haben Sie ihn?

DER WIRT. Von einem Manne, dem ich so was nicht zutrauen kann, von einem sonst guten Manne –

DAS FRÄULEIN. Von dem besten Manne unter der Sonne, wenn Sie ihn von seinem Eigentümer haben. – Geschwind bringen Sie mir den Mann! Er ist es selbst, oder wenigstens muß er ihn kennen.

DER WIRT. Wer denn? wen denn, gnädiges Fräulein?

FRANZISKA. Hören Sie denn nicht? unsern Major.

DER WIRT. Major? Recht, er ist Major, der dieses Zimmer vor Ihnen bewohnt hat, und von dem ich ihn habe.

DAS FRÄULEIN. Major von Tellheim.

DER WIRT. Von Tellheim, ja! Kennen Sie ihn?

DAS FRÄULEIN. Ob ich ihn kenne? Er ist hier? Tellheim ist hier? Er! er hat in diesem Zimmer gewohnt? Er! er hat Ihnen diesen Ring versetzt? Wie kömmt der Mann in diese Verlegenheit? Wo ist er? Er ist Ihnen schuldig? – – Franziska, die Schatulle her! Schließ auf! *(Indem sie Franziska auf den Tisch setzt und öffnet.)* Was ist er Ihnen schuldig? Wem ist er mehr schuldig? Bringen Sie mir alle seine Schuldner. Hier ist Geld. Hier sind Wechsel. Alles ist sein!

DER WIRT. Was hör' ich?

DAS FRÄULEIN. Wo ist er? wo ist er?

DER WIRT. Noch vor einer Stunde war er hier.

DAS FRÄULEIN. Häßlicher Mann, wie konnten Sie gegen ihn so unfreundlich, so hart, so grausam sein?

DER WIRT. Ihro Gnaden verzeihen –

DAS FRÄULEIN. Geschwind, schaffen Sie mir ihn zur Stelle.

DER WIRT. Sein Bedienter ist vielleicht noch hier. Wollen Ihro Gnaden, daß er ihn aufsuchen soll?

DAS FRÄULEIN. Ob ich will? Eilen Sie, laufen Sie; für diesen Dienst allein will ich es vergessen, wie schlecht Sie mit ihm umgegangen sind. –

FRANZISKA. Fix, Herr Wirt, hurtig, fort, fort! *(Stößt ihn heraus.)*

Dritter Auftritt

Das Fräulein. Franziska.

DAS FRÄULEIN. Nun habe ich ihn wieder, Franziska! Siehst du, nun habe ich ihn wieder! Ich weiß nicht, wo ich vor Freuden bin! Freue dich doch mit, liebe Franziska. Aber freilich, warum du? Doch du sollst dich, du mußt dich mit mir freuen. Komm, Liebe, ich will dich beschenken, damit du dich mit mir freuen kannst. Sprich, Franziska, was soll ich dir geben? Was steht dir von meinen Sachen an? Was hättest du gern? Nimm, was du willst; aber freue dich nur. Ich sehe wohl, du wirst dir nichts nehmen. Warte! *(Sie faßt in die Schatulle.)* da, liebe Franziska *(Und giebt ihr Geld.)* kaufe dir, was du gern hättest. Fordere mehr, wenn es nicht zulangt. Aber freue dich nur mit mir. Es ist so traurig, sich allein zu freuen. Nun, so nimm doch –

FRANZISKA. Ich stehle es Ihnen, Fräulein; Sie sind trunken, von Fröhlichkeit trunken. –

DAS FRÄULEIN. Mädchen, ich habe einen zänkischen Rausch, nimm, oder – *(Sie zwingt ihr das Geld in die Hand.)* Und wenn du dich bedankst! – Warte; gut, daß ich daran denke. *(Sie greift nochmals in die Schatulle nach Geld.)* Das, liebe Franziska, stecke bei Seite; für den ersten blessierten armen Soldaten, der uns anspricht. –

Vierter Auftritt

Der Wirt. Das Fräulein. Franziska.

DAS FRÄULEIN. Nun? wird er kommen?

DER WIRT. Der widerwärtige, ungeschliffene Kerl!

DAS FRÄULEIN. Wer?

DER WIRT. Sein Bedienter. Er weigert sich, nach ihm zu gehen.

FRANZISKA. Bringen Sie doch den Schurken her. – Des Majors Bediente kenne ich ja wohl alle. Welcher wäre denn das?

DAS FRÄULEIN. Bringen Sie ihn geschwind her. Wenn er uns sieht, wird er schon gehen. *(Der Wirt geht ab.)*

Fünfter Auftritt

Das Fräulein. Franziska.

DAS FRÄULEIN. Ich kann den Augenblick nicht erwarten. Aber, Franziska, du bist noch immer so kalt? Du willst dich noch nicht mit mir freuen?

FRANZISKA. Ich wollte von Herzen gern; wenn nur –

DAS FRÄULEIN. Wenn nur?

FRANZISKA. Wir haben den Mann wiedergefunden; aber wie haben wir ihn wiedergefunden? Nach allem, was wir von ihm hören, muß es ihm übel gehen. Er muß unglücklich sein. Das jammert mich.

DAS FRÄULEIN. Jammert dich? – Laß dich dafür umarmen, meine liebste Gespielin! Das will ich dir nie vergessen! – Ich bin nur verliebt, und du bist gut. –

Sechster Auftritt

Der Wirt. Just. Die Vorigen.

DER WIRT. Mit genauer Not bring' ich ihn.

FRANZISKA. Ein fremdes Gesicht! Ich kenne ihn nicht.

DAS FRÄULEIN. Mein Freund, ist Er bei dem Major von Tellheim?

JUST. Ja.

DAS FRÄULEIN. Wo ist Sein Herr?

JUST. Nicht hier.

DAS FRÄULEIN. Aber Er weiß ihn zu finden?

JUST. Ja.

DAS FRÄULEIN. Will Er ihn nicht geschwind herholen?

JUST. Nein.

DAS FRÄULEIN. Er erweiset mir damit einen Gefallen. –

JUST. Ei!

DAS FRÄULEIN. Und Seinem Herrn einen Dienst. –

JUST. Vielleicht auch nicht. –

DAS FRÄULEIN. Woher vermutet Er das?

JUST. Sie sind doch die fremde Herrschaft, die ihn diesen Morgen komplimentieren lassen?

DAS FRÄULEIN. Ja.

JUST. So bin ich schon recht.

DAS FRÄULEIN. Weiß Sein Herr meinen Namen?

JUST. Nein; aber er kann die allzu höflichen Damen eben so wenig leiden als die allzu groben Wirte.

DER WIRT. Das soll wohl mit auf mich gehen?

JUST. Ja.

DER WIRT. So laß Er es doch dem gnädigen Fräulein nicht entgelten und hole Er ihn geschwind her.

DAS FRÄULEIN *(zu Franziska)*. Franziska, gieb ihm etwas –

FRANZISKA *(die dem Just Geld in die Hand drücken will)*. Wir verlangen Seine Dienste nicht umsonst. –

JUST. Und ich Ihr Geld nicht ohne Dienste.

FRANZISKA. Eines für das andere.

JUST. Ich kann nicht. Mein Herr hat mir befohlen, auszuräumen. Das thu' ich jetzt, und daran, bitte ich, mich nicht weiter zu verhindern.

Wenn ich fertig bin, so will ich es ihm ja wohl sagen, daß er herkommen kann. Er ist nebenan auf dem Kaffeehause, und wenn er da nichts Besseres zu thun findet, wird er auch wohl kommen. *(Will fortgehen.)*

FRANZISKA. So warte Er doch. – Das gnädige Fräulein ist des Herrn Majors – Schwester. –

DAS FRÄULEIN. Ja, ja, seine Schwester.

JUST. Das weiß ich besser, daß der Major keine Schwester hat. Er hat mich in sechs Monaten zweimal an seine Familie nach Kurland geschickt. – Zwar es giebt mancherlei Schwestern. –

FRANZISKA. Unverschämter!

JUST. Muß man es nicht sein, wenn einen die Leute sollen gehen lassen? *(Geht ab.)*

FRANZISKA. Das ist ein Schlingel!

DER WIRT. Ich sagt' es ja. Aber lassen Sie ihn nur! Weiß ich doch nunmehr, wo sein Herr ist. Ich will ihn gleich selbst holen. – Nur, gnädiges Fräulein, bitte ich unterthänigst, sodann ja mich bei dem Herrn Major zu entschuldigen, daß ich so unglücklich gewesen, wider meinen Willen einen Mann von seinen Verdiensten –

DAS FRÄULEIN. Gehen Sie nur geschwind, Herr Wirt. Das will ich alles wieder gut machen. *(Der Wirt geht ab, und hierauf)* Franziska, lauf ihm nach: er soll ihm meinen Namen nicht nennen! *(Franziska dem Wirte nach.)*

Siebenter Auftritt

Das Fräulein und hierauf Franziska.

DAS FRÄULEIN. Ich habe ihn wieder! – Bin ich allein? – Ich will nicht umsonst allein sein. *(Sie faltet die Hände.)* Auch bin ich nicht allein! *(Und blickt aufwärts.)* Ein einziger dankbarer Gedanke gen Himmel ist das vollkommenste Gebet! – Ich hab' ihn, ich hab' ihn! *(Mit ausgebreiteten Armen.)* Ich bin glücklich! und fröhlich! Was kann der Schöpfer lieber sehen als ein fröhliches Geschöpf! – *(Franziska kömmt.)* Bist du wieder da, Franziska? – Er jammert dich? Mich jammert er nicht. Unglück ist auch gut. Vielleicht, daß ihm der Himmel alles nahm, um ihm in mir alles wieder zu geben!

FRANZISKA. Er kann den Augenblick hier sein. – Sie sind noch in Ihrem Negligé, gnädiges Fräulein. Wie, wenn Sie sich geschwind ankleideten?

DAS FRÄULEIN. Geh! ich bitte dich. Er wird mich von nun an öfter so als geputzt sehen.

FRANZISKA. O, Sie kennen sich, mein Fräulein.

DAS FRÄULEIN *(nach einem kurzen Nachdenken)*. Wahrhaftig, Mädchen, du hast es wiederum getroffen.

FRANZISKA. Wenn wir schön sind, sind wir ungeputzt am schönsten.

DAS FRÄULEIN. Müssen wir denn schön sein? – Aber, daß wir uns schön glauben, war vielleicht notwendig. – Nein, wenn ich ihm, ihm nur schön bin! – Franziska, wenn alle Mädchens so sind, wie ich mich jetzt fühle, so sind wir – sonderbare Dinger. – Zärtlich und stolz, tugendhaft und eitel, wollüstig und fromm – du wirst mich nicht verstehen. Ich verstehe mich wohl selbst nicht. – Die Freude macht drehend, wirblig. –

FRANZISKA. Fassen Sie sich, mein Fräulein, ich höre kommen –

DAS FRÄULEIN. Mich fassen? Ich sollte ihn ruhig empfangen?

Achter Auftritt

v. Tellheim. Der Wirt. Die Vorigen.

V. TELLHEIM *(tritt herein, und indem er sie erblickt, flieht er auf sie zu)*. Ah! meine Minna! –

DAS FRÄULEIN *(ihm entgegenfliehend)*. Ah! mein Tellheim! –

V. TELLHEIM *(stutzt auf einmal und tritt wieder zurück)*. Verzeihen Sie, gnädiges Fräulein – das Fräulein von Barnhelm hier zu finden –

DAS FRÄULEIN. Kann Ihnen doch so gar unerwartet nicht sein? – *(Indem sie ihm näher tritt und er mehr zurückweicht.)* Ich soll Ihnen verzeihen, daß ich noch Ihre Minna bin? Verzeih' Ihnen der Himmel, daß ich noch das Fräulein von Barnhelm bin! –

V. TELLHEIM. Gnädiges Fräulein – *(Sieht starr auf den Wirt und zuckt die Schultern.)*

DAS FRÄULEIN *(wird den Wirt gewahr und winkt der Franziska)*. Mein Herr –

V. TELLHEIM. Wenn wir uns beiderseits nicht irren –

FRANZISKA. Je, Herr Wirt, wen bringen Sie uns denn da? Geschwind, kommen Sie, lassen Sie uns den Rechten suchen.

DER WIRT. Ist es nicht der Rechte? Ei ja doch!

FRANZISKA. Ei nicht doch! Geschwind kommen Sie; ich habe Ihrer Jungfer Tochter noch keinen guten Morgen gesagt.

DER WIRT. O! viel Ehre – *(Doch ohne von der Stelle zu gehn.)*

FRANZISKA *(faßt ihn an)*. Kommen Sie, wir wollen den Küchenzettel machen. – Lassen Sie sehen, was wir haben werden –

DER WIRT. Sie sollen haben: vors erste –

FRANZISKA. Still, ja stille! Wenn das Fräulein jetzt schon weiß, was sie zu Mittag speisen soll, so ist es um ihren Appetit geschehen. Kommen Sie, das müssen Sie mir allein sagen. *(Führt ihn mit Gewalt ab.)*

Neunter Auftritt

v. Tellheim. Das Fräulein.

DAS FRÄULEIN. Nun? irren wir uns noch?

V. TELLHEIM. Daß es der Himmel wollte! – Aber es giebt nur eine, und Sie sind es. –

DAS FRÄULEIN. Welche Umstände! Was wir uns zu sagen haben, kann jedermann hören.

V. TELLHEIM. Sie hier? Was suchen Sie hier, gnädiges Fräulein?

DAS FRÄULEIN. Nichts suche ich mehr. *(Mit offenen Armen auf ihn zugehend.)* Alles, was ich suchte, habe ich gefunden.

V. TELLHEIM *(zurückweichend)*. Sie suchten einen glücklichen, einen Ihrer Liebe würdigen Mann, und finden – einen Elenden.

DAS FRÄULEIN. So lieben Sie mich nicht mehr? – und lieben eine andere?

V. TELLHEIM. Ah! der hat Sie nie geliebt, mein Fräulein, der eine andere nach Ihnen lieben kann.

DAS FRÄULEIN. Sie reißen nur Einen Stachel aus meiner Seele. – Wenn ich Ihr Herz verloren habe, was liegt daran, ob mich Gleichgiltigkeit oder mächtigere Reize darum gebracht? – Sie lieben mich nicht mehr, und lieben auch keine andere? – Unglücklicher Mann, wenn Sie gar nichts lieben! –

V. TELLHEIM. Recht, gnädiges Fräulein; der Unglückliche muß gar nichts lieben. Er verdient sein Unglück, wenn er diesen Sieg nicht über sich selbst zu erhalten weiß; wenn er es sich gefallen lassen kann, daß die, welche er liebt, an seinem Unglück Anteil nehmen dürfen. – Wie schwer ist dieser Sieg! – Seitdem mir Vernunft und Notwendigkeit befehlen, Minna von Barnhelm zu vergessen, was für Mühe habe ich angewandt! Eben wollte ich anfangen zu hoffen, daß diese Mühe nicht ewig vergebens sein würde: – und Sie erscheinen, mein Fräulein! –

DAS FRÄULEIN. Versteh' ich Sie recht? – Halten Sie, mein Herr; lassen Sie sehen, wo wir sind, ehe wir uns weiter verirren! – Wollen Sie mir die einzige Frage beantworten?

V. TELLHEIM. Jede, mein Fräulein –

DAS FRÄULEIN. Wollen Sie mir auch ohne Wendung, ohne Winkelzug antworten? Mit nichts als einem trocknen Ja oder Nein?

V. TELLHEIM. Ich will es – wenn ich kann.

DAS FRÄULEIN. Sie können es. – Gut: ohngeachtet der Mühe, die Sie angewendet, mich zu vergessen, lieben Sie mich noch, Tellheim?

V. TELLHEIM. Mein Fräulein, diese Frage –

DAS FRÄULEIN. Sie haben versprochen, mit nichts als Ja oder Nein zu antworten.

V. TELLHEIM. Und hinzugesetzt: wenn ich kann.

DAS FRÄULEIN. Sie können; Sie müssen wissen, was in Ihrem Herzen vorgeht. – Lieben Sie mich noch, Tellheim? – Ja oder Nein.

V. TELLHEIM. Wenn mein Herz –

DAS FRÄULEIN. Ja oder Nein!

V. TELLHEIM. Nun, ja!

DAS FRÄULEIN. Ja?

V. TELLHEIM. Ja, ja! – Allein –

DAS FRÄULEIN. Geduld! – Sie lieben mich noch: genug für mich. – In was für einen Ton bin ich mit Ihnen gefallen! Ein widriger, melancholischer, ansteckender Ton. – Ich nehme den meinigen wieder an. – Nun, mein lieber Unglücklicher, Sie lieben mich noch und haben Ihre Minna noch, und sind unglücklich? Hören Sie doch, was Ihre Minna für ein eingebildetes, albernes Ding war – ist. Sie ließ, sie läßt sich träumen, Ihr ganzes Glück sei sie. – Geschwind, kramen Sie Ihr Unglück aus. Sie mag versuchen, wie viel sie dessen aufwiegt. – Nun?

v. TELLHEIM. Mein Fräulein, ich bin nicht gewohnt zu klagen.

DAS FRÄULEIN. Sehr wohl. Ich wüßte auch nicht, was mir an einem Soldaten nach dem Prahlen weniger gefiele als das Klagen. Aber es giebt eine gewisse kalte, nachlässige Art, von seiner Tapferkeit und von seinem Unglücke zu sprechen –

v. TELLHEIM. Die im Grunde doch auch geprahlt und geklagt ist.

DAS FRÄULEIN. O, mein Rechthaber, so hätten Sie sich auch gar nicht unglücklich nennen sollen. – Ganz geschwiegen, oder ganz mit der Sprache heraus. – Eine Vernunft, eine Notwendigkeit, die Ihnen mich zu vergessen befielt? – Ich bin eine große Liebhaberin von Vernunft; ich habe sehr viel Ehrerbietung für die Notwendigkeit. – Aber lassen Sie doch hören, wie vernünftig diese Vernunft, wie notwendig diese Notwendigkeit ist.

v. TELLHEIM. Wohl denn; so hören Sie, mein Fräulein. – Sie nennen mich Tellheim; der Name trifft ein. – Aber Sie meinen, ich sei der Tellheim, den Sie in Ihrem Vaterlande gekannt haben, der blühende Mann, voller Ansprüche, voller Ruhmbegierde, der seines ganzen Körpers, seiner ganzen Seele mächtig war, vor dem die Schranken der Ehre und des Glücks eröffnet standen, der Ihres Herzens und Ihrer Hand, wann er schon ihrer noch nicht würdig war, täglich würdiger zu werden hoffen durfte. – Dieser Tellheim bin ich ebensowenig – als ich mein Vater bin. Beide sind gewesen. – Ich bin Tellheim, der verabschiedete, der an seiner Ehre gekränkte, der Krüppel, der Bettler. – Jenem, mein Fräulein, versprachen Sie sich: wollen Sie diesem Wort halten?

DAS FRÄULEIN. Das klingt sehr tragisch! – Doch, mein Herr, bis ich jenen wiederfinde – in die Tellheims bin ich nun einmal vernarrt – dieser wird mir schon aus der Not helfen müssen. – Deine Hand, lieber Bettler! *(Indem sie ihn bei der Hand ergreift.)*

v. TELLHEIM *(der die andere Hand mit dem Hute vor das Gesicht schlägt und sich von ihr abwendet)*. Das ist zuviel! – Wo bin ich? – Lassen Sie mich, Fräulein! Ihre Güte foltert mich! – Lassen Sie mich.

DAS FRÄULEIN. Was ist Ihnen. wo wollen Sie hin?

v. TELLHEIM. Von Ihnen! –

DAS FRÄULEIN. Von mir? *(Indem sie seine Hand an ihre Brust zieht.)* Träumer!

v. TELLHEIM. Die Verzweiflung wird mich tot zu Ihren Füßen werfen.

DAS FRÄULEIN. Von mir?

v. TELLHEIM. Von Ihnen. – Sie nie, nie wieder zu sehen. – Oder doch so entschlossen, so fest entschlossen – keine Niederträchtigkeit zu begehen. – Sie keine Unbesonnenheit begehen zu lassen – Lassen Sie mich, Minna! *(Reißt sich los und ab.)*

DAS FRÄULEIN *(ihm nach)*. Minna Sie lassen? Tellheim! Tellheim!

Dritter Aufzug

Erster Auftritt

(Die Scene: der Saal.)
Just (einen Brief in der Hand).

Muß ich doch noch einmal in das verdammte Haus kommen! – Ein Briefchen von meinem Herrn an das gnädige Fräulein, das seine Schwester sein will. – Wenn sich nur da nichts anspinnt! – Sonst wird des Brieftragens kein Ende werden. – Ich wäre es gern los; aber ich möchte auch nicht gern ins Zimmer hinein. – Das Frauenszeug fragt so viel, und ich antworte so ungern! Ha, die Thüre geht auf. – Wie gewünscht! das Kammerkätzchen!

Zweiter Auftritt

Franziska. Just.

FRANZISKA *(zur Thüre hinein, aus der sie kömmt).* Sorgen Sie nicht; ich will schon aufpassen. – Sieh! *(Indem sie Justen gewahr wird.)* Da stieße mir ja gleich was auf. Aber mit dem Vieh ist nichts anzufangen.

JUST. Ihr Diener –

FRANZISKA. Ich wollte so einen Diener nicht –

JUST. Nu, nu, verzeih' Sie mir die Redensart! – Da bring' ich ein Briefchen von meinem Herrn an Ihre Herrschaft, das gnädige Fräulein – Schwester. – War's nicht so? Schwester.

FRANZISKA. Geb Er her! *(Reißt ihm den Brief aus der Hand.)*

JUST. Sie soll so gut sein, läßt mein Herr bitten, und es übergeben. Hernach soll Sie so gut sein, läßt mein Herr bitten – daß Sie nicht etwa denkt, ich bitte was! –

FRANZISKA. Nun denn?

JUST. Mein Herr versteht den Rummel. Er weiß, daß der Weg zu den Fräuleins durch die Kammermädchens geht – bild' ich mir ein! – Die Jungfer soll also so gut sein – läßt mein Herr bitten – und ihm sagen lassen, ob er nicht das Vergnügen haben könnte, die Jungfer auf ein Viertelstündchen zu sprechen.

FRANZISKA. Mich?

JUST. Verzeih' Sie mir, wenn ich Ihr einen unrechten Titel gebe. – Ja, Sie! – Nur auf ein Viertelstündchen, aber allein, ganz allein, insgeheim, unter vier Augen. Er hätte Ihr was sehr Notwendiges zu sagen.

FRANZISKA. Gut! ich habe ihm auch viel zu sagen. – Er kann nur kommen; ich werde zu seinem Befehle sein.

JUST. Aber, wann kann er kommen? Wann ist es Ihr am gelegensten, Jungfer? So in der Dämmerung? –

FRANZISKA. Wie meint Er das? – Sein Herr kann kommen, wenn er will; und damit packe Er sich nur!

JUST. Herzlich gern! *(Will fortgehen.)*

FRANZISKA. Hör' Er doch! noch auf ein Wort. – Wo sind denn die andern Bedienten des Majors?

JUST. Die andern? Dahin, dorthin, überallhin.

FRANZISKA. Wo ist Wilhelm?

JUST. Der Kammerdiener? den läßt der Major reisen.

FRANZISKA. So? Und Philipp, wo ist der?

JUST. Der Jäger? den hat der Herr aufzuheben gegeben.

FRANZISKA. Weil er jetzt keine Jagd hat, ohne Zweifel. – Aber Martin?

JUST. Der Kutscher? der ist weggeritten.

FRANZISKA. Und Fritz?

JUST. Der Läufer? der ist avanciert.

FRANZISKA. Wo war Er denn, als der Major bei uns in Thüringen im Winterquartiere stand? Er war wohl noch nicht bei ihm?

JUST. O ja, ich war Reitknecht bei ihm; aber ich lag im Lazarett.

FRANZISKA. Reitknecht? Und jetzt ist Er?

JUST. Alles in allem, Kammerdiener und Jäger, Läufer und Reitknecht.

FRANZISKA. Das muß ich gestehen! So viele gute, tüchtige Leute von sich zu lassen, und gerade den allerschlechtesten zu behalten! Ich möchte doch wissen, was Sein Herr an Ihm fände!

JUST. Vielleicht findet er, daß ich ein ehrlicher Kerl bin.

FRANZISKA. O, man ist auch verzweifelt wenig, wenn man weiter nichts ist als ehrlich. – Wilhelm war ein anderer Mensch! – Reisen läßt ihn der Herr?

JUST. Ja, er läßt ihn – da er's nicht hindern kann.

FRANZISKA. Wie?

JUST. O, Wilhelm wird sich alle Ehre auf seinen Reisen machen. Er hat des Herrn ganze Garderobe mit.

FRANZISKA. Was? Er ist doch nicht damit durchgegangen?

JUST. Das kann man nun eben nicht sagen; sondern als wir von Nürnberg weggingen, ist er uns nur nicht damit nachgekommen.

FRANZISKA. O der Spitzbube!

JUST. Es war ein ganzer Mensch! er konnte frisieren und rasieren und parlieren – und charmieren. – Nicht wahr?

FRANZISKA. Sonach hätte ich den Jäger nicht von mir gethan, wenn ich wie der Major gewesen wäre. Konnte er ihn schon nicht als Jäger nützen, so war es doch sonst ein tüchtiger Bursche. – Wem hat er ihn denn aufzuheben gegeben?

JUST. Dem Kommandanten von Spandau.

FRANZISKA. Der Festung? Die Jagd auf den Wällen kann doch da auch nicht groß sein.

JUST. O, Philipp jagt auch da nicht.

FRANZISKA. Was thut er denn?

JUST. Er karrt.

FRANZISKA. Er karrt?

JUST. Aber nur auf drei Jahre. Er machte ein kleines Komplott unter des Herrn Kompagnie und wollte sechs Mann durch die Vorposten bringen. –

FRANZISKA. Ich erstaune; der Bösewicht!

JUST. O, es ist ein tüchtiger Kerl! Ein Jäger, der funfzig Meilen in der Runde, durch Wälder und Moräste, alle Fußsteige, alle Schleifwege kennt. Und schießen kann er!

FRANZISKA. Gut, daß der Major nur noch den braven Kutscher hat!

JUST. Hat er ihn noch?

FRANZISKA. Ich denke, Er sagte, Martin wäre weggeritten? So wird er doch wohl wiederkommen?

JUST. Meint Sie?

FRANZISKA. Wo ist er denn hingeritten?

JUST. Es geht nun in die zehnte Woche, da ritt er mit des Herrn einzigem und letztem Reitpferde – nach der Schwemme.

FRANZISKA. Und ist noch nicht wieder da? O, der Galgenstrick!

JUST. Die Schwemme kann den braven Kutscher auch wohl verschwemmt haben! – Es war gar ein rechter Kutscher! Er hatte in Wien zehn Jahre gefahren. So einen kriegt der Herr gar nicht wieder. Wenn die Pferde in vollem Rennen waren, so durfte er nur machen: Burr! und auf einmal standen sie wie die Mauern. Dabei war er ein ausgelernter Roßarzt!

FRANZISKA. Nun ist mir für das Avancement des Läufers bange.

JUST. Nein, nein, damit hat's seine Richtigkeit. Er ist Trommelschläger bei einem Garnisonregimente geworden.

FRANZISKA. Dacht' ich's doch!

JUST. Fritz hing sich an ein liederliches Mensch, kam des Nachts niemals nach Hause, machte auf des Herrn Namen überall Schulden und tausend infame Streiche. Kurz, der Major sahe, daß er mit aller Gewalt höher wollte *(Das Hängen pantomimisch anzeigend.)* er brachte ihn also auf guten Weg.

FRANZISKA. O, der Bube!

JUST. Aber ein perfekter Läufer ist er, das ist gewiß. Wenn ihm der Herr fünfzig Schritte vorgab, so konnte er ihn mit seinem besten Renner nicht einholen. Fritz hingegen kann dem Galgen tausend Schritte vorgeben, und ich wette mein Leben, er holt ihn ein. – Es waren wohl alles Ihre guten Freunde, Jungfer? Der Wilhelm und der Philipp, der Martin und der Fritz? – Nun, Just empfiehlt sich! *(Geht ab.)*

Dritter Auftritt

Franziska und hernach der Wirt.

FRANZISKA *(die ihm ernsthaft nachsieht)*. Ich verdiene den Biß! – Ich bedanke mich, Just. Ich setzte die Ehrlichkeit zu tief herab. Ich will die Lehre nicht vergessen. – Ah! der unglückliche Mann! *(Kehrt sich um und will nach dem Zimmer des Fräuleins gehen, indem der Wirt kömmt.)*

DER WIRT. Warte Sie doch, mein schönes Kind.

FRANZISKA. Ich habe jetzt nicht Zeit, Herr Wirt –

DER WIRT. Nur ein kleines Augenblickchen! – Noch keine Nachricht weiter von dem Herrn Major? Das konnte doch unmöglich sein Abschied sein! –

FRANZISKA. Was denn?

DER WIRT. Hat es Ihr das gnädige Fräulein nicht erzählt? – Als ich Sie, mein schönes Kind, unten in der Küche verließ, so kam ich von ungefähr wieder hier in den Saal –

FRANZISKA. Von ungefähr, in der Absicht, ein wenig zu horchen.

DER WIRT. Ei, mein Kind, wie kann Sie das von mir denken? Einem Wirte läßt nichts übler als Neugierde. – Ich war nicht lange hier, so prellte auf einmal die Thüre bei dem gnädigen Fräulein auf. Der Major stürzte heraus; das Fräulein ihm nach; beide in einer Bewegung, mit Blicken, in einer Stellung – so was läßt sich nur sehen. Sie ergriff ihn; er riß sich los; sie ergriff ihn wieder. »Tellheim!« – »Fräulein! lassen Sie mich!« – »Wohin?« – So zog er sie bis an die Treppe. Mir war schon bange, er würde sie mit hinabreißen. Aber er wand sich noch los. Das Fräulein blieb an der obersten Schwelle stehn, sah ihm nach, rief ihm nach, rang die Hände. Auf einmal wandte sie sich um, lief nach dem Fenster, von dem Fenster wieder zur Treppe, von der Treppe in dem Saale hin und wieder. Hier stand ich; hier ging sie dreimal bei mir vorbei, ohne mich zu sehen. Endlich war es, als ob sie mich sähe; aber, Gott sei bei uns! ich glaube, das Fräulein sahe mich für Sie an, mein Kind. »Franziska«, rief sie, die Augen auf mich gerichtet, »bin ich nun glücklich?« Darauf sahe sie steif an die Decke, und wiederum: »bin ich nun glücklich?« Drauf wischte sie sich Thränen aus dem Auge und lächelte und fragte mich wiederum: »Franziska, bin ich nun glücklich?« – Wahrhaftig, ich wußte nicht, wie mir war. Bis sie nach ihrer Thüre lief; da kehrte sie sich nochmals nach mir um: »So komm doch, Franziska; wer jammert dich nun?« – Und damit hinein.

FRANZISKA. O, Herr Wirt, das hat Ihnen geträumt.

DER WIRT. Geträumt? Nein, mein schönes Kind, so umständlich träumt man nicht. – Ja, ich wollte wie viel drum geben – ich bin nicht neugierig – aber ich wollte wie viel drum geben, wenn ich den Schlüssel dazu hätte.

FRANZISKA. Den Schlüssel? zu unsrer Thüre, Herr Wirt, der steckt innerhalb; wir haben ihn zur Nacht hereingezogen; wir sind furchtsam.

DER WIRT. Nicht so einen Schlüssel; ich will sagen, mein schönes Kind, den Schlüssel, die Auslegung gleichsam, so den eigentlichen Zusammenhang von dem, was ich gesehen. –

FRANZISKA. Ja so! – Nun, Adieu, Herr Wirt. Werden wir bald essen, Herr Wirt?

DER WIRT. Mein schönes Kind, nicht zu vergessen, was ich eigentlich sagen wollte.

FRANZISKA. Nun? aber nur kurz –

DER WIRT. Das gnädige Fräulein hat noch meinen Ring; ich nenne ihn meinen –

FRANZISKA. Er soll Ihnen unverloren sein.

DER WIRT. Ich trage darum auch keine Sorge; ich will's nur erinnern. Sieht Sie, ich will ihn gar nicht einmal wieder haben. Ich kann mir doch wohl an den Fingern abzählen, woher sie den Ring kannte und woher er dem ihrigen so ähnlich sah. Er ist in ihren Händen am besten aufgehoben. Ich mag ihn gar nicht mehr und will indes die hundert Pistolen, die ich darauf gegeben habe, auf des gnädigen Fräuleins Rechnung setzen. Nicht so recht, mein schönes Kind?

Vierter Auftritt

Paul Werner. Der Wirt. Franziska.

WERNER. Da ist er ja!

FRANZISKA. Hundert Pistolen? Ich meinte, nur achtzig.

DER WIRT. Es ist wahr, nur neunzig, nur neunzig. Das will ich thun, mein schönes Kind, das will ich thun.

FRANZISKA. Alles das wird sich finden, Herr Wirt.

WERNER *(der ihnen hinterwärts näher kömmt und auf einmal der Franziska auf die Schulter klopft)*. Frauenzimmerchen, Frauenzimmerchen!

FRANZISKA *(erschrickt)*. He!

WERNER. Erschreck' Sie nicht! – Frauenzimmerchen, Frauenzimmerchen, ich seh', Sie ist hübsch und ist wohl gar fremd – Und hübsche fremde Leute müssen gewarnt werden – Frauenzimmerchen, Frauenzimmerchen, nehm' Sie sich vor dem Manne in acht! *(Auf den Wirt zeigend.)*

DER WIRT. Je, unvermutete Freude! Herr Paul Werner! Willkommen bei uns, willkommen! – Ah, es ist doch immer noch der lustige, spaßhafte, ehrliche Werner! – Sie soll sich vor mir in acht nehmen, mein schönes Kind! Ha, ha, ha!

WERNER. Geh' Sie ihm überall aus dem Wege!

DER WIRT. Mir! mir! – Bin ich denn so gefährlich? – Ha, ha, ha! – Hör' Sie doch, mein schönes Kind! Wie gefällt Ihr der Spaß?

WERNER. Daß es doch immer Seinesgleichen für Spaß erklären, wenn man ihnen die Wahrheit sagt.

DER WIRT. Die Wahrheit! ha, ha, ha! – Nicht wahr, mein schönes Kind, immer besser! Der Mann kann spaßen! Ich gefährlich? – ich? – So vor zwanzig Jahren war was dran. Ja, ja, mein schönes Kind, da war ich gefährlich; da wußte manche davon zu sagen; aber jetzt –

WERNER. O über den alten Narren!

DER WIRT. Da steckt's eben! Wenn wir alt werden, ist es mit unsrer Gefährlichkeit aus. Es wird Ihm auch nicht besser gehn, Herr Werner!

WERNER. Potz Geck und kein Ende! – Frauenzimmerchen, so viel Verstand wird Sie mir wohl zutrauen, daß ich von *der* Gefährlichkeit nicht rede. Der eine Teufel hat ihn verlassen, aber es sind dafür sieben andere in ihn gefahren –

DER WIRT. O, hör' Sie doch, hör' Sie doch! Wie er das nun wieder so herum zu bringen weiß! – Spaß über Spaß, und immer was Neues! O, es ist ein vortrefflicher Mann, der Herr Paul Werner! – *(Zur Franziska, als ins Ohr.)* Ein wohlhabender Mann und noch ledig. Er hat drei Meilen von hier ein schönes Freischulzengerichte. Der hat Beute gemacht im Kriege! – Und ist Wachtmeister bei unserm Herrn Major gewesen. O, das ist ein Freund von unserm Herrn Major! das ist ein Freund! der sich für ihn totschlagen ließe! –

WERNER. Ja! und das ist ein Freund von meinem Major! das ist ein Freund! – den der Major sollte tot schlagen lassen.

DER WIRT. Wie? was? – Nein, Herr Werner, das ist nicht guter Spaß. – Ich kein Freund vom Herrn Major? – Nein, den Spaß versteh' ich nicht.

WERNER. Just hat mir schöne Dinge erzählt.

DER WIRT. Just? Ich dacht's wohl, daß Just durch Sie spräche. Just ist ein böser, garstiger Mensch. Aber hier ist ein schönes Kind zur Stelle; das kann reden, das mag sagen, ob ich kein Freund von dem Herrn Major bin? ob ich ihm keine Dienste erwiesen habe? Und warum sollte ich nicht sein Freund sein? Ist er nicht ein verdienter Mann? Es ist wahr, er hat das Unglück gehabt, abgedankt zu werden: aber was thut das? Der König kann nicht alle verdiente Männer kennen; und wenn er sie auch alle kennte, so kann er sie nicht alle belohnen.

WERNER Das heißt Ihn Gott sprechen! – Aber Just – freilich ist an Justen auch nicht viel Besonderes; doch ein Lügner ist Just nicht; und wenn das wahr wäre, was er mir gesagt hat –

DER WIRT. Ich will von Justen nichts hören! Wie gesagt, das schöne Kind hier mag sprechen! *(Zu ihr ins Ohr.)* Sie weiß, mein Kind, den Ring! – Erzähl' Sie es doch Herrn Wernern. Da wird er mich besser kennen lernen. Und damit es nicht herauskömmt, als ob Sie mir nur zu gefallen rede, so will ich nicht einmal dabei sein. Ich will nicht dabei sein; ich will gehn; aber Sie sollen mir es wiedersagen, Herr Werner, Sie sollen mir es wiedersagen, ob Just nicht ein garstiger Verleumder ist.

Fünfter Auftritt

Paul Werner. Franziska.

WERNER. Frauenzimmerchen, kennt Sie denn meinen Major?

FRANZISKA. Den Major von Tellheim? Ja wohl kenn' ich den braven Mann.

WERNER. Ist es nicht ein braver Mann? Ist Sie dem Manne wohl gut? –

FRANZISKA. Vom Grunde meines Herzens.

WERNER. Wahrhaftig? Sieht Sie, Frauenzimmerchen, nun kömmt Sie mir noch einmal so schön vor. – Aber was sind denn das für Dienste, die der Wirt unserm Major will erwiesen haben?

FRANZISKA. Ich wüßte eben nicht; es wäre denn, daß er sich das Gute zuschreiben wollte, welches glücklicherweise aus seinem schurkischen Betragen entstanden.

WERNER. So wäre es ja wahr, was mir Just gesagt hat? – *(Gegen die*

Seite, wo der Wirt abgegangen.) Dein Glück, daß du gegangen bist! – Er hat ihm wirklich die Zimmer ausgeräumt? – So einem Manne so einen Streich zu spielen, weil sich das Eselsgehirn einbildet, daß der Mann kein Geld mehr habe! Der Major kein Geld!

FRANZISKA. So? hat der Major Geld?

WERNER. Wie Heu! Er weiß nicht, wie viel er hat. Er weiß nicht, wer ihm schuldig ist. Ich bin ihm selber schuldig und bringe ihm ein altes Restchen. Sieht Sie, Frauenzimmerchen, hier in diesem Beutelchen *(Das er aus der einen Tasche zieht.)* sind hundert Louisdor, und in diesem Röllchen *(Das er aus der andern zieht.)* hundert Dukaten. Alles sein Geld!

FRANZISKA. Wahrhaftig? Aber warum versetzt denn der Major? Er hat ja einen Ring versetzt –

WERNER. Versetzt! Glaub' Sie doch so was nicht. Vielleicht, daß er den Bettel hat gern wollen los sein.

FRANZISKA. Es ist kein Bettel, es ist ein sehr kostbarer Ring, den er wohl noch dazu von lieben Händen hat.

WERNER. Das wird's auch sein. Von lieben Händen! ja, ja! So was erinnert einen manchmal, woran man nicht gern erinnert sein will. Drum schafft man's aus den Augen.

FRANZISKA. Wie?

WERNER. Dem Soldaten geht's in Winterquartieren wunderlich. Da hat er nichts zu thun und pflegt sich und macht vor Langerweile Bekanntschaften, die er nur auf den Winter meinet, und die das gute Herz, mit dem er sie macht, für zeitlebens annimmt. Husch ist ihm denn ein Ringelchen an den Finger praktiziert; er weiß selbst nicht, wie es dran kömmt. Und nicht selten gäb' er gern den Finger mit drum, wenn er es nur wieder los werden könnte.

FRANZISKA. Ei, und sollte es dem Major auch so gegangen sein?

WERNER. Ganz gewiß. Besonders in Sachsen; wenn er zehn Finger an jeder Hand gehabt hätte, er hätte sie alle zwanzig voller Ringe gekriegt.

FRANZISKA *(beiseite)*. Das klingt ja ganz besonders und verdient untersucht zu werden. – Herr Freischulze, oder Herr Wachtmeister –

WERNER. Frauenzimmerchen, wenn's Ihr nichts verschlägt: – Herr Wachtmeister höre ich am liebsten.

FRANZISKA. Nun, Herr Wachtmeister, hier habe ich ein Briefchen von dem Herrn Major an meine Herrschaft. Ich will es nur geschwind hineintragen, und bin gleich wieder da. Will Er wohl so gut sein und so lange hier warten? Ich möchte gar zu gern mehr mit Ihm plaudern.

WERNER. Plaudert Sie gern, Frauenzimmerchen? Nun meinetwegen; geh' Sie nur; ich plaudre auch gern; ich will warten.

FRANZISKA. O, warte Er doch ja! *(Geht ab.)*

Sechster Auftritt

Paul Werner.

Das ist kein unebenes Frauenzimmerchen! – Aber ich hätte ihr doch nicht versprechen sollen, zu warten. – Denn das wichtigste wäre wohl, ich suchte den Major auf. – Er will mein Geld nicht und versetzt lieber? – Daran kenn' ich ihn. – Es fällt mir ein Schneller ein. – Als ich vor vierzehn Tagen in der Stadt war, besuchte ich die Rittmeisterin Marloff. Das arme Weib lag krank und jammerte, daß ihr Mann dem Major vierhundert Thaler schuldig geblieben wäre, die sie nicht wüßte, wie sie sie bezahlen sollte. Heute wollte ich sie wieder besuchen – ich wollte ihr sagen, wenn ich das Geld für mein Gütchen ausgezahlt kriegte, daß ich ihr fünfhundert Thaler leihen könnte. – Denn ich muß ja wohl was davon in Sicherheit bringen, wenn's in Persien nicht geht. – Aber sie war über alle Berge. Und ganz gewiß wird sie dem Major nicht haben bezahlen können. – Ja, so will ich's machen, und das je eher, je lieber. – Das Frauenzimmerchen mag mir's nicht übel nehmen; ich kann nicht warten. *(Geht in Gedanken ab und stößt fast auf den Major, der ihm entgegen kömmt.)*

Siebenter Auftritt

v. Tellheim. Paul Werner.

V. TELLHEIM. So in Gedanken, Werner?

WERNER. Da sind Sie ja; ich wollte eben gehn und Sie in Ihrem neuen Quartiere besuchen, Herr Major.

V. TELLHEIM. Um mir auf den Wirt des alten die Ohren voll zu fluchen. Gedenke mir nicht daran.

WERNER. Das hätte ich beiher gethan; ja. Aber eigentlich wollte ich mich nur bei Ihnen bedanken, daß Sie so gut gewesen und mir die hundert Louisdor aufgehoben. Just hat mir sie wiedergegeben. Es wäre mir wohl freilich lieb, wenn Sie mir sie noch länger aufheben könnten. Aber Sie sind in ein neu Quartier gezogen, das weder Sie noch ich kennen. Wer weiß, wie's da ist. Sie könnten Ihnen da gestohlen werden, und Sie müßten mir sie ersetzen; da hülfe nichts davor. Also kann ich's Ihnen freilich nicht zumuten.

V. TELLHEIM *(lächelnd)*. Seit wenn bist du so vorsichtig, Werner?

WERNER. Es lernt sich wohl. Man kann heutezutage mit seinem Gelde nicht vorsichtig genug sein. – Danach hatte ich noch was an Sie zu bestellen, Herr Major, von der Rittmeisterin Marloff; ich kam eben von ihr her. Ihr Mann ist Ihnen ja vierhundert Thaler schuldig geblieben; hier schickt sie Ihnen auf Abschlag hundert Dukaten. Das übrige will sie künftige Woche schicken. Ich möchte wohl selber Ursache sein, daß sie die Summe nicht ganz schickt. Denn sie war mir auch ein Thaler achtzig schuldig; und weil sie dachte, ich wäre gekommen, sie zu mahnen – wie's denn auch wohl wahr war – so gab sie mir sie, und gab sie mir aus dem Röllchen, das sie für Sie schon zurechtgelegt hatte. – Sie können auch schon eher Ihre hundert Thaler ein acht Tage noch missen, als ich meine paar Groschen. – Da nehmen Sie doch! *(Reicht ihm die Rolle Dukaten.)*

V. TELLHEIM. Werner!

WERNER. Nun? warum sehen Sie mich so starr an? – So nehmen Sie doch, Herr Major! –

V. TELLHEIM. Werner!

WERNER. Was fehlt Ihnen? Was ärgert Sie?

V. TELLHEIM *(bitter, indem er sich vor die Stirne schlägt und mit dem Fuße auftritt)*. Daß es – die vierhundert Thaler nicht ganz sind!

WERNER. Nun, nun, Herr Major! Haben Sie mich denn nicht verstanden.

V. TELLHEIM. Eben weil ich dich verstanden habe! – Daß mich doch die besten Menschen heut am meisten quälen müssen!

WERNER. Was sagen Sie?

V. TELLHEIM. Es geht dich nur zur Hälfte an! – Geh, Werner! *(Indem er die Hand, mit der ihm Werner die Dukaten reicht, zurückstößt.)*

WERNER. Sobald ich das los bin!

V. TELLHEIM. Werner, wenn du nun von mir hörst, daß die Marloff heute ganz früh selbst bei mir gewesen ist?

WERNER. So?

V. TELLHEIM. Daß sie mir nichts mehr schuldig ist?

WERNER. Wahrhaftig?

V. TELLHEIM. Daß sie mich bei Heller und Pfennig bezahlt hat: was wirst du dann sagen?

WERNER *(der sich einen Augenblick besinnt)*. Ich werde sagen, daß ich gelogen habe, und daß es eine hundsföttsche Sache ums Lügen ist, weil man darüber ertappt werden kann.

V. TELLHEIM. Und wirst dich schämen?

WERNER. Aber der, der mich so zu lügen zwingt, was sollte der? Sollte der sich nicht auch schämen? Sehen Sie, Herr Major; wenn ich sagte, daß mich Ihr Verfahren nicht verdrösse, so hätte ich wieder gelogen, und ich will nicht mehr lügen. –

V. TELLHEIM. Sei nicht verdrießlich, Werner! Ich erkenne dein Herz und deine Liebe zu mir. Aber ich brauche dein Geld nicht.

WERNER. Sie brauchen es nicht? Und verkaufen lieber und versetzen lieber und bringen sich lieber in der Leute Mäuler?

V. TELLHEIM. Die Leute mögen es immer wissen, daß ich nichts mehr habe. Man muß nicht reicher scheinen wollen, als man ist.

WERNER. Aber warum ärmer? – Wir haben, so lange unser Freund hat.

V. TELLHEIM. Es ziemt sich nicht, daß ich dein Schuldner bin.

WERNER. Ziemt sich nicht? – Wenn an einem heißen Tage, den uns die Sonne und der Feind heiß machte, sich Ihr Reitknecht mit den Kantinen verloren hatte, und Sie zu mir kamen und sagten: »Werner, hast du nichts zu trinken?« und ich Ihnen meine Feldflasche reichte, nicht wahr, Sie nahmen und tranken? – Ziemte sich das? – Bei meiner armen Seele, wenn ein Trunk faules Wasser damals nicht oft mehr wert war als alle der Quark! *(Indem er auch den Beutel mit den Louisdoren herauszieht und ihm beides hinreicht.)* Nehmen Sie, lieber Major! Bilden Sie sich ein, es ist Wasser. Auch das hat Gott für alle geschaffen.

v. TELLHEIM. Du marterst mich; du hörst es ja, ich will dein Schuldner nicht sein.

WERNER. Erst ziemte es sich nicht; nun wollen Sie nicht? Ja, das ist was anderes. *(Etwas ärgerlich.)* Sie wollen mein Schuldner nicht sein? Wenn Sie es denn aber schon wären, Herr Major? Oder sind Sie dem Manne nichts schuldig, der einmal den Hieb auffing, der Ihnen den Kopf spalten sollte, und ein andermal den Arm vom Rumpfe hieb, der eben losdrücken und Ihnen die Kugel durch die Brust jagen wollte? – Was können Sie diesem Manne mehr schuldig werden? Oder hat es mit meinem Halse weniger zu sagen als mit meinem Beutel? – Wenn das vornehm gedacht ist, bei meiner armen Seele, so ist es auch sehr abgeschmackt gedacht!

v. TELLHEIM. Mit wem sprichst du so, Werner? Wir sind allein; jetzt darf ich es sagen; wenn uns ein Dritter hörte, so wäre es Windbeutelei. Ich bekenne es mit Vergnügen, daß ich dir zweimal mein Leben zu danken habe. Aber, Freund, woran fehlte mir es, daß ich bei Gelegenheit nicht eben so viel für dich würde gethan haben? He!

WERNER. Nur an der Gelegenheit! Wer hat daran gezweifelt, Herr Major? Habe ich Sie nicht hundertmal für den gemeinsten Soldaten, wenn er ins Gedränge gekommen war, Ihr Leben wagen sehen?

v. TELLHEIM. Also!

WERNER. Aber –

v. TELLHEIM. Warum verstehst du mich nicht recht? Ich sage: es ziemt sich nicht, daß ich dein Schuldner bin; ich will dein Schuldner nicht sein. Nämlich in den Umständen nicht, in welchen ich mich jetzt befinde.

WERNER. So, so! Sie wollen es versparen bis auf bessere Zeiten; Sie wollen ein andermal Geld von mir borgen, wenn Sie keines brauchen, wenn Sie selbst welches haben, und ich vielleicht keines.

v. TELLHEIM. Man muß nicht borgen, wenn man nicht wieder zu geben weiß.

WERNER. Einem Mann wie Sie kann es nicht immer fehlen.

v. TELLHEIM. Du kennst die Welt! – Am wenigsten muß man sodann von einem borgen, der sein Geld selbst braucht.

WERNER. O ja, so einer bin ich! Wozu braucht' ich's denn? – Wo man einen Wachtmeister nötig hat, giebt man ihm auch zu leben.

v. TELLHEIM. Du brauchst es, mehr als Wachtmeister zu werden, dich auf einer Bahn weiter zu bringen, auf der ohne Geld auch der Würdigste zurückbleiben kann.

WERNER. Mehr als Wachtmeister zu werden? daran denke ich nicht. Ich bin ein guter Wachtmeister und dürfte leicht ein schlechter Rittmeister und sicherlich noch ein schlechterer General werden. Die Erfahrung hat man.

v. TELLHEIM. Mache nicht, daß ich etwas Unrechtes von dir denken muß, Werner! Ich habe es nicht gern gehört, was mir Just gesagt hat. Du hast dein Gut verkauft und willst wieder herumschwärmen. Laß mich nicht von dir glauben, daß du nicht sowohl das Metier als die wilde, liederliche Lebensart liebest, die unglücklicherweise damit verbunden ist. Man muß Soldat sein für sein Land, oder aus Liebe zu der Sache, für die gefochten wird. Ohne Absicht heute hier, morgen da dienen, heißt wie ein Fleischerknecht reisen, weiter nichts.

WERNER. Nun ja doch, Herr Major; ich will Ihnen folgen. Sie wissen besser, was sich gehört. Ich will bei Ihnen bleiben. – Aber, lieber Major, nehmen Sie doch auch derweile mein Geld. Heut oder morgen muß Ihre Sache aus sein. Sie müssen Geld die Menge bekommen. Sie sollen mir es sodann mit Interessen wiedergeben. Ich thu' es ja nur der Interessen wegen.

v. TELLHEIM. Schweig davon!

WERNER. Bei meiner armen Seele, ich thu' es nur der Interessen wegen! – Wenn ich manchmal dachte: wie wird es mit dir aufs Alter werden? wenn du zu Schanden gehauen bist? wenn du nichts haben wirst? wenn du wirst betteln gehen müssen? so dachte ich wieder: Nein, du wirst nicht betteln gehn; du wirst zum Major Tellheim gehn; der wird seinen letzten Pfennig mit dir teilen; der wird dich zu Tode füttern; bei dem wirst du als ein ehrlicher Kerl sterben können.

v. TELLHEIM *(indem er Werners Hand ergreift)*. Und, Kamerad, das denkst du nicht noch?

WERNER. Nein, das denk' ich nicht mehr. – Wer von mir nichts annehmen will, wenn er's bedarf und ich's habe, der will mir auch nichts geben, wenn er's hat und ich's bedarf. – Schon gut! *(Will gehn.)*

V. TELLHEIM. Mensch, mache mich nicht rasend! Wo willst du hin? *(Hält ihn zurück.)* Wenn ich dich nun auf meine Ehre versichere, daß ich noch Geld habe; wenn ich dir auf meine Ehre verspreche, daß ich dir es sagen will, wenn ich keines mehr habe; daß du der erste und einzige sein sollst, bei dem ich mir etwas borgen will: – bist du dann zufrieden?

WERNER. Muß ich nicht? – Geben Sie mir die Hand darauf, Herr Major.

V. TELLHEIM. Da, Paul! – Und nun genug davon. Ich kam hieher, um ein gewisses Mädchen zu sprechen –

Achter Auftritt

Franziska (aus dem Zimmer des Fräuleins). v. Tellheim. Paul Werner.

FRANZISKA *(im Heraustreten)*. Sind Sie noch da, Herr Wachtmeister? – *(Indem sie den Tellheim gewahr wird.)* Und Sie sind auch da, Herr Major? – Den Augenblick bin ich zu Ihren Diensten. *(Geht geschwind wieder in das Zimmer.)*

Neunter Auftritt

v. Tellheim. Paul Werner.

V. TELLHEIM. Das war sie! – Aber ich höre ja, du kennst sie, Werner?

WERNER. Ja, ich kenne das Frauenzimmerchen. –

V. TELLHEIM. Gleichwohl, wenn ich mich recht erinnere, als ich in Thüringen Winterquartier hatte, warst du nicht bei mir?

WERNER. Nein, da besorgte ich in Leipzig Mundierungsstücke.

V. TELLHEIM. Woher kennst du sie denn also?

WERNER. Unsere Bekanntschaft ist noch blutjung. Sie ist von heute. Aber junge Bekanntschaft ist warm.

V. TELLHEIM. Also hast du ihr Fräulein wohl auch schon gesehen?

WERNER. Ist ihre Herrschaft ein Fräulein? Sie hat mir gesagt, Sie kennten ihre Herrschaft.

V. TELLHEIM. Hörst du nicht? aus Thüringen her.

WERNER. Ist das Fräulein jung?

V. TELLHEIM. Ja.

WERNER. Schön?

V. TELLHEIM. Sehr schön.

WERNER. Reich?

V. TELLHEIM. Sehr reich.

WERNER. Ist Ihnen das Fräulein auch so gut wie das Mädchen? Das wäre ja vortrefflich!

V. TELLHEIM. Wie meinst du?

Zehnter Auftritt

Franziska (wieder heraus, mit einem Brief in der Hand). v. Tellheim. Paul Werner.

FRANZISKA. Herr Major –

V. TELLHEIM. Liebe Franziska, ich habe dich noch nicht willkommen heißen können.

FRANZISKA. In Gedanken werden Sie es doch schon gethan haben. Ich weiß, Sie sind mir gut. Ich Ihnen auch. Aber das ist gar nicht artig, daß Sie Leute, die Ihnen gut sind, so ängstigen.

WERNER *(vor sich)*. Ha, nun merk' ich. Es ist richtig!

V. TELLHEIM. Mein Schicksal, Franziska! – Hast du ihr den Brief übergeben?

FRANZISKA. Ja, und hier übergebe ich Ihnen – *(Reicht ihm den Brief.)*

V. TELLHEIM. Eine Antwort? –

FRANZISKA. Nein, Ihren eignen Brief wieder.

V. TELLHEIM. Was? Sie will ihn nicht lesen?

FRANZISKA. Sie wollte wohl, aber – wir können Geschriebenes nicht gut lesen.

V. TELLHEIM. Schäkerin!

FRANZISKA. Und wir denken, daß das Briefschreiben für die nicht erfunden ist, die sich mündlich mit einander unterhalten können, sobald sie wollen.

V. TELLHEIM. Welcher Vorwand! Sie muß ihn lesen. Er enthält meine Rechtfertigung – alle die Gründe und Ursachen –

FRANZISKA. Die will das Fräulein von Ihnen selbst hören, nicht lesen.

V. TELLHEIM. Von mir selbst hören? Damit mich jedes Wort, jede Miene von ihr verwirre, damit ich in jedem ihrer Blicke die ganze Größe meines Verlusts empfinde? –

FRANZISKA. Ohne Barmherzigkeit! – Nehmen Sie! *(Sie gibt ihm den Brief.)* Sie erwartet Sie um drei Uhr. Sie will ausfahren und die Stadt besehen. Sie sollen mit ihr fahren.

V. TELLHEIM. Mit ihr fahren?

FRANZISKA. Und was geben Sie mir, so lass' ich Sie beide ganz allein fahren? Ich will zu Hause bleiben.

V. TELLHEIM. Ganz allein?

FRANZISKA. In einem schönen, verschlossenen Wagen.

V. TELLHEIM. Unmöglich!

FRANZISKA. Ja, ja; im Wagen muß der Herr Major Katz aushalten; da kann er uns nicht entwischen. Darum geschieht es eben. – Kurz, Sie kommen, Herr Major, und Punkte drei. – Nun? Sie wollten mich ja auch allein sprechen. Was haben Sie mir denn zu sagen? – Ja so, wir sind nicht allein. *(Indem sie Wernern ansieht.)*

V. TELLHEIM. Doch, Franziska, wir wären allein. Aber da das Fräulein den Brief nicht gelesen hat, so habe ich dir noch nichts zu sagen.

FRANZISKA. So wären wir doch allein? Sie haben vor dem Herrn Wachtmeister keine Geheimnisse?

V. TELLHEIM. Nein, keine.

FRANZISKA. Gleichwohl, dünkt mich, sollten Sie welche vor ihm haben.

V. TELLHEIM. Wie das?

WERNER. Warum das, Frauenzimmerchen?

FRANZISKA. Besonders Geheimnisse von einer gewissen Art – alle zwanzig, Herr Wachtmeister? *(Indem sie beide Hände mit gespreizten Fingern in die Höhe hält.)*

WERNER. St.! st! Frauenzimmerchen, Frauenzimmerchen!

V. TELLHEIM. Was heißt das?

FRANZISKA. Husch ist's am Finger, Herr Wachtmeister? *(Als ob sie einen Ring geschwind ansteckte.)*

V. TELLHEIM. Was habt ihr?

WERNER. Frauenzimmerchen, Frauenzimmerchen, Sie wird ja wohl Spaß verstehn?

V. TELLHEIM. Werner, du hast doch nicht vergessen, was ich dir mehrmal gesagt habe, daß man über einen gewissen Punkt mit dem Frauenzimmer nie scherzen muß?

WERNER. Bei meiner armen Seele, ich kann's vergessen haben! – Frauenzimmerchen, ich bitte –

FRANZISKA. Nun, wenn es Spaß gewesen ist; dasmal will ich es Ihm verzeihen.

V. TELLHEIM. Wenn ich denn durchaus kommen muß, Franziska! so mache doch nur, daß das Fräulein den Brief vorher noch lieset. Das wird mir die Peinigung ersparen, Dinge noch einmal zu denken, noch einmal zu sagen, die ich so gern vergessen möchte. Da, gieb ihr ihn! – *(Indem er den Brief umkehrt und ihr ihn zureichen will, wird er gewahr, daß er erbrochen ist.)* Aber sehe ich recht? Der Brief, Franziska, ist ja erbrochen.

FRANZISKA. Das kann wohl sein. *(Besieht ihn.)* Wahrhaftig, er ist erbrochen. Wer muß ihn denn erbrochen haben? Doch gelesen haben wir ihn wirklich nicht, Herr Major, wirklich nicht. Wir wollen ihn auch nicht lesen, denn der Schreiber kömmt selbst. Kommen Sie ja; und wissen Sie was, Herr Major? Kommen Sie nicht so, wie Sie da sind, in Stiefeln, kaum frisiert. Sie sind zu entschuldigen; Sie haben uns nicht vermutet. Kommen Sie in Schuhen, und lassen Sie sich frisch frisieren. – So sehen Sie mir gar zu brav, gar zu preußisch aus!

V. TELLHEIM. Ich danke dir, Franziska.

FRANZISKA. Sie sehen aus, als ob Sie vorige Nacht kampiert hätten.

V. TELLHEIM. Du kannst es erraten haben.

FRANZISKA. Wir wollen uns gleich auch putzen und sodann essen. Wir behielten Sie gern zum Essen, aber Ihre Gegenwart möchte uns an dem Essen hindern; und sehen Sie, so gar verliebt sind wir nicht, daß uns nicht hungerte.

V. TELLHEIM. Ich geh'! Franziska, bereite sie indes ein wenig vor, damit ich weder in ihren noch in meinen Augen verächtlich werden darf. – Komm, Werner, du sollst mit mir essen.

WERNER. An der Wirtstafel, hier im Hause? Da wird mir kein Bissen schmecken.

V. TELLHEIM. Bei mir auf der Stube.

WERNER. So folge ich Ihnen gleich. Nur noch ein Wort mit dem Frauenzimmerchen.

V. TELLHEIM. Das gefällt mir nicht übel! *(Geht ab.)*

Elfter Auftritt

Paul Werner. Franziska.

FRANZISKA. Nun, Herr Wachtmeister? –

WERNER. Frauenzimmerchen, wenn ich wiederkomme, soll ich auch geputzter kommen?

FRANZISKA. Komm' Er, wie Er will, Herr Wachtmeister; meine Augen werden nichts wider Ihn haben. Aber meine Ohren werden desto mehr auf ihrer Hut gegen Ihn sein müssen. – Zwanzig Finger, alle voller Ringe! Ei, ei, Herr Wachtmeister!

WERNER. Nein, Frauenzimmerchen, eben das wollt' ich Ihr noch sagen: die Schnurre fuhr mir nun so heraus! Es ist nichts dran. Man hat ja wohl an Einem Ringe genug. Und hundert und aber hundertmal habe ich den Major sagen hören: »Das muß ein Schurke von einem Soldaten sein, der ein Mädchen anführen kann!« – So denk' ich auch, Frauenzimmerchen. Verlass' Sie sich drauf! – Ich muß machen, daß ich ihm nachkomme. – Guten Appetit, Frauenzimmerchen! *(Geht ab.)*

FRANZISKA. Gleichfalls, Herr Wachtmeister! – Ich glaube, der Mann gefällt mir! *(Indem sie hineingehen will, kömmt ihr das Fräulein entgegen.)*

Zwölfter Auftritt

Das Fräulein. Franziska.

DAS FRÄULEIN. Ist der Major schon wieder fort? – Franziska, ich glaube, ich wäre jetzt schon wieder ruhig genug, daß ich ihn hätte hier behalten können.

FRANZISKA. Und ich will Sie noch ruhiger machen.

DAS FRÄULEIN. Desto besser! Sein Brief, o sein Brief! Jede Zeile sprach den ehrlichen, edlen Mann. Jede Weigerung, mich zu besitzen, beteuerte mir seine Liebe. – Er wird es wohl gemerkt haben, daß wir den Brief gelesen. – Mag er doch; wenn er nur kömmt. Er kömmt doch gewiß? – Bloß ein wenig zu viel Stolz, Franziska, scheint mir in seiner Aufführung zu sein. Denn auch seiner Geliebten sein Glück nicht wollen zu danken haben, ist Stolz, unverzeihlicher Stolz! Wenn er mir diesen zu stark merken läßt, Franziska –

FRANZISKA. So wollen Sie seiner entsagen?

DAS FRÄULEIN. Ei, sieh doch! Jammert er dich nicht schon wieder? Nein, liebe Närrin, Eines Fehlers wegen entsagt man keinem Manne. Nein; aber ein Streich ist mir beigefallen, ihn wegen dieses Stolzes mit ähnlichem Stolze ein wenig zu martern.

FRANZISKA. Nun, da müssen Sie ja recht sehr ruhig sein, mein Fräulein, wenn Ihnen schon wieder Streiche beifallen.

DAS FRÄULEIN. Ich bin es auch; komm nur. Du wirst deine Rolle dabei zu spielen haben. *(Sie gehen hinein.)*

Vierter Aufzug

Erster Auftritt

(Die Scene: das Zimmer des Fräuleins.)
Das Fräulein (völlig und reich, aber mit Geschmack gekleidet). Franziska. (Sie stehen vom Tische auf, den ein Bedienter abräumt.)

FRANZISKA. Sie können unmöglich satt sein, gnädiges Fräulein.

DAS FRÄULEIN. Meinst du, Franziska? Vielleicht, daß ich mich nicht hungrig niedersetzte.

FRANZISKA. Wir hatten ausgemacht, seiner währender Mahlzeit nicht zu erwähnen. Aber wir hätten uns auch vornehmen sollen, an ihn nicht zu denken.

DAS FRÄULEIN. Wirklich, ich habe an nichts als an ihn gedacht.

FRANZISKA. Das merkt' ich wohl. Ich fing von hundert Dingen an zu sprechen, und Sie antworteten mir auf jedes verkehrt. *(Ein andrer Bedienter trägt Kaffee auf.)* Hier kömmt eine Nahrung, bei der man eher Grillen machen kann. Der liebe, melancholische Kaffee!

DAS FRÄULEIN. Grillen? Ich mache keine. Ich denke bloß der Lektion nach, die ich ihm geben will. Hast du mich recht begriffen, Franziska?

FRANZISKA. O ja; am besten aber wär' es, er ersparte sie uns.

DAS FRÄULEIN. Du wirst sehen, daß ich ihn von Grund aus kenne. Der Mann, der mich jetzt mit allen Reichtümern verweigert, wird mich der ganzen Welt streitig machen, sobald er hört, daß ich unglücklich und verlassen bin.

FRANZISKA *(sehr ernsthaft)*. Und so was muß die feinste Eigenliebe unendlich kitzeln.

DAS FRÄULEIN. Sittenrichterin! Seht doch! vorhin ertappte sie mich auf Eitelkeit, jetzt auf Eigenliebe. – Nun, laß mich nur, liebe Franziska. Du sollst mit deinem Wachtmeister auch machen können, was du willst.

FRANZISKA. Mit meinem Wachtmeister?

DAS FRÄULEIN. Ja, wenn du es vollends leugnest, so ist es richtig. – Ich habe ihn noch nicht gesehen; aber aus jedem Worte, das du mir von ihm gesagt hast, prophezeie ich dir deinen Mann.

Zweiter Auftritt

Riccaut de la Marliniere. Das Fräulein. Franziska.

RICCAUT *(noch innerhalb der Szene)*. Est-il permis, Monsieur le Major?

FRANZISKA. Was ist das? Will das zu uns? *(Gegen die Thüre gehend.)*

RICCAUT. Parbleu! Ik bin unriktig. – Mais non – Ik bin nit unriktig – C'est sa chambre –

FRANZISKA. Ganz gewiß, gnädiges Fräulein, glaubt dieser Herr, den Major von Tellheim noch hier zu finden.

RICCAUT. Iß so! – Le Major de Tellheim; juste, ma belle enfant, c'est lui que je cherche. Où est-il?

FRANZISKA. Er wohnt nicht mehr hier.

RICCAUT. Comment? nok vor vier und swanzik Stund hier logier? Und logier nit mehr hier? Wo logier er denn?

DAS FRÄULEIN *(die auf ihn zukömmt)*. Mein Herr –

RICCAUT. Ah, Madame – Mademoiselle – Ihro Gnad verzeih'–

DAS FRÄULEIN. Mein Herr, Ihre Irrung ist sehr zu vergeben und Ihre Verwunderung sehr natürlich. Der Herr Major hat die Güte gehabt, mir als einer Fremden, die nicht unterzukommen wußte, sein Zimmer zu überlassen.

RICCAUT. Ah, voilà de ses politesses! C'est un très galant-homme que ce Major!

DAS FRÄULEIN. Wo er indes hingezogen – wahrhaftig, ich muß mich schämen, es nicht zu wissen.

RICCAUT. Ihro Gnad nit wiß? C'est dommage; j'en suis fâché.

DAS FRÄULEIN. Ich hätte mich allerdings danach erkundigen sollen. Freilich werden ihn seine Freunde noch hier suchen.

RICCAUT. Ik bin sehr von seine Freund, Ihro Gnad –

DAS FRÄULEIN. Franziska, weiß du es nicht?

FRANZISKA. Nein, gnädiges Fräulein.

RICCAUT. Ik hätt ihn zu sprek sehr notwendik. Ik komm bringen eine Nouvelle, davon er sehr frölik sein wird.

DAS FRÄULEIN. Ich bedauere um so viel mehr. – Doch hoffe ich, vielleicht bald ihn zu sprechen. Ist es gleichviel, aus wessen Munde er diese gute Nachricht erfährt, so erbiete ich mich, mein Herr –

RICCAUT. Ik versteh. – Mademoiselle parle français? Mais sans doute; telle que je la vois! – La demande étoit bien impolie; Vous me pardonnerés, Mademoiselle. –

DAS FRÄULEIN. Mein Herr –

RICCAUT. Nit? Sie sprek nit Französisch, Ihro Gnad?

DAS FRÄULEIN. Mein Herr, in Frankreich würde ich es zu sprechen suchen. Aber warum hier? Ich höre ja, daß Sie mich verstehen, mein Herr. Und ich, mein Herr, werde Sie gewiß auch verstehen; sprechen Sie, wie es Ihnen beliebt.

RICCAUT. Gutt, gutt! Ik kann auk mik auf Deutsch explizier. – Sachés, donc, Mademoiselle – Ihro Gnad soll also wiß, daß ik komm von die Tafel bei der Minister – Minister von – Minister von – wie heiß der Minister da drauß? – in der lange Straß? – auf die breite Platz? –

DAS FRÄULEIN. Ich bin hier noch völlig unbekannt.

RICCAUT. Nun, die Minister von der Kriegsdepartement. – Da haben ik zu Mittag gespeisen; – ik speisen à l'ordinaire bei ihm – und da iß man gekommen reden auf der Major Tellheim; et le Ministre m'a dit en confidence, car Son Excellence est de mes amis, et il n'y a point de mystéres entre nous – Se. Excellenz, will ik sag, haben mir vertrau, daß die Sak von unserm Major sei auf den Point zu enden, und gutt zu enden. Er habe gemakt ein Rapport an den Könik, und der Könik habe darauf resolvir, tout-à-fait en faveur du Major. – Monsieur, m'a dit Son Excellence, vous comprenés bien, que tout dépend de la maniere, dont on fait envisager les choses au Roi, et Vous me connoissés. Cela fait un très-joli garçon que ce Tellheim, et ne sais-je pas que Vous l'aimés? Les amis de mes amis sont aussi les miens. Il coute un peu cher au Roi ce Tellheim, mais est-ce que l'on sert les Rois pour rien? Il faut s'entr'aider en ce monde; et quand il s'agit de pertes, que ce soit le Roi, qui en fasse, et non pas un honnêt-homme de nous autres. Voilà le principe, dont je ne me depars jamais. – Was sag Ihro Gnad hierzu? Nit wahr, das iß ein brav Mann? Ah! que Son Excellence a le cœur bien placé! Er hat mir au reste versiker, wenn der Major nit schon bekommen habe une Lettre de la main – eine Könikliken Handbrief, daß er heut infailliblement müsse bekommen einen.

DAS FRÄULEIN. Gewiß, mein Herr, diese Nachricht wird dem Major von Tellheim höchst angenehm sein. Ich wünschte nur, ihm den Freund zugleich mit Namen nennen zu können, der so viel Anteil an seinem Glücke nimmt –

RICCAUT. Mein Namen wünscht Ihro Gnad? – Vous voyés en moi – Ihro Gnad seh in mik le Chévalier Riccaut de la Marliniere, Seigneur de Pret-au-vol, de la Branche de Prensd'or. – Ihro Gnad steh verwundert, mik aus so ein groß, groß Familie zu hören, qui est veritablement du sang Royal. – Il faut le dire; je suis sans doute le Cadet le plus avantureux, que la maison a jamais eu – Ik dien von meiner elfte Jahr. Ein Affaire d'honneur makte mik fliehen. Darauf haben ik gedienet Sr. Päpstliken Eilikheit, der Republik St. Marino, der Kron Polen, und den Staaten-General, bis ik endlik bin worden gezogen hierher. Ah, Mademoiselle, que je voudrois n'avoir jamais vû ce pais-la! Hätte man mik gelaß im Dienst von den Staaten-General, so müßt ik nun sein aufs wenikst Oberst. Aber so hier immer und ewik Capitaine geblieben, und nun gar sein ein abgedankte Capitaine –

DAS FRÄULEIN. Das ist viel Unglück.

RICCAUT. Oui, Mademoiselle, me voilà reformé, et par-là mis sur le pavé!

DAS FRÄULEIN. Ich beklage sehr.

RICCAUT. Vous étes bien bonne, Mademoiselle – Nein, man kenn sik hier nit auf den Verdienst. Einen Mann wie mik su reformir! Einen Mann, der sik nok dasu in diesem Dienst hat ruinier! – Ik haben dabei sugesetzt mehr als swansik tausend Livres. Was hab ik nun? Tranchos le mot; je n'ai pas le sou, et me voilà exactement vis-à-vis du rien. –

DAS FRÄULEIN. Es thut mir ungemein leid.

RICCAUT. Vous étes bien bonne, Mademoiselle. Aber wie man pfleg zu sagen: ein jeder Unglück schlepp nak sik seine Bruder; qu'un malheur ne vient jamais seul: so mit mir arrivir. Was ein Honnêthomme von mein Extraction kann anders haben für Resource als das Spiel. Nun hab ik immer gespielen mit Glück, so lang ik hatte nit vonnöten der Glück. Nun ik ihr hätte vonnöten, Mademoiselle, je joue avec un guignon, qui surpasse toute croyance. Seit funfsehn

Tag iß vergangen keine, wo sie mik nit hab gesprenkt. Nok gestern hab sie mik gesprenkt dreimal. Je sais bien, qu'il y avoit quelque chose de plus que le jeu. Car parmi mes pontes se trouvoient certaines Dames – Ik will niks weiter sag. Man muß sein galant gegen die Damen. Sie haben auk mik heut invitir, mir su geben revanche; mais – Vous m'entendés, Mademoiselle – Man muß erst wiß, wovon leben, ehe man haben kann, wovon su spielen –

DAS FRÄULEIN. Ich will nicht hoffen, mein Herr –

RICCAUT. Vous étes bien bonne, Mademoiselle –

DAS FRÄULEIN *(nimmt die Franziska beiseite)*. Franziska, der Mann dauert mich im Ernste. Ob er mir es wohl übel nehmen würde, wenn ich ihm etwas anböte?

FRANZISKA. Der sieht mir nicht danach aus.

DAS FRÄULEIN. Gut! – Mein Herr, ich höre – daß Sie spielen; daß Sie Bank machen, ohne Zweifel an Orten, wo etwas zu gewinnen ist. Ich muß Ihnen bekennen, daß ich – gleichfalls das Spiel sehr liebe –

RICCAUT. Tant mieux, Mademoiselle, tant mieux! Tous les gens d'esprit aiment le jeu à la fureur.

DAS FRÄULEIN. Daß ich sehr gern gewinne, sehr gern mein Geld mit einem Manne wage, der – zu spielen weiß. – Wären Sie wohl geneigt, mein Herr, mich in Gesellschaft zu nehmen? mir einen Anteil an Ihrer Bank zu gönnen?

RICCAUT. Comment, Mademoiselle, Vous voulés étre de moitié avec moi? De tout mon cœur.

DAS FRÄULEIN. Fürs erste nur mit einer Kleinigkeit – *(Geht und langt Geld aus ihrer Schatulle.)*

RICCAUT. Ah, Mademoiselle, que Vous étes charmante! –

DAS FRÄULEIN. Hier habe ich, was ich ohnlängst gewonnen, nur zehn Pistolen – Ich muß mich zwar schämen, so wenig –

RICCAUT. Donnés toujours, Mademoiselle, donnés. *(Nimmt es.)*

DAS FRÄULEIN. Ohne Zweifel, daß Ihre Bank, mein Herr, sehr ansehnlich ist –

RICCAUT. Jawohl, sehr ansehnlik. Sehn Pistol? Ihr Gnad soll sein dafür interessir bei meiner Bank auf ein Dreiteil, pour le tiers. Swar auf ein Dreiteil sollen sein – etwas mehr. Dok mit einer schöne Damen muß man es nehmen nit so genau. Ik gratulier mik, su kommen dadurk in liaison mit Ihro Gnad, et de ce moment je recommence à bien augurer de ma fortune.

DAS FRÄULEIN. Ich kann aber nicht dabei sein, wenn Sie spielen, mein Herr.

RICCAUT. Was brauk Ihro Gnad dabei su sein? Wir andern Spieler sind ehrlike Leut unter einander.

DAS FRÄULEIN. Wenn wir glücklich sind, mein Herr, so werden Sie mir meinen Anteil schon bringen. Sind wir aber unglücklich –

RICCAUT. So komm ik holen Rekruten. Nit wahr, Ihro Gnad?

DAS FRÄULEIN. Auf die Länge dürften die Rekruten fehlen. Verteidigen Sie unser Geld daher ja wohl, mein Herr.

RICCAUT. Wofür seh mik Ihro Gnad an? Für ein Einfalspinse? für ein dumme Teuf?

DAS FRÄULEIN. Verzeihen Sie mir –

RICCAUT. Je suis des Bons, Mademoiselle. Savés-vous ce que cela veut dire? Ik bin von die Ausgelernt –

DAS FRÄULEIN. Aber doch wohl, mein Herr –

RICCAUT. Je sais monter un coup –

DAS FRÄULEIN *(verwundernd)*. Sollten Sie?

RICCAUT. Je file la carte avec une adresse –

DAS FRÄULEIN. Nimmermehr!

RICCAUT. Je fais sauter la coupe avec une dexterité –

DAS FRÄULEIN. Sie werden doch nicht, mein Herr?

RICCAUT. Was nit? Ihro Gnade, was nit? Donnés-moi un pigeonneau à plumer, et –

DAS FRÄULEIN. Falsch spielen? betrügen?

RICCAUT. Comment, Mademoiselle? Vous appellés cela betrügen? Corriger la fortune, l'enchainer sous ses doit, ètre sûr de son fait, das nenn die Deutsch betrügen? Betrügen! O, was ist die deutsch Sprak für ein arm Sprak! für ein plump Sprak!

DAS FRÄULEIN. Nein, mein Herr, wenn Sie so denken –

RICCAUT. Laissés-moi faire, Mademoiselle, und sein Sie ruhik!Was gehn Sie an, wie ik spiel? – Gnug, morgen entweder sehn mik wieder Ihro Gnad mit hundert Pistol, oder seh mik wieder gar nit – Votre très-humble, Mademoisellle, votre très-humble – *(Eilends ab.)*

DAS FRÄULEIN *(die ihm mit Erstaunen und Verdruß nachsieht)*. Ich wünsche das letzte, mein Herr, das letzte.

Dritter Auftritt

Das Fräulein. Franziska.

FRANZISKA *(erbittert)*. Kann ich noch reden? O schön! o schön!

DAS FRÄULEIN. Spotte nur; ich verdiene es. *(Nach einem kleinen Nachdenken und gelassener.)* Spotte nicht, Franziska; ich verdiene es nicht.

FRANZISKA. Vortrefflich! da haben Sie etwas allerliebstes gethan: einem Spitzbuben wieder auf die Beine geholfen.

DAS FRÄULEIN. Es war einem Unglücklichen zugedacht.

FRANZISKA. Und was das Beste dabei ist: der Kerl hält Sie für seinesgleichen. – O, ich muß ihm nach und ihm das Geld wieder abnehmen. *(Will fort.)*

DAS FRÄULEIN. Franziska, laß den Kaffee nicht vollends kalt werden; schenk ein.

FRANZISKA. Er muß es Ihnen wiedergeben; Sie haben sich anders besonnen; Sie wollen mit ihm nicht in Gesellschaft spielen. Zehn Pistolen! Sie hörten ja, Fräulein, daß es ein Bettler war! *(Das Fräulein schenkt indes selbst ein.)* Wer wird einem Bettler so viel geben? Und ihm noch dazu die Erniedrigung, es erbettelt zu haben, zu ersparen suchen? Den Mildthätigen, der den Bettler aus Großmut verkennen will, verkennt der Bettler wieder. Nun mögen Sie es haben, Fräulein, wenn er Ihre Gabe, ich weiß nicht wofür, ansieht – *(Und reicht der Franziska eine Tasse.)* Wollen Sie mir das Blut noch mehr in Wallung bringen? Ich mag nicht trinken. *(Das Fräulein setzt sie wieder weg.)* – »Parbleu, Ihro Gnad, man kenn sik hier nit auf den Verdienst.« *(In dem Tone des Franzosen.)* Freilich nicht, wenn man die Spitzbuben so ungehangen herumlaufen läßt.

DAS FRÄULEIN *(kalt und nachdenkend, indem sie trinkt)*. Mädchen, du verstehst dich so trefflich auf die guten Menschen; aber, wenn willst du die schlechten ertragen lernen? – Und sie sind doch auch Menschen. – Und öfters bei weitem so schlechte Menschen nicht, als sie scheinen. – Man muß ihre gute Seite nur aufsuchen. – Ich bilde mir ein, dieser Franzose ist nichts als eitel. Aus bloßer Eitelkeit macht er sich zum falschen Spieler; er will mir nicht verbunden scheinen; er will sich den Dank ersparen. Vielleicht, daß er nun hingeht, seine kleinen Schulden bezahlt, von dem Reste, so weit er reicht, still und sparsam lebt, und an das Spiel nicht denkt. Wenn das ist, liebe Franziska, so laß ihn Rekruten holen, wenn er will. – *(Giebt ihr die Tasse.)* Da, setz weg! – Aber, sage mir, sollte Tellheim nicht schon da sein?

FRANZISKA. Nein, gnädiges Fräulein; ich kann beides nicht, weder an einem schlechten Menschen die gute, noch an einem guten Menschen die böse Seite aufsuchen.

DAS FRÄULEIN. Er kömmt doch ganz gewiß? –

FRANZISKA. Er sollte wegbleiben! – Sie bemerken an ihm, an ihm, dem besten Manne, ein wenig Stolz, und darum wollen Sie ihn so grausam necken?

DAS FRÄULEIN. Kömmst du da wieder hin? – Schweig; das will ich nun einmal so. Wo du mir diese Lust verdirbst, wo du nicht alles sagst und thust, wie wir es abgeredet haben! – Ich will dich schon allein mit ihm lassen, und dann – – Jetzt kömmt er wohl.

Vierter Auftritt

Paul Werner (der in einer steifen Stellung, gleichsam im Dienste, hereintritt). Das Fräulein. Franziska.

FRANZISKA. Nein, es ist nur sein lieber Wachtmeister.

DAS FRÄULEIN. Lieber Wachtmeister? Auf wen bezieht sich dieses Lieber?

FRANZISKA. Gnädiges Fräulein, machen Sie mir den Mann nicht verwirrt. – Ihre Dienerin, Herr Wachtmeister; was bringen Sie uns.

WERNER *(geht, ohne auf die Franziska zu achten, an das Fräulein)*. Der Major von Tellheim läßt an das gnädige Fräulein von Barnhelm durch mich, den Wachtmeister Werner, seinen unterthänigen Respekt vermelden und sagen, daß er sogleich hier sein werde.

DAS FRÄULEIN. Wo bleibt er denn?

WERNER. Ihro Gnaden werden verzeihen; wir sind noch vor dem Schlage drei aus dem Quartier gegangen; aber da hat ihn der Kriegszahlmeister unterwegens angeredt; und weil mit dergleichen Herrn des Redens immer kein Ende ist, so gab er mir einen Wink, dem gnädigen Fräulein den Vorfall zu rapportieren.

DAS FRÄULEIN. Recht wohl, Herr Wachtmeister. Ich wünsche nur, daß der Kriegszahlmeister dem Major etwas Angenehmes möge zu sagen haben.

WERNER. Das haben dergleichen Herren den Offizieren selten. – Haben Ihro Gnaden etwas zu befehlen? *(Im Begriffe, wieder zu gehen.)*

FRANZISKA. Nun, wo denn schon wieder hin, Herr Wachtmeister? Hätten wir denn nichts mit einander zu plaudern?

WERNER *(sachte zu Franziska, und ernsthaft)*. Hier nicht, Frauenzimmerchen. Es ist wider den Respekt, wider die Subordination. – Gnädiges Fräulein

DAS FRÄULEIN. Ich danke für Seine Bemühung, Herr Wachtmeister. – Es ist mir lieb gewesen, Ihn kennen zu lernen. Franziska hat mir viel Gutes von Ihm gesagt. *(Werner macht eine steife Verbeugung und geht ab.)*

Fünfter Auftritt

Das Fräulein. Franziska.

DAS FRÄULEIN. Das ist dein Wachtmeister, Franziska?

FRANZISKA. Wegen des spöttischen Tones habe ich nicht Zeit, dieses Dein nochmals aufzumutzen. – – Ja, gnädiges Fräulein, das ist mein Wachtmeister. Sie finden ihn ohne Zweifel ein wenig steif und hölzern. Jetzt kam er mir fast auch so vor. Aber ich merke wohl, er glaubte, vor Ihro Gnaden auf die Parade ziehen zu müssen. Und wenn die Soldaten paradieren – ja freilich scheinen sie da mehr Drechslerpuppen als Männer. Sie sollten ihn hingegen nur sehn und hören, wenn er sich selbst gelassen ist.

DAS FRÄULEIN. Das müßte ich denn wohl!

FRANZISKA. Er wird noch auf dem Saale sein. Darf ich nicht gehn und ein wenig mit ihm plaudern?

DAS FRÄULEIN. Ich versage dir ungern dieses Vergnügen. Du mußt hier bleiben, Franziska. Du mußt bei unserer Unterredung gegenwärtig sein. – Es fällt mir noch etwas bei. *(Sie zieht ihren Ring vom Finger.)* Da, nimm meinen Ring, verwahre ihn und gieb mir des Majors seinen dafür.

FRANZISKA. Warum das?

DAS FRÄULEIN *(indem Franziska den andern Ring holt)*. Recht weiß ich es selbst nicht; aber mich dünkt, ich sehe so etwas voraus, wo ich ihn brauchen könnte. – Man pocht – Geschwind gieb her! *(Sie steckt ihn an.)* Er ist's!

Sechster Auftritt

v. Tellheim (in dem nämlichen Kleide, aber sonst so, wie es Franziska verlangt). Das Fräulein. Franziska.

V. TELLHEIM. Gnädiges Fräulein, Sie werden mein Verweilen entschuldigen. –

DAS FRÄULEIN. O, Herr Major, so gar militärisch wollen wir es mit einander nicht nehmen. Sie sind ja da! Und ein Vergnügen erwarten ist auch ein Vergnügen. – Nun? *(Indem sie ihm lächelnd ins Gesicht sieht.)* lieber Tellheim, waren wir nicht vorhin Kinder?

V. TELLHEIM. Ja wohl, Kinder, gnädiges Fräulein, Kinder, die sich sperren, wo sie gelassen folgen sollten.

DAS FRÄULEIN. Wir wollen ausfahren, lieber Major – die Stadt ein wenig zu besehen – und hernach meinem Oheim entgegen.

V. TELLHEIM. Wie?

DAS FRÄULEIN. Sehen Sie, auch das Wichtigste haben wir einander noch nicht sagen können. Ja, er trifft noch heut hier ein. Ein Zufall ist Schuld, daß ich einen Tag früher ohne ihn angekommen bin.

V. TELLHEIM. Der Graf von Bruchsall? Ist er zurück?

DAS FRÄULEIN. Die Unruhen des Krieges verscheuchten ihn nach Italien; der Friede hat ihn wieder zurückgebracht. – Machen Sie sich keine Gedanken, Tellheim. Besorgten wir schon ehemals das stärkste Hindernis unserer Verbindung von seiner Seite –

V. TELLHEIM. Unserer Verbindung?

DAS FRÄULEIN. Er ist Ihr Freund. Er hat von zu vielen zu viel Gutes von Ihnen gehört, um es nicht zu sein. Er brennt, den Mann von Antlitz zu kennen, den seine einzige Erbin gewählt hat. Er kömmt als Oheim, als Vormund, als Vater, mich Ihnen zu übergeben.

v. TELLHEIM. Ah, Fräulein, warum haben Sie meinen Brief nicht gelesen? Warum haben Sie ihn nicht lesen wollen?

DAS FRÄULEIN. Ihren Brief? Ja, ich erinnere mich, Sie schickten mir einen. Wie war es denn mit diesem Briefe, Franziska? Haben wir ihn gelesen, oder haben wir ihn nicht gelesen? Was schrieben Sie mir denn, lieber Tellheim? –

v. TELLHEIM. Nichts, als was mir die Ehre befiehlt.

DAS FRÄULEIN. Das ist, ein ehrliches Mädchen, die Sie liebt, nicht sitzen zu lassen. Freilich befiehlt das die Ehre. Gewiß, ich hätte den Brief lesen sollen. Aber was ich nicht gelesen habe, das höre ich ja.

v. TELLHEIM. Ja, Sie sollen es hören –

DAS FRÄULEIN. Nein, ich brauch' es auch nicht einmal zu hören. Es versteht sich von selbst. Sie könnten eines so häßlichen Streiches fähig sein, daß Sie mich nun nicht wollten? Wissen Sie, daß ich auf Zeit meines Lebens beschimpft wäre? Meine Landsmänninnen würden mit Fingern auf mich weisen. – »Das ist sie«, würde es heißen, »das ist das Fräulein von Barnhelm, die sich einbildete, weil sie reich sei, den wackern Tellheim zu bekommen: als ob die wackern Männer für Geld zu haben wären!« So würde es heißen, denn meine Landsmänninnen sind alle neidisch auf mich. Daß ich reich bin, können sie nicht leugnen; aber davon wollen sie nichts wissen, daß ich auch sonst noch ein ziemlich gutes Mädchen bin, das seines Mannes wert ist. Nicht wahr, Tellheim?

v. TELLHEIM. Ja, ja, gnädiges Fräulein, daran erkenne ich Ihre Landsmänninnen. Sie werden Ihnen einen abgedankten, an seiner Ehre gekränkten Offizier, einen Krüppel, einen Bettler, trefflich beneiden.

DAS FRÄULEIN. Und das alles wären Sie? Ich hörte so was, wenn ich mich nicht irre, schon heute Vormittage. Da ist Böses und Gutes unter einander. Lassen Sie uns doch jedes näher beleuchten. – Verabschiedet sind Sie? So höre ich. Ich glaubte, Ihr Regiment sei bloß untergesteckt worden. Wie ist es gekommen, daß man einen Mann von Ihren Verdiensten nicht beibehalten?

v. TELLHEIM. Es ist gekommen, wie es kommen müssen. Die Großen haben sich überzeugt, daß ein Soldat aus Neigung für sie ganz wenig, aus Pflicht nicht viel mehr, aber alles seiner eignen Ehre wegen thut. Was können sie ihm also schuldig zu sein glauben? Der Friede hat ihnen mehrere meinesgleichen entbehrlich gemacht: und am Ende ist ihnen niemand unentbehrlich.

DAS FRÄULEIN. Sie sprechen, wie ein Mann sprechen muß, dem die Großen hinwiederum sehr entbehrlich sind. Und niemals waren sie es mehr als jetzt. Ich sage den Großen meinen großen Dank, daß sie ihre Ansprüche auf einen Mann haben fahren lassen, den ich doch nur sehr ungern mit ihnen geteilt hätte. – Ich bin Ihre Gebieterin, Tellheim; Sie brauchen weiter keinen Herrn. – Sie verabschiedet zu finden, das Glück hätte ich mir kaum träumen lassen! – Doch Sie sind nicht bloß verabschiedet: Sie sind noch mehr. Was sind Sie noch mehr? Ein Krüppel, sagten Sie? Nun *(Indem sie ihn von oben bis unten betrachtet.)* der Krüppel ist doch noch ziemlich ganz und gerade, scheint doch noch ziemlich gesund und stark. – Lieber Tellheim, wenn Sie auf den Verlust Ihrer gesunden Gliedmaßen betteln zu gehen denken, so prophezeie ich Ihnen, daß Sie vor den wenigsten Thüren etwas bekommen werden, ausgenommen vor den Thüren der gutherzigen Mädchen wie ich.

V. TELLHEIM. Jetzt höre ich nur das mutwillige Mädchen, liebe Minna.

DAS FRÄULEIN. Und ich höre in Ihrem Verweise nur das »liebe Minna«. – Ich will nicht mehr mutwillig sein. Denn ich besinne mich, daß Sie allerdings ein kleiner Krüppel sind. Ein Schuß hat Ihnen den rechten Arm ein wenig gelähmt. – Doch alles wohl überlegt, so ist auch das so schlimm nicht. Um soviel sicherer bin ich vor Ihren Schlägen.

V. TELLHEIM. Fräulein!

DAS FRÄULEIN. Sie wollen sagen: aber Sie um soviel weniger vor meinen. Nun, nun, lieber Tellheim, ich hoffe, Sie werden es nicht dazu kommen lassen.

V. TELLHEIM. Sie wollen lachen, mein Fräulein. Ich beklage nur, daß ich nicht mitlachen kann.

DAS FRÄULEIN. Warum nicht? Was haben Sie denn gegen das Lachen? Kann man denn auch nicht lachend sehr ernsthaft sein? Lieber Major, das Lachen erhält uns vernünftiger als der Verdruß. Der Beweis liegt vor uns. Ihre lachende Freundin beurteilt Ihre Umstände weit richtiger als Sie selbst. Weil Sie verabschiedet sind, nennen Sie sich an Ihrer Ehre gekränkt; weil Sie einen Schuß in dem Arme haben, machen Sie sich zu einem Krüppel. Ist das so recht? Ist das keine Übertreibung? Und ist es meine Einrichtung, daß alle Übertreibungen des Lächerlichen so fähig sind? Ich wette, wenn ich Ihren Bettler nun vernehme, daß auch dieser ebensowenig Stich halten wird. Sie werden einmal, zweimal, dreimal Ihre Equipage verloren haben; bei dem oder jenem Banquier werden einige Kapitale jetzt mit schwinden; Sie werden diesen und jenen Vorschuß, den Sie im Dienste gethan, keine Hoffnung haben, wiederzuerhalten; aber sind Sie darum ein Bettler? Wenn Ihnen auch nichts übrig geblieben ist, als was mein Oheim für Sie mitbringt –

v. TELLHEIM. Ihr Oheim, gnädiges Fräulein, wird für mich nichts mitbringen.

DAS FRÄULEIN. Nichts als die zweitausend Pistolen, die Sie unsern Ständen so großmütig vorschossen.

v. TELLHEIM. Hätten Sie doch nur meinen Brief gelesen, gnädiges Fräulein!

DAS FRÄULEIN. Nun ja, ich habe ihn gelesen. Aber was ich über diesen Punkt darin gelesen, ist mir ein wahres Rätsel. Unmöglich kann man Ihnen aus einer edlen Handlung ein Verbrechen machen wollen. – Erklären Sie mir doch, lieber Major –

v. TELLHEIM. Sie erinnern sich, gnädiges Fräulein, daß ich Ordre hatte, in den Ämtern Ihrer Gegend die Kontribution mit der äußersten Strenge bar beizutreiben. Ich wollte mir diese Strenge ersparen und schoß die fehlende Summe selbst vor. –

DAS FRÄULEIN. Ja wohl erinnere ich mich. – Ich liebte Sie um dieser That willen, ohne Sie noch gesehen zu haben.

v. TELLHEIM. Die Stände gaben mir ihren Wechsel, und diesen wollte ich bei Zeichnung des Friedens unter die zu ratihabierende Schulden eintragen lassen. Der Wechsel ward für giltig erkannt, aber mir ward das Eigentum desselben streitig gemacht. Man zog spöttisch das Maul, als ich versicherte, die Valute bar hergegeben zu haben. Man erklärte ihn für eine Bestechung, für das Gratial der Stände, weil ich so bald mit ihnen auf die niedrigste Summe einig geworden war, mit der ich mich nur im äußersten Notfalle zu begnügen Vollmacht hatte. So kam der Wechsel aus meinen Händen, und wenn er bezahlt wird, wird er sicherlich nicht an mich bezahlt. – Hierdurch, mein Fräulein, halte ich meine Ehre für gekränkt, nicht durch den Abschied, den ich gefordert haben würde, wenn ich ihn nicht bekommen hätte. – Sie sind ernsthaft, mein Fräulein? Warum lachen Sie nicht? Ha, ha, ha! Ich lache ja.

DAS FRÄULEIN. O, ersticken Sie dieses Lachen, Tellheim! Ich beschwöre Sie! Es ist das schreckliche Lachen des Menschenhasses! Nein, Sie sind der Mann nicht, den eine gute That reuen kann, weil sie üble Folgen für ihn hat. Nein, unmöglich können diese üblen Folgen dauern! Die Wahrheit muß an den Tag kommen. Das Zeugnis meines Oheims, aller unsrer Stände –

V. TELLHEIM. Ihres Oheims! Ihrer Stände! Ha, ha, ha!

DAS FRÄULEIN. Ihr Lachen tötet mich, Tellheim! Wenn Sie an Tugend und Vorsicht glauben, Tellheim, so lachen Sie so nicht! Ich habe nie fürchterlicher fluchen hören als Sie lachen. – Und lassen Sie uns das Schlimmste setzen! Wenn man Sie hier durchaus verkennen will, so kann man Sie bei uns nicht verkennen. Nein, wir können, wir werden Sie nicht verkennen, Tellheim. Und wenn unsere Stände die geringste Empfindung von Ehre haben, so weiß ich, was sie thun müssen. Doch ich bin nicht klug: was wäre das nötig? Bilden Sie sich ein, Tellheim, Sie hätten die zweitausend Pistolen an einem wilden Abende verloren. Der König war eine unglückliche Karte für Sie: die Dame *(Auf sich weisend.)* wird Ihnen desto günstiger sein. – Die Vorsicht, glauben Sie mir, hält den ehrlichen Mann immer schadlos, und öfters schon im voraus. Die That, die Sie einmal um zweitausend Pistolen bringen sollte, erwarb mich Ihnen. Ohne diese That würde ich nie begierig gewesen sein, Sie kennen zu lernen. Sie wissen, ich kam uneingeladen in die erste Gesellschaft, wo ich Sie zu finden glaubte. Ich kam bloß Ihrentwegen. Ich kam in dem festen Vorsatze, Sie zu lieben – ich liebte Sie schon! – in dem festen Vorsatze, Sie zu besitzen, wenn ich Sie auch so schwarz und häßlich finden sollte als den Mohr von Venedig. Sind Sie so schwarz und häßlich nicht; auch so eifersüchtig werden Sie nicht sein. Aber,

Tellheim, Tellheim, Sie haben doch noch viel Ähnliches mit ihm! O, über die wilden, unbiegsamen Männer, die nur immer ihr stieres Auge auf das Gespenst der Ehre heften! für alles andere Gefühl sich verhärten! – Hierher Ihr Auge! auf mich, Tellheim! *(Der indes vertieft und unbeweglich mit starren Augen immer auf eine Stelle gesehen.)* Woran denken Sie? Sie hören mich nicht?

v. TELLHEIM *(zerstreut)*. O ja! Aber sagen Sie mir doch, mein Fräulein, wie kam der Mohr in venetianische Dienste? Hatte der Mohr kein Vaterland? Warum vermietete er seinen Arm und sein Blut einem fremden Staate? –

DAS FRÄULEIN *(erschrocken)*. Wo sind Sie, Tellheim? – Nun ist es Zeit, daß wir abbrechen. – Kommen Sie ! *(Indem sie ihn bei der Hand ergreift.)* – Franziska, laß den Wagen vorfahren.

v. TELLHEIM *(der sich von dem Fräulein losreißt und der Franziska nachgeht)*. Nein, Franziska, ich kann nicht die Ehre haben, das Fräulein zu begleiten. – Mein Fräulein, lassen Sie mir noch heute meinen gesunden Verstand und beurlauben Sie mich. Sie sind auf dem besten Wege, mich darum zu bringen. Ich stemme mich, soviel ich kann. – Aber weil ich noch bei Verstande bin, so hören Sie, mein Fräulein, was ich fest beschlossen habe, wovon mich nichts in der Welt abbringen soll. – Wenn nicht noch ein glücklicher Wurf für mich im Spiele ist, wenn sich das Blatt nicht völlig wendet, wenn –

DAS FRÄULEIN. Ich muß Ihnen ins Wort fallen, Herr Major. Das hätten wir ihm gleich sagen sollen, Franziska. Du erinnerst mich auch an gar nichts. – Unser Gespräch würde ganz anders gefallen sein, Tellheim, wenn ich mit der guten Nachricht angefangen hätte, die Ihnen der Chevalier de la Marliniere nur eben zu bringen kam.

v. TELLHEIM. Der Chevalier de la Marliniere? Wer ist das?

FRANZISKA. Es mag ein ganz guter Mann sein, Herr Major, bis auf –

DAS FRÄULEIN. Schweig, Franziska! – Gleichfalls ein verabschiedeter Offizier, der aus holländischen Diensten –

v. TELLHEIM. Ha! der Lieutenant Riccaut!

DAS FRÄULEIN. Er versicherte, daß er Ihr Freund sei.

v. TELLHEIM. Ich versichere, daß ich seiner nicht bin.

DAS FRÄULEIN. Und daß ihm, ich weiß nicht welcher Minister vertraut habe, Ihre Sache sei dem glücklichsten Ausgange nahe. Es müsse ein königliches Handschreiben an Sie unterwegens sein. –

v. TELLHEIM. Wie kämen Riccaut und ein Minister zusammen? – Etwas zwar muß in meiner Sache geschehen sein. Denn nur jetzt erklärte mir der Kriegszahlmeister, daß der König alles niedergeschlagen habe, was wider mich urgiert worden, und daß ich mein schriftlich gegebenes Ehrenwort, nicht eher von hier zu gehen, als bis man mich völlig entladen habe, wieder zurücknehmen könne. – Das wird es aber auch alles sein. Man wird mich wollen laufen lassen. Allein man irrt sich; ich werde nicht laufen. Eher soll mich hier das äußerste Elend vor den Augen meiner Verleumder verzehren –

DAS FRÄULEIN. Hartnäckiger Mann!

v. TELLHEIM. Ich brauche keine Gnade; ich will Gerechtigkeit. Meine Ehre –

DAS FRÄULEIN. Die Ehre eines Mannes wie Sie –

v. TELLHEIM *(hitzig)*. Nein, mein Fräulein, Sie werden von allen Dingen recht gut urteilen können, nur hierüber nicht. Die Ehre ist nicht die Stimme unsers Gewissens, nicht das Zeugnis weniger Rechtschaffenen – –

DAS FRÄULEIN. Nein, nein, ich weiß wohl. – Die Ehre ist – die Ehre.

v. TELLHEIM. Kurz, mein Fräulein – Sie haben mich nicht ausreden lassen. – Ich wollte sagen: wenn man mir das meinige so schimpflich vorenthält, wenn meiner Ehre nicht die vollkommenste Genugthuung geschieht, so kann ich, mein Fräulein, der Ihrige nicht sein. Denn ich bin es in den Augen der Welt nicht wert, zu sein. Das Fräulein von Barnhelm verdient einen unbescholtenen Mann. Es ist eine nichtswürdige Liebe, die kein Bedenken trägt, ihren Gegenstand der Verachtung auszusetzen. Es ist ein nichtswürdiger Mann, der sich nicht schämt, sein ganzes Glück einem Frauenzimmer zu verdanken, dessen blinde Zärtlichkeit –

DAS FRÄULEIN. Und das ist Ihr Ernst, Herr Major? – *(Indem sie ihm plötzlich den Rücken wendet.)* Franziska!

v. TELLHEIM. Werden Sie nicht ungehalten, mein Fräulein –

DAS FRÄULEIN *(beiseite zur Franziska)*. Jetzt wäre es Zeit! Was rätst du mir, Franziska? –

FRANZISKA. Ich rate nichts. Aber freilich macht er es Ihnen ein wenig zu bunt. –

V. TELLHEIM *(der sie zu unterbrechen kömmt)*. Sie sind ungehalten, mein Fräulein –

DAS FRÄULEIN *(höhnisch)*. Ich? im geringsten nicht.

V. TELLHEIM. Wenn ich Sie weniger liebte, mein Fräulein –

DAS FRÄULEIN *(noch in diesem Tone)*. O gewiß, es wäre mein Unglück! – Und sehen Sie, Herr Major, ich will Ihr Unglück auch nicht. – Man muß ganz uneigennützig lieben. – Eben so gut, daß ich nicht offenherziger gewesen bin! Vielleicht würde mir Ihr Mitleid gewährt haben, was mir Ihre Liebe versagt. – *(Indem sie den Ring langsam vom Finger zieht.)*

V. TELLHEIM. Was meinen Sie damit, Fräulein?

DAS FRÄULEIN. Nein, keines muß das andere weder glücklicher noch unglücklicher machen. So will es die wahre Liebe! Ich glaube Ihnen, Herr Major; und Sie haben zu viel Ehre, als daß Sie die Liebe verkennen sollten.

V. TELLHEIM. Spotten Sie, mein Fräulein?

DAS FRÄULEIN. Hier! Nehmen Sie den Ring wieder zurück, mit dem Sie mir Ihre Treue verpflichtet. *(Überreicht ihm den Ring.)* Es sei drum! Wir wollen einander nicht gekannt haben.

V. TELLHEIM. Was höre ich?

DAS FRÄULEIN. Und das befremdet Sie? – Nehmen Sie, mein Herr. – Sie haben sich doch wohl nicht bloß geziert?

V. TELLHEIM *(indem er den Ring aus ihrer Hand nimmt)*. Gott! so kann Minna sprechen! –

DAS FRÄULEIN. Sie können der Meinige in *einem* Falle nicht sein: ich kann die Ihrige in *keinem* sein. Ihr Unglück ist wahrscheinlich; meines ist gewiß. – Leben Sie wohl! *(Will fort.)*

V. TELLHEIM. Wohin, liebste Minna?

DAS FRÄULEIN. Mein Herr, Sie beschimpfen mich jetzt mit dieser vertraulichen Benennung.

V. TELLHEIM. Was ist Ihnen, mein Fräulein? Wohin?

DAS FRÄULEIN. Lassen Sie mich. – Meine Thränen vor Ihnen zu verbergen, Verräter! *(Geht ab.)*

Siebenter Auftritt

v. Tellheim. Franziska.

v. TELLHEIM. Ihre Thränen? Und ich sollte sie lassen? *(Will ihr nach.)*

FRANZISKA *(die ihn zurückhält).* Nicht doch, Herr Major! Sie werden ihr ja nicht in ihr Schlafzimmer folgen wollen?

v. TELLHEIM. Ihr Unglück? Sprach sie nicht von Unglück?

FRANZISKA. Nun freilich: das Unglück, Sie zu verlieren, nachdem –

v. TELLHEIM. Nachdem? was nachdem? Hierhinter steckt mehr. Was ist es, Franziska? Rede, sprich –

FRANZISKA. Nachdem sie, wollte ich sagen – Ihnen so vieles aufgeopfert.

v. TELLHEIM. Mir aufgeopfert?

FRANZISKA. Hören Sie nur kurz. – Es ist – für Sie recht gut, Herr Major, daß Sie auf diese Art von ihr losgekommen sind. – Warum soll ich es Ihnen nicht sagen? Es kann doch länger kein Geheimnis bleiben. – Wir sind entflohen! – Der Graf von Bruchsall hat das Fräulein enterbt, weil sie keinen Mann von seiner Hand annehmen wollte. Alles verließ, alles verachtete sie hierauf. Was sollten wir thun? Wir entschlossen uns, denjenigen aufzusuchen, dem wir –

v. TELLHEIM. Ich habe genug. – Komm, ich muß mich zu ihren Füßen werfen.

FRANZISKA. Was denken Sie? Gehen Sie vielmehr und danken Ihrem guten Geschicke –

v. TELLHEIM. Elende! für wen hältst du mich? – Nein, liebe Franziska, der Rat kam nicht aus deinem Herzen. Vergieb meinem Unwillen!

FRANZISKA. Halten Sie mich nicht länger auf. Ich muß sehen, was sie macht. Wie leicht könnte ihr etwas zugestoßen sein. – Gehen Sie! Kommen Sie lieber wieder, wenn Sie wieder kommen wollen. *(Geht dem Fräulein nach.)*

Achter Auftritt

v. Tellheim.

Aber Franziska! – O, ich erwarte euch hier! – Nein, das ist dringender! – Wenn sie Ernst sieht, kann mir ihre Vergebung nicht entstehen. – Nun brauch' ich dich, ehrlicher Werner! – Nein, Minna, ich bin kein Verräter! *(Eilends ab.)*

Fünfter Aufzug

Erster Auftritt

(Die Scene: der Saal)
v. Tellheim von der einen und Werner von der andern Seite.

V. TELLHEIM. Ha, Werner! ich suche dich überall. Wo steckst du?

WERNER. Und ich habe Sie gesucht, Herr Major; so geht's mit dem Suchen. – Ich bringe Ihnen gar eine gute Nachricht.

V. TELLHEIM. Ah, ich brauche jetzt nicht deine Nachrichten, ich brauche dein Geld. Geschwind, Werner, gieb mir so viel du hast, und dann suche so viel aufzubringen, als du kannst.

WERNER. Herr Major? – Nun, bei meiner armen Seele, habe ich's doch gesagt: er wird Geld von mir borgen, wenn er selber welches zu verleihen hat.

V. TELLHEIM. Du suchst doch nicht Ausflüchte?

WERNER. Damit ich ihm nichts vorzuwerfen habe, so nimmt er mir's mit der Rechten und giebt mir's mit der Linken wieder.

V. TELLHEIM. Halte mich nicht auf, Werner! – Ich habe den guten Willen, dir es wieder zu geben; aber wenn und wie? – das weiß Gott!

WERNER. Sie wissen es also noch nicht, daß die Hofstaatskasse Ordre hat, Ihnen Ihre Gelder zu bezahlen? Eben erfuhr ich es bei –

V. TELLHEIM. Was plauderst du? Was lässest du dir weiß machen? Begreifst du denn nicht, daß, wenn es wahr wäre, ich es doch wohl am ersten wissen müßte? – Kurz, Werner, Geld! Geld!

WERNER. Je nu, mit Freuden! hier ist was! – Das sind die hundert Loisdor, und das die hundert Dukaten. – *(Giebt ihm beides.)*

V. TELLHEIM. Die hundert Louisdor, Werner, geh und bringe Justen. Er soll sogleich den Ring wieder einlösen, den er heute früh versetzt hat. – Aber wo wirst du mehr hernehmen, Werner? – Ich brauche weit mehr.

WERNER. Dafür lassen Sie mich sorgen. – Der Mann, der mein Gut gekauft hat, wohnt in der Stadt. Der Zahlungstermin wäre zwar erst in vierzehn Tagen; aber das Geld liegt parat, und ein halb Prozentchen Abzug –

v. TELLHEIM. Nun ja, lieber Werner! – Siehst du, daß ich meine einzige Zuflucht zu dir nehme? – Ich muß dir auch alles vertrauen. Das Fräulein hier – du hast sie gesehn – ist unglücklich –

WERNER. O Jammer!

v. Tellheim. Aber morgen ist sie meine Frau –

WERNER. O Freude!

v. TELLHEIM. Und übermorgen geh' ich mit ihr fort. Ich darf fort; ich will fort. Lieber hier alles im Stiche gelassen! Wer weiß, wo mir sonst ein Glück aufgehoben ist. Wenn du willst, Werner, so komm mit. Wir wollen wieder Dienste nehmen.

WERNER. Wahrhaftig? – Aber doch wo's Krieg giebt, Herr Major?

v. TELLHEIM. Wo sonst? – Geh, lieber Werner, wir sprechen davon weiter.

WERNER. O Herzensmajor! – Übermorgen? Warum nicht lieber morgen? – Ich will schon alles zusammenbringen. – In Persien, Herr Major, giebt's einen trefflichen Krieg; was meinen Sie?

v. TELLHEIM. Wir wollen das überlegen; geh nur, Werner! –

WERNER. Juchhe! es lebe der Prinz Heraklius! *(Geht ab.)*

Zweiter Auftritt

v. Tellheim.

Wie ist mir? – Meine ganze Seele hat neue Triebfedern bekommen. Mein eignes Unglück schlug mich nieder, machte mich ärgerlich, kurzsichtig, schüchtern, lässig; ihr Unglück hebt mich empor; ich sehe wieder frei um mich und fühle mich willig und stark, alles für sie zu unternehmen. – Was verweile ich? *(Will nach dem Zimmer des Fräuleins, aus dem ihm Franziska entgegen kömmt.)*

Dritter Auftritt

Franziska. v. Tellheim.

FRANZISKA. Sind Sie es doch? – Es war mir, als ob ich Ihre Stimme hörte. – Was wollen Sie, Herr Major?

v. TELLHEIM. Was ich will? – Was macht dein Fräulein? – Komm! –

FRANZISKA. Sie will den Augenblick ausfahren.

V. TELLHEIM. Und allein? ohne mich? wohin?

FRANZISKA. Haben Sie vergessen, Herr Major? –

V. TELLHEIM. Bist du nicht klug, Franziska? – Ich habe sie gereizt, und sie ward empfindlich: ich werde sie um Vergebung bitten, und sie wird mir vergeben.

FRANZISKA. Wie? – Nachdem Sie den Ring zurückgenommen, Herr Major?

V. TELLHEIM. Ha! – das that ich in der Betäubung. – Jetzt denk' ich erst wieder an den Ring. – Wo habe ich ihn hingesteckt? – *(Er sucht ihn.)* Hier ist er.

FRANZISKA. Ist er das? *(Indem er ihn wieder einsteckt, beiseite.)* Wenn er ihn doch genauer besehen wollte!

V. TELLHEIM. Sie drang mir ihn auf mit einer Bitterkeit – Ich habe diese Bitterkeit schon vergessen. Ein volles Herz kann die Worte nicht wägen. – Aber sie wird sich auch keinen Augenblick weigern, den Ring wieder anzunehmen. – Und habe ich nicht noch ihren?

FRANZISKA. Den erwartet sie dafür zurück. – Wo haben Sie ihn denn, Herr Major? Zeigen Sie mir ihn doch.

V. TELLHEIM *(etwas verlegen)*. Ich habe – ihn anzustecken vergessen. – Just – Just wird mir ihn gleich nachbringen.

FRANZISKA. Es ist wohl einer ziemlich wie der andere; lassen Sie mich doch diesen sehen; ich sehe so was gar zu gern.

V. TELLHEIM. Ein andermal, Franziska. Jetzt komm –

FRANZISKA *(beiseite)*. Er will sich durchaus nicht aus seinem Irrtume bringen lassen.

V. TELLHEIM. Was sagst Du? Irrtume?

FRANZISKA. Es ist ein Irrtum, sag' ich, wenn Sie meinen, daß das Fräulein doch noch eine gute Partie sei. Ihr eignes Vermögen ist gar nicht beträchtlich; durch ein wenig eigennützige Rechnungen können es ihr die Vormünder völlig zu Wasser machen. Sie erwartete alles von dem Oheim; aber dieser grausame Oheim –

V. TELLHEIM. Laß ihn doch! – Bin ich nicht Manns genug, ihr einmal alles zu ersetzen? –

FRANZISKA. Hören Sie? Sie klingelt, ich muß herein.

V. TELLHEIM. Ich gehe mit dir.

FRANZISKA. Um des Himmels willen nicht! Sie hat mir ausdrücklich verboten, mit Ihnen zu sprechen. Kommen Sie wenigstens mir erst nach. – *(Geht herein.)*

Vierter Auftritt

v. Tellheim (ihr nachrufend).

Melde mich ihr! – Sprich für mich, Franziska! – Ich folge dir sogleich! – Was werde ich ihr sagen? – Wo das Herz reden darf, braucht es keiner Vorbereitung. – Das einzige möchte eine studierte Wendung bedürfen: ihre Zurückhaltung, ihre Bedenklichkeit, sich als unglücklich in meine Arme zu werfen; ihre Beflissenheit, mir ein Glück vorzuspiegeln, das sie durch mich verloren hat. Dieses Mißtrauen in meine Ehre, in ihren eigenen Wert, vor ihr selbst zu entschuldigen, vor ihr selbst. – Vor mir ist es schon entschuldigt! – Ha! hier kömmt sie. –

Fünfter Auftritt

Das Fräulein. Franziska. v. Tellheim.

DAS FRÄULEIN *(im Heraustreten, als ob sie den Major nicht gewahr würde).* Der Wagen ist doch vor der Thüre, Franziska? – Meinen Fächer! –

V. TELLHEIM *(auf sie zu).* Wohin, mein Fräulein?

DAS FRÄULEIN *(mit einer affektierten Kälte).* Aus, Herr Major. – Ich errate, warum Sie sich nochmals herbemüht haben: mir auch meinen Ring wieder zurückzugeben. – Wohl, Herr Major; haben Sie nur die Güte, ihn der Franziska einzuhändigen. – Franziska, nimm dem Herrn Major den Ring ab! – Ich habe keine Zeit zu verlieren. *(Will fort.)*

V. TELLHEIM *(der ihr vortritt).* Mein Fräulein! – Ah, was habe ich erfahren, mein Fräulein! Ich war so vieler Liebe nicht wert.

DAS FRÄULEIN. So, Franziska? Du hast dem Herrn Major – –

FRANZISKA. Alles entdeckt.

V. TELLHEIM. Zürnen Sie nicht auf mich, mein Fräulein. Ich bin kein Verräter. Sie haben um mich in den Augen der Welt viel verloren, aber nicht in meinen. In meinen Augen haben Sie unendlich durch diesen Verlust gewonnen. Er war Ihnen noch zu neu; Sie fürchteten, er möchte einen allzu nachteiligen Eindruck auf mich machen; Sie wollten mir ihn vors erste verbergen. Ich beschwere mich nicht über dieses Mißtrauen. Es entsprang aus dem Verlangen, mich zu erhalten. Dieses Verlangen ist mein Stolz! Sie fanden mich selbst unglücklich, und Sie wollten Unglück nicht mit Unglück häufen. Sie konnten nicht vermuten, wie sehr mich Ihr Unglück über das meinige hinaussetzen würde.

DAS FRÄULEIN. Alles recht gut, Herr Major! Aber es ist nun einmal geschehen. Ich habe Sie Ihrer Verbindlichkeit erlassen; Sie haben durch Zurücknehmung des Ringes –

V. TELLHEIM. In nichts gewilligt! – Vielmehr halte ich mich jetzt für gebundener als jemals. – Sie sind die Meinige, Minna, auf ewig die Meinige. *(Zieht den Ring heraus.)* Hier, empfangen Sie es zum zweiten Male, das Unterpfand meiner Treue –

DAS FRÄULEIN. Ich diesen Ring wiedernehmen? diesen Ring?

V. TELLHEIM. Ja, liebste Minna, ja!

DAS FRÄULEIN. Was muten Sie mir zu? diesen Ring?

V. TELLHEIM. Diesen Ring nahmen Sie das erste Mal aus meiner Hand, als unser beider Umstände einander gleich und glücklich waren. Sie sind nicht mehr glücklich, aber wiederum einander gleich. Gleichheit ist immer das festeste Band der Liebe. – Erlauben Sie, liebste Minna! – *(Ergreift ihre Hand, um ihr den Ring anzustecken.)*

DAS FRÄULEIN. Wie? mit Gewalt, Herr Major? – Nein, da ist keine Gewalt in der Welt, die mich zwingen soll, diesen Ring wieder anzunehmen! – – Meinen Sie etwa, daß es mir an einem Ringe fehlt? – O, Sie sehen ja wohl *(Auf ihren Ring zeigend.)* daß ich hier noch einen habe, der Ihrem nicht das geringste nachgiebt? –

FRANZISKA. Wenn er es noch nicht merkt! –

V. TELLHEIM *(indem er die Hand des Fräuleins fahren läßt)*. Was ist das? – Ich sehe das Fräulein von Barnhelm, aber ich höre es nicht. – Sie zieren sich, mein Fräulein. – Vergeben Sie, daß ich Ihnen dieses Wort nachbrauche.

DAS FRÄULEIN *(in ihrem wahren Tone)*. Hat Sie dieses Wort beleidiget, Herr Major?

V. TELLHEIM. Es hat mir weh gethan.

DAS FRÄULEIN *(gerührt).* Das sollte es nicht, Tellheim. – Verzeihen Sie mir, Tellheim.

v. TELLHEIM. Ha, dieser vertrauliche Ton sagt mir, daß Sie wieder zu sich kommen, mein Fräulein, daß Sie mich noch lieben, Minna. –

FRANZISKA *(herausplatzend).* Bald wäre der Spaß auch zu weit gegangen. –

DAS FRÄULEIN *(gebieterisch).* Ohne dich in unser Spiel zu mengen, Franziska, wenn ich bitten darf! –

FRANZISKA *(beiseite und betroffen).* Noch nicht genug?

DAS FRÄULEIN. Ja, mein Herr, es wäre weibliche Eitelkeit, mich kalt und höhnisch zu stellen. Weg damit! Sie verdienen es, mich ebenso wahrhaft zu finden, als Sie selbst sind. – Ich liebe Sie noch, Tellheim, ich liebe Sie noch; aber demohngeachtet –

v. TELLHEIM. Nicht weiter, liebste Minna, nicht weiter! *(Ergreift ihre Hand nochmals, ihr den Ring anzustecken.)*

DAS FRÄULEIN *(die ihre Hand zurückzieht).* Demohngeachtet – um so viel mehr werde ich dieses nimmermehr geschehen lassen; nimmermehr! – Wo denken Sie hin, Herr Major? – Ich meinte, Sie hätten an Ihrem eignen Unglücke genug. – Sie müssen hier bleiben; Sie müssen sich die allervollständigste Genugthuung – ertrotzen. Ich weiß in der Geschwindigkeit kein ander Wort. – Ertrotzen – und sollte Sie auch das äußerste Elend vor den Augen Ihrer Verleumder darüber verzehren!

v. TELLHEIM. So dacht' ich, so sprach ich, als ich nicht wußte, was ich dachte und sprach. Ärgernis und verbissene Wut hatten meine ganze Seele umnebelt; die Liebe selbst, in dem vollsten Glanze des Glückes, konnte sich darin nicht Tag schaffen. Aber sie sendet ihre Tochter, das Mitleid, die, mit dem finstern Schmerze vertrauter, die Nebel zerstreut und alle Zugänge meiner Seele den Eindrücken der Zärtlichkeit wiederum öffnet. Der Trieb der Selbsterhaltung erwacht, da ich etwas Kostbareres zu erhalten habe als mich, und es durch mich zu erhalten habe. Lassen Sie sich, mein Fräulein, das Wort Mitleid nicht beleidigen. Von der unschuldigen Ursache unsers Unglücks können wir es ohne Erniedrigung hören. Ich bin diese Ursache; durch mich, Minna, verlieren Sie Freunde und Anverwandte, Vermögen und Vaterland. Durch mich, in mir müssen Sie alles dieses wiederfinden, oder ich habe das Verderben der Liebenswürdigsten Ihres Geschlechts auf meiner Seele. Lassen Sie mich keine Zukunft denken, wo ich mich selbst hassen müßte. – Nein, nichts soll mich hier länger halten. Von diesem Augenblicke an will ich dem Unrechte, das mir hier widerfährt, nichts als Verachtung entgegensetzen. Ist dieses Land die Welt? Geht hier allein die Sonne auf? Wo darf ich nicht hinkommen? Welche Dienste wird man mir verweigern? Und müßte ich sie unter dem entferntesten Himmel suchen: folgen Sie mir nur getrost, liebste Minna; es soll uns an nichts fehlen. – Ich habe einen Freund, der mich gern unterstützt. –

Sechster Auftritt

Ein Feldjäger. v. Tellheim. Das Fräulein. Franziska.

FRANZISKA *(indem sie den Feldjäger gewahr wird)*. St! Herr Major –

V. TELLHEIM *(gegen den Feldjäger)*. Zu wem wollen Sie?

DER FELDJÄGER. Ich suche den Herrn Major von Tellheim. – Ah, Sie sind es ja selbst. Mein Herr Major, dieses königliche Handschreiben *(Das er aus seiner Brieftasche nimmt.)* habe ich an Sie zu übergeben.

V. TELLHEIM. An mich?

DER FELDJÄGER. Zufolge der Aufschrift –

DAS FRÄULEIN. Franziska, hörst du? – Der Chevalier hat doch wahr geredet!

DER FELDJÄGER *(indem Tellheim den Brief nimmt)*. Ich bitte um Verzeihung, Herr Major; Sie hätten es bereits gestern erhalten sollen; aber es ist mir nicht möglich gewesen, Sie auszufragen. Erst heute auf der Parade habe ich Ihre Wohnung von dem Lieutenant Riccaut erfahren.

FRANZISKA. Gnädiges Fräulein, hören Sie? – Das ist des Chevaliers Minister. – »Wie heißen der Minister da drauß auf die breite Platz?«

V. TELLHEIM. Ich bin Ihnen für Ihre Mühe sehr verbunden.

DER FELDJÄGER. Es ist meine Schuldigkeit, Herr Major. *(Geht ab.)*

Siebenter Auftritt

v. Tellheim. Das Fräulein. Franziska.

V. TELLHEIM. Ah, mein Fräulein, was habe ich hier? Was enthält dieses Schreiben?

DAS FRÄULEIN. Ich bin nicht befugt, meine Neugierde so weit zu erstrecken.

V. TELLHEIM. Wie? Sie trennen mein Schicksal noch von dem Ihrigen? – Aber warum steh' ich an, es zu erbrechen? – Es kann mich nicht unglücklicher machen, als ich bin; nein, liebste Minna, es kann uns nicht unglücklicher machen – wohl aber glücklicher! – Erlauben Sie, mein Fräulein! *(Erbricht und liest den Brief, indes daß der Wirt an die Scene geschlichen kömmt.)*

Achter Auftritt

Der Wirt. Die Vorigen.

DER WIRT *(gegen die Franziska)*. Bst! mein schönes Kind! auf ein Wort!

FRANZISKA *(die sich ihm nähert)*. Herr Wirt? – Gewiß, wir wissen selbst noch nicht, was in dem Briefe steht.

DER WIRT. Wer will vom Briefe wissen? – Ich komme des Ringes wegen. Das gnädige Fräulein muß mir ihn gleich wiedergeben. Just ist da, er soll ihn wieder einlösen.

DAS FRÄULEIN *(die sich indes gleichfalls dem Wirte genähert)*. Sagen Sie Justen nur, daß er schon eingelöst sei; und sagen Sie ihm nur von wem: von mir.

DER WIRT. Aber –

DAS FRÄULEIN. Ich nehme alles auf mich; gehen Sie doch!

(Der Wirt geht ab.)

Neunter Auftritt

v. Tellheim. Das Fräulein. Franziska.

FRANZISKA. Und nun, gnädiges Fräulein, lassen Sie es mit dem armen Major gut sein.

DAS FRÄULEIN. O, über die Vorbitterin! Als ob der Knoten sich nicht von selbst bald lösen müßte.

V. TELLHEIM *(nachdem er gelesen, mit der lebhaftesten Rührung).* Ha! er hat sich auch hier nicht verleugnet! – O, mein Fräulein, welche Gerechtigkeit! – welche Gnade! – Das ist mehr, als ich erwartet! – Mehr, als ich verdiene! – Mein Glück, meine Ehre, alles ist wieder hergestellt! – Ich träume doch nicht? *(Indem er wieder in den Brief sieht, als um sich nochmals zu überzeugen.)* Nein, kein Blendwerk meiner Wünsche! – Lesen Sie selbst, mein Fräulein; lesen Sie selbst!

DAS FRÄULEIN. Ich bin nicht so unbescheiden, Herr Major.

V. TELLHEIM. Unbescheiden? Der Brief ist an mich, an Ihren Tellheim, Minna. Er enthält, was Ihnen Ihr Oheim nicht nehmen kann. Sie müssen ihn lesen; lesen Sie doch!

DAS FRÄULEIN. Wenn Ihnen ein Gefalle damit geschieht, Herr Major – *(Sie nimmt den Brief und liest.)*

»Mein lieber Major von Tellheim!

Ich thue Euch zu wissen, daß der Handel, der mich um Eure Ehre besorgt machte, sich zu Eurem Vorteil aufgekläret hat. Mein Bruder war des Nähern davon unterrichtet, und sein Zeugnis hat Euch für mehr als unschuldig erklärt. Die Hofstaatskasse hat Ordre, Euch den bewußten Wechsel wieder auszuliefern und die gethanen Vorschüsse zu bezahlen; auch habe ich befohlen, daß alles, was die Feldkriegskassen wider Eure Rechnungen urgieren, niedergeschlagen werde. Meldet mir, ob Euch Eure Gesundheit erlaubt, wieder Dienste zu nehmen. Ich möchte nicht gern einen Mann von Eurer Bravour und Denkungsart entbehren. Ich bin Euer wohlaffektionierter König etc.«

V. TELLHEIM. Nun, was sagen Sie hierzu, mein Fräulein?

DAS FRÄULEIN *(indem es den Brief wieder zusammenschlägt und ihm zurückgiebt).* Ich? nichts.

V. TELLHEIM. Nichts?

DAS FRÄULEIN. Doch ja: daß Ihr König, der ein großer Mann ist, auch wohl ein guter Mann sein mag. – Aber was geht mich das an? Er ist nicht mein König.

V. TELLHEIM. Und sonst sagen Sie nichts? Nichts in Rücksicht auf uns selbst?

DAS FRÄULEIN. Sie treten wieder in seine Dienste; der Herr Major wird Oberstlieutenant, Oberster vielleicht. Ich gratuliere von Herzen.

v. TELLHEIM. Und Sie kennen mich nicht besser? – Nein, da mir das Glück so viel zurückgiebt, als genug ist, die Wünsche eines vernünftigen Mannes zu befriedigen, soll es einzig von meiner Minna abhängen, ob ich sonst noch jemandem wieder zugehören soll als ihr. Ihrem Dienste allein sei mein ganzes Leben gewidmet! Die Dienste der Großen sind gefährlich und lohnen der Mühe, des Zwanges, der Erniedrigung nicht, die sie kosten. Minna ist keine von den Eiteln, die in ihren Männern nichts als den Titel und die Ehrenstelle lieben. Sie wird mich um mich selbst lieben, und ich werde um sie die ganze Welt vergessen. Ich ward Soldat aus Parteilichkeit, ich weiß selbst nicht für welche politische Grundsätze, und aus der Grille, daß es für jeden ehrlichen Mann gut sei, sich in diesem Stande eine Zeitlang zu versuchen, um sich mit allem, was Gefahr heißt, vertraulich zu machen und Kälte und Entschlossenheit zu lernen. Nur die äußerste Not hätte mich zwingen können, aus diesem Versuche eine Bestimmung, aus dieser gelegentlichen Beschäftigung ein Handwerk zu machen. Aber nun, da mich nichts mehr zwingt, nun ist mein ganzer Ehrgeiz wiederum einzig und allein, ein ruhiger und zufriedener Mensch zu sein. Der werde ich mit Ihnen, liebste Minna, unfehlbar werden; der werde ich in Ihrer Gesellschaft unveränderlich bleiben. – Morgen verbinde uns das heiligste Band; und sodann wollen wir um uns sehen und wollen in der ganzen weiten bewohnten Welt den stillsten, heitersten, lachendsten Winkel suchen, dem zum Paradiese nichts fehlt als ein glückliches Paar. Da wollen wir wohnen; da soll jeder unsrer Tage – Was ist Ihnen, mein Fräulein? *(Die sich unruhig hin und her wendet und ihre Rührung zu verbergen sucht.)*

DAS FRÄULEIN *(sich fassend)*. Sie sind sehr grausam, Tellheim, mir ein Glück so reizend darzustellen, dem ich entsagen muß. Mein Verlust –

v. TELLHEIM. Ihr Verlust? – Was nennen Sie Ihren Verlust? Alles, was Minna verlieren konnte, ist nicht Minna. Sie sind noch das süßeste, lieblichste, holdseligste, beste Geschöpf unter der Sonne, ganz Güte und Großmut, ganz Unschuld und Freude! – Dann und wann ein kleiner Mutwille; hier und da ein wenig Eigensinn – Desto besser! desto besser! Minna wäre sonst ein Engel, den ich mit Schaudern verehren müßte, den ich nicht lieben könnte. *(Ergreift ihre Hand, sie zu küssen.)*

DAS FRÄULEIN *(die ihre Hand zurückzieht)*. Nicht so, mein Herr! – Wie auf einmal so verändert? – Ist dieser schmeichelnde, stürmische Liebhaber der kalte Tellheim? – Konnte nur sein wiederkehrendes Glück ihn in dieses Feuer setzen? – Er erlaube mir, daß ich bei seiner fliegenden Hitze für uns beide Überlegung behalte. – Als er selbst überlegen konnte, hörte ich ihn sagen: es sei eine nichtswürdige Liebe, die kein Bedenken trage, ihren Gegenstand der Verachtung auszusetzen. – Recht; aber ich bestrebe mich einer eben so reinen und edlen Liebe als er. – Jetzt, da ihn die Ehre ruft, da sich ein großer Monarch um ihn bewirbt, sollte ich zugeben, daß er sich verliebten Träumereien mit mir überließe? daß der ruhmvolle Krieger in einen tändelnden Schäfer ausarte? – Nein, Herr Major, folgen Sie dem Wink Ihres bessern Schicksals –

V. TELLHEIM. Nun wohl! Wenn Ihnen die große Welt reizender ist, Minna – wohl! so behalte uns die große Welt! – Wie klein, wie armselig ist diese große Welt! – Sie kennen sie nur erst von ihrer Flitterseite. Aber gewiß, Minna, Sie werden – Es sei! Bis dahin, wohl! Es soll Ihren Vollkommenheiten nicht an Bewunderern fehlen, und meinem Glücke wird es nicht an Neidern gebrechen.

DAS FRÄULEIN. Nein, Tellheim, so ist es nicht gemeint! Ich weise Sie in die große Welt, auf die Bahn der Ehre zurück, ohne Ihnen dahin folgen zu wollen. – Dort braucht Tellheim eine unbescholtene Gattin! Ein sächsisches verlaufenes Fräulein, das sich ihm an den Kopf geworfen –

V. TELLHEIM *(auffahrend und wild um sich sehend)*. Wer darf so sprechen? – Ah, Minna, ich erschrecke vor mir selbst, wenn ich mir vorstelle, daß jemand anders dieses gesagt hätte als Sie. Meine Wut gegen ihn würde ohne Grenzen sein.

DAS FRÄULEIN. Nun da! Das eben besorge ich. Sie würden nicht die geringste Spötterei über mich dulden, und doch würden Sie täglich die bittersten einzunehmen haben. – Kurz, hören Sie also, Tellheim, was ich fest beschlossen, wovon mich nichts in der Welt abbringen soll –

v. TELLHEIM. Ehe Sie ausreden, Fräulein – ich beschwöre Sie, Minna! – überlegen Sie es noch einen Augenblick, daß Sie mir das Urteil über Leben und Tod sprechen! –

DAS FRÄULEIN. Ohne weitere Überlegung! – So gewiß ich Ihnen den Ring zurückgegeben, mit welchem Sie mir ehemals Ihre Treue verpflichtet, so gewiß Sie diesen nämlichen Ring zurückgenommen: so gewiß soll die unglückliche Barnhelm die Gattin des glücklichern Tellheims nie werden!

v. TELLHEIM. Und hiermit brechen Sie den Stab, Fräulein?

DAS FRÄULEIN. Gleichheit ist allein das feste Band der Liebe. – Die glückliche Barnhelm wünschte nur für den glücklichen Tellheim zu leben. Auch die unglückliche Minna hätte sich endlich überreden lassen, das Unglück ihres Freundes durch sich, es sei zu vermehren oder zu lindern – Er bemerkte es ja wohl, ehe dieser Brief ankam, der alle Gleichheit zwischen uns wieder aufhebt, wie sehr zum Schein ich mich nur noch weigerte.

v. TELLHEIM. Ist das wahr, mein Fräulein? – Ich danke Ihnen, Minna, daß Sie den Stab noch nicht gebrochen. – Sie wollen nur den unglücklichen Tellheim? Er ist zu haben. *(Kalt.)* Ich empfinde eben, daß es mir unanständig ist, diese späte Gerechtigkeit anzunehmen; daß es besser sein wird, wenn ich das, was man durch einen so schimpflichen Verdacht entehrt hat, gar nicht wiederverlange. – Ja, ich will den Brief nicht bekommen haben. Das sei alles, was ich darauf antworte und thue! *(Im Begriff, ihn zu zerreißen.)*

DAS FRÄULEIN *(das ihm in die Hände greift)*. Was wollen Sie, Tellheim?

v. TELLHEIM. Sie besitzen.

DAS FRÄULEIN. Halten Sie!

v. TELLHEIM. Fräulein, er ist unfehlbar zerrissen, wenn Sie nicht bald sich anders erklären. – Alsdann wollen wir doch sehen, was Sie noch wider mich einzuwenden haben!

DAS FRÄULEIN. Wie? in diesem Tone? – So soll ich, so muß ich in meinen eignen Augen verächtlich werden? Nimmermehr! Es ist eine nichtswürdige Kreatur, die sich nicht schämt, ihr ganzes Glück der blinden Zärtlichkeit eines Mannes zu verdanken!

v. TELLHEIM. Falsch, grundfalsch!

DAS FRÄULEIN. Wollen Sie es wagen, Ihre eigne Rede in meinem Munde zu schelten?

v. TELLHEIM. Sophistin! So entehrt sich das schwächere Geschlecht durch alles, was dem stärkern nicht ansteht? So soll sich der Mann alles erlauben, was dem Weibe geziemt? Welches bestimmte die Natur zur Stütze des andern?

DAS FRÄULEIN. Beruhigen Sie sich, Tellheim! – Ich werde nicht ganz ohne Schutz sein, wenn ich schon die Ehre des Ihrigen ausschlagen muß. So viel muß mir immer noch werden, als die Not erfordert. Ich habe mich bei unserm Gesandten melden lassen. Er will mich noch heute sprechen. Hoffentlich wird er sich meiner annehmen. Die Zeit verfließt. Erlauben Sie, Herr Major. –

v. TELLHEIM. Ich werde Sie begleiten, gnädiges Fräulein. –

DAS FRÄULEIN. Nicht doch, Herr Major; lassen Sie mich –

v. TELLHEIM. Eher soll Ihr Schatten Sie verlassen! Kommen Sie nur, mein Fräulein, wohin Sie wollen, zu wem Sie wollen. Überall, an Bekannte und Unbekannte, will ich es erzählen, in Ihrer Gegenwart des Tages hundertmal erzählen, welche Bande Sie an mich verknüpfen, aus welchem grausamen Eigensinne Sie diese Bande trennen wollen –

Zehnter Auftritt

Just. Die Vorigen.

JUST *(mit Ungestüm)*. Herr Major! Herr Major!

v. TELLHEIM. Nun?

JUST. Kommen Sie doch geschwind, geschwind!

v. TELLHEIM. Was soll ich? Zu mir her! Sprich, was ist's?

JUST. Hören Sie nur – *(Redet ihm heimlich ins Ohr.)*

DAS FRÄULEIN *(indes beiseite zur Franziska)*. Merkst du was, Franziska?

FRANZISKA. O, Sie Unbarmherzige! Ich habe hier gestanden wie auf Kohlen!

v. TELLHEIM *(zu Justen)*. Was sagst du? – Das ist nicht möglich! – Sie? *(Indem er das Fräulein wild anblickt.)* – Sag es laut; sag es ihr ins Gesicht! – Hören Sie doch, mein Fräulein! –

JUST. Der Wirt sagt, das Fräulein von Barnhelm habe den Ring, welchen ich bei ihm versetzt, zu sich genommen; sie habe ihn für den ihrigen erkannt und wolle ihn nicht wieder herausgeben. –

v. TELLHEIM. Ist das wahr, mein Fräulein? – Nein, das kann nicht wahr sein!

DAS FRÄULEIN *(lächelnd)*. Und warum nicht, Tellheim? – Warum kann es nicht wahr sein?

v. TELLHEIM *(heftig)*. Nun, so sei es wahr! – Welch schreckliches Licht, das mir auf einmal aufgegangen! – Nun erkenne ich Sie, die Falsche, die Ungetreue!

DAS FRÄULEIN *(erschrocken)*. Wer? wer ist diese Ungetreue?

v. TELLHEIM. Sie, die ich nicht mehr nennen will!

DAS FRÄULEIN. Tellheim!

v. TELLHEIM. Vergessen Sie meinen Namen! – Sie kamen hierher, mit mir zu brechen. Es ist klar! – Daß der Zufall so gern den Treulosen zu statten kömmt! Er führte Ihnen Ihren Ring in die Hände. Ihre Arglist wußte mir den meinigen zuzuschanzen.

DAS FRÄULEIN. Tellheim, was für Gespenster sehen Sie! Fassen Sie sich doch und hören Sie mich.

FRANZISKA *(vor sich)*. Nun mag sie es haben!

Elfter Auftritt

Werner (mit einem Beutel Gold). v. Tellheim. Das Fräulein. Franziska. Just.

WERNER. Hier bin ich schon, Herr Major! –

v. TELLHEIM *(ohne ihn anzusehen)*. Wer verlangt dich? –

WERNER. Hier ist Geld! tausend Pistolen!

v. TELLHEIM. Ich will sie nicht!

WERNER. Morgen können Sie, Herr Major, über noch einmal soviel befehlen.

v. TELLHEIM. Behalte dein Geld!

WERNER. Es ist ja Ihr Geld, Herr Major. – Ich glaube, Sie sehen nicht, mit wem Sie sprechen?

v. TELLHEIM. Weg damit! sag' ich.

WERNER. Was fehlt Ihnen? – Ich bin Werner.

v. TELLHEIM. Alle Güte ist Verstellung, alle Dienstfertigkeit Betrug.

WERNER. Gilt das mir?

v. TELLHEIM. Wie du willst!

WERNER. Ich habe ja nur Ihren Befehl vollzogen. –

v. TELLHEIM. So vollziehe auch den und packe dich!

WERNER. Herr Major! *(Ärgerlich.)* Ich bin ein Mensch –

v. TELLHEIM. Da bist du was Rechtes!

WERNER. Der auch Galle hat –

v. TELLHEIM. Gut! Galle ist noch das Beste, was wir haben.

WERNER. Ich bitte Sie, Herr Major, –

v. TELLHEIM. Wie vielmal soll ich dir es sagen? Ich brauche dein Geld nicht!

WERNER *(zornig)*. Nun, so brauch' es, wer da will! *(Indem er ihm den Beutel vor die Füße wirft und beiseite geht.)*

DAS FRÄULEIN *(zur Franziska)*. Ah, liebe Franziska, ich hätte dir folgen sollen. Ich habe den Scherz zu weit getrieben. – Doch er darf mich ja nur hören – *(Auf ihn zugehend.)*

FRANZISKA *(die, ohne dem Fräulein zu antworten, sich Wernern nähert)*. Herr Wachtmeister! –

WERNER *(mürrisch)*. Geh' Sie! –

FRANZISKA. Hu! was sind das für Männer!

DAS FRÄULEIN. Tellheim! – Tellheim! *(Der vor Wut an den Fingern nagt, das Gesicht wegwendet und nichts höret.)* – Nein, das ist zu arg! – Hören Sie mich doch! – Sie betrügen sich! – Ein bloßes Missverständnis – Tellheim! – Sie wollen Ihre Minna nicht hören? – Können Sie einen solchen Verdacht fassen? – Ich mit Ihnen brechen wollen? – Ich darum hergekommen? – Tellheim!

Zwölfter Auftritt

Zwei Bediente (nach einander von verschiedenen Seiten über den Saal laufend). Die Vorigen.

DER EINE BEDIENTE. Gnädiges Fräulein, Ihro Excellenz, der Graf! –

DER ANDERE BEDIENTE. Er kömmt, gnädiges Fräulein! –

FRANZISKA *(die ans Fenster gelaufen)*. Er ist es! er ist es!

DAS FRÄULEIN. Ist er's? – O nun geschwind, Tellheim –

v. TELLHEIM *(auf einmal zu sich selbst kommend)*. Wer? wer kömmt? Ihr Oheim, Fräulein? dieser grausame Oheim? – Lassen Sie ihn nur kommen; lassen Sie ihn nur kommen! – Fürchten Sie nichts! Er soll Sie mit keinem Blicke beleidigen dürfen! Er hat es mit mir zu thun. – Zwar verdienen Sie es um mich nicht –

DAS FRÄULEIN. Geschwind umarmen Sie mich, Tellheim, und vergessen Sie alles –

v. TELLHEIM. Ha, wenn ich wüßte, daß Sie es bereuen könnten! –

DAS FRÄULEIN. Nein, ich kann es nicht bereuen, mir den Anblick Ihres ganzen Herzens verschafft zu haben! – Ah, was sind Sie für ein Mann! – Umarmen Sie Ihre Minna, Ihre glückliche Minna! aber durch nichts glücklicher als durch Sie! *(Sie fällt ihm in die Arme.)* Und nun ihm entgegen! –

v. TELLHEIM. Wem entgegen?

DAS FRÄULEIN. Dem besten Ihrer unbekannten Freunde.

v. TELLHEIM. Wie?

DAS FRÄULEIN. Dem Grafen, meinem Oheim, meinem Vater, Ihrem Vater. – – Meine Flucht, sein Unwille, meine Enterbung – hören Sie denn nicht, daß alles erdichtet ist? – Leichtgläubiger Ritter!

v. TELLHEIM. Erdichtet? – Aber der Ring? der Ring?

DAS FRÄULEIN. Wo haben Sie den Ring, den ich Ihnen zurückgegeben?

v. TELLHEIM. Sie nehmen ihn wieder? – O, so bin ich glücklich! – Hier Minna! – *(Ihn herausziehend.)*

DAS FRÄULEIN. So besehen Sie ihn doch erst! – O, über die Blinden, die nicht sehen wollen! – Welcher Ring ist es denn? den ich von Ihnen habe, oder den Sie von mir? – Ist es denn nicht eben der, den ich in den Händen des Wirts nicht lassen wollen?

v. TELLHEIM. Gott! was seh' ich? was hör' ich?

DAS FRÄULEIN. Soll ich ihn nun wiedernehmen? soll ich? – Geben Sie her, geben Sie her! *(Reißt ihn ihm aus der Hand und steckt ihn ihm selbst an den Finger.)* Nun? ist alles richtig?

v. TELLHEIM. Wo bin ich? – *(Ihre Hand küssend.)* O, boshafter Engel! – mich so zu quälen!

DAS FRÄULEIN. Dieses zur Probe, mein lieber Gemahl, daß Sie mir nie einen Streich spielen sollen, ohne daß ich Ihnen nicht gleich darauf wieder einen spiele. – Denken Sie, daß Sie mich nicht auch gequält hatten?

V. TELLHEIM. O Komödiantinnen, ich hätte euch doch kennen sollen!

FRANZISKA. Nein, wahrhaftig; ich bin zur Komödiantin verdorben. Ich habe gezittert und gebebt und mir mit der Hand das Maul zuhalten müssen.

DAS FRÄULEIN. Leicht ist mir meine Rolle auch nicht geworden. – Aber so kommen Sie doch!

V. TELLHEIM. Noch kann ich mich nicht erholen. – Wie wohl, wie ängstlich ist mir! So erwacht man plötzlich aus einem schreckhaften Traume!

DAS FRÄULEIN. Wir zaudern. – Ich höre ihn schon.

Dreizehnter Auftritt

Der Graf von Bruchsall (von verschiedenen Bedienten und dem Wirte begleitet). Die Vorigen.

DER GRAF *(im Hereintreten).* Sie ist doch glücklich angelangt?

DAS FRÄULEIN *(die ihm entgegenspringt).* Ah, mein Vater! –

DER GRAF. Da bin ich, liebe Minna! *(Sie umarmend.)* Aber was, Mädchen? *(Indem er den Tellheim gewahr wird.)* Vierundzwanzig Stunden erst hier, und schon Bekanntschaft, und schon Gesellschaft?

DAS FRÄULEIN. Raten Sie, wer es ist? –

DER GRAF. Doch nicht dein Tellheim?

DAS FRÄULEIN. Wer sonst als er? – Kommen Sie, Tellheim! *(Ihn dem Grafen zuführend.)*

DER GRAF. Mein Herr, wir haben uns nie gesehen; aber bei dem ersten Anblick glaubte ich, Sie zu erkennen. Ich wünschte, daß Sie es sein möchten. – Umarmen Sie mich. – Sie haben meine völlige Hochachtung. Ich bitte um Ihre Freundschaft. – Meine Nichte, meine Tochter liebt Sie. –

DAS FRÄULEIN. Das wissen Sie, mein Vater! – Und ist sie blind, meine Liebe?

DER GRAF. Nein, Minna; deine Liebe ist nicht blind; aber dein Liebhaber – ist stumm.

V. TELLHEIM *(sich ihm in die Arme werfend).* Lassen Sie mich zu mir selbst kommen, mein Vater! –

DER GRAF. So recht, mein Sohn! Ich höre es; wenn dein Mund nicht plaudern kann, so kann dein Herz doch reden. – Ich bin sonst den Offizieren von dieser Farbe *(Auf Tellheims Uniform weisend.)* eben nicht gut. Doch Sie sind ein ehrlicher Mann, Tellheim, und ein ehrlicher Mann mag stecken, in welchem Kleide er will, man muß ihn lieben.

DAS FRÄULEIN. O, wenn Sie alles wüßten! –

DER GRAF. Was hindert's, daß ich nicht alles erfahre? – Wo sind meine Zimmer, Herr Wirt?

DER WIRT. Wollen Ihro Excellenz nur die Gnade haben, hier herein zu treten.

DER GRAF. Komm, Minna! Kommen Sie, Herr Major! *(Geht mit dem Wirte und den Bedienten ab.)*

DAS FRÄULEIN. Kommen Sie, Tellheim!

V. TELLHEIM. Ich folge Ihnen den Augenblick, mein Fräulein. Nur noch ein Wort mit diesem Manne! *(Gegen Wernern sich wendend.)*

DAS FRÄULEIN. Und ja ein recht gutes; mich dünkt, Sie haben es nötig. – Franziska, nicht wahr? *(Dem Grafen nach.)*

Vierzehnter Auftritt

von Tellheim. Werner. Just. Franziska.

V. TELLHEIM *(auf den Beutel weisend, den Werner weggeworfen).* Hier, Just! – hebe den Beutel auf und trage ihn nach Hause. Geh! – *(Just damit ab.)*

WERNER *(der noch immer mürrisch im Winkel gestanden und an nichts Teil zu nehmen geschienen, indem er das hört).* Ja, nun!

V. TELLHEIM *(vertraulich auf ihn zugehend).* Werner, wann kann ich die andern tausend Pistolen haben?

WERNER *(auf einmal wieder in seiner guten Laune).* Morgen, Herr Major, morgen. –

V. TELLHEIM. Ich brauche dein Schuldner nicht zu werden; aber ich will dein Rentmeister sein. Euch gutherzigen Leuten sollte man allen einen Vormund setzen. Ihr seid eine Art Verschwender. – Ich habe dich vorhin erzürnt, Werner! –

WERNER. Bei meiner armen Seele, ja! – Ich hätte aber doch so ein Tölpel nicht sein sollen. Nun seh' ich's wohl. Ich verdiente hundert Fuchtel. Lassen Sie mir sie auch schon geben; nur weiter keinen Groll, lieber Major! –

v. TELLHEIM. Groll? – *(Ihm die Hand drückend.)* Lies es in meinen Augen, was ich dir nicht alles sagen kann. – Ha! wer ein besseres Mädchen und einen redlichern Freund hat als ich, den will ich sehen – Franziska, nicht wahr? – *(Geht ab.)*

Fünfzehnter Auftritt

Werner. Franziska.

FRANZISKA *(vor sich)*. Ja gewiß, es ist ein gar zu guter Mann! – So einer kommt mir nicht wieder vor. – Es muß heraus! *(Schüchtern und verschämt sich Wernern nähernd.)* Herr Wachtmeister! –

WERNER *(der sich die Augen wischt)*. Nu? –

FRANZISKA. Herr Wachtmeister –

WERNER. Was will Sie denn, Frauenzimmerchen?

FRANZISKA. Seh' Er mich einmal an, Herr Wachtmeister. –

WERNER. Ich kann noch nicht; ich weiß nicht, was mir in die Augen gekommen.

FRANZISKA. So seh' Er mich doch an!

WERNER. Ich fürchte, ich habe Sie schon zu viel angesehen, Frauenzimmerchen! – Nun, da seh' ich Sie ja! Was giebt's denn?

FRANZISKA. Herr Wachtmeister – – braucht Er keine Frau Wachtmeisterin?

WERNER. Ist das Ihr Ernst, Frauenzimmerchen?

FRANZISKA. Mein völliger!

WERNER. Zöge Sie wohl auch mit nach Persien?

FRANZISKA. Wohin Er will!

WERNER. Gewiß? – Holla! Herr Major! nicht groß gethan! Nun habe ich wenigstens ein eben so gutes Mädchen und einen eben so redlichen Freund als Sie! – Geb' Sie mir Ihre Hand, Frauenzimmerchen! Topp! – Über zehn Jahr ist Sie Frau Generalin oder Witwe!

Damon

oder

Die wahre Freundschaft

Ein Lustspiel in einem Aufzuge

1747

Personen

Die Witwe
Leander
Damon
Oronte
Lisette

Erster Auftritt

Die Witwe. Lisette.

LISETTE. Nun, das ist wahr, unser Haus hat sich in kurzem recht sehr geändert. Noch vor acht Tagen war es ein belebter Sammelplatz von unzähligen jungen Herren und verliebten Narren. Alle Tage haben sich ihrer ein paar verloren. Heute blieben die weg; morgen folgten ein paar andre nach, und übermorgen desgleichen. Gott sei Dank! Zwei sind noch übrig geblieben. Wenn die sich auch abfinden sollten, so wird unser Haus zur Einöde. Madame – – Madame!

DIE WITWE. Nun, was ist es?

LISETTE. Alsdann bleibe ich gewiß auch nicht länger bei Ihnen, so gut ich es auch hier habe. Gesellschaft ist das halbe Leben!

DIE WITWE. Du hättest dich also besser in einen Gasthof als in meine Dienste geschickt?

LISETTE. Ja. In einem Gasthofe geht es doch noch munter zu. Wenn es nicht so viel Arbeit da gäbe, wer weiß, was ich gethan hätte. Wenn man einmal, leider! dienen muß, so, dächte ich, ist es wohl am vernünftigsten, man dient da, wo man bei seinem Dienen das größte Vergnügen haben kann. Doch Scherz beiseite! Was stellt denn jetzo Herr Damon und Herr Leander bei Ihnen vor?

DIE WITWE. Was sie vorstellen?

LISETTE. Die Frage scheint Ihnen wundersam? Das weiß ich wohl, was sie sonst vorgestellt haben: Ihre Freier.

DIE WITWE. Und das sind sie auch noch.

LISETTE. Das sind sie noch? So? Damon ist also des Leanders Nebenbuhler, und Leander des Damons. Und gleichwohl sind Leander und Damon die besten Freunde? Das wäre eine neue Mode. Wider die streite ich mit Händen und Füßen. Was, Nebenbuhler, die sich nicht untereinander zanken, verleumden, schimpfen, betrügen, herausfordern, schlagen, das wären mir artige Kreaturen. Nein. Es muß bei dem Alten bleiben. Unter Nebenbuhlern muß Feindschaft sein, oder sie sind keine Nebenbuhler.

DIE WITWE. Es ist wahr, ich habe mich über ihr Bezeigen einigermaßen selbst gewundert. Ehe beide noch wußten, daß sie einerlei Zweck hätten, bezeigte sich niemand gegen mich verliebter als eben sie. Niemand war zärtlicher, niemand bestrebte sich um meine Gegengunst mehr als sie. Sobald sie gewahr wurden, daß einer des andern Nebenbuhler wäre, sobald wurden beide in ihrem Bestreben, mir zu gefallen, nachlässiger. Einer redete bei mir dem andern das Wort, Damon dem Leander, und Leander dem Damon. Beide schwiegen von ihren eigenen Angelegenheiten.

LISETTE. Und bei der Aufführung halten Sie beide noch für Ihre Freier?

DIE WITWE. Ja, ich bin es gewiß überzeugt, daß sie mich beide lieben. Beide lieben mich aufrichtig. Nur schien mir Damon etwas zu flüchtig, und Leander etwas zu ungestüm.

LISETTE. Beinahe möchte ich Sie itzt etwas fragen.

DIE WITWE. Nun, so laß doch hören!

LISETTE. Werden Sie mir aber aufrichtig antworten?

DIE WITWE. Ob ich dir aufrichtig antworten werde? Ich sehe nicht, was mich nötigen solle, dir eine erdichtete Antwort zu geben. Wenn mir deine Frage nicht ansteht, so dürfte ich dir ja lieber gar nicht antworten.

LISETTE. Sie glauben, daß Sie von beiden geliebt werden, und vielleicht mit Recht. Welchen von ihnen lieben Sie denn aber?

DIE WITWE. Welchen?

LISETTE. Ja.

DIE WITWE. Welchen? Die Frage ist wunderlich. Ich liebe sie beide.

LISETTE. Nun, das ist gut. Sie werden sie also auch beide heiraten?

DIE WITWE. Du mengest alles untereinander. Jetzo war die Rede vom Lieben und nicht vom Heiraten. Alle Freier, die ich gehabt habe, waren teils eitle, verliebte Hasen, teils eigennützige, niederträchtige Seelen. Was habe ich nicht von beiden ausstehen müssen! Nur Damon und Leander unterschieden sich gleich anfangs von ihnen. Ich nahm diesen Unterschied mit dem größten Vergnügen wahr. Und ich glaube auch, daß ich es ihnen selbst habe deutlich genug zu verstehen gegeben, wie sehr ich sie zu unterscheiden wüßte. Ich habe allen den Abschied gegeben, die nicht selbst so klug waren, ihn zu nehmen; nur sie habe ich dabehalten und sehe sie noch mit Vergnügen bei mir.

LISETTE. Was soll aber daraus werden?

DIE WITWE. Ich will es mit abwarten. Kann ich nicht beider Liebste werden, so kann ich doch wohl beider Freundin sein. Ja, gewiß, die Freundschaft kömmt mir itzt viel reizender vor als die Liebe. Ich muß dieses dem Exempel meiner zärtlichen Liebhaber zuschreiben.

LISETTE. Was? die Freundschaft? Die Freundschaft reizender als die Liebe? die trockne Freundschaft? Reden Sie mir nur nicht so philosophisch! Ich glaube doch davon so viel, als ich will. Ihr Herz denkt ganz anders. Und es würde ihm auch gewiß nicht viel Ehre machen, wenn es mit dem Munde übereinstimmte. Lassen Sie mich einmal versuchen, ob ich seine stumme Sprache verstehe! Ich höre es; ja, ja, es spricht: Wie? sind das die aufrichtigen Liebhaber? Was ist das für eine neue Art der Liebe, die der Anblick eines Freundes unterdrückt? Keiner wagt es, mir seinen Freund aufzuopfern? O die Unwürdigen! Ich will sie hassen, ja, ich will – – aber werde ich auch können? werde ich auch – –

DIE WITWE. Schweig! schweig! Lisette. Du verstehst seine stumme Sprache sehr schlecht.

LISETTE. O, verzeihen Sie mir! Dieses Einfallen in die Rede versichert mich, daß ich sie sehr wohl verstehe. Je nun, wie kann es anders sein? Ich würde selbst verdrießlich sein, wenn mir die Freundschaft so einen Streich spielte. Überlegen Sie es nur, wer ist sonst daran schuld als die Freundschaft, daß Sie itzo, da Sie zwei Anbeter haben könnten, gar keinen haben? Ach! es wäre eine Schande, wenn die Liebe nicht stärker sein sollte als die Freundschaft.

DIE WITWE. Ach!

LISETTE. Ha! ha! Den Ton verstehe ich auch. Hören Sie einmal, ob ich ihn geschickt umschreiben kann! Nicht wahr? er will so viel sagen: Lisette, nötige mich nicht weiter, dir etwas zu gestehen, was du schon weißt! Wollte der Himmel, daß die Liebe nur bei einem mächtiger wäre als die Freundschaft! Kannst du was beitragen, meine Liebhaber empfindlicher und weniger gewissenhaft zu machen – –

DIE WITWE. Sage mir, was du schwärmst?

LISETTE. O, um Verzeihung! Es sind Ihre eigenen Schwärmereien.

DIE WITWE. Gesetzt nun, ich gestünde dir, daß ich es lieber sehen würde, wenn mir beide ihre Liebe noch ferner entdeckten, wenn sich beide die zärtlichste Mühe um mein Herz gäben, wenn einer dem andern einen Rang abzulaufen suchte, wenn sie meine Gunstbezeigungen selbst, die ich dem einen mehr oder weniger zukommen ließe, ein wenig uneinig machten, wenn ich alsdenn selbst das Vergnügen haben könnte, sie wieder zu vereinigen, um sie aufs neue zu trennen, gesetzt, sage ich, ich gestünde dir dieses, was wäre es nun mehr?

LISETTE. Es wäre allerdings etwas mehr, als Sie mir vorhin zugestehen wollten.

DIE WITWE. Ich weiß aber auch gar nicht, was ich für Ursache habe, dir von meinem Herzen Rechenschaft zu geben?

LISETTE. Ich bin mit Ihnen einig, Sie haben keine, Sie thun es aus bloßer Gütigkeit. Aber Sie sollen nicht umsonst so gütig gewesen sein, ich versichere Sie. Ich will mein möglichstes thun, daß es bald dahin kömmt, wohin Sie es gern haben wollen. Aber sagen Sie mir nur erst, für wen wollten Sie sich wohl am liebsten erklären? für Damon oder Leandern? Sie besinnen sich? Hören Sie, es fällt mir ein guter Rat ein. Sie wissen, daß sie beide vor einem Jahre beinahe ihr ganzes Vermögen, jeder auf ein besonderes Schiff, welche nach Ostindien handeln, gegeben haben. Sie warten alle Tage auf ihre Rückkunft. Wie wäre es, wenn wir auch darauf warteten und uns alsdenn für denjenigen erklärten, der der glücklichste bei diesem Handel gewesen ist?

DIE WITWE. Ich lasse mir es gefallen. Nur –

LISETTE. Hier kömmt Herr Damon. Lassen Sie mich einmal mit ihm alleine! ich will ihn ausholen.

Zweiter Auftritt

Lisette. Damon.

LISETTE. Ihre Dienerin, Herr Damon! Sie scheinen mir jemanden zu suchen. Wer ist es?

DAMON. Leander hat mich hier erwarten wollen. Habt Ihr ihn nicht gesehen?

LISETTE. Nein. Nun – Aber müssen Sie denn deswegen gleich wieder fortgehen? Verziehen Sie doch einen Augenblick! Wird Ihnen die Zeit schon zu lang, daß er Ihnen nicht gleich seine süßen Träume der Freundschaft vorplaudern soll? Wenn Sie nur deswegen etwa hergekommen sind, angenehme Lügen und entzückende Gedanken von Ihrem Freunde zu hören, verziehen Sie, verziehen Sie! ich will es so gut machen als er. Seit Sie und Herr Leander einander hier angetroffen, schallen ja alle Wände von dem Lobe der Freundschaft wieder; ich werde doch wohl was behalten haben.

DAMON. Diese Spöttereien geschehen auf Unkosten meines Freundes. Sie müssen mir notwendig zuwider sein. Wenn ich bitten darf, schweigt!

LISETTE. Ei! sonst jemand möchte bei solchen Umständen schweigen. Überlegen Sie es doch nur selbst. Sie sind in dem Hause einer jungen, liebenswürdigen Witwe. Sie lieben sie. Sie suchen ihre Gegenliebe. Aber, mein Gott! auf was für eine besondre Art! Ein Freund macht Sie in Ihrem Antrage schüchtern. Sie wollen ihn nicht beleidigen. Ihre Liebe ist viel zu schwach, seine ungegründeten Vorwürfe zu erdulden. Sie wollen es lieber mit Ihrer Liebsten als mit Ihrem Freunde verderben. Je nun, möchte es doch noch endlich sein, wenn der andere nur nicht ebenso ein Grillenfänger wäre.

DAMON. Unsre Aufführung darf Eurer Frau gar nicht seltsam vorkommen. Sie weiß unsrer beider Neigung. Wir haben uns ihr beide erklärt, ehe wir wußten, daß wir ihr einerlei erkläret hätten. Wir bestreben uns, aufrichtige Freunde zu sein. Wäre es also nicht unbillig, wenn ich dem Leander, oder Leander mir, durch ungestümes Anhalten ein Herz entreißen wollte, das sich vielleicht mit der Zeit aus Neigung an einen von uns ergeben wird?

LISETTE. Aus Neigung? Als wenn ein Frauenzimmer nicht für alle wohlgemachte Mannspersonen einerlei Neigung hätte! Zum Exempel, was würde mir daran gelegen sein, ob ich Sie oder Herr Leander bekommen sollte? Nehmen Sie mir es nicht übel, daß ich meinem Stolze einmal solche süße Träume vorhalte! Sie und Herr Leander sind von einer gesunden Leibesbeschaffenheit, stark und munter. Zwischen zwei gleich guten Sachen kann man sich in der Wahl nicht irren. Der erste der beste. Nur blindlings zugegriffen!

DAMON. Lisette, Ihr beurteilt Eure Frau nach Euch; und gewiß, Ihr macht ihr dadurch nicht viel Ehre. Ich kenne sie zu wohl. Sie hat edlere Gedanken von der Liebe.

LISETTE. Ach, nehmen Sie mir es nicht übel, Liebe bleibt Liebe. Eine Königin liebt nicht edler als eine Bettlerin, und eine Philosophin nicht edler als eine dumme Bauersfrau. Es ist Maus wie Mutter. Und ich und meine Frau würden in dem Wesentlichen der Liebe gewiß nicht um ein Haar unterschieden sein.

DAMON. Lebt wohl! Ich habe itzo just weder Lust noch Zeit, Eure ungegründeten Reden zu widerlegen. Sollte Herr Leander kommen, so bittet ihn, einen Augenblick zu verziehen. Ich habe was Nötiges vorher zu verrichten. Ich werde gleich wieder da sein.

LISETTE. Je, zum Henker! So warten Sie noch einen Augenblick! Sie nennen meine Reden ungegründet? Nun, horchen Sie einmal! Itzo will ich Ihnen was sagen. Vielleicht werden sie Ihnen alsdenn gegründeter vorkommen.

DAMON. Nun, so werde ich was hören.

LISETTE. Wissen Sie, was meine Frau beschlossen hat? Sie will warten, bis die beiden Schiffe wieder da sind, auf welche Sie Ihre Gelder gegeben haben. Und wer bei dem Handel der glücklichste wird gewesen sein, den will sie heiraten, Knall und Fall. Glauben Sie nun, daß es meiner Frau gleich viel sein wird, ob sie den Herrn Leander oder Sie bekömmt? He?

DAMON. Was? Lisette! Das hätte sich deine Frau entschlossen? Geh! Erzähle dein Märchen einem andern!

LISETTE. Nun, warum kömmt Ihnen das so unwahrscheinlich vor? Ist es ein Schelmenstück, daß man lieber einen Reichen als einen Armen heiraten will? Ihr närrischen Mannspersonen zählt wohl eher die Rockknöpfe, wenn ihr euch zu nichts entschließen könnt. Und ich dächte doch, sie hätte noch zehnmal gescheiter gethan, da sie es dem Glücke überlassen, den Ausschlag zu thun und ihre Neigung gewiß zu bestimmen.

DAMON. Himmel! wie unglücklich bin ich, wen Ihr die Wahrheit redet! Hätte ich mir auch jemals einbilden können, daß der Reichtum so viel Reizungen für sie haben sollte? Soll der nun unsere Person erst beliebt machen? Findet sie an mir und an Leandern nichts, welches dieser verblendenden Kleinigkeit die Wage halten könnte? Bald sollte es mich gereuen, eine Person zu lieben, die so niederträchtig – –

LISETTE. Nun, nun! Fein sachte, fein sachte! Nur nicht gleich geschimpft! Zum Geier, haben Sie es denn besser haben wollen? Der Reichtum an und für sich selber ist eben dasjenige nicht, was sie an Ihnen sucht. Die Neigungen meiner Frau gegen Sie und gegen den Herrn Leander liegen itzo im Gleichgewichte, und dieser soll also nur ein kleiner Zuwurf sein, welcher der oder jener Schale den Ausschlag giebt. O, geizig sind wir eben nicht. Das sagen Sie uns nur nicht nach! Ob es uns auch gleich keine Schande sein würde, wenn wir es wären. Sie zeigen ja dadurch, daß Sie ihr eine Zeit lang nichts mehr von Ihrer Liebe vorgesagt haben, ganz deutlich, daß es Ihnen gleich viel sein würde, ob sie sich für Sie selbst oder für Ihren Freund erklärte, und Leander desgleichen. Wie hätte sie es also wohl klüger können anfangen?

DAMON. Ach, daß ich so verliebt, ach, daß ich so gewissenhaft in der Freundschaft bin!

LISETTE. Würde es Ihnen vielleicht lieber gewesen sein, wenn meine Frau Sie beide hätte würfeln lassen, damit die meisten oder die wenigsten Augen sie dem einen oder dem andern zur Frau gegeben hätten? Es ist dieses sonst eine ganz löbliche Soldatenmode, wenn von zwei Galgenschwengeln einem das Leben soll geschenkt werden, und es einer doch ebensowenig verdient als der andre. Ja, ja. Nicht wahr, sie hätte der Mode wohl auch hier folgen können?

DAMON. Eure Spöttereien sind sehr übel angebracht. Mein Herz ist – – doch ich will nur gehen. Lisette, Lisette, in was für Unruhe habt Ihr mich gesetzt! Himmel!

Dritter Auftritt

Lisette.

Nun, der hat einen Floh hinter dem Ohrn. Aber was hilft mir's? Ich kann itzo aus ihm ebensowenig klug werden als zuvor. Wenn ich ihn nur wenigstens soweit hätte bringen können, daß er seine Liebeserklärungen wieder vorgesucht hätte. Er ließ aber auch gar nicht mit sich reden; es war, als wenn er auf Kohlen stünde. Hui, da kömmt Leander. Laßt sehn, was mit dem anzufangen ist!

Vierter Auftritt

Lisette. Leander.

LISETTE. Ein klein bißchen eher, so hätten Sie ihn angetroffen.

LEANDER. So? Ist Damon schon hier gewesen?

LISETTE. Ja. Und er wird auch gleich wieder da sein. Sie sollen sich nur ein klein wenig gedulden. Herr Leander, wie sehen Sie mir denn aber heute einmal so verdrießlich aus? Ach, das Gesichte steht einem Freier gar nicht! Pfui! fein munter! hübsch lustig!

LEANDER. Wer soviel Ursache zum Verdrusse hat wie ich – –

LISETTE. Ach! ach! reden Sie doch! Sie mögen wohl viel auf dem Herzen haben, das Sie bekümmert. Ich merke zwar bald, was es sein kann. Hui! daß Sie die Liebe quält. Sind Sie es einmal satt, sie der Freundschaft nachzusetzen? O, Sie thäten nicht mehr als billig. Frisch gewagt! Schade auf einen Freund! Halten Sie bei meiner Frau wieder aufs neue an! Ich gebe Ihnen mein Wort, Sie bekommen sie weg. Wenn Sie aber noch länger tändeln, so bin ich Ihnen für nichts gut. Wählen kann meine Frau nicht. Wenn nicht bald einer von beiden kömmt und sie so holt, so hat sie alles schon dem blinden Zufall überlassen. Wer von Ihnen bei dem Handel nach Ostindien am glücklichsten wird gewesen sein, dem will sie Hand, Herz und Vermögen schenken – – Was fehlt Ihnen? – – Was fehlt Ihnen? – –

LEANDER. Lisette, um des Himmels willen, dem glücklichsten? Nun ist mein Unglück vollkommen.

LISETTE. Vollkommen? Was will das sagen? Erklären Sie sich!

LEANDER. Wohl, ich will mich Euch vertrauen. Wisset denn, daß ich nur gestern abends Briefe erhalten habe, daß mein Schiff in einem Sturme verunglückt sei. Grausamer Himmel! so war es nicht genug, mir mein Vermögen zu nehmen, du mußtest mir auch noch den Gegenstand meiner so zärtlichen Liebe entreißen?

LISETTE. Jener schimpfte auf meine Frau, und der schimpft auf den Himmel. Und beide sind wohl unschuldig. Herr Leander, Ihr Unglück geht mir nahe. Ich will es Ihnen schon glauben, daß es einem Verdruß genug verursachen muß, wenn man sein Vermögen verliert. Ich habe diese traurige Erfahrung noch nicht machen können;

denn, Gott sei Dank! ich habe keins. Wenn aber der Verdruß, Reichtümer zu verlieren, so groß ist als die Begierde, sie zu gewinnen, so muß er unerträglich sein. Ich gesteh' es. Aber auf den andern Punkt zu kommen: den Gegenstand Ihrer so zärtlichen Liebe -- Sie meinen doch meine Frau -- nicht? hören Sie nur -- um den haben Sie sich selbst gebracht. Doch wenn Sie mir folgen wollen, Herr Leander, so verloren als er scheint, so ist er doch noch nicht ganz verloren.

LEANDER. O, ich bitte Euch, redet frei! Ich will Euch in allem folgen, was mir nützlich sein kann.

LISETTE. Aber ich zweifle, daß Sie es thun werden.

LEANDER. Zweifelt nicht, ich bitte Euch!

LISETTE. Ich kenne Ihre Hartnäckigkeit allzu wohl. Sie sind von den erhabenen Begriffen der Freundschaft zu sehr eingenommen. Damon, Ihr liebster Freund auf der Welt, das kostbarste Geschenk des Himmels, ohne welches Ihnen alle Güter, alle Ehre, alles Vergnügen nur verachtungswert, nur eitel, nur unschmackhaft vorkommen würden, Damon, Ihr andres Ich, dessen Glück Ihr Glück, dessen Unglück Ihr Unglück ist, Damon, der edle Damon, der --

LEANDER. Ja allerdings, Lisette. Du wirst ihn nie genug loben können. Der ist noch der einzige, der mir mein Unglück wird tragen helfen. Ich habe allezeit die vorteilhaftesten Gedanken und die zärtlichsten Empfindungen für ihn gehabt. Ich zweifle nicht, er wird itzo zeigen, wie würdig er meiner Freundschaft sei. Hätte er sein Vermögen verloren, so würde das meinige das seinige gewesen sein. Ich würde die Hand der liebenswürdigsten Person seinetwegen ausschlagen. Damon, ja, Damon -- o, hätte er mein Herz -- Aber, aber - ich weiß, das wahre Zärtliche in der Freundschaft hat er nie recht empfinden wollen -

LISETTE. Ja, Herr Leander, wenn Sie glücklich sein wollen, so müssen Sie diesen Damon einige Zeit aus den Augen setzen. Erschrekken Sie über diesen Vorschlag nicht!

LEANDER. Wie versteht Ihr das?

LISETTE. Nun, ich sehe doch, daß Sie mit einem ziemlich unerschrocknen Gesichte meine Erklärungen verlangen. Befürchten Sie nur nichts! ich rate Ihnen keine Verräterei an Ihrem Freunde. Weder er wird Ihnen, noch Sie werden sich selbst dabei was vorzuwerfen haben. Kurz, gehen Sie zu meiner Frau! Thun Sie ihr eine aufrichtige Liebeserklärung! Versichern Sie sie, daß sie Damon nicht mehr liebe! Wenn es sein muß, nehmen Sie noch ein paar Notlügen dazu, wodurch er ihr desto gehässiger wird! Sie werden sehen, es wird alles gut gehen.

LEANDER. Wenn sie aber nun darauf beruht, erst abzuwarten, wer am glücklichsten bei dem bewußten Handel gewesen, so wird mich ja alles nichts helfen.

LISETTE. Hui! ist das der standhafte Freund? So leicht läßt er sich bereden? – – Herr Leander, darauf wird sie wohl schwerlich bestehen. Doch gesetzt, es schadet uns nichts. Wissen Sie was? Ich weiß, daß Sie und Herr Damon einigemal Lust hatten, mit Ihren Kapitalen zu tauschen. Sie sind von gleicher Summe. Ich dächte, Sie versuchten, den Herrn Damon noch dazu zu bereden. Er weiß doch noch nichts, daß Ihr Schiff soll unglücklich gewesen sein?

LEANDER. Nein.

LISETTE. Nun, sehen Sie, so geht es vollkommen gut an. Versuchen Sie, sein Kapital zu bekommen und treten Sie ihm das Ihrige mit allem Wucher ab! Sie können es leicht thun und werden auch leicht eine scheinbare Ursache dazu ausfündig machen können. Wie, wenn Sie zu ihm sagten: »Liebster Damon, die Freundschaft hat uns genau genug verbunden. Wie wär' es aber, wenn wir auch unsre Glücksgüter dazu anwendeten, daß einer dem andern noch mehr verbunden würde? Lassen Sie uns derohalben einen Tausch mit den bewußten Geldern, die wir in die ostindische Handlung gegeben haben, treffen! Haben sich die Ihrigen mehr verinteressiert als die meinigen, so werde ich Ihnen alsdenn einen Teil meines Vermögens zu danken haben; sollten die meinigen mehr gewuchert haben, so werde ich das Vergnügen haben, dasjenige in Ihren Händen zu sehen, was das Glück mir eigentlich beschieden hatte. Und werden wir dadurch nicht desto mehr verpflichtet werden, einer dem andern mit seinem Vermögen bei vorfallender Notwendigkeit beizustehen?«

LEANDER. Euer Rat ist gut. Und auch der Vorwand scheint mir scheinbar genug zu sein. Aber ich besorge, mein Freund möchte einmal einen Verdacht auf mich werfen. Drum möchte ich selbst ihm diesen Vorschlag nicht gern thun. Könntet Ihr nicht etwa Eure Frau auf den Einfall bringen? Wenn diese thäte, als ob sie es gern sähe – so – –

LISETTE. Ich verstehe Sie. Ich verstehe Sie. Verlassen Sie sich auf mich und machen Sie nur, daß Sie bald zu meiner Frau kommen!

LEANDER. Sobald als ich mit meinem Freunde werde gesprochen haben. Gott ist mein Zeuge, daß ich bei allem dem redliche Absichten habe! Ich weiß es gewiß, mein Freund würde, wenn ich mein Vermögen verlöre, nicht großmütig genug sein können, die Pflichten, die er mir alsdenn vermöge unsers Bundes schuldig wäre, auszuüben. Ich will ihn derohalben von dem gewissen Schimpfe, von der Nachwelt ein ungetreuer Freund genennet zu werden, befreien. Meinerseits aber will ich ihm zeigen, daß meine Reden vollkommen mit meinen Thaten übereinstimmen. Er soll die Hälfte meines Vermögens haben –

LISETTE. In Ansehung dessen, daß ihm von Rechts wegen das ganze gehöret – – Das ist ein aufrichtiger Freund!

LEANDER. Ich will alles anwenden, ihm wieder aufzuhelfen. Vielleicht ist er ein andermal glücklich. Vielleicht – –

LISETTE. St, st! Herr Damon kömmt ohne Zweifel wieder. Ich will gehen. Er möchte denken, wer weiß, was wir miteinander zu reden gehabt hätten. Ich geh' zu meiner Frau. Kommen Sie bald nach! – – Nun, das hätte ich mir nicht vermutet.

Fünfter Auftritt

Leander. Damon.

LEANDER. Ich darf ihm also nichts von meinem Unglücke sagen, weswegen ich ihn doch herbestellet hatte. – – Was werde ich also mit ihm zu reden haben? – – Es wird sich schon geben.

DAMON. O wertester Leander, verzeihen Sie mir, daß Sie auf mich haben warten müssen!

LEANDER. Ich Ihnen verzeihen? Womit haben Sie mich beleidiget? Legen Sie doch endlich einmal, allerliebster Freund, das mir so nachteilige Vorurteil ab, daß Sie imstande wären, mich zu beleidigen! Ein Freund wird über den andern nie verdrießlich. Der Pöbel, dem die süße Vereinigung der Gemüter unbekannt ist und ewig zu seinem unersetzlichen Schaden unbekannt bleiben wird, der Pöbel, die Schande des menschlichen Geschlechts, mag untereinander zürnen! Die Freundschaft bewaffnet eine edle Seele mit einer unüberwindlichen Sanftmut. Was ihr Freund thut, was von ihrem Freunde kömmt, ist ihr billig und angenehm. Die Beleidigungen werden nur durch die bösen Absichten dessen, der beleidiget, und durch die Empfindlichkeit dessen, der beleidiget wird, zu Beleidigungen. Wo niemand also böse Absichten hat, wo niemand empfindlich wird, da haben auch keine Beleidigungen statt. Wird aber ein Freund gegen den andern wohl böse Absichten hegen? Oder wird ein Freund über den andern wohl empfindlich werden? Nein. Drum, liebster Damon, wenn mir auch durch Sie der größte Schimpf widerführe; wenn ich durch Sie um Ehre und Ansehen käme; wenn ich durch Sie Gut und Geld verlöre; wenn ich durch Sie ungesund, lahm, blind und taub würde; wenn Sie mich um Vater und Mutter brächten; wenn Sie mir selbst das Leben nähmen: glauben Sie, liebster Damon, daß Sie mich alsdenn beleidiget hätten? Nein. So viel Unrecht Sie auch hätten, so viel Recht würden Sie bei mir haben. Würde Sie auch die ganze Welt verdammen, ich würde Sie entschuldigen, ich würde Sie lossprechen.

DAMON. Ich will wünschen, Leander, daß ich Ihnen mit gleichem Feuer antworten könnte. Ich will mich bemühen, Ihre Freundschaft nie auf eine so harte Probe zu setzen.

LEANDER. Ei, liebster Freund, wie so kaltsinnig? Zweifeln Sie an der Aufrichtigkeit meiner Reden? Zweifeln Sie, ob meine Freundschaft diese Probe aushalten würde? Wollte doch Gott, ja, wollte doch Gott, daß Sie mich, je eher je lieber, auf eine Art beleidigten, welche bei andern unvergeblich sein würde! wie vergnügt, wie entzückt wollte ich sein, die süße Rache einer großmütigen Verzeihung an Ihnen auszuüben!

DAMON. Und ich will mir dagegen wünschen, daß ich dieser großmütigen Verzeihung niemals möge nötig haben.

LEANDER. Ja, Damon, und ich würde in gleichen Fällen auch ein gleiches von Ihnen erwarten. O, ich kenne Sie zu wohl. Ihre Seele ist edel und großmütig, und diese läßt mich nicht daran zweifeln.

DAMON. Sie trauen mir zu viel zu, wertester Leander. Voll Scham gesteh' ich Ihnen, daß ich mich zu schwach dazu befinde. Die Gedanken davon scheinen mir edel und wahr, die Erfüllung aber unmöglich. Ich zittere schon im voraus, wenn ich mir vorstelle, daß meine Freundschaft einen so harten Versuch vielleicht einmal auszuhalten habe. Doch Ihre Tugend ist mir gut dafür. Und ist ein Freund wohl auch zu einer so allzu großmütigen Sanftmut verbunden? Ich weiß es, es ist die Pflicht eines Freundes, dem andern zu verzeihen. Doch ist es auch des andern Pflicht, ihm so wenig Gelegenheit dazu zu geben, als ihm nur möglich ist.

LEANDER. Freund, im Verzeihen müssen wir dem Himmel gleich sein. Unsere Verbrechen, so groß und so häufig sie sind, machen ihn in dieser ihm würdigen Beschäftigung nicht müde. Wen man einmal zu seinem Freunde erwählt hat, den muß man behalten. Weder seine Fehler noch seine Beleidigungen müssen vermögend sein, ihn aus unsrer Gunst zu setzen. Man beschimpfet sich selbst, wenn man es dazu kommen läßt. Oder ist es etwan kein Schimpf, wenn man mit Scham gestehen muß, daß man in der Wahl gröblich geirret habe?

DAMON. Aber, liebster Leander, sagen Sie mir doch, weswegen Sie mit mir zu reden verlangt! Was ist denn das Wichtige, das Sie mir zu entdecken haben?

LEANDER. Werden Ihnen meine Reden beschwerlich? Ich kann es nicht glauben. Sie wissen, wie gern man von Sachen redet, die uns angenehm sind. Und ich weiß, man höret auch ebenso gern davon. Sie scheinen mir aber heute zu beiden ein wenig verdrießlich. Was berunruhiget Sie? Ist Ihnen ein Unglück zugestoßen? Entdecken Sie mir es! Machen Sie mir das Vergnügen, Ihren Schmerz mit Ihnen zu teilen! Sie sollen alsdenn alles erfahren, was ich Ihnen zu sagen habe.

DAMON. Sie betrügen sich nicht. Ich bin bestürzt und bekümmert.

LEANDER. Und worüber? O, was zaudern Sie, mir Ihr Geheimnis anzuvertrauen. Setzen Sie in meine Verschwiegenheit ein Mißtrauen? Zweifeln Sie, daß ich Ihnen helfen werde, wenn es in meinen Kräften stehet? Oder zweifeln Sie gar an meinem Mitleiden? Wenn ich mein Herz gegen Sie ausschütten kann, so weichet gleich die Hälfte meines Grams. Und versuchen es Sie nur! Vielleicht bin ich so glücklich, daß Sie auch in meinem Vertrauen einige Erleichterung finden.

DAMON. Es betrifft mich und Sie.

LEANDER. Und desto eher; nur heraus damit! Müssen Sie es etwan verschweigen? O! was man nur seinem Freunde sagt, hat man noch niemanden gesagt. Ich und mein Freund sind eine Person. Und wenn ich den größten Eidschwur darauf gethan hätte, gegen niemanden ein Wort von dem oder jenem zu gedenken, so könnte ich es doch, ohne den Eidschwur zu brechen, meinem Freunde sagen. Was ich dem vertraue, vertraue ich mir selbst. Und ich thue nichts mehr, als wenn ich es noch einmal für mich in den Gedanken wiederholte.

DAMON. Nein, nein! Es soll Ihnen nicht verborgen sein. Könnten Sie sich wohl einbilden, zu was sich die Madame entschlossen?

LEANDER. Worinne?

DAMON. Nun raten Sie einmal, auf was sie es will ankommen lassen, welchem sie von uns beiden ihre Hand geben solle!

LEANDER. Und eben dieses, mein Damon, eben dieses hatte ich Ihnen auch zu sagen.

DAMON. Aufrichtig nun zu reden, ich bin über diesen niederträchtigen Entschluß erstaunet. Nein, Leander, ehe ich ihre Hand einer solchen schändlichen Ursache zu danken haben wollte, eher will ich sie zeitlebens ausschlagen.

LEANDER. Und glauben Sie denn, daß ich sie annehmen würde? Wir haben die uneigennützigsten Absichten gegen sie. Wir würden sie lieben, wenn sie auch nichts besäße. Und sie ist gegen uns so eigennützig? Ist ein verachtungswürdiger Reichtum das einzige, was ihr an uns gefällt?

DAMON. Wie, wenn wir diesen Entschluß auf alle mögliche Art suchten zu nichte zu machen? Darf ich Ihnen wohl was vorschlagen? Was meinen Sie, wenn wir Schaden und Gewinst bei unserm Handel teilten?

LEANDER. St! das ist Wasser auf meine Mühle. So könnte das Tauschen gar bleiben – – Ja, Sie haben recht. Nichts könnte sie leichter wieder auf den rechten Weg bringen, einen von uns aus Neigung und Verdienst zu wählen. Wohl! Ich bin es zufrieden.

DAMON. O, wie vergnügt machen Sie mich durch Ihren Beifall wieder! Ich besorgte immer, ich besorgte, Sie würden mir ihn hier entziehen. Und Sie hätten recht dazu gehabt.

LEANDER. Wie wenig trauen Sie mir doch zu! So? Was könnte ich denn für Recht haben, hierinne nicht mit Ihnen einig zu sein? Alle Güter sind ja unter Freunden gemein. Was ich besitze, besitzen Sie. Und was Sie besitzen, darauf glaube ich auch ein kleines Recht zu haben. Verflucht sei der Eigennutz! Wenn Ihnen das Unglück auch so sehr zuwider sein sollte, daß Sie alles, alles dabei verlören, nicht die Hälfte meines Vermögens, mein ganzes Vermögen wäre allezeit so gut als das Ihrige.

DAMON. Freund, Sie machen mich ganz beschämt!

LEANDER. Was ich sage, würde ich auch thun. Und wenn ich es gethan hätte, so würde ich doch nichts mehr gethan haben, als was die Pflicht eines Freundes verlangt.

DAMON. Aber ich weiß nicht, was ich bei mir für eine geheime Ursache finde, selbst an der Wahrheit dieses Entschlusses zu zweifeln. Könnte mir wohl Lisette – –

LEANDER. Und von der hab' ich es auch. Doch dahinter wollen wir wohl kommen. Es liegt uns beiden nicht wenig dran. Erlauben Sie mir, daß ich Sie verlasse! Ich will selbst zu ihr gehen und mich bei unserer Liebsten erkundigen.

DAMON. Aber, Leander, wie wird sich das schicken? Wird sie über diese Neugierigkeit nicht empfindlich werden?

LEANDER. Sorgen Sie nicht, ich will es schon mit einer Art vorzubringen wissen – –

DAMON. Nun, ich verlasse mich auf Ihre Geschicklichkeit. Kommen Sie bald wieder, mir Nachricht zu bringen!

LEANDER. – So komme ich doch unter einem guten Vorwande wieder von ihm.

Sechster Auftritt

Damon.

– Entweder ich bin zur Freundschaft ganz ungeschickt oder Leander hat sehr ausschweifende Begriffe davon. – – Ich bin unglücklich, wenn das erste wahr ist – – Ja – die Freundschaft – – sie ist allerdings das, was uns das Leben erst angenehm machen muß – –

Soviel empfinde ich – – Aber soviel empfinde ich doch nicht, als mein Freund zu empfinden sagt. – – Gesetzt, ich würde von ihm beleidigt – – ich würde so von ihm beleidigt! – – als er von mir sich wünschte, beleidiget zu werden – – würde ich wohl – – nein – ich mag mir nicht schmeicheln – – ich würde – ich würde viel zu schwach sein, es ihm zu vergeben – – ja, ich würde es ihm verargen, wenn er mir bei einer solchen Gelegenheit verzeihen wollte – – ich würde ihn selbst tadeln – – Doch – ich halte ihn auch nicht einmal für fähig dazu – – er mag sein, was er will – – aber – ich irre mich wohl auch – ich beurteile ihn nach mir – – weil ich so schwach bin; folgt es denn daraus, daß ein anderer – – Doch allerdings, eine so vollkommene Freundschaft ist für diese Welt nicht – – Ob auch wohl Leander so denkt, als er redet? – Halt – – ich will – – ja, wenn ich ihn beredte, ich hätte Nachricht erhalten, daß mein Schiff untergegangen – – Da will ich sehen, ob seine Großmut – – es wird mich ein wenig kützeln, wenn ich ihn bestürzt – – Doch nein – das war ein niederträchtiger Einfall – – Seinen Freund auf die Probe setzen, heißt seinen Freund gern verlieren wollen – – Nein – aber wenn nun die Witwe auf ihrem thörichten Entschlusse blieb – Gesetzt, Leander würde durch sie glücklich – – werde ich sein Freund bleiben können? – – Ich zittere – ja – ich fühle meine Schwäche – – ich würde auf ihn zürnen – – ich würde neidisch werden – – ach – ich schäme mich recht vor mir selbst – –

Siebenter Auftritt

Damon. Oronte.

ORONTE. Nun, da ist Er ja. Versteh' Er mich, Vetter! habe ich Ihn doch müssen in zehn Häusern suchen. Versteh' Er mich! Und ich hätte Ihn eher sonstwo zu finden geglaubt als bei der jungen Witwe. Versteh' Er mich!

DAMON. Je, was führt Sie denn hierher, Herr Vetter?

ORONTE. So? sieht Er mir's nicht an, versteh' Er mich, was ich will? Mache Er sich nur parat, versteh' Er mich, eine Nachricht von mir zu hören, die ihn halb tot, versteh' Er mich, und wenn Er noch ein klein wenig Vernunft übrig hat, versteh' Er mich, die Ihn rasend machen wird!

DAMON. Sie erschrecken mich. Was ist es denn?

ORONTE. Habe ich's Ihm nicht gesagt, versteh' Er mich, daß es Ihm mit seinem Kapitale würde unglücklich gehen? Versteh' Er mich! Da seh' Er, lese Er – Sein Schiff ist untergegangen. Da, lese Er nur, versteh' Er mich – Er wird alle Umstände finden, versteh' Er mich!

DAMON. So?

ORONTE. Nun, hab' ich's Ihm doch vorhergesagt, versteh' Er mich! Aber ihr jungen Leute, laßt euch doch niemals sagen, versteh' Er mich! Alles, alles wollt ihr besser einsehen. Schon recht! versteh' Er mich, schon recht!

DAMON. Dieses Unglück hätte ich mir nicht versehen – –

ORONTE. Ist das das Ganze, was man sagen kann, versteh' Er mich, wenn man sein Vermögen verliert? O Leichtsinnigkeit! o gottlose Leichtsinnigkeit! versteh' Er mich! Auf 12 000 Thaler, versteh' Er mich! auf zwölftausend! Nun, Vetter, sag' Er, was will Er nun anfangen? versteh' Er mich! Er ist von der ganzen Welt verlassen, verlassen, und mit Recht. Versteh' Er mich! Kann Er's leugnen, daß ich's Ihm vorher verkündigt habe? Kann Er's leugnen? Versteh' Er mich! Wie vielmal habe ich Ihm die güldne Regel gegeben: Was aufs Wasser kömmt, versteh' Er mich, ist so gut als halb verloren.

DAMON. Ach! möchte doch das Geld sein, wo es wollte! – wenn nur – –

ORONTE. Ach! schade um das Geld! Das sind gescheute Reden. Versteh' Er mich! Damon, Damon! ein Mensch, der so denken kann, ist nicht wert, daß er mein Vetter ist. Versteh' Er mich! Ach! schade ums Geld! Nein, Gott sei Dank! versteh' Er mich, so albern und gottesvergessen bin ich in meiner Jugend nicht gewesen. Denkt Er, versteh' Er mich, daß Ihn die junge Witwe nun heiraten wird? versteh' Er mich! Sie müßte eine Närrin sein, versteh' Er mich!

DAMON. Ja, Herr Vetter, dieses besorge ich. Und dieses ist auch das einzige, was mir mein Unglück empfindlich macht.

ORONTE. Der Narr, versteh' Er mich! Als wenn es nicht so schon empfindlich genug wäre, versteh' Er mich! Doch, Vetter, daß Er sehn soll, versteh' Er mich, wie gut ich es mit Ihm meine, so will ich Ihm, versteh' Er mich, bei den Umständen raten: mache Er Bankerott!

DAMON. Wie, so niederträchtig – –

ORONTE. Was? Was? Niederträchtig? versteh' Er mich! Das nennt Er niederträchtig, versteh' Er mich, Vetter, wenn man Bankerott macht? Zum Henker! versteh' Er mich, habe ich nicht fünfmal Bankerott gemacht? Und bin ich niederträchtig gewesen? versteh' Er mich! Habe ich nicht mein ganzes Vermögen dem Bankerotte zu danken? versteh' Er mich! Zu dem ersten brachte mich meine Frau! versteh' Er mich! Das war eine stolze, verschwenderische Närrin! Gott habe sie selig! versteh' Er mich! Aber das vergelte ihr noch Gott im Himmel, wo sie ohne Zweifel sein wird, versteh' Er mich; denn sie war allezeit gern, wo es fein lustig und fein prächtig zuging, versteh' Er mich; das, sage ich, vergelte ihr der liebe Gott, daß sie mir auf den so kurzen Weg, zum Reichtume zu gelangen, geholfen hat! Versteh' Er mich! Denkt Er, Vetter, daß ich mit fünf Bankerotten, versteh' Er mich, würde aufgehört haben, wenn mir es nicht wäre ausdrücklich verboten worden, versteh' Er mich, die Handlung aufs neue anzufangen?

DAMON. Nein, Herr Vetter, ich kann Ihnen durchaus nicht schmeicheln. Es bringt Ihnen ein so schlimm erworbener Reichtum wenig Ehre.

ORONTE. Ach! ach! Ehre! Ehre! Versteh' Er mich! Um die Ehre ist es auch zu thun! Es muß mancher, versteh' Er mich, bei aller Ehre, die er hat, verhungern. Ach! die Ehre! Ist Er nicht ein Grillenfänger? Versteh' Er mich! Nicht wahr, versteh' Er mich, es wird meinen Erben gleich viel sein, ob ich ihn mit Ehre oder ohne Ehre besessen habe? Versteh' Er mich! Sie werden mir's danken, und wenn ich ihn gestohlen hätte, versteh' Er mich!

DAMON. Nein, Herr Vetter, wenn Ihre Erben vernünftig sein werden, so werden sie nach Ihrem Tode Ihre Verlassenschaft dazu anwenden, daß sie denjenigen, die durch Ihre Bankerotte unglücklich geworden sind, wieder aufhelfen.

ORONTE. Was? Was? Versteh' Er mich! Das sollten meine Erben thun? Ja, wenn ich das voraussehen könnte, gewiß, versteh' Er mich, gewiß, ich ließe mir eher einmal alle mein Hab und Gut mit ins Grab geben. Hätte ich mir's deswegen so sauer werden lassen? Versteh' Er mich! Fünfmal habe ich müssen schwören. Fünfmal hätte ich also umsonst geschworen? Versteh' Er mich! Höre Er, Vetter, weil ich sehe, daß Er so wider Recht und Pflicht handeln würde, versteh' Er mich, so will ich Ihn fein aus meinem Testamente lassen, versteh' Er mich! Darnach mag Er vollends sehn, was man anfängt, wenn man nichts hat, versteh' Er mich!

DAMON. Alsdenn wird der Himmel für mich sorgen.

ORONTE. Wer? wer? Versteh' Er mich! Wer wird für Ihn sorgen? Der Himmel? Ja, getröste Er sich nur! Ja, er wird für Ihn sorgen, versteh' Er mich, wie für die Sperlinge im Winter. Der Himmel will haben, versteh' Er mich, daß wir für uns selbst fein sorgen sollen. Dazu hat er uns Verstand und Klugheit gegeben, versteh' Er mich!

DAMON. Ja, und manchem noch überdieses Bosheit und Geiz, wenn Verstand und Klugheit etwa nicht hinlänglich sein wollten.

ORONTE. Vetter, soll das auf mich gehen? Versteh' Er mich! Sei Er mir nicht so naseweiß! Ich weiß schon, auf was Er trotzt. Versteh' Er mich! Er denkt, itzo eine gute Heirat zu thun. Aber sieht Er mich? Ich will dem Wolfe das Schäfchen noch schon entreißen, versteh' Er mich! Leander hat nunmehr Recht dazu. Dessen Schiff ist glücklich angekommen, ob man ihm gleich erst geschrieben hatte, versteh' Er mich, daß es verunglückt wäre. Es ist aber nichts weiter als eine Irrung, versteh' Er mich! Seines, Seines ist drauf gegangen. Versteh' Er mich!

DAMON. Wie? Leandern ist dies geschrieben worden? Und er hat mir nichts gesagt?

ORONTE. Muß man Ihm denn alles auf die Nase binden? Versteh' Er mich! Nun, nun, Er soll schon sehn, was Ihm Sein Unglück trotz Seiner Ehre und trotz des Himmels schaden soll. Ich gehe itzo gleich selber zu der Witwe. Sie soll alles erfahren, versteh' Er mich! Leb' Er wohl, versteh' Er mich!

Achter Auftritt

Damon.

– Verdrießliche Nachricht! – – Ich verliere mein Vermögen – dieses möchte noch sein. Wer weiß, wenn Leander unglücklich gewesen wäre, ich würde vielleicht nicht großmütig genug gewesen sein, ihm zu helfen – – Was für eine Schande für mich, wenn ich an ihm untreu geworden wäre! – – der Himmel hat mich davor bewahren wollen – – ich bin glücklich bei allem meinem Unglücke – – aber ich verliere zugleich die liebenswürdige Witwe – – sie wird sich an Leandern nun ohne Schwierigkeit geben – an Leandern – doch Leander ist ja mein Freund – – die Liebe – die verdammte Liebe – – verdient sie mein Freund nicht ebenso wohl als ich? – – was darf ich viel nach einer Frau fragen, deren Herz ich, wenn ich es ja bekommen hätte, bloß meines Geldes wegen bekommen hätte – Aber doch – – sie ist liebenswürdig – – wie muß ich mit mir selber kämpfen! – – Allein Leander – sollte es wahr sein, daß er diese falsche Nachricht bekommen hätte? – und er sollte mir es verschwiegen haben? – – Wie hätte er den Vorschlag annehmen können, den ich ihm that – – ich falle auf ganz besondre Gedanken – – Doch weg damit – sie schänden meinen Freund –

Neunter Auftritt

Lisette. Damon.

LISETTE. So alleine? und so betrübt?

DAMON. Ach Lisette, meinen Kummer zu erleichtern, muß ich ihn dem ersten dem besten erzählen. Ich bin unglücklich gewesen. Mein Schiff ist in einem Sturme untergegangen. Ich habe die gewisseste Nachricht. Himmel! und ich verliere zugleich alle Hoffnung von Eurer Frau – –

LISETTE. Was? So ist es an Leanders Unglücke nicht genug gewesen?

DAMON. Wie so an Leanders? Sein Schiff ist ja glücklich angekommen. Was ist ihm denn für ein Unglück begegnet?

LISETTE. Ja, sein Schiff ist so hübsch eingelaufen wie das Ihre. Er hat mir es ja selber gesagt.

DAMON. Er hat es Euch selber gesagt? So ist mein Verdacht doch wohl gegründet – – Demohngeachtet, Lisette, könnt Ihr mir gewiß glauben, daß es eine bloße Irrung mit seinem Schiffe gewesen – aber sollte mein Freund wohl eine kleine Untreue an mir begangen haben?

LISETTE. Eine Untreue? Was für eine Untreue? Behüte Gott! Leander ist der getreuste Freund von der Welt. Hahahaha!

DAMON. Warum lacht Ihr?

LISETTE. Ja, das ist gewiß. Auf seine Treue können Sie sich nun verlassen. Hahaha! Er wird Ihnen in Ihrer Not redlich beistehen. Hahaha!

DAMON. Das hoffe ich auch gewiß.

LISETTE. Und ich auch. Hahaha! Ich weiß seine guten Absichten. Hahaha!

Letzter Auftritt

Oronte. Die Witwe. Leander. Damon. Lisette.

DIE WITWE. Wertester Damon, ich habe die betrübte Nachricht von Ihrem Herrn Vetter vernommen. Ich versichre Sie, daß mir Ihr Unglück nicht näher hätte können gehen, wenn mir es auch selbst widerfahren wäre.

LEANDER. Mein liebster Freund, das Glück ist Ihnen zuwider gewesen. Ich weiß, Ihr Gemüt ist viel zu gesetzt, als daß es dieser eitle Verlust sehr beunruhigen sollte. Ich hoffe übrigens, daß Sie leicht mit dem Glücke werden auszusöhnen sein. Es wird Ihnen vielleicht dasjenige, was es Ihnen itzo entzogen, ein andermal desto reichlicher ersetzen.

ORONTE. Ja, Vetter, ja, versteh' Er mich! Ein andermal, ein andermal. Hahaha!

LEANDER. Sie, Madame, haben die Gütigkeit gehabt, sich für den glücklichsten unter uns zu erklären. Der Himmel hat gewollt, daß ich es sei. Doch ich werde mich alsdenn erst wirklich für das halten, wenn Sie durch das kostbare Geschenk Ihres Herzens mir – –

DIE WITWE. Und diesen Antrag, Leander, können Sie in Gegenwart Ihres Freundes wiederholen?

DAMON. Gerechter Himmel! was höre ich?

LEANDER. O, Madame, ich kenne meinen Freund allzu wohl. Er wird sich nicht unterstehen, Ihnen in Ihrem Glücke hinderlich zu sein. Er wird Ihnen nichts als sein Herz darbieten können. Ich kann das meinige mit einer Tonne Goldes begleiten – –

DAMON. Leander, Sie wollen – – Verdruß und Erstaunen lassen mich kein Wort aufbringen.

ORONTE. Höre Er, Herr Vetter, ich will Ihm doch was sagen, versteh' Er mich! Er kann die hübsche Witwe nun nicht heiraten. So viel ist gewiß, versteh' Er mich! Leandern wird sie wohl auch nicht viel nütze sein, versteh' Er mich! Sie gefällt mir ganz wohl, versteh' Er mich! Ich möchte sie schon haben. Ich dächte, Er schlüge mich ihr vor, versteh' Er mich! Ich bin zu schamhaft dazu, versteh' Er mich! Mache Er, thue Er sein möglichstes, ich will Ihn auch nicht in meinem Testamente vergessen, versteh' Er mich! Zwei Tonnen Goldes kann ich ihr mitbringen, versteh' Er mich!

LEANDER. Ich bitte Sie inständig, Madame: erklären Sie sich, damit auch mein Freund weiß, woran er ist!

ORONTE. Madame, erklären Sie sich nicht so geschwind, verstehn Sie mich! Mein Vetter weiß einen hübschen Bräutigam für Sie, verstehn Sie mich, der Ihnen wohl anstehen möchte. Mit dem können Sie zwei, zwei Tonnen Goldes bekommen, verstehn Sie mich! Vetter, Vetter, sage Er ihr ihn doch, versteh' Er mich!

DIE WITWE. Es wird unnötig sein. Mein Schluß ist schon festgestellt. Leander, es ist wahr, ich habe mein Wort von mir gegeben, den glücklichsten von Ihnen zu erwählen. Ich will es auch halten. Der glücklichste, liebster Damon, sind Sie.

DAMON. Ich?

LEANDER. Damon?

ORONTE. Was? was? mein Vetter? Je, dem sein Schiff ist ja untergegangen, Madame, verstehn Sie mich! Leander hat eine Tonne Goldes, verstehn Sie mich! Und ich habe ihrer zwei, verstehn Sie mich! Notwendig, notwendig müssen Sie mich meinen.

DIE WITWE. Ja, ja, Damon, Sie sind bei diesem Handel der glücklichste gewesen. Sie sind glücklich gewesen, daß Sie Gelegenheit gefunden haben, Ihre große Seele auf so eine ausnehmende Art zu zeigen. Ihr größtes Glück aber ist, daß Sie nun Licht bekommen, die Falschheit Ihres Freundes einzusehen, dessen prächtige Gallimathias Sie bis hieher verblendet haben. Leander, erwägen Sie nicht Ihre Aufführung? Sie hatten Nachricht bekommen, daß Ihr Schiff verunglückt sei. Bei dieser Angst wollten Sie sich an mir erholen. Sie setzten Ihren Freund schändlich aus den Augen. Mein Entschluß, mich für den glücklichsten zu erklären, war Ihnen nur insofern verhaßt, als Sie besorgten, daß Sie es nicht sein würden. Sie suchten mich zu bereden, Damon liebte mich nicht mehr. Und gedenken Sie endlich an den Tausch, zu dem ich den Damon habe verführen sollen, zu einer Zeit, da Sie vermuteten, seine Sachen stünden besser als die Ihrigen! Überlegen Sie dieses alles, und schämen Sie sich, einen Freund hintergangen zu haben, der Sie über alles hochschätzte! Gehen Sie! Genießen Sie Ihrer Reichtümer, die just an keinen unwürdigern hätten kommen können!

DAMON. Leander, soll ich es glauben? Sie haben mich hintergehen wollen?

LEANDER. Damon – Ich habe Sie beleidigt. Leben Sie wohl!

DAMON. Leander, liebster Leander! wohin? Verziehn Sie!

LEANDER. Lassen Sie mich! ich bitte Sie. Ich muß Ihr Angesicht fliehen, ich sterbe vor Scham. Es ist unmöglich, Sie können mir nicht verzeihen.

DAMON. Ich Ihnen nicht verzeihen? O Leander, wäre Ihnen mit meinen Verzeihungen was gedient! Ja, ja, es ist Ihnen schon alles verziehen. Bleiben Sie da, mein Freund! Sie haben sich übereilet, und diese Übereilung hat der Mensch und nicht der Freund begangen. Madame, Sie sind erzürnt auf Leandern? Ich schlage alles aus, wo Sie nicht mit mir alles wider ihn vergessen. Wenn Sie uns trennen, so werde ich notwendig der unglücklichste sein. Ich weiß, wie schwer es ist, einen Freund zu finden. Und will man ihn schon des ersten Fehlers wegen verlassen, so wird man zeitlebens suchen und keinen erhalten.

LEANDER. Damon – – Urteilen Sie aus diesen Thränen, ob ich gerühret bin?

DIE WITWE. Wohl! Leander, Damon verzeiht Ihnen. Und ich weiß selbst nicht, ob ich über seine Großmut oder über Ihre Reue mehr gerühret bin. Lassen Sie auch uns unsre Freundschaft wieder von neuem anfangen! O Damon, wie zärtlich wird Ihre Liebe sein, da Ihre Freundschaft schon so zärtlich ist!

ORONTE. Da war meine Freierei also auch umsonst!

DAMON. Nun, gestehen Sie mir wenigstens, lieber Leander, daß es etwas schwerer sei, die Pflichten der Freundschaft auszuüben, als von ihr entzücket zu reden!

LEANDER. Ja, Damon, ich habe die Freundschaft oft genennt, aber sie heute erst von Ihnen kennen lernen.

DIE WITWE. Damon! Damon! ich befürchte, ich befürchte, ich werde eifersüchtig werden. Keines Frauenzimmers wegen zwar nicht, aber doch gewiß Leanders wegen!

Die alte Jungfer

Ein Lustspiel in drei Aufzügen

1748

Non tu nunc-hominum mores vides?
Dum dos sit, nullum vitium vitio vortitur.
Plautus

Personen

Jungfer Ohldin
Lelio
Lisette
Herr Oronte und seine Frau
Herr von Schlag, Kapitän
Peter
Clitander, Lelios Freund
Kräusel, ein Poet
Herr Rehfuss

Der Schauplatz ist ein Saal.

Erster Aufzug

Erster Auftritt

Jungfer Ohldin. Herr Oronte. Frau Oronte.

HERR ORONTE. Ach, Grillen! dazu wird man nimmermehr zu alt! Und wie alt sind Sie denn? Wie lange ist es, daß ich Sie noch habe auf dem Arme herumtragen sehn? Wenn es fünfzig, ein, zwei – je nu – etliche fünfzig Jahr –

OHLDIN. Warum nicht achtzig gar? Wenn Sie mich für so alt halten, was reden Sie mir viel vom Heiraten vor?

HERR ORONTE. Ei nicht doch! nicht zu alt! gar nicht zu alt! Vierundfünfzig Jahr ist just recht für eine mannbare Jungfer – Wenn die Dingerchen so jung heiraten, so werden auch die Kinder darnach –

OHLDIN. Mit Ihren vierundfünfzig Jahren –

FRAU ORONTE. Es ist wahr. Du irrest dich, mein Kind. Kannst du doch noch nicht einmal so alt sein.

HERR ORONTE. Das stünde mir auch an! Ich und das Säkulum, wir gehn miteinander. Darfst du dich etwan über mein Alter beschweren? Bin ich nicht noch –

FRAU ORONTE. Gut, gut! Also kannst du sie nicht als ein Kind gekannt haben.

HERR ORONTE. Ach – was, Kind –

OHLDIN. Wenn Sie mir nicht glauben wollen, mein Taufschein kann es ausweisen, daß ich erst auf Ostern fünfzig Jahr bin.

HERR ORONTE. Was? Sie erst fünfzig Jahr? Ich denke, wer weiß, wie alt Sie sind. O! da ist Ihre Zeit noch nicht verflossen. Sara war neunzig Jahr alt. Und nach Ihrem Gesichte hätte ich Sie gewiß auch nicht für jünger –

OHLDIN. Ei! mein Gesicht – mein Gesicht – wem das nicht ansteht –

HERR ORONTE. Wer sagt das? Ihr Gesicht hat noch seine Liebhaber. Würde denn sonst der Herr Kapitän von Schlag –

OHLDIN. Was? von? ist er gar ein Adliger?

HERR ORONTE. Ja freilich, und zwar aus einer der ältesten Familien. Er steht bei dem König vortrefflich angeschrieben, der ihm auch in Gnaden seinen Abschied erteilt hat, weil er das Unglück hatte, im letzten Feldzuge zu fernern Diensten untüchtig gemacht zu werden.

OHLDIN. Untüchtig? – Nein, ich besinne mich alleweile. Ich mag ihn nicht. Wenden Sie sich an eine andere! Ich kann nichts thun als ihn bedauren.

HERR ORONTE. Er mag aber keine andere als Sie. Und verlangen Sie denn einen Mann, der stets zu Felde liegt? und der um Sie des Jahrs kaum zwei Nächte sein kann? Die abgedankten Offiziere sind die besten Ehemänner; wenn sie ihren Mut nicht mehr an den Feinden beweisen können, so sind sie desto mannhafter gegen ihre – Doch, ich komme zu weit in Text. Sie verstehn mich doch nicht –

OHLDIN. Ach – denkt doch –

HERR ORONTE. So? verstehn Sie's schon? Ich denke –

OHLDIN. Ich denke, daß Sie mich nur zum besten haben wollen.

HERR ORONTE. Oder Sie mich. Sage ich, Sie verstehen's, so ist es nicht recht. Sage ich, Sie verstehen's nicht, so ist's wieder nicht recht. Ich sehe wohl, so alt Ihr Köpfchen ist, so eigensinnig ist es auch. Wollen Sie, oder wollen Sie nicht?

OHLDIN. Behüt's Gott! muß man sich denn gleich so ärgern? Reden Sie ihm doch zu, Frau Oronte!

FRAU ORONTE. Du mußt, mein lieber Mann, ein wenig gelinder mit ihr verfahren. Du wirst es ja wohl noch an meinem Beispiele wissen, wie es einem Frauenzimmer ist, wenn man ihr das erstemal dergleichen Sachen vorsagt.

OHLDIN. Ach! das erstemal – das erstemal –Wenn ich hätte heiraten wollen –

HERR ORONTE. Sie wollen also nicht?

OHLDIN. Daß Gott! Sie sind auch gar zu stürmisch – Kann man sich denn in solchen wichtigen Sachen gleich auf der Stelle entschließen?

HERR ORONTE. Ja, ja! Man kann und muß. Gleich in der ersten Hitze. Wenn die verdammte Überlegung dazu kömmt, so ist es auf einmal aus. Gott sei Dank! die Überlegung ist mein Fehler nicht. Soll denn Ihr schönes Vermögen an lachende Erben kommen? In den Händen Ihres verschwenderischen Vetters wird's lange währen.

Selbst Kinder gemacht, so weiß man doch, wem man's hinterläßt. Sie kommen durch die Heirat in ein altes adeliges Geschlecht, Sie wissen nicht wie. Und wollen Sie denn in die Grube fahren, ohne das überirdische Vergnügen des Ehestands geschmeckt zu haben?

OHLDIN. Je nu, so wäre mein Trost, daß ich auch seine Beschwerlichkeiten nicht hätte ertragen dürfen.

FRAU ORONTE. O! die sind bei der Lust, die er uns schafft, zu dulden. Und kömmt ein Paar zusammen wie ich und mein lieber Mann, so wird man wenig davon zu sagen haben. Nicht wahr, mein allerliebstes Kind? Wie –

HERR ORONTE. Ja, das ist wahr, mein Schätzchen, wir haben einander das Leben so süße gemacht, so anmutig – Wir sind auch in unsrer Nachbarschaft ein Muster einer glücklichen Ehe.

FRAU ORONTE. Wir sind ein Leib und eine Seele beständig gewesen –

HERR ORONTE. Wir wissen von keinem Zank noch Streit. Des einen Verlangen ist stets auch des andern Wille gewesen. Ja, mein englisches Weibchen – –

FRAU ORONTE. Das ist wahr, mein goldnes Männchen!

OHLDIN. Wahrlich, so ein Paar macht einem den Mund ganz wässrig.

HERR ORONTE. Und das nun schon in die sechsundzwanzig Jahr.

FRAU ORONTE. So einig, so vertraut wie die Täubchen –

HERR ORONTE. Schon sechsundzwanzig Jahr.

FRAU ORONTE. Du irrst dich, mein Kind; erst vierundzwanzig.

HERR ORONTE. Ei! wie so? Zähle doch nach!

FRAU ORONTE. Je nu ja. Vierundzwanzig Jahr, und nicht mehr.

HERR ORONTE. Warum auch nicht? Vom Jahr Christi anno 1724. Ich weiß es ganz eigentlich, ich habe es an meine Kabinettthüre geschrieben.

FRAU ORONTE. Kabinett – Kabinett – vortreffliches Kabinettstückchen. Ich sehe wohl, dein einziges Vergnügen ist, mir zu widersprechen.

HERR ORONTE. O sachte! Du schreibst deine närrische Gemütsart auf meine Rechnung. Das Widersprechen eben ist dein Fehler, und zu meinem Unglücke nicht der einzige.

FRAU ORONTE. Mein Fehler? Der unbesonnene Mann!

HERR ORONTE. Ich unbesonnen? unbesonnen? Was hält mich?

FRAU ORONTE. Heirate Sie ja nicht, liebe Jungfer! So sind die Männer alle, und der beste ist nicht des Teufels wert.

HERR ORONTE. Was? Nicht des Teufels wert? Frau, ich erschlage dich. Nicht des Teufels wert?

FRAU ORONTE. Ja, ja! Er ist des Teufels wert.

HERR ORONTE. Dein Glück, daß du widerrufst! Von 1724 bis 1748 sollen nicht mehr als vierundzwanzig Jahr sein! Bist du närrisch?

FRAU ORONTE. Oder du? Zähle doch! 24 bis 34 sind zehn Jahr, 34 bis 44 sind zwanzig, 45, 46, 47, 48 sind vier Jahr: sind vierundzwanzig Jahr.

HERR ORONTE. Du gottloses Weib! Nur, daß du widersprechen willst! Laß mich einmal zählen! 24 bis 34 sind zehn, 34 bis 44 sind zwanzig Jahr, 45, 46, 47, 48 sind, sind – halt, ich habe mich verzählt. 24 bis 34 sind zehn Jahr, 34 bis 44 sind auch zehn Jahr, das sind zwanzig Jahr, 45, 46, 47, 48 – Je verflucht! – Nu, Jungfer Ohldin, entschließen Sie sich kurz! Was wollen Sie thun? damit ich nur von der verzweifelten Rechthaberin wegkomme.

FRAU ORONTE. Sie machen sich unglücklich, wenn Sie ihm folgen. Sprechen Sie, um Gottes willen, nein!

OHLDIN. Ach, meine liebe Frau Oronte, man merkt Ihren Unwillen gegen Ihren Mann gar zu deutlich.

HERR ORONTE. Du böses Weib! Du willst mir auch meinen Rekompenz zu Wasser machen. Jungfer Ohldin, erklärt! erklärt!

OHLDIN. Je nu – Ja – Wenn –

HERR ORONTE. Ach! was *wenn?* Sie können die Bedingungen alle mit Freuden annehmen. Ich habe also Ihr Wort, und meinen Zweck erlangt! Gut! Wieder fünfzig Reichsthaler erworben!

Zweiter Auftritt

Jungfer Ohldin. Frau Oronte.

OHLDIN. Er geht fort, und eine halbe Antwort –

FRAU ORONTE. Gefangen waren Sie! So ein vernünftiger Mann! wenn man ihm einen Finger giebt, nimmt er die ganze Hand.

OHLDIN. Je nu – Wie Gott will!

FRAU ORONTE. Behüt's Gott! Sie werden doch das nicht thun? Ich will dem Flegel nachlaufen, ich will ihm nachlaufen.

OHLDIN. Nehmen Sie mir's nicht übel! Sie suchen doch alle Gelegenheiten, sich mit Ihrem Manne zu zanken, vor. Das ist gar nicht hübsch.

FRAU ORONTE. Ach, ich sehe wohl, der Narr ist Ihnen auch in den Kopf gekommen. Sie denken, wer weiß, was für Zuckerlecken bei einem Manne ist. Das Unglück hat Sie so lange verschont –

OHLDIN. Ach! papp! papp! papp! Wenn man sich das Unglück nicht selber zuzieht. Der Mann ist einmal Herr –

FRAU ORONTE. Und der muß Ihnen sehr not thun. Leben Sie wohl! Machen Sie, was Sie wollen!

Dritter Auftritt

Jungfer Ohldin. Hernach Lisette.

OHLDIN. Die Neidische! Nu, so will mich doch der Himmel auch einmal erlösen. Ich zittre ganz vor Freuden. Ach, wie sauer wurde mir das Ja! Gott sei Dank, daß es heraus ist!

LISETTE. Was war denn das wieder für ein Besuch? Nicht wahr, Herr Oronte wollte Geld borgen?

OHLDIN. Die Närrin denkt, bei mir sei sonst nichts als nur das leidige Geld zu suchen.

LISETTE. Nu, einen Freier hat er Ihnen doch wohl nicht gebracht? Obgleich jetziger Zeit die Freier auch zu einer Art von Geldborgern geworden sind. Über dergleichen Sachen sind Sie weg. Es ist auch wahr, der Ehestand ist eine rechte Hölle –

OHLDIN. Gott behüte uns! Lisette, bedenkst du auch, was du sagst?

LISETTE. Nichts, als was Sie unzähligmal gesagt haben. Ach, daß mich doch niemand will in die Hölle holen! So lange hätte ich nimmermehr Geduld als Sie. Und wenn Sie nicht bald darzuthun, so wird's zu spät.

OHLDIN. Zu spät – unvernünftiges Mensch! Wie alt bin ich denn?

LISETTE. Für mich ist das keine Rechnung. Ich kann nicht bis fünfzig zählen.

OHLDIN. Bloß deine dumme Spötterei könnte mich zu was bringen, was dir und meinem Vetter nicht lieb sein würde.

LISETTE. Sachte also! sachte! Ich könnte Sie vollends desperat machen.

OHLDIN. Kurz, ich heirate. Der Herr Kapitän von Schlag hat sich alleweile durch Herr Oronten bei mir antragen lassen. Ich habe ihm mein Jawort gegeben, und ich hoffe, die Sache soll heute noch richtig werden.

LISETTE. Unvergleichlicher Traum! Er muß Ihnen die vorige Nacht sehr anmutig gemacht haben. Wie legen Sie sich, wenn Sie so träumen wollen? Auf den Rücken? auf den Bauch? oder –

OHLDIN. Narrenspossen beiseite! Was ich gesagt, ist wahr. Und ich gehe itzo den Augenblick, meine Wechsel und Dokumente in Ordnung zu bringen.

LISETTE. Daran thut Sie sehr wohl. Denn die gehn die Heirat doch wohl mehr an als Sie –

OHLDIN. Schweig! grobes Ding!

Vierter Auftritt

Lisette und hernach Lelio.

LISETTE. O allerliebste Post für ihren Vetter! Ob er denn in seiner Stube ist? Herr Lelio! Herr Lelio! Die Männersucht ist doch eine recht wesentliche Krankheit des Frauenzimmers. Es mag so jung oder so alt sein, als es will. – Ich befinde mich in der That auch nicht gesund. Herr Lelio!

LELIO. Was giebt's? Ei, Mademoiselle Lisette! Ich dächte, mein Närrchen, du hättest dich können zu mir in meine Stube bemühen.

LISETTE. Ergebene Dienerin! Das hieße sich zu weit in des Feindes Länder wagen. Der Platz ist hier neutral. Hier kann ich Ihren Anfällen trotzen.

LELIO. Ach, wer nur den Angriff wagen will, gewinnt dich aller Orten.

LISETTE. Schade, daß es niemand hört! Sonst würde ich Ihnen für gütige Rekommendation danken. Doch, zur Sache! Ich habe Ihnen eine recht besondre neue Neuigkeit zu sagen.

LELIO. Gut, daß du auf das Kapitel von Neuigkeiten kömmst! Ich habe dir auch was sehr Drollichtes daraus mitzuteilen.

LISETTE. Meines ist doch wohl noch drollichter.

LELIO. Unmöglich! Was wetten wir?

LISETTE. Schade auf das Wetten! ich bekomme doch nichts von Ihnen.

LELIO. Ei, du bist närrisch! Warte nur, bis meine Muhme stirbt! Denn –

LISETTE. O, die hat noch viel vor ihrem Tode in Willens.

LELIO. Du red'st, als wenn du schon wüßtest, was ich dir sagen wollte.

LISETTE. Nu? Nur heraus! was ist es denn?

LELIO. Laß nur erst deine Neuigkeit hören!

LISETTE. Nu, so hören Sie! Ihre Muhme –

LELIO. Meine Muhme –

LISETTE. Will heiraten.

LELIO. Will heiraten. Das wollte ich dir auch sagen. Wo Henker, hast du es schon her? Nur den Augenblick hat mir es die Frau Oronte gesagt, die mir auch allen möglichen Beistand, es zu hintertreiben, versprach.

LISETTE. O, in dergleichen Entschließungen sind die alten Jungfern zu hartnäckig!

LELIO. Aber was Henker werden meine Creditores dazu sagen, die mir mit zwölf Prozent so christlich ausgeholfen, in Hoffnung, daß ich einst ihr Universalerbe werden würde?

LISETTE. Das ist der Kreditoren Sorge. Was bekümmern Sie sich darum?

LELIO. Um die, die es schon sind, ist mir nicht sehr leid, sondern um die, die es etwan noch werden sollten. Auf was werde ich die vertrösten können?

LISETTE. Nur auf nichts Gewissers als Ihre Erbschaft; sonst laufen Sie Gefahr, daß Sie sie einmal bezahlen müssen.

Fünfter Auftritt

Lelio. Lisette. Peter (mit einem Korbe Gebackens).

PETER. Holla! Ihr Leutchen! kauft ihr heute nichts?

LISETTE. Nichts dasmal, Peter.

PETER. Makronen, Krafttörtchen, Zuckerbrezeln, Spritzkuchen! nichts?

LISETTE. Nichts! Nein!

PETER. Gar nichts? Herr Lelio, für das Naschmaul. Makronen, Krafttörtchen, Zuckerbrezeln, Spritzkuchen!

LELIO. Pack dich! Ich habe heute kein Geld.

PETER. Kaufen Sie immer! Makronen, Krafttörtchen, Zuckerbrezeln, Spritzkuchen!

LELIO. Ich werde bald eine Erbschaft thun. Willst du mir so lange borgen, so nehme ich dir deinen ganzen Korb ab.

PETER. Haha! Sie kommen auf des Herrn Kapitäns Sprünge. Der kaufte mir gewiß auch alle Tage ab, wenn ich nur bis nach seiner Heirat mit dem Gelde warten wollte. Aber, ihr Herren, so was frißt sich wohl gut, doch läßt sich's schwer bezahlen, wenn man es nicht mehr schmeckt.

LELIO. Was ist das für ein Kapitän?

PETER. Je der, er wohnt drei Treppen hoch, hintenraus.

LELIO. Wo denn?

PETER. Da oben in der breiten Straße. Es ist eine kleine Stube, nur mit einem Fenster.

LISETTE. Nu, wissen Sie denn noch nicht genug? Der Kapitän in der breiten Straße, drei Treppen hoch, hintenraus, in einer kleinen Stube mit zwei Fenstern!

PETER. Ja, ja! Ganz recht! Eben der!

LELIO. Wie heißt er aber denn, Narre?

PETER. Je, wie er heißt – er heißt – warten Sie – ich werde mich wohl besinnen. Sein Hund heißt Judas. Es ist so ein großer gelber Fleischerhund – das weiß ich. Aber er – er heißt von Prügel – nein – von Stoß – nein – haha – Schlag, von Schlag. Der Herr Kapitän von Schlag.

LELIO. So? kennst du den?

PETER. Warum nicht? Auch seinen Bedienten habe die Ehre zu kennen. Denn der ist meiner Mutter Tochtermann. Und wo ich mich nicht irre, so sind wir gar Schwäger.

LISETTE. Je, Peter, so könntest du uns einen großen Dienst thun.

PETER. Topp! Wenn er mir was einbringt, so ist er so gut als gethan. Laß hören! *(Er setzt seinen Korb weg.)*

LISETTE. Weißt du, wen der Herr von Schlag heiraten will?

PETER. Die erste die beste, wenn sie nur Geld hat. Ich glaube, er nähme dich. Aber –

LISETTE. O, ich will schon sehen, daß ich mich anderwärts ohne das Aber unterbringe. Kurz, er will unsre alte Jungfer heiraten.

PETER. Ja, er will –

LISETTE. O! sie will auch.

PETER. Desto besser! Die Sache ist also richtig – und ich habe künftig einen Kundmann mehr.

LISETTE. Ja, Narre, aber wir wollen nicht. *(Sie macht sich über den Korb.)*

PETER. Nu gut, so wird nichts draus.

LELIO. Zu wünschen wäre es, und ich verlöre meine Erbschaft nicht.

PETER. Hahaha!

LELIO. Was lachst du?

PETER. Ha! ha! Steht Ihre Erbschaft auf Freiers Füßen? Gut, daß ich meine Makronen noch habe! Aber was wolltest du mir sagen, Lisette? *(Er sieht, daß sie nascht.)* O, mein Blut, du wärst mir die Rechte! Kätz weg! Ich werde ankommen bei meiner Frau! Sie hat mir alle Stückchen zugezählt. *(Er setzt den Korb auf die andre Seite.)*

LISETTE. Narre, ich will kosten. Vielleicht kaufe ich was, wenn mir's schmeckt. Nu, höre nur! Mache dir doch einen Weg mit deinem Krame – *(Sie geht auf die andre Seite.)* – zu ihm!

PETER. Wärst du nur stehn geblieben, Lisette! Ich kann auf jenem Ohre so gut hören als auf dem. *(Er setzt den Korb wieder auf die andre Seite.)* Nu, was soll ich denn bei ihm? er kauft mir ja nichts ab.

LISETTE. Könntest du nicht etwan mit einer gescheiten Art auf seine Heirat zu reden kommen? –

PETER. Auf eine gescheite Art? Zweifelst du daran? Der Henker! ich weiß solche schöne Übergänge – zum Exempel – er spräche: »Ich brauche nichts von deiner Ware, Peter.« So würde ich etwan sagen – Ja, was wollte ich sagen? – Je nu, ich würde sagen: »Nichts? gar nichts? Behüte Sie Gott!« – und ginge wieder meine Wege.

LISETTE. Narre, was hättest du denn also von der Heirat mit ihm geredet? Und nicht allein das sollst du thun, sondern du sollst auch sehen, wie du ihm unsre Jungfer aus dem Sinne bringst. Wir wollen dir auch deswegen die dazu gehörige Freiheit geben, ihr alle Schande und Laster nachzusagen, wenn es nur was hilft.

LELIO. Der Einfall wäre nicht dumm, aber der, der ihn ausführen soll, ist desto dümmer.

PETER. O, nein! Sie irren sich, Herr Lelio. In solchen Sachen habe ich was gethan. Nur eine kleine Probe zu machen. Gesetzt, Sie wären der Herr Kapitän. »Was« würde ich sagen, »Sie wollen heiraten? Wer hätte sich das sollen träumen lassen? Sie, der sonst ein solcher Verächter des Ehestands« – zwar nein, das wäre nichts. Es ist nicht wahr. Er hätte lange gern geheiratet – Aber so – »Was? die alte Jungfer wollen Sie heiraten? – Nu, nu, es ist nicht übel, sie hat wakker viel Geld.«

LISETTE. Ei, du wärst uns der Rechte! Geh, geh, ich sehe schon, es ist mit dir nichts anzufangen!

PETER. Ei, wie so? Hast du mich doch noch nicht probiert. Aber glaubst du, daß es was helfen würde, wenn ich sagte, »das alte Affengesicht wollen Sie heiraten? Sie sieht ja aus, als wenn sie schon drei Jahre im Grabe gelegen hätte. Die wird Ihr hochadliges Geschlecht weit fortpflanzen. Und, im Vertraun gesagt, man spricht gar, sie wäre eine Hexe. Ihr Reichtum, von dem man so viel Redens macht, sind lauter glühende Kohlen, die sie in großen Töpfen hinter der Kellerthüre stehn hat, und wobei ein großer schwarzer Hund Wache liegt, einer mit feurigen Augen, mit sechs Reihen Zähne, mit einem dreifachen Schwanze –«

LISETTE. Ach, behüte uns Gott! Mit einen dreifachen – Kerl, du machst einem mit deinen Reden zu fürchten, daß man des Todes sein könnte. *(Sie macht sich wieder über den Korb.)*

PETER. Ho! ho! Und bei ihm würde das alles nichts helfen. »Laß dich unbekümmert!« würde er sagen. »Ich will schon sehen, daß ich mich des Schatzes bemächtige. So gut ich in Schlesien oder Böhmen, wenn der Bauer sein bißchen Habseligkeit noch so tief vergraben hatte –«

LISETTE. Mir fällt noch was Bessers ein. Das wird gewiß gehn.

PETER. Nu, was? – Hat dich der Teufel schon wieder übern Korbe. Ich muß ihn nur wieder umhängen.

LISETTE. Sei kein Narr! er wird dir ja zu schwer.

PETER. Nein, nein. Wenn ich ihn zu lange stehn ließe, möchte er gar zu leichte werden.

LISETTE. Ich weiß, daß unsre Jungfer den Herrn von Schlag noch nie gesehn hat. Ich dächte, wenn du dich für ihn ausgäbst –

LELIO. Ich versteh' dich, Lisette. Das ist vortrefflich ausgesonnen.

PETER. Ich versteh' noch nichts.

LISETTE. Kommt fort! wir wollen die Sache an einem sichern Orte überlegen. Hier möchten wir überrascht werden.

Zweiter Aufzug

Erster Auftritt

Lisette. Lelio.

LISETTE. Sorgen Sie nicht! Ich glaube gewiß, daß unsre List gut ablaufen wird.

LELIO. Ich will es wünschen. Gewiß, ich würde dich es genießen lassen. Und vielleicht heirate ich dich gar.

LISETTE. Davon zu einer andern Zeit! Aber wie fest ihr schon das Heiraten im Kopfe stecken muß, das können Sie daraus sehen: sie hat den Augenblick nach einem Schneider, nach einem Spitzenmanne, nach einer Aufsetzerin und nach einem Poeten geschickt.

LELIO. Was soll der Poete?

LISETTE. Als wenn eine Hochzeit ohne ein Carmen vor sich gehen könnte? Er soll es in seinem oder eines andern Namen machen. Und sie hat schon einen alten Gulden parat gelegt.

Zweiter Auftritt

Clitander. Lelio. Lisette.

CLITANDER. Dein Diener, Herr Lelio! Wie befindest du dich? Ist dir die gestrige Motion wohl bekommen? Hast du ausgeschlafen? Wirst du heute wieder in der Gesellschaft sein? Bist du heute noch nicht auf dem Kaffeehause gewesen? Wie schmeckte dir der Wein? Hatte sich Valer nicht eine artige Brünette ausgelesen?

LELIO. Sind das nicht eine Menge Fragen! und du hast mich das Kompliment noch nicht beantworten lassen.

CLITANDER. Zum Henker! ich treffe euch schon wieder beisammen alleine an? Lelio! Lisette! Daraus kann nichts Gutes kommen. Aber was fehlt dir, Lelio? Du siehst mir ganz, ganz, ich weiß nicht wie, aus. Du brauchst eine Ermunterung. Komm mit! Ach, bei Gelegenheit! es ist gut, daß ich daran gedenke: weißt du, wer das Frauenzimmer war, das uns gestern im Garten begegnete? Gefiel sie dir nicht? Wollen wir nicht wieder dahin gehn? Vielleicht treffen wir sie.

LELIO. Willst du mir nicht sagen, auf welche Frage ich dir zuerst antworten soll? oder soll ich lieber gar keine beantworten?

LISETTE. O, mein Herr, wir haben jetzo gar nicht Zeit, Ihrem Geplaudere zuzuhören.

CLITANDER. So? Sollte sich diese Wahrheit nicht etwas höflicher ausdrücken lassen? Sind Eure Verrichtungen sehr dringend? Hast du mir nichts Neues zu erzählen, Herr Lelio?

LELIO. Ach ja! und zwar etwas Neues, das mich sehr nahe angeht.

CLITANDER. So? Aber weißt du schon, daß unsere Freundin Clarice eine Braut ist? Gestern ist es richtig geworden.

LELIO. Willst du also meine Neuigkeit nicht hören?

CLITANDER. Erzähle, erzähle! Ich höre ungemein gern was Neues. Nur gestern –

LELIO. Du fängst schon wieder von was anderm an. Kann ich doch nicht einmal die vier Worte vor dir aufbringen: Meine Muhme will heiraten.

CLITANDER. Hahaha!

LELIO. O! wenn du an meiner Stelle wärest, du würdest gewiß nicht lachen.

CLITANDER. Hahaha! Du beschwerst dich, daß ich so viel rede, und neulich war ich in einer Gesellschaft, wo man mir schuld gab, ich rede zu wenig. Hahaha! Wenn redet man denn weder zu viel, noch zu wenig? Das ist lächerlich! Hahaha! Aber wolltest du mir nicht was Neues sagen? Was war es denn?

LISETTE. Wenn Sie nur nicht so gar sehr mit sich selbst beschäftigt wären, so hätten Sie's längst gehört. Seine Muhme will heiraten.

CLITANDER. Ist es schon gewiß? Lelio, du machst doch auch, daß ich auf die Hochzeit komme? Hat sie den Wein schon dazu gekauft? Ist er gut?

LELIO. Wenn du als ein Freund an mir handeln wolltest, so würdest du mir lieber einen Rat geben, wie ich etwan diese unglückliche Heirat hintertreiben könnte.

CLITANDER. Wie so?

LELIO. Je, meine Erbschaft geht damit zum Teufel.

CLITANDER. O, dem ist bald abzuhelfen. Laß dir die Erbschaft vorausgeben! Die Muhme mag alsdann machen, was sie will!

LISETTE. Herr Lelio! müssen wir nicht dumm sein! Es ist wahr. Das ist das beste Mittel und wir sind nicht drauf gefallen. O, es lebe ein hurtiger Verstand!

CLITANDER. O mein Kind, du bist nicht die erste, die mir es sagt, daß ich sehr glücklich in Ratschlägen bin.

LISETTE. Gewiß! Ihr Rat hat nicht mehr als den einzigen Fehler, daß er sehr abgeschmackt ist.

CLITANDER. So? Wenigstens sollte ich denken, daß er doch den Stoff zu einem bessern geben könnte. Aber wo ist deine Muhme? Ich muß ihr notwendig zu der wohlgetroffnen Wahl Glück wünschen. Wen will sie nehmen?

LISETTE. Sie können sie selbst fragen. Ich höre jemanden kommen. Sie wird es ohne Zweifel sein. Kommen Sie, Herr Lelio! Peter möchte unsrer Anweisung nötig haben.

LELIO. Wenn du mit meiner Muhme sprechen willst, so thu mir den Gefallen und nimm sie recht herum!

CLITANDER. Das würde ich ohne dein Erinnern gethan haben. Ich bin ein Meister in beißenden und feinen Satiren. Und wenn du willst, ich will es so toll machen, daß sie zerplatzen soll.

LELIO. Desto besser!

Dritter Auftritt

Clitander. Jungfer Ohldin.

CLITANDER. Mademoiselle, Jungfer Braut, Madame – wie, Teufel! soll man Sie nennen? Ist es wahr, oder ist es nicht wahr, daß Sie heiraten wollen?

OHLDIN. Ja, es ist allerdings wahr. Wer kann wider sein Schicksal? Ich versichre Sie, Herr Clitander, es ist eine ganz besondre Vorsehung dabei gewesen. Ich hatte an nichts weniger als an einen Mann gedacht, und plötzlich –

CLITANDER. Und plötzlich ist Ihnen der Appetit angekommen?

OHLDIN. Sie können gewiß glauben, daß es mein Betrieb gar nicht gewesen ist. Die Heiraten werden im Himmel gestiftet, und wer wollte so gottlos sein, sich hier zu widersetzen.

CLITANDER. Da haben Sie recht. Die ganze Stadt lacht zwar über

Sie; aber das ist das Schicksal der Frommen. Kehren Sie sich nicht daran! Ein Mann ist doch ein ganz nützlicher Hausrat.

OHLDIN. Ich weiß nicht, worüber die Stadt lachen sollte. Ist denn eine Heirat so was Lächerliches? Die gottlose böse Stadt!

CLITANDER. Sie thun der Stadt unrecht. Sie lacht nicht darüber, daß Sie heiraten, sondern daß Sie nicht schon vor dreißig Jahren geheiratet haben.

OHLDIN. Ist das nicht närrisch! Vor dreißig Jahren! Vor dreißig Jahren war ich noch ein Kind.

CLITANDER. Aber doch schon ein ziemlich mannbares. Denn Ihr Geschlecht hat das Vorrecht, daß man ihm diese Benennung sehr lange läßt. Zum Henker! wenn ich in Sie verliebt wäre, würde ich Sie doch wohl noch jetzo mein Kind heißen. Aber, Mademoiselle, das will ich ohne meinen Schaden gesagt haben. Glauben Sie nicht etwan, daß ich es bin!

OHLDIN. Ich würde mir auch wenig darauf einbilden. So ein wilder, leichtsinniger, unverständiger –

CLITANDER. O, der Verstand kömmt nicht vor den Jahren. Danken Sie es Ihren Runzeln, wenn er schon bei Ihnen sollte eingezogen sein!

OHLDIN. Meinen Runzeln? Sagen Sie mir nur, durch was für ein Unglück ich heute in Ihre Hände komme? Meinen Runzeln? – Ich sollte Ihnen vielleicht mehr glauben als meinem Spiegel? Ich bin gewiß die erste Braut, der man so eine niederträchtige Grobheit sagt.

CLITANDER. Es würde sonst keine kleine Beschimpfung für mich sein, wenn ich nicht wüßte, mit einer Braut umzugehen. Aber bei Ihnen hat es eine Ausnahme. Und ich wäre höchst strafbar, wenn ich Ihnen das geringste artige Wörtchen, die geringste galante Tändelei vorsagte. Doch ich will ein übriges an Ihnen thun. Wenn Sie mich auf Ihre Hochzeit bitten wollen, so verspreche ich, Ihnen einige neue Tänze, etliche Dutzend verliebte Ausdrückungen gegen Ihren Bräutigam und unterschiedne neumodische zärtliche Blicke zu lehren. Denn in allen dreien können Sie nicht anders als sehr schlecht beschlagen sein. Ich will Sie auch zum Überflusse mit einigen artigen Frauenzimmern, die meine guten Freundinnen sind, bekannt machen, von denen Sie das Gesellschaftliche gar bald lernen können.

OHLDIN. Das mögen auch die rechten sein, die sich mit Ihnen bekannt machen! Die müssen gewiß den Männern nachlaufen.

CLITANDER. Je nun, die zehnte hat die Gabe nicht, so lange zu warten wie Sie. Ein Mann geht seine Straße fort. Er stößt bei jedem Schritte an ein Frauenzimmer an, das er bekommen kann. Die sich von ihnen nun nicht ein wenig hervorthut, die bleibt dahinten. Und so ist es Ihnen gegangen. Doch mit der Moral beiseite! Ich will mich um Sie und Ihren Bräutigam verdient machen. Lassen Sie sehen, ob Sie eine Menuett tanzen können!

OHLDIN. Wie weit wollen Sie Ihre Possen noch treiben?

CLITANDER. Machen Sie keine Umstände! Sie sollten mir es noch Dank wissen.

OHLDIN. Daß Sie neue Gelegenheit zur Spötterei hätten?

CLITANDER. Zum Henker, Sie haben ja einen rechten artigen Fuß zum Tanzen. *(Er hebt ihr den Rock ein wenig in die Höh'.)*

OHLDIN. Schämen Sie sich! Ich bitte Sie –

CLITANDER. Was brauchen Sie für alte abgesetzte Wörter? Schämen ist nun schon über hundert Jahr nicht mehr im Gange. Frisch! Wir wollen nur erstlich stückweise gehen. Wie machen Sie das Kompliment?

OHLDIN. O, Ihre Dienerin! so weit lasse ich mich nicht zum besten haben. *(Hier macht sie eine Verbeugung.)*

CLITANDER. Ich sehe wohl, ich muß mich an Ihre That, nicht an Ihre Worte kehren. Das Kompliment war nicht uneben. Aber nehmen Sie doch den Rock ein wenig in die Höh'! Ich kann ja nicht sehn, was da unten vorgeht.

OHLDIN. Es ist wahr, der Rock ist mir ohnedem ein wenig zu lang. Ich muß wenigstens so viel lassen wegnehmen. *(Sie zieht ihn ein wenig in die Höh'.)*

CLITANDER. Der Teufel! was für ein Fuß! Schade, daß er nicht an einem jungen Körper ist! Machen Sie nun einmal ein Pas!

OHLDIN. Mein Herr Clitander, ich muß es Ihnen gestehen, das Tanzen ist mein Werk gar nicht, und mein Abscheu davor ist nicht geringe. Anstatt ein paar natürliche und feste Schritte zu machen *(Sie geht ein paar Schritte.)* ziert man sich und macht ein unsinniges Pas. *(Sie macht wirklich ein Pas.)* Was für eine Thorheit!

CLITANDER. Aber bei meiner Seele! die Thorheit läßt Ihnen nicht schlecht. Und also können Sie schon tanzen. Und ebenso viel wie ich. O, da hat's gute Sache. Sie können den Hochzeitabend schon mit herumspringen.

OHLDIN. Das möchte wohl nicht geschehn, und der Herr Kapitän von Schlag wird das auch wohl nicht von mir verlangen.

CLITANDER. Was haben Sie mit dem Hundsfott zu thun? Was soll der Kapitän von Schlag? Bekomme ich den einmal unter meine Hände – Ich will dich mit ehrlichen Leuten spielen lehren und sie nicht bezahlen –

OHLDIN. Sachte! sachte! Sie wissen vielleicht noch nicht, daß eben der Herr Kapitän von Schlag mein Bräutigam ist?

CLITANDER. Was? die nackichte Maus Ihr Bräutigam? Der Lumpenhund, ist mir nun schon seit drei Monaten fünfundzwanzig Stück Dukaten schuldig, die ich ihm auf dem Billard abgewonnen habe. Wie kommen Sie zu dem?

OHLDIN. Herr Oronte, bei dem er im Hause wohnt, ist der Freiersmann gewesen. Und ich bitte, reden Sie ein wenig bescheidener von ihm!

CLITANDER. Ei, was! Hören Sie, Mademoiselle, ich lege auf Ihre Person Arrest. Und der Teufel soll mich holen, wo er Sie eher ehelichen darf, bis ich mein Geld habe!

OHLDIN. Das wird er Ihnen nicht vorenthalten –

CLITANDER. Ei ja, wenn ich sein einziger Schuldmann wäre! Aber ich will wenig sagen, es sind ihrer gewiß so viel, als ich, er und Sie Haare auf dem Kopfe haben.

OHLDIN. Behüte mich Gott! das hat mir Herr Oronte nicht gesagt.

CLITANDER. Ich will jetzo den Augenblick hingehen. Ich will ihm die Hölle so heiß machen. Er soll sich wohl unterstehen, ein ehrliches Frauenzimmer hinters Licht zu führen.

OHLDIN. Seien Sie nicht so hitzig! Verziehen Sie! Ich bitte. Ich will selbst, wenn es nicht anders ist, die fünfundzwanzig Dukaten –

CLITANDER. Lassen Sie mich! Eh' der verfluchte Kerl Sie heiraten und sich mit Ihrem Gelde breit machen soll – eher – ja, eher will ich selbst in einen sauren Apfel beißen, lieber will ich selbst die Mühe über mich nehmen und Sie heiraten. Leben Sie wohl unterdessen!

Vierter Auftritt

Jungfer Ohldin (allein).

Ach, daß Gott! wie geschieht mir! Müssen denn alle Vorschläge, die mir zum Heiraten gethan werden, vergebens sein? Das ist nun schon über das zwölfte Mal! Aber der Herr Kapitän soll doch so ein artiger Mann sein – Je! was schadet es, wenn er auch was schuldig ist? Man kann das Geld doch nicht mit ins Grab nehmen – Und wer weiß, ob es so arg ist, als es Clitander macht? Ach, der liebe Herr Kapitän von Schlag! Es bleibt dabei, ich behalte ihn. Und ist es nicht einerlei, ob ich ihm oder meinem liederlichen Vetter das Vermögen gebe? Er läßt mich's vielleicht wieder genießen; aber mein Vetter –

Fünfter Auftritt

Jungfer Ohldin. Lisette. Herr Kräusel. Ein Schneider.

LISETTE. Jungfer, hier bringe ich Ihnen zwei Leute, nach denen Sie geschickt haben. Der Herr Schneider und der Herr Poete.

OHLDIN *(zum Poeten).* Willkommen, Meister Schneider! *(Zum Schneider.)* Gedulden Sie sich einen Augenblick, mein lieber Herr Poete! ich will nur erstlich ihn abfertigen.

KRÄUSEL. Was? mich einen Schneider zu heißen? Was denken Sie? Himmel, welcher Schimpf! Einen gekrönten Poeten für einen Schneider anzusehn!

SCHNEIDER. Und was? Einen ehrlichen Bürger und Meister für einen Poeten anzusehn? für so einen Müßiggänger? Halten Sie das für keine Injurie?

LISETTE. Sachte, ihr Leutchen, sachte! Sie kennt euch noch nicht.

KRÄUSEL. Ei was! Ich ein Schneider?

SCHNEIDER. Was, ich ein Poete?

KRÄUSEL. Lassen Sie sich das Gedicht von ihm machen, wenn er kann! Adieu!

SCHNEIDER. Lassen Sie sich die Kleider von ihm machen, wenn er kann! Adieu!

LISETTE. Warten Sie doch! Wer wird sich um ein Versehn gleich so ärgern! Sie sind beide ehrliche, rechtschaffene Leute, die man nicht entbehren kann.

KRÄUSEL. Einen Mann, der Tag und Nacht mit den göttlichen Musen umgeht, einen Schneider zu heißen! Das ist unerträglich! Lassen Sie mich fort! *(Geht ab.)*

SCHNEIDER. Ein Mann, der wohl fürstliche Personen gekleidet hat, soll sich einen Poeten schimpfen lassen? Ich versteh' meine Profession. Es wird mir niemand was Übels nachzusagen haben. Und ich will den Schimpf gewiß auch nicht leiden. Wir wollen's schon sehen, wir wollen's schon sehen! *(Geht ab.)*

Sechster Auftritt

Jungfer Ohldin. Lisette und Herr Kräusel.

OHLDIN. Sind das nicht Narren! Ich kann es bei Gott beteuern, daß ich sie nicht gekannt habe.

LISETTE. O! der Poete ist nach Brote gewöhnt, der kömmt wieder. Da haben wir ihn.

KRÄUSEL. Der Klügste giebt nach! Und dieses bin ich. Ich habe es im Herausgehen überlegt, daß –

LISETTE. Daß ein Schneider freilich eher trotzen kann als ein Poete –

KRÄUSEL. Daß der Zorn einem Weisen nicht ansteht. Ich verzeihe Ihnen also Ihren Irrtum. Lernen Sie nur daraus, daß in manchem Menschen mehr steckt, als man ihm ansieht! Doch was befehlen Sie? Worinne kann Ihnen meine Geschicklichkeit dienen?

OHLDIN. Ich habe mich mit Gott entschlossen, zu heiraten. Und weil ich gehört habe, daß Sie einen guten Vers machen sollen, und weil doch mein Bräutigam einer von Adel ist, und weil ich doch auch gern ein Hochzeitcarmen haben möchte, und weil ich nicht weiß, ob sonst jemand so höflich sein möchte –

KRÄUSEL. Sapienti sat! Sie haben sich deutlich genug erklärt. Das übrige besorge ich. Ich werde Ihnen schon eins machen, daß Sie damit sollen zufrieden sein. Wollen Sie eins per Thesin et Hypothesin?

OHLDIN. Ja, ja!

Kräusel. Oder eins nur per Antecedens et Consequens?

OHLDIN. Ja, ja!

KRÄUSEL. Wählen Sie! Wählen Sie! Mir gilt alles gleich. Nur will vorläufig erinnern, daß Sie für eins per Thesin et Hypothesin etwas mehr zu geben belieben werden. Die Zeiten sind teuer. Das Nachdenken ist auch aufgeschlagen, und –

OHLDIN. Darauf werde ich es nicht lassen ankommen. Nur daß es fein artig wird.

KRÄUSEL. So wahr ich ein ehrlicher Poete bin, es soll mein Meisterstück werden! Soll es etwan von erbaulichem Inhalt sein?

OHLDIN. Erbaulich – erbaulich? Bei einer Hochzeit, dächte ich –

KRÄUSEL. Von historischem? von mythologischem? von scherzhaftem? von satirischem? von schalkhaftem Inhalte?

OHLDIN. Von schalkhaftem, dachte ich, sollte wohl –

KRÄUSEL. O vortrefflich! In dem Schalkhaften eben besitze ich meine Stärke. Und dazu wird wohl am besten ein unschuldiges Quodlibet sein? nicht?

OHLDIN. Wie Sie denken.

KRÄUSEL. Ja, ja! Ein unschuldiges Quodlibet wird sich vortrefflich schicken. Zum Schlusse kann ich alsdann eine lebhafte Beschreibung des Bräutigams und der Braut mit anhängen. Zum Exempel, den Bräutigam würde ich beschreiben als einen wohlgewachsenen, ansehnlichen Mann, dessen majestätischer Gang, dessen feurige und reizende Augen, dessen kaiserliche Nase, dessen vorteilhafte Bildung –

OHLDIN. O Lisette! was muß der Herr Kapitän für ein allerliebster Mann sein? Haben Sie ihn schon gesehen, mein Herr Poete?

KRÄUSEL. Sieht er wirklich so aus? Wie heißt er denn?

OHLDIN. Ich denke, Sie kennen ihn schon. Es ist der Herr Kapitän von Schlag.

KRÄUSEL. Von Schlag? Und Dero werter Name ist?

OHLDIN. Ohldin.

KRÄUSEL. Ohldin? Mit Erlaubnis, der wievielste Mann ist es, den Sie itzo nehmen?

OHLDIN. Was für eine närrische Frage! Der erste.

KRÄUSEL. O, verzeihen Sie! Das hätte ich Ihnen gleich ansehen können. Es ist wahr, Sie sind ja noch in Ihrer blühenden Jugend.

OHLDIN. Hörest du, Lisette?

KRÄUSEL. Ohldin, Mademoiselle Ohldin, und Schlag, Herr von Schlag. O glückliche Namen! Die werden zu vortrefflichen Gedanken Anlaß geben! Ohldin, Schlag. Was werde ich nicht vor eine vortreffliche Allusion auf die Münzen von altem Schlage machen können! Die alten Jungfern, werde ich sagen können, sind wie die Münzen von altem Schlage –

LISETTE. Hören Sie, Jungfer?

OHLDIN. Ach! mein lieber Mann, Sie denken sehr abgeschmackt. Alte Jungfern, alte Münzen! Ich verspreche mir nichts Besonders von Ihnen.

KRÄUSEL. Gut, so lassen wir den Einfall weg, wenn er Ihnen nicht ansteht! Wenn verlangen Sie das Gedicht fertig zu sehn?

OHLDIN. Je nun, so bald als möglich.

KRÄUSEL. Gut, gut! Aufs höchste in einer Stunde bin ich damit da.

OHLDIN. In einer Stunde? Ach, bleiben Sie immer ein wenig länger! Ich besorge, es möchte sonst allzu schlecht werden.

KRÄUSEL. Ja, wenn Sie erlauben wollen, so mache ich es gleich hier. Lassen Sie mich nur ein wenig in einem Zimmer alleine sein! Zu Hause lärmen mir Frau und Kinder die Ohren allzu sehr voll.

OHLDIN. Frau und Kinder?

LISETTE. Ein Poete hat Weib und Kinder?

KRÄUSEL. Eben die Corinna, die ich durch meine Lieder in meiner Jugend verewiget habe, eben die Corinna ist itzo mein Weib. Ich habe mir das Übel an den Hals gesungen und gehöre also in der That mit unter diejenigen großen Dichter, die durch ihre Kunst unglücklich geworden sind. Das böse Weib! Sie liegt zwar zu Hause auf den Tod krank, aber sie liegt schon über acht Tage und will sich noch nicht entschließen, zu sterben. Ach! meine lieben Jungfern, das ist gewiß, die Weiber sind zum Unglücke der ganzen Welt erschaffen! Ach, das verdammte Geschlecht!

LISETTE. Je, du verdammter Hundsfott von einem Poeten!

KRÄUSEL. O, verzeihen Sie! verzeihen Sie! Ich war in meiner Entzückung. Wo wollen Sie, daß ich mich hinbegeben soll? Nam Musae secessum scribentis et otia quaerunt.

OHLDIN. Können Sie doch allenfalls hier in das Nebenzimmer gehen.

LISETTE. Aber fürchten Sie sich nicht! Sie werden in dem Zimmer eitel Narren antreffen.

KRÄUSEL. Wie so?

LISETTE. Weil viel Spiegel darinne sind Gehen Sie nur!

KRÄUSEL. Das begreife ich nicht. *(Geht ab.)*

Siebenter Auftritt

Jungfer Ohldin. Lisette.

OHLDIN. Glaubst du nun bald, Lisette, daß es mein Ernst ist? Aber daß Gott! was wird mein Vetter dazu sprechen? Der reißt sich die Haare aus dem Kopfe, wenn er es hört.

LISETTE. Sie betrügen sich. Ich habe es ihm schon gesagt –

OHLDIN. Nun?

LISETTE. Sobald er hörte, daß Sie der Herr Kapitän von Schlag bekommen sollte, so faßte er sich. »Der Herr Kapitän von Schlag«, sprach er, »ist einer von meinen besten Freunden. Ich gönne es ihm. Und meiner Muhme kann ich es auch nicht verdenken; ich habe schon viel von ihr genossen –«

OHLDIN. Was? das sagte mein Vetter? O, der allerliebste Vetter! Komm, ich muß ihn gleich sprechen. Dafür soll er auf der Stelle einen Wechsel von 500 Reichsthalern von mir haben.

LISETTE. Nur geben Sie es ihm mit einer Art, die ihn nicht schamrot macht!

Dritter Aufzug

Erster Auftritt

Lisette und Peter (in einer alten Montierung, mit einem Stelzfuße und einem Knebelbart).

PETER. Lauf doch nicht so, Lisette! Ich kann nicht nachkommen. Ich bin das Bein noch nicht gewohnt.

LISETTE. Ach! was für ein unvergleichlicher Kapitän! So einen Mann möchte ich haben!

PETER. Du bist kein Narre. Ich glaube, es werden mehr Frauenzimmer von deinem Geschmacke sein. Und ich fürchte, ich fürchte, so sehr ich mich verstellt habe, deine Jungfer wird in das Wesentliche eines Mannes tiefer eindringen und mich trotz Eurer List behalten wollen.

LISETTE. Sie müßte rasend sein.

PETER. Wenigstens wäre die Raserei von der Art bei alten Jungfern nichts Besonders und nichts Neues. Macht's klug, so viel sag' ich Euch, daß Ihr mir sie nicht auf dem Halse laßt! Einen Teufel habe ich schon zu Hause. Wenn der andere dazu köme, so wäre meine Hölle fertig.

LISETTE. Sorge nicht! Lelio wird zwar thun, als wenn ihm diese Verbindung ganz lieb wäre, sie desto sicherer zu machen; doch wenn du thust und redest, wie wir dir befohlen haben, und ich hier und da meine Beredsamkeit anwende, so müßte der Eheteufel lebendig in sie gefahren sein, wenn sie nicht einen rechten Abscheu von dir bekommen sollte. Ich habe den Herrn von Schlag in deiner Person schon bei ihr angemeldet, und sie wird sich bald hier einfinden.

PETER. Aber Lisette, Lisette! Es geht mir gewaltig im Kopfe herum. Daß ich nur nicht zur andern Frau komme, wie jener zur Ohrfeige!

LISETTE. Ach, wenn du es nur arg genug machst! Laß einmal sehen! Wie willst du deine Rolle spielen? Stelle dir einmal vor, ich wäre meine Jungfer –

PETER. Du bist es aber nicht.

LISETTE. Nun, stelle dir's nur vor!

PETER. Wenn's mit dem Vorstellen genug ist, so stelle dir's nur auch vor, wie ich's etwan machen würde!

Zweiter Auftritt

Herr Kräusel (mit einem beschriebenen Bogen Papier).
Lisette. Peter.

LISETTE. Ach, da kömmt der verwünschte Kerl uns gleich die Quere! Daß doch der Henker die Poeten holte!

KRÄUSEL. Bene! *(In Gedanken, und liest sein Gedicht.)*

PETER. Das ist Kräusel? nicht? Gut, daß mir der Hundsfott in die Hände kömmt.

KRÄUSEL. Wohl gegeben!

LISETTE. Was ist's? Was ist's? Peter! wo willst du hin?

PETER. Der Schlingel hat mir schon vor einem halben Jahre Gebacknes abgekauft, und ich habe noch keinen Pfennig dafür bekommen. Und was das ärgste ist, er hat meinen Namen sogar in ein Gassenlied gebracht. Einem ehrlichen Gebackens-Herumträger in ein Gassenlied zu bringen! Laß mich! itzo habe ich den Schelm.

KRÄUSEL. Das ist poetisch! *(Immer noch in Gedanken.)*

PETER. Ja, spitzbübisch ist es –

LISETTE. Peter! Peter! besinne dich, itzo bist du der Herr Kapitän von Schlag!

PETER. Ich bin aber auch der Gebackens-Herumträger Peter.

LISETTE. Du verderbst den ganzen Plunder. Thu ihm nichts, laß ihn gehn! Du kannst den Narren noch Zeit genug kriegen.

KRÄUSEL. Das heißt sich schön ausdrücken! *(Noch in Gedanken.)*

LISETTE. Komm fort! Ich will dich deine Partie anderswo überhören.

PETER. Nu, nu! Geborgt ist nicht geschenkt!

Dritter Auftritt

Herr Kräusel (geht sein Gedichte durch).

Die Henne pflegt dem muntern Hahn
Vor sein Bemühn zu danken.

Das nenne ich schalkhaft! Dahinter steckt was.

Die faulen Käse stinken stark,
Die Laus hat sechzehn Füße.

Appetitliche Stelle!

Ein Bräut'gam muß sich tummeln.

Ha! in der Zeile herrscht eine rechte anakreontische Feinheit!

Ein Reifrock braucht wohl manchen Stich.

Loser Vogel! Die Poeten sind doch verzweifelte Köpfe!

Ein Floh hat breite Tatzen.

Ich versteh' auch die Naturlehre.

Der Schafbock schreit aus lautem Ton,
Mich dünkt, er wird bald lammen.

Hier ziele ich auf die Freigeister. Man wird's schon verstehn!

Vierter Auftritt

Lelio. Jungfer Ohldin. Herr Kräusel.

KRÄUSEL. Kommen Sie! kommen Sie! Ich bin fertig. Ich bin fertig. O! ein ganz wunderbar schönes Gedichte habe ich gemacht. Ich habe mich hier, so zu sagen, selbst übertroffen. Ich hätte nimmermehr geglaubt, daß ich so eine Gabe zu scherzen hätte. Sonst habe ich meine Stärke im Ernsthaften. Sonderlich die theologisch-polemisch-poetischen Sachen laufen mir gut von Händen. Sie haben doch wohl die erbauliche Komödie gelesen, die ich wider Edelmannen gemacht habe? O, das ist ein Stück, als schwerlich jemals auf das Theater wird gekommen sein! Doch, wieder auf mein Carmen zu kommen! Hier ist es, meine liebe Jungfer Ohldin. Sie können es nun drucken lassen, unter was für einem Namen Sie wollen.

OHLDIN. Ganz gut. Ich muß es aber nur vorher dem Herrn von Schlag zeigen. Die Adligen sind sehr ekel in dergleichen Sachen. Er möchte doch wohl hier und da was zu ändern finden.

KRÄUSEL. Das steht Ihnen frei. Nur werden Sie so gütig sein und beiderseits den Vers, den ich nicht ohne Ursache habe mit einfließen lassen, in Erwägung ziehn. Er ist allen christlichen Herzen zum Nachdenken geschrieben.

OHLDIN. Welchen?

KRÄUSEL. Hier auf der andern Seite:

Ich schmelze itzt Miseriam.

OHLDIN. Was ist das? Miseriam?

KRÄUSEL. Ja, die Poeten sind sehr schamhaft. Sie sagen es nicht gern allzu deutsch, wo sie der Schuh drückt. Doch ich habe das gute Vertrauen, daß Ihre milde Großmut Ihrer Unwissenheit hierinnen schon abhelfen wird.

LELIO. Sollten Sie es nun nicht bald verstehn, Jungfer Muhme?

OHLDIN. Nein, in der That –

KRÄUSEL. O, ich bitte, mein Herr, haben Sie die Gutheit für mich und überheben Sie mich einer deutlichen Erklärung, die mir allzu viel Schamröte kosten würde! *(Er hält den Hut vors Gesichte.)*

LELIO. Sorgen Sie nicht! Meine Muhme wird sich schon erkenntlich gegen Sie bezeigen.

OHLDIN. War es das? Ja, ja, mein Herr Poete, ich will mich schon bei Ihnen abfinden.

KRÄUSEL. Ach! es hat gar nichts zu bedeuten. Glauben Sie nicht, daß ich so eigennützig bin! Die Ehre ist es, was ich durch meine Poesie suche. Denn unsre Arbeit kann uns so nicht bezahlt werden. Aber was dächten Sie, daß ich oft für so ein Carmen genommen habe?

LELIO. Sonst haben die Herren Poeten in Gewohnheit, daß sie nehmen, was sie kriegen. Ich weiß nicht, wie Sie's halten.

Fünfter Auftritt

Lisette. Lelio. Jungfer Ohldin. Herr Kräusel.

LISETTE. Freuen Sie sich, meine liebe Jungfer! Ihr werter Herr Bräutigam, der Herr Kapitän von Schlag, wird den Augenblick bei Ihnen sein. Er ist schon mit allen seinen Annehmlichkeiten auf der Treppe. Der gute Mann muß sie auf allen Vieren herankriechen. Das hölzerne Bein, die zerlappte Montierung, der kriegerische Knebelbart sind die deutlichsten Kennzeichen eines Helden, der sich es um sein Vaterland sehr viel hat kosten lassen. O, wie beneidenswert sind Sie! In der That, Sie haben nicht umsonst gewartet. Was lange wird, wird gut.

OHLDIN. Bist du närrisch? Weise ihn ab! Es wird ein Bettler sein.

LISETTE. Nein, nein! Nach Ihrer Beschreibung wird er es wohl selbst sein.

KRÄUSEL. Wie können Sie sich so an das Äußere stoßen? Mich sahen Sie auch für einen Schneider an. Und ich muß Ihnen die Lehre noch einmal geben: es steckt oft mehr in einem Menschen, als man ihm ansieht.

LISETTE. Er seufzet schon recht herzlich nach Ihnen und flucht, daß das Haus einfallen möchte, weil man ihm nicht entgegenkömmt.

OHLDIN. Und das soll der Herr Kapitän sein?

LISETTE. Ja, ja! Nun, da sehn Sie ihn selbst mit Leib und Seele.

Sechster Auftritt

Peter. Lisette. Jungfer Ohldin. Lelio. Herr Kräusel.

PETER *(in seinem vorigen Aufzuge)*. Was zum Teufel! Begegnet man einem Bräutigam hier so? Es kömmt mir ja weder Hund noch Katze entgegen. Für was, zum Henker! sieht man mich an? Weiß man auch, wer ich bin?

LELIO. O, mein wertester Herr Kapitän, fassen Sie sich –

PETER. Ach! was habe ich mit Ihnen zu schaffen? Ist das Ihre Muhme?

LELIO. Ja.

LISETTE. Mein Herr, Sie sind in einem fremden Hause sehr unhöflich.

PETER. In einem fremden? Ich glaube, man weiß noch nicht, daß ich den Augenblick Herr desselben werden kann? Mademoiselle, ich habe mir die Freiheit genommen, Ihnen die Ehre antragen zu lassen, meine Gemahlin zu werden. Sie müßten verruckt sein, wenn Sie nicht mit Händen und Füßen zugreifen wollten!

OHLDIN. Ach, daß Gott! Lelio!

KRÄUSEL. Erschrak ich nicht über den Kerl! Ich dachte, bei meiner Seelen! es wäre Peter. Wie doch die Menschen einander manchmal so gleich sehn!

LELIO. Meine liebe Muhme, kehren Sie sich nicht an seine allzu natürlichen Ausdrückungen! Ein Kriegsmann ist dergleichen Reden gewohnt.

PETER. Das ist wahr! Ich bin noch nach der alten deutschen Art. Und die Frau, die ich nehmen will, muß nicht ein Haar anders sein. Sind Sie so?

LISETTE. Es ist ihr Glück, daß sie nicht so ist; sonst würde er sie schon mit der artigsten Art zur Thüre herausgestoßen haben.

OHLDIN. Pfui doch, Lisette! Erzürne ihn nicht!

LISETTE. Was? Ich glaube, Sie treten ihm noch die Brücke. Herr Kapitän, Sie müssen doch närrisch im Kopfe sein, daß Sie glauben, meine Jungfer werde so einen tollen Ehekrüppel nehmen, wie Sie sind. Ich bin ein armes Mädchen; aber, wenn Sie in Golde bis über die Ohren steckten, ich sähe Sie nicht über die Achsel an. Ha! ha! Was für eine reizende Figur! Einen Stelzfuß, einen Bart, vor dem man weder Nase noch Maul sehn kann –

PETER. Hört doch, Plappermaul, nehme ich Euch oder Eure Jungfer? Wenn ich der anstehe – und ich stehe ihr an – ich weiß. Nicht? –

OHLDIN. Ja – aber –

PETER. Aber – aber – aber! Wäre Sie schon meine Frau, ich wollte Ihr das dumme Wort aus dem Maule bringen. Wie hoch ist Ihr Vermögen? Wenn es nicht noch dreimal so groß ist als meine Schulden –

LISETTE. Darinne besteht vielleicht Ihre Habseligkeit?

LELIO. Ihre Schulden, mein Herr Kapitän, würden vielleicht das kleinste Hindernis bei der Sache sein. Aber ich seh', daß meine Muhme durch Ihr Betragen –

OHLDIN. Stoßen Sie ihn nicht ganz vor den Kopf!

LISETTE *(zu Petern sachte).* Mache es ja recht arg; sie beißt wirklich sonst noch an – Nun, was will Er, mein Herr?

Siebenter Auftritt

Herr Rehfuß und die Vorigen.

REHFUSS. Sie werden es nicht übel nehmen, meine liebe Mademoiselle Ohldin –

LISETTE. Nein, nein, mein guter Freund, Er kömmt an die Falsche. Hier ist die Mademoiselle Ohldin.

REHFUSS. Sie werden es nicht übel nehmen, meine liebe Mademoiselle, daß ich –

PETER. Mein Freund, wenn Ihr was zu sagen habt, so macht es kurz! Gleich muß uns auch so ein Narr in unsern wichtigsten Traktaten stören.

REHFUSS. Meine liebe Mademoiselle, ich habe mir von dem Herrn von Schlag sagen lassen –

PETER. Von wem? von mir?

REHFUSS. Nein, nein! Verzeihen Sie, von dem Herrn von Schlag, daß er die Mademoiselle Ohldin in wenig Tagen heiraten werde.

LISETTE. Verfluchter Streich!

PETER. Was hätte ich Euch gesagt? –

REHFUSS. Weil mir nun der Herr Kapitän einige Hundert Thaler auf einen Wechsel schuldig ist –

PETER. Was wäre ich Euch schuldig? Seid Ihr närrisch?

REHFUSS. Ich rede von dem Herrn Kapitän. Der Wechsel ist heute um, und es stünde bei mir, ihn in Verhaft nehmen zu lassen.

PETER. Mich in Verhaft nehmen zu lassen?

LISETTE. Schweig, Peter, sonst sind wir verraten!

REHFUSS. Weil er aber gesagt, daß seine Jungfer Braut für ihn bezahlen wollte, so habe ich mich erkundigen wollen, ob die Mademoiselle Ohldin –

OHLDIN. Mein Herr Kapitän, ich weiß nicht, wie Sie sich auf mein Wort so viele Rechnung im voraus haben machen können? Wenn Sie schuldig sind –

REHFUSS. Nein doch, Mademoiselle, die Rede ist von dem Herrn von Schlag.

OHLDIN. Je nu, das ist er ja –

PETER. Ja, ja, ich bin's, mein Freund. Lass' Er sich um die Bezahlung nicht bange sein! Ich will mich als ein ehrlicher Kerl bei Ihm abfinden.

REHFUSS. Mein Herr, Sie sind allzu gütig. Ich besinne mich nicht, daß Sie mir etwas schuldig wären.

PETER. Ja, ja; ich bin Ihm etliche Hundert Thaler schuldig. Waren es nicht fünfhundert?

REHFUSS. Nein, nein! Neunhundert ist mir der Herr Kapitän von Schlag schuldig. Aber Sie –

PETER. O, das heißt auch gar zu viel für einen andern auf sich zu nehmen! Nu, nu! ich bin Ihm neunhundert Thaler schuldig. Und nicht wahr, meine liebe Frau, du willst es bezahlen?

REHFUSS. Ich weiß nicht, mein Herr, ob Sie mich für einen Narren ansehen.

LELIO. Und ich weiß nicht, ob Er uns nicht alle für Narren ansieht. Er spricht, der Herr Kapitän ist ihm so und soviel schuldig; und wenn es der Herr Kapitän eingeständig ist, so will Er es wieder leugnen. – Was soll das heißen?

PETER. Ja, ja; ich bin Ihm neunhundert Thaler schuldig.

REHFUSS. Nein, mein Herr, von Ihnen mag ich nicht einen Pfennig haben.

PETER. Er soll es richtig bekommen.

REHFUSS. Sie sind mir nichts schuldig.

PETER. Gedulde Er sich nur noch aufs höchste acht Tage!

REHFUSS. Sind Sie denn der Herr Kapitän?

PETER. Zum Henker! was geht Ihn das an, wenn ich Ihn bezahlen will? Ich mag es sein oder nicht. Und kurz, ich bin's. So gewiß ich neunhundert Thaler von Ihm geborgt habe, so gewiß will ich sie Ihm, mit Interessen, wiedergeben.

REHFUSS. Aber, mein Herr, warum bekennen Sie sich zu einer fremden Schuld?

PETER. Ach! Ich bin ein rechtschaffner Kerl. Was ich schuldig bin, bezahle ich.

LISETTE. Ohne Zweifel wird Er sich im Namen geirret haben, mein lieber Mann. Ich glaube, es ist noch ein Kapitän dieses Namens hier.

PETER. Ja, ja, ganz recht! Es ist noch einer hier, der so heißt. Er ist meines ältern Vaters Bruder Tochter Mann, und wir sind Geschwister Kinder mit einander.

OHLDIN. Mein Freund, Er wird wohl thun, wenn Er seine Forderungen ein andermal vorbringt. Wenn der, den ich heiraten werde, Ihm in der That was schuldig ist, so soll schon zu der Bezahlung Rat werden. Ich kann aber wohl sagen, ich weiß nicht, was ich hierbei denken soll.

PETER. Denken Sie, was Sie wollen! Und Er, mein Freund, kann sich seiner Wege packen, oder –

REHFUSS. Ich bitte, nur nicht übel zu nehmen –

LISETTE. Nein, nein; wir nehmen es nicht übel, wenn Er geht. Geh' Er nur! *(Rehfuß geht ab.)*

Achter Auftritt

Lelio. Lisette. Peter. Der Poet. Jungfer Ohldin.

PETER. Der verfluchte Kerl! Nun, wie weit wären wir denn richtig, mein Schatz? Nu ja, bis aufs Vermögen. Vorher aber habe ich doch noch unterschiedne Punkte, die Sie mir notwendig eingehn müssen. Ich habe sie ohngefähr ein wenig aufgesetzt. *(Er zieht einen Zettel aus der Tasche.)* Erstlich verspricht die Braut, weil sie bürgerlichen Standes, und der Bräutigam, als der Hochwohlgeborne Herr, Herr Kapitän von Schlag, aus einem uralten adligen Geschlechte entsprossen, ihrem künftigen Manne allezeit die gebührende Ehrfurcht zu leisten und ihn nicht anders als Euer Gnaden zu benennen. Nu? Versprechen Sie's?

OHLDIN. Aber –

PETER. Sie sollen das verdammte Wort gegen mich nicht gebrauchen. Wer hat zu befehlen? der Mann oder das Weib? Ich oder Sie?

OHLDIN. Verzeihen Sie, wir sind aber noch nicht Mann und Weib.

PETER. Ach, was wir nicht sind, können wir werden. Anderns verspricht die Braut, weil sie bürgerlichen Standes, und der Bräutigam, als der Hochwohlgeborne Herr, Herr Kapitän von Schlag, aus einem uralten adligen Geschlechte entsprossen, ihm alle Gelder in Händen zu lassen, um damit nach Belieben zu schalten und zu walten. Nun? Versprechen Sie's?

LISETTE. Ohne Zweifel wird das einer von den Hauptpunkten sein.

OHLDIN. Das könnte man wohl einem vernünftigen Manne einräumen. Aber –

PETER. Genug! Das andre mag ich nicht wissen. Ich bin vernünftigen Mannes genug. Drittens verspricht die Braut, weil sie bürgerlichen Standes, und der Bräutigam, als der Hochwohlgeborne Herr, Herr Kapitän von Schlag, aus einer uralten adligen Familie entsprossen, die zwei Kinder, welche er außer der Ehe erzeugt – Nun, von dem Punkte wollen wir insgeheim reden; den braucht niemand sonst zu wissen als Sie. Viertens verspricht die Braut, weil sie bürgerlichen Standes –

KRÄUSEL. Verzeihen Sie, daß ich Ihnen in die Rede falle! Wollen Sie nicht so gütig sein und sich von Ihrer zukünftigen wertesten Gemahlin das Carmen zeigen lassen, das ich auf Ihre, Gott gebe bald zustande kommende Hochzeit verfertiget habe? Ich habe nicht wohl Zeit, länger zu verziehen – und –

PETER. Wo ist es? Wo ist es?

OHLDIN. Hier. *(Sie gibt es ihm.)*

PETER. Was ist das für ein Quark? Ich sehe es gleich aus dem Titel, daß es nichts nütze ist. Weiß Er denn nicht, daß ich Erb-, Lehn- und Gerichtsherr auf Nichtswitz, Betteldorf, Schildhausen und Armingen gewesen bin? Das muß alles mit darauf kommen. Auch daß ich sechzehn Jahr unter den Franzosen, zwölf Jahr unter den Österreichern, neunzehn Jahr unter den Holländern, siebzehn Jahr unter den Engländern und ohngefähr zweiundzwanzig Jahr unter den Sachsen gedient habe – O zum Henker! nun bin ich verloren –

Neunter Auftritt

Herr Oronte. Frau Oronte. von Schlag. Peter. Lelio. Lisette. Herr Kräusel. Jungfer Ohldin.

LELIO. Ach, verdammter Streich!

LISETTE. Nun sitzen wir!

OHLDIN. Sie kommen zu rechter Zeit, Herr Oronte. Ich weiß Ihnen bis jetzt noch wenig Dank, daß Sie mir den Herrn von Schlag über den Hals geschickt.

SCHLAG. Wie so, Mademoiselle? Bin ich Ihnen schon verhaßt, ehe ich noch das Glück gehabt habe, mit Ihnen zu sprechen?

OHLDIN. Sie, mein Herr? Sie treten ja den Augenblick erst, unbekannterweise, in das Zimmer. Wie könnte ich mich über Sie zu beklagen haben? Nein, ich meine den Herrn Kapitän von Schlag.

PETER. Sie meint mich, sie meint mich, es ist ein kleiner Irrtum in den Namen.

ORONTE. Was haben Sie mit dem Kerlen zu thun? Hier bringe ich Ihnen den Herrn Kapitän von Schlag.

OHLDIN. Was? So hat man mich betrügen wollen? Ha! ha! mein lieber Vetter!

LELIO. Verfluchter Zufall!

SCHLAG. Ich glaube, es hat ein anderer meine Person hier gespielt. Wer bist du, Nichtswürdiger?

PETER. Der Herr Kapitän von Schlag bin ich – nicht, sondern – *(Er nimmt den Bart und den Stelzfuß ab.)* sondern –

SCHLAG. Ich glaube gar, es ist Peter.

KRÄUSEL. Ach, daß Gott! Ja, ja, es ist Peter. Ich dacht's wohl. Ich dacht's wohl. Wie wird mir's gehen?

SCHLAG *(zu Petern)*. Halt, Galgenschwengel!

PETER *(zu Kräuseln)*. Halt, Galgenschwengel!

SCHLAG. Was soll das heißen? Meinen Namen so zu mißbrauchen? Wem hat diese Betrügerei hier gelten sollen?

PETER *(zu Kräuseln)*. Was soll das heißen? Meine Geduld so zu mißbrauchen? Wenn wirst du mein Gebackenes einmal bezahlen?

SCHLAG *(zu Petern)*. Antworte, Hund!

PETER *(zu Kräuseln)*. Antworte, Hund!

KRÄUSEL. Ach, wer doch hier fort wäre!

PETER. Ach, wer doch hier fort wäre!

SCHLAG *(zu Petern)*. Kerl, ich erdroßle dich! Gleich gesteh! Zu was hat die Verkleidung sollen nutzen?

PETER *(reißt sich los und zu Kräuseln)*. Kerl, ich erdroßle dich! Gleich gesteh! Warum hast du mich noch dazu in ein Gassenlied gebracht?

KRÄUSEL. O, hier ist nicht gut sein! Adieu! Adieu! *(Er läuft fort.)*

PETER *(läuft ihm nach)*. Ha! ha! Du sollst mir gewiß nicht entkommen.

SCHLAG. Und du mir auch schwerlich.

Zehnter Auftritt

Jungfer Ohldin. Lelio. Lisette. von Schlag. Herr Oronte und Frau Oronte.

LELIO. Halten Sie, Herr Kapitän! es ist auf mein Anstiften geschehn. Sie machen mich durch Ihre Heirat unglücklich. Und können Sie mir es verdenken, daß ich alle Mittel angewandt habe, sie zu hintertreiben?

SCHLAG. Das sollte mir leid sein, wenn ich Sie unglücklich machte. Nein, Lelio, wenn Sie mir in meinem Vorhaben nicht hinderlich sein wollen –

HERR ORONTE. Ach, was kann Ihnen der hinderlich sein, wenn sie nur will! Und sie will.

FRAU ORONTE. Es ist wahr, Jungfer Ohldin, was werden Sie sich an einen Menschen kehren, der Ihnen solche Streiche spielen kann.

LELIO. So? Madame, wer war denn das, der mir vorhin allen möglichen Beistand dazu versprach?

FRAU ORONTE. Ach, vorhin war ich mit meinem Manne zerfallen.

LELIO. Und itzo? –

FRAU ORONTE. Sind wir wieder versöhnt. Ein paar rechtschaffne Eheleute müssen sich des Tages hundertmal zanken und hundertmal wieder versöhnen.

LELIO. Jungfer Muhme, ehe ich in Ihre Heirat einwilligen kann, eher biete ich Ihnen selbst meine Hand an. Denn ich glaube das nächste Recht auf Sie zu haben.

OHLDIN. Was?

LISETTE. Was?

OHLDIN. Diesen Einfall hätten Sie können eher haben. Wir sind nun schon über zehn Jahre im Hause beisammen.

SCHLAG *(zieht den Lelio beiseite)*. Ein Wort im Vertrauen! Warum wollen Sie mich nicht an Ihrem Vermögen Anteil nehmen lassen? Ich glaube, es wird für uns beide genug sein. Als Mann bekäme ich es in die Hände. Und ich versichre Sie, Sie sollen's von mir besser genießen als von ihr. Ja, ich verspreche Ihnen sogar, an das, was übrig bleibt, wenn sie stirbt, keinen Anspruch zu machen. Meine Schulden nötigen mich itzo, diesen Schritt zu thun, den ich sonst gewiß würde unterlassen haben. Widerstehen Sie mir nicht länger, so können wir als beständige Freunde leben.

OHLDIN. Darf man nicht hören, was Sie hier im Vertrauen reden?

LELIO. O, es war nichts. Der Herr Kapitän hat mir mein Unrecht vorgestellt, wenn ich Ihnen an Ihrem Glücke länger hinderlich sein wollte. Ich willige in alles.

OHLDIN. O, Sie sind doch noch ein ehrliebender Mensch! Und ich versichere, daß Ihre Einwilligung nicht wenig dazu beigetragen, daß ich itzo mit so vielem Vergnügen dem Herrn Kapitän meine Hand darbiete.

SCHLAG. Sie machen uns glücklich, Lelio!

LISETTE *(sachte)*. Aber, Herr Lelio!

LELIO *(sachte)*. Laß es sein, Lisette! nun soll es erst recht bunt über Ecke gehn.

OHLDIN. Aber Lisette, mit dir habe ich ein Wort noch zu reden. Wir sind geschiedene Leute. Du kannst hingehn, wo du hin willst. Denn ich weiß doch wohl, daß alle die Possen von dir herkommen, und daß du einzig und allein meinen Vetter verführst.

LISETTE. Ich –?

SCHLAG. O meine allerliebste Mademoiselle, ich bitte für das arme Mägdchen. Behalten Sie sie immer noch!

OHLDIN. Nein, nein! Sie muß weg! Sie muß weg!

SCHLAG. Erzeigen Sie mir diese erste Gefälligkeit!

OHLDIN. Nein, nein! Es schickt sich nicht, es schickt sich nicht.

SCHLAG. Ach, es schickt sich allzu wohl, zumal bei Leuten von adligem Stande, wie wir sind.

Elfter Auftritt

Die Vorigen und Clitander.

CLITANDER. O! finde ich euch hier beisammen, meine Kinder? Mein lieber Kapitän, ich komme, dir zu deiner Heirat Glück zu wünschen. Ich habe dich aller Orten aufgesucht.

SCHLAG. Bringst du mir etwan auch meine fünfundzwanzig Dukaten mit?

CLITANDER. O, die kannst du nun schon vergessen, da du so ein Glück gefunden hast.

OHLDIN. Die sind Sie ihm schuldig? Sie sagten mir es ja vorhin ganz anders.

CLITANDER. Nein, nein! Sie werden mich nicht recht verstanden haben. Er hat sie jüngst von mir auf dem Billard gewonnen.

HERR ORONTE. Nun, so sind wir richtig. Sie, Jungfer Braut, werden sich's gefallen lassen, uns heute abend einen kleinen Schmaus zu geben und wo möglich diese Woche Anstalt zur Hochzeit zu machen.

CLITANDER. O, das ist vortrefflich! Ich hätte nicht zu gelegenerer Zeit kommen können. Kommen Sie! Kommen Sie! Zum Schmause, Lelio! Zum Schmause, Herr von Schlag! Lelio, führe die Frau Oronte! Ich führe deine Muhme!

SCHLAG. Und für mich bleibt also Lisette.

HERR ORONTE. Ein böses Omen!